HISTOIRE
DU
BAILLIAGE DE SAINT-OMER
1193 A 1790

Par M. PAGART d'HERMANSART

Correspondant du Ministère de l'Instruction publique, membre de la Société des Antiquaires de la Morinie, associé correspondant national de la Société des Antiquaires de France, de la Société des Études historiques de Paris et de diverses autres Sociétés savantes françaises et étrangères.

SAINT-OMER
IMPRIMERIE ET LITHOGRAPHIE H. D'HOMONT
14, rue des Clouteries. 14

1898

HISTOIRE

DU

BAILLIAGE DE SAINT-OMER

Extrait du tome XXIV des Mémoires de la Société des Antiquaires de la Morinie.

HISTOIRE

DU

BAILLIAGE DE SAINT-OMER

1193 A 1790

Par M. PAGART d'HERMANSART

Correspondant du Ministère de l'Instruction publique, membre de la Société des Antiquaires de la Morinie, associé correspondant national de la Société des Antiquaires de France, de la Société des Études historiques de Paris et de diverses autres Sociétés savantes françaises et étrangères.

TOME PREMIER

SAINT-OMER
IMPRIMERIE ET LITHOGRAPHIE H. D'HOMONT
14, rue des Clouteries, 14

1898

PRÉFACE

Dans ce siècle on a beaucoup écrit en France sur les origines et le développement des institutions municipales depuis Augustin Thierry jusqu'à M. Giry, et l'on est arrivé à se faire aujourd'hui une idée exacte des anciennes communes. On a également signalé le rôle général de la royauté dans leur développement, mais on a moins étudié celui des agents des princes chargés de l'administration des territoires dans la circonscription desquelles se trouvaient ces communes et leur rôle immédiat auprès des magistratures municipales. Nous avons cherché dans ce travail à présenter l'ensemble des fonctions d'un bailli royal et des officiers d'un bailliage depuis leur création jusqu'à la Révolution. Mais la ville de Saint-Omer, qui était le chef-lieu de celui que nous avons étudié, faisait partie de la province d'Artois qui avait su conserver sous l'ancien régime une situation privilégiée¹, et la ville elle-même avait obtenu de bonne heure de nombreuses libertés qu'elle défendit constamment et maintint presque entières contre l'agent du prince jusqu'à l'époque de sa réunion définitive à la France en 1677, de sorte que l'action du bailli s'exerça dans des conditions assez différentes de celles qu'on peut avoir étudiées dans d'autres provinces et dans d'autres cités.

Ce n'est pas qu'on n'ait point écrit déjà sur les baillis de Saint-Omer ; on a fait ressortir la discorde qui éclata entre les hommes de la commune et le représentant du souverain au moins à partir du XVIe siècle au sujet de la liberté des élections échevinales et de la capitainerie urbaine du mayeur². Mais ces questions n'ont pas été

---

1. Loriquet, *Cahier des doléances de 1789 dans le département du Pas-de-Calais*, t. I, introd. LXIV. Arras 1891.

2. On doit à M. de Lauwereyns de Roosendaele les écrits suivants : *Les Baillis et les échevins de Saint-Omer, 1193-1500*. Saint-Omer, Guermonprez 1866, 32 p. in-8º. — *Histoire d'une guerre échevinale de 177 ans, de 1500 à 1677*. Id. 1867, XIV-129 p. in-12. — *Un mot sur les lieutenants premiers et généraux du bailliage de St-Omer* (Bull. hist. des Antiq. de la Morinie, t. IV, p. 124 à 134). — *Rapport à la Société des Antiq. de la Morinie sur les documents du ms. Des Lyons de Noircarme relatifs à la lieutenance du bailliage de Saint-Omer* (Mém. de la Morinie, t. XIV, p. 247 à 275). Tous ces travaux tirés du ms. Des Lyons de Noircarme. — *Sédition bourgeoise en 1467* (Id., t. XV, p. 319). — *Election du Magistrat par les électeurs de la ville de Saint-Omer. Droit perdu en 1733, réclamé pendant 30 ans, recouvré en 1764* (broch. in-12). — *Habeas corpus de la bourgeoisie de Saint-Omer au XIVe siècle* (1378) (Bull. de la Morinie, t. VI, p. 565-6 p.). — M. l'abbé Bled, de son côté, a donné : *Un épisode des élections échevinales à Saint-Omer de 1764 à 1767* (Mém. de la Morinie, t. XVIII, p. 116).

traitées d'une manière complète, on n'a point remonté à l'époque même où elles ont été soulevées et on n'en a point poussé l'étude jusqu'à la Révolution. Or, en réalité, c'est dès l'origine de sa création que le bailli entre en lutte avec l'échevinage, et non pas seulement à propos des questions déjà signalées, mais relativement à un grand nombre d'autres points tels que le rôle de l'officier du prince à la chambre échevinale, la surveillance de la comptabilité communale, etc., en un mot la part d'influence que le gouvernement avait alors dans l'administration de la commune, puis relativement aux droits de juridiction du bailli, à sa conjure en matière criminelle qui mettait en sa main le droit de poursuite devant le tribunal échevinal, à la juridiction des mayeur et échevins sur leurs bourgeois, aux garanties obtenues par eux pour leur liberté individuelle, l'inviolabilité de leur domicile, de leur droit de propriété, etc.

Cette nouvelle étude, quoique limitée au rôle et à l'intervention du bailli dans les affaires de la ville, peut donc compléter jusqu'à un certain point l'histoire des institutions municipales de Saint-Omer, en signalant les documents divers qui, depuis l'origine de la commune, montrent les bourgeois défendant pied à pied pendant plusieurs siècles leurs privilèges politiques et les garanties sociales qu'ils avaient obtenus.

D'autre part, en dehors de ses relations avec le

pouvoir communal, le bailli avait des attributions financières, militaires, administratives, judiciaires[1] ; il n'eut pas non plus pour seul adversaire l'échevinage, mais aussi l'évêque de Térouanne, les divers établissements ecclésiastiques et les seigneurs féodaux ; enfin il présidait une importante cour féodale dont la juridiction s'étendait sur plus de 250 villages et hameaux, et qui, en outre des officiers qu'on rencontrait dans tous les bailliages, possédait cinq conseillers, de sorte que le bailliage de Saint-Omer était le second des grands bailliages d'Artois. Sur tous ces points l'histoire de cette institution qui a subsisté pendant six siècles, était à faire presque en entier.

Il ne reste que peu de chose des archives du bailliage déposées autrefois dans les combles de l'hôtel de ville et transportées il y a quelques années aux archives départementales. Ce sont quarante et quelques registres relatifs aux sentences, aux plaids de la châtellenie, aux fiefs et contrats[2], et un assez grand nombre de liasses ayant trait à

---

1. M. Giry est le seul écrivain qui, dans son *Histoire de St-Omer jusqu'au XIVe siècle,* ait parlé d'une manière précise quoique sommaire des attributions judiciaires, administratives et financières du bailli (p. 116 à 123 et pages suiv.).

2. Lors du grand procès de juridiction entre l'échevinage et le bailliage, on constatait en 1731 que les registres publics du bailliage avant 1420 étaient perdus. Pendant la Révolution, la plus grande partie des archives de ce tribunal fut détruite. Il en fut de même des *anciennes archives municipales des greffes criminel, de police et des vierschaires* (Pagart d'Hermansart, *Bull. de la Morinie,* t. VII, p. 192 à 194).

diverses juridictions et à différents objets. Mais il existe deux manuscrits précieux : celui du conseiller Deschamps de Pas qui présente l'organisation judiciaire de la cour du bailliage, et celui de l'échevin Des Lyons de Noircarme, rédigé vers 1765. Dans ce dernier se trouvent réunies les copies de la plupart des provisions des baillis depuis 1304, la forme de leur serment et diverses ordonnances relatives aux différends qui ont éclaté entre l'échevinage et le bailliage au moment de l'installation de ces officiers ; on y trouve des renseignements identiques sur les lieutenants des baillis depuis 1481. Ce dernier manuscrit a été déjà utilisé, mais M. Giry a fait ressortir avec beaucoup de vérité [1] combien, si précieux et intéressant qu'il soit, il est cependant insuffisant pour retracer même simplement une période de l'histoire du bailliage, et combien on pouvait trouver dans les archives municipales de Saint-Omer de documents complémentaires.

Ces archives nous ont été en effet d'un grand secours et nous les avons explorées pendant plusieurs années, en ayant soin de contrôler également toutes les assertions et dates des manuscrits Deschamps de Pas et Des Lyons de Noircarme.

Ces manuscrits contenaient chacun des listes des officiers de bailliage, nous les avons vérifiées

---

1. *Mém. de la Morinie,* t. XIV, p. 277 à 290.

et complétées autant qu'il a été possible ainsi que celles déjà publiées[1] et nous y avons joint la reproduction de diverses commissions ou lettres d'investiture.

Quant aux autres ouvrages imprimés ou manuscrits dont nous nous sommes servis, aux archives que nous avons consultées, on en trouvera l'indication dans les notes. Les nombreuses citations faites dans le texte nous ont permis de réduire à un petit nombre les pièces justificatives que nous avons cru devoir publier, bulle, lettres de rois, ordonnances de divers princes.

A côté de l'histoire des institutions que nous avions surtout en vue, et afin de mieux caractériser les luttes des officiers du bailliage contre les mayeur et échevins, nous avons cru pouvoir présenter parfois quelques récits tirés, soit de ces divers ouvrages, soit des archives municipales ; en montrant la société de ces diverses époques, ses mœurs, ses préjugés, on saisit mieux l'importance de questions où la dignité de chacun des acteurs semblait engagée, et qui nous paraîtraient bien vaines aujourd'hui, si nous ne

---

1. Une liste des baillis a été publiée par M. de Laplane d'après divers mss. (*Bull. de la Morinie*, t. II, p. 611 et 1007). — M. Giry (*Hist. de Saint-Omer*, p. 118) fait observer qu'elle est loin d'être complète, et qu'il « serait possible, en dépouillant les divers dépôts « d'archives et les cartulaires de la contrée, de combler de nom- « breuses lacunes ». — Une liste des lieutenants généraux et particuliers depuis 1481, d'après le ms. Des Lyons de Noircarme, a été donnée par M. de Lauwereyns de Roosendaele (*Mém. de la Morinie*, t. XIV, p. 245).

voulions pas nous placer au point de vue des hommes de ces temps vivant en quelque sorte dans un petit Etat créé par leurs ancêtres avec des privilèges et des libertés spéciales, et conservé pieusement par leurs successeurs, Etat qui devait se perdre dans l'idée agrandie de l'Etat moderne et de sa vaste unité. Les circonstances dans lesquelles plusieurs baillis furent excommuniés par les évêques de Térouanne nous ont paru aussi curieuses à expliquer.

Les deux premiers livres du tome I sont plus particulièrement consacrés à l'histoire générale du bailli, c'est-à-dire à toutes les vicissitudes par lesquelles ont passé ses attributions si importantes à l'origine, et celles de son lieutenant qu'on ne peut séparer de lui ; c'est en même temps la partie politique de cette histoire. Nous avons étudié dans le livre III du tome I les autres officiers du bailliage, et le mode d'administration de la justice ; le tome II a été consacré à la juridiction et à la compétence de cette cour.

Afin de faciliter les vérifications, les dates ont été laissées à l'ancien style, et quand nous avons dû citer divers cartulaires ou inventaires, nous avons indiqué, lorsque cela était nécessaire, les dates du nouveau et du vieux style[1].

---

1. Ainsi que nous l'avons déjà fait pour les *Conseillers pensionnaires* et les *Procureurs de ville à Saint-Omer*.

LIVRE I

LE BAILLIAGE DE SAINT-OMER

jusqu'à la fin du XVᵉ siècle

CHAPITRE I

Origine des baillis de Saint-Omer. — Les pouvoirs existant à Saint-Omer au moment de la création du bailli. — Le châtelain et son sénéchal. — Le prévôt. — La commune audomaroise. — Les seigneuries particulières. — Les établissements religieux. — Utilité de la création des baillis.

Il existait très anciennement des baillis dans les villes de Flandre. Leur institution remontait à Baudouin IV le Barbu (989 à 1036) ou à Baudouin VI de Mons (1067 à 1070)[1], et leurs attributions avaient été réglées en 1178 par une ordonnance du comte Philippe d'Alsace portant : « Hæc sunt puncta que « per universam terram suam comes observari « præcepit ».

Ce document a été plusieurs fois publié[2], et

---

1. Varnkoenig, *Histoire de Flandre*, éd. Gheldolf, t. II, p. 152.
2. *Id.*, t. II, p. 423.

M. Vandenperboom, dans ses notices sur Ypres[1], en rappelle ainsi les dispositions caractéristiques. « Le « bailli pouvait arrêter, même sans l'intervention « des échevins, les malfaiteurs pris en flagrant délit « et requérir, en ce cas, l'assistance des bourgeois ; « ceux-ci devaient lui prêter aide et concours, sous « peine d'amende. — Le bailli avait le droit de « recouvrer partout, sauf dans les églises, ce qui « était « fourfait » par les échevins, au profit du « comte (forisfactum adjudicatum comiti per scabi- « nos). — Il intervenait dans les mesures prises par « les échevins pour « l'abattis de maisons ». Les « autres dispositions de l'ordonnance concernent les « bannis et règlent divers points de droit criminel et « civil ».

De cette ordonnance il paraît bien résulter que ces baillis du comte résidaient dans certaines villes et y exerçaient son autorité près des échevinages.

Cependant on ne sait pas si, avant le xiii° siècle, un bailli a exercé exclusivement des fonctions à Saint-Omer. Philippe-Auguste, qui avait reçu en 1180 le territoire d'Artois comme dot de sa femme Isabelle de Hainaut, prescrit en 1191 d'une manière générale à ses baillis non désignés et à ses autres officiers d'empêcher que l'abbaye de Saint-Bertin à Saint-Omer soit troublée de quelque manière que ce soit[2]. Plus tard, on trouve au bas d'une charte de 1193

---

1. *Ypriana. — Notices, études, etc., sur Ypres*, t. III. Origines (Bruges 1880), p. 297.

2. « Præterea, baillivis et prepositis nostris precipiendo manda-« mus quod, si aliquis res ad dictum monasterium pertinentes in « potestate nostra constitutas turbare vel inquietare presumpserit, « cum requisiti fuerint, quantocius faciant eis emandari tanquam « si rebus nostris propriis esset illatum ». *(Inv. som. du Pas-de-Calais*, 5, n° 3).

émanée de Lambert, évêque de Térouanne, les noms de Renaud d'Aire et de Joscelin « baillivorum Domini Regis »[1] et ce dernier figure encore comme témoin dans une sentence rendue la même année par la cour du châtelain de Saint-Omer[2].

A cette époque, et un peu antérieurement, les baillis royaux apparaissent en France, sans aucun titre, sans indication de leur bailliage ; les limites de leur circonscription sont encore indécises et leurs fonctions temporaires. Ce sont des délégués au nombre de deux ou quatre, même de cinq, de la *curia regis,* allant tenir des assises périodiques dans les plus importantes villes du royaume[3]. On ne peut donc affirmer que les baillis chargés de protéger l'abbaye de Saint-Bertin, ou ceux dont nous venons de citer les noms, aient administré pour le roi une circonscription territoriale déterminée dont le chef-lieu aurait été Saint-Omer. Cependant si Renaud était originaire d'Aire, le choix qui aurait été fait dans le pays de ce nouveau fonctionnaire peut faire présumer qu'il y résidait et qu'il n'était point un envoyé de la *curia regis*.

Mais par le traité de Péronne, en 1199, le roi de France dut céder à Baudouin IX, comte de Flandre, les villes d'Aire et de Saint-Omer, et à la fin d'une

---

1. « Factum est hoc anno Domini M°.C°.XC° III° per manum Rai-« naldi de Aria et Joscelini baillivorum Domini Regis, coram his « testibus... » *Chartes de Saint-Bertin, éd. Haigneré,* t. I, n° 393, p. 173.

2. *Chartes de Saint-Bertin,* id., n° 395, p. 174.

3. C^{el} Borrelli de Serres. — *Recherches sur divers services publics du XIIIe au XVIIe siècle.* — *Notes relatives au XIIIe siècle,* Paris 1895, p. 1 , 200 à 202, 207, 216. L'auteur établit p. 203, en même temps que M. Luchaire dans son *Manuel des Institutions françaises,* p. 545, qu'il ne faut pas dater l'institution des baillis seulement du testament de Philippe-Auguste en 1190.

charte de ce prince en date du mois de décembre 1201 figure, parmi les témoins, à côté de Renaud d'Aire, qui se retrouve sans qualification spéciale : « Gervasius Waignart qui tunc fuit Baillivus meus « apud Sanctum Audomarum et apud Ariam »[1]. Ce serait donc un comte de Flandre qui le premier aurait créé une « baillie » comprenant les territoires de Saint-Omer et d'Aire, et y aurait nommé un titulaire en 1201[2].

En 1202, le même comte mentionne encore son bailli de Saint-Omer seulement : « Præcipio etiam « baillivo meo de Sancto Audomaro, quicumque ipse « sit... »[3].

Si l'on ne trouve pas dans cette ville de bailli, soit temporaire, soit en titre, avant 1193 ou 1201, ce n'est pas que le souverain n'ait eu alors des représentants de son autorité dans cette ville : en effet, d'anciens officiers, sous le nom de châtelains, avaient exercé, comme délégués du comte, le pouvoir, non seulement sur la ville, mais encore sur une circonscription territoriale appelée châtellenie. Mais ils étaient devenus seigneurs héréditaires, et avaient fait de leur office, ainsi que des droits judiciaires, administratifs et militaires qui y étaient attachés, un fief relevant directement des comtes de

---

1. *Arch. de Saint-Omer*, CXXX, 1. — *Mém. des Antiq. de la Morinie*, t. IV, p. 354.

2. On aurait donc pu faire figurer Gervais Waignart comme le premier bailli d'Aire dans la « Chronologie » des Baillis de cette ville. (*Bull. hist. des Antiq. de la Morinie*, t. III, p. 247).

3. Charte de mars 1202 par laquelle Baudoin ordonne à son bailli de Saint-Omer de faire observer un acte par lequel il autorise Thomas Poitel à vendre ou à donner son alleu à qui il voudra. (*Chartes de Saint-Bertin*, t. I, n° 454.

Flandre[1] et ils avaient des vassaux dans l'étendue de la châtellenie et dans la ville même.

Le siège de la cour judiciaire du châtelain était l'ancien château de Sithiu, placé sur une hauteur élevée de main d'homme, appelée Motte Châtelaine ou simplement la Motte. Il y tenait sa cour féodale composée de ses vassaux au nombre d'environ soixante, qui ne connaissait que des contestations en matière de fiefs et au criminel, et jugeait les chevaliers du ressort de la châtellenie[2]. Un échevinage composé de chevaliers connaissait de toute la tenance des frans alleux.

Dans les tribunaux d'ordre inférieur des *liberi scebini* présidés par des officiers appelés maieurs, baillis ou amans, délégués du châtelain, rendaient la justice[3] et jugeaient les serfs[4].

Comme haut seigneur justicier le châtelain tenait aussi au château, trois fois par an, des plaids généraux, où la justice était rendue par les francs hommes, et dans différentes localités de la châtellenie des assises périodiques connues sous le nom de *franches vérités*. Près du tribunal des échevins de la ville, ses droits, probablement plus étendus autrefois, étaient déjà réduits à des fonctions de police

---

1. D'après M. Giry, *Histoire de Saint-Omer*, p. 93 « il est probable « que dès le moment où nous voyons apparaître le premier châtelain, « la châtellenie est déjà héréditaire, bien que le premier document « qui fasse soupçonner cette hérédité ne soit que de 1145 ». Or le premier châtelain date de 1042, bien avant la concession à la commune de la charte de 1127. — Voir aussi Giry : *Les châtelains de Saint-Omer*. (Bibl. de l'Ecole des Chartes, 1874-1875).

2. Giry, *Histoire de Saint-Omer*, p. 113. — Et *Mém. de la Morinie*, t. XIII, 2ᵉ partie, p. 137.

3. Giry, *loc. cit.*, p. 98.

4. Brassart, *Compte du fief de la châtellenie de Saint-Omer en 1391* (Bull. de la Morinie, t. VI, p. 470).

judiciaire ; par son délégué il les conjurait de rendre leurs jugements[1], faisait les assignations à ce tribunal et exécutait les sentences. Le châtelain représentait donc le comte, non seulement dans la justice féodale, mais encore dans celle de la ville, de la banlieue et de la châtellenie[2]. Les émoluments de ces droits de justice consistaient dans les parts qui lui étaient attribuées dans les amendes prononcées par le Magistrat de Saint-Omer, à sa poursuite, et dans une partie de celles perçues aux francs alleux. Parmi les droits utiles, on peut relever la perception du forage sur les boissons, du cammage sur les brassins de bière, de diverses taxes sur quelques métiers, d'un droit à raison des particuliers que le Magistrat recevait à la bourgeoisie, etc. Il avait encore le droit de vent dans toute la châtellenie, et lui seul pouvait avoir des cygnes.

Chef d'armes, le châtelain convoquait le ban de ses vassaux, requérait la force armée, et pouvait empêcher qu'on bâtit aucun château-fort dans la châtellenie.

A côté du châtelain, on voit figurer son sénéchal dont les fonctions sont mal connues. La première mention relative à ce personnage remonte à 1097, et un seul texte s'y réfère, c'est celui de l'article 20 de la charte de 1127 donnée à la commune andomaroise par Guillaume de Normandie, XIVᵉ comte de Flandre. Il nous apprend que le sénéchal suppléait le châtelain pour semondre ou conjurer les échevins de la

---

1. Voir ce que nous disons sur la conjure et le mode de rendre la justice en Artois, chap. VIII.
2. Giry, *loc. cit.*, p. 99 et 95.

communauté urbaine. On ignore si son office était anciennement héréditaire[1].

Un autre représentant du comte était le prévôt. On ne peut préciser ni l'époque à laquelle il faut faire remonter sa création, ni quelles étaient ses attributions[2]. En général, d'après Brussel[3], le prévôt était un officier chargé de recevoir les droits de la terre, les revenus provenant des métairies, foires, moulins, prés, rivières, étangs, marchés, halles, étaux, sceaux, greffe, tabellionage, etc., et autres biens ou droits possédés en propre par le souverain et formant son domaine privé. Comme les revenus des prévôtés étaient importants, les princes ne les avaient pas inféodées, ils se contentèrent de les donner à ferme, et celui qui les exploitait exerçait en outre la justice et en percevait les émoluments.

Les droits de justice du prévôt de Saint-Omer sont mentionnés d'une manière très vague dans le § 13 de la charte de 1127 en ces termes : « Quod si de « aliis causis querimonia facta fuerit, coram judici- « bus et præposito meo finiatur ». Mais presque tous les mémoires manuscrits ou imprimés, rédigés lors des grands procès de juridiction qui commencèrent à la fin du xviie siècle entre le bailliage et l'échevinage, énoncent qu'il connaissait des causes des roturiers et qu'il les jugeait en dernier ressort, tandis que le châtelain ne jugeait que les nobles.

Quoiqu'il en soit, l'administration des prévôts lais-

---

1. Giry, *Hist. de Saint-Omer*, p. 111 à 113.
2. Giry, *id.*, p. 117, suppose que c'était un officier de même nature que le bailli, sous un autre nom et avec une importance moindre que celle qu'eurent ceux-ci dans la suite.
3. *Usage des fiefs*, livre II, chap. 32.

sait en général beaucoup à désirer, car ils avaient fait de la jouissance des profits des jugements une source d'exactions et d'injustices.

Tels étaient les rôles du châtelain et du prévôt, anciens représentants de l'autorité du comte : le premier était devenu indépendant, le second était insuffisant et leur administration donnait lieu à un grand nombre de plaintes [1]. D'autre part, à côté de ces personnages, il existait d'autres pouvoirs civils ou religieux.

C'était d'abord la Commune audomaroise déjà constituée et qui, dès 1127, avait reçu la première consécration officielle de son existence. Les nombreux travaux dont la ville de Saint-Omer a été l'objet nous dispensent de parler de l'origine de sa constitution urbaine [2] et de son développement

---

1. Voir chapitre II ci-après.
2. Citons notamment : M. Giry, *Histoire de Saint-Omer*, 1877, p. 275, où est signalée l'association commerciale des bourgeois comme origine de la commune. — Dans les *Anciennes communautés d'arts et métiers à Saint-Omer*, t. I, 1879, p. 97 et suiv., nous avons montré à notre tour la communauté urbaine sortant de la *gilda mercatoria* dont nous avons publié le texte (t. II). — M. Pirenne (*Revue historique*, t. 53, p. 52 et t. 57, p. 76, 82 et 83 : *Origine des Constitutions urbaines*), signale aussi la gilda mercatoria reproduite d'ailleurs dans *The Gild Merchant*, t. I, p. 290. — M. Courtois (*Mém. de la Morinie*, t. XIII, *in fine* p. 161), avait indiqué en 1869 le droit d'arsin et la loi du talion comme éléments de formation du lien communal. — M. l'abbé Bled (id. t. XIX, p. 215 et 216) dans son étude sur le *Zoëne* a pensé que l'engagement des habitants à se considérer comme membres d'une même famille et à entrer en *faide* contre ceux qui lésaient les droits de l'un des associés avait pu à l'origine contribuer à former la commune. — Un autre élément est encore le groupement de la population derrière l'enceinte fortifiée élevée d'abord par l'abbé de Saint-Bertin en 878, puis par Baudouin II de Flandre de 902 à 907 (voir plus loin chapitre VII. *Attributions militaires*). C'est du reste une opinion soutenue par M. Varges

successif. Elle s'administrait elle-même, avait ses institutions spéciales en matière de finances, de service militaire et de police ; son échevinage exerçait les droits de haute justice et sa juridiction ne s'étendait pas seulement sur la ville, mais aussi sur une banlieue sise à l'extérieur. Toutefois elle était limitée par celles d'un grand nombre de seigneuries foncières et par les juridictions ecclésiastiques.

En dehors de la Commune existaient en effet diverses seigneuries qui furent longtemps indépendantes de la juridiction échevinale et restèrent sous la mouvance du château. Leur origine était antérieure à la naissance du lien communal ; elles se trouvèrent comprises dans l'enceinte de la ville construite sans qu'on ait tenu compte de la condition des terres et de la diversité des propriétaires et des justiciers[1]. D'autres fiefs sis dans la banlieue étaient dans les mêmes conditions. Enfin d'autres situés dans l'étendue de la châtellenie avaient également leur justice et leur administration propre.

Quant aux pouvoirs religieux, outre l'évêché de Térouanne dont dépendait le territoire de Saint-Omer, et qui exerçait la juridiction spirituelle alors

---

(*Jahrbücher für Nationalœ-Konomie und Statistik*, 3e Folge Bd. Heft I, 1896) que c'est la fortification et non le commerce ou le marché qui est le trait constitutif de la ville primitive. Les bourgeois se seraient naturellement soumis au chef militaire, même dans les affaires communales. Nous pensons qu'en réalité c'est avec ces divers éléments que se créa et se consolida le lien communal.

1. Voir pour ce fractionnement du sol M. Hermand, *Recherches sur la question d'antériorité et de paternité entre les deux monastères primitifs de Saint-Omer* (Mém. de la Morinie, t. IX), et Giry, *Hist. de Saint-Omer*, p. 147.

si étendue, venaient dans la ville même deux puissants établissements : l'abbaye de Saint-Bertin et le chapitre de Notre-Dame.

L'abbaye de Saint-Bertin était réduite dans la ville, par suite des usurpations des comtes, au territoire entouré par l'Aa et déterminé en 1056 par une charte de Baudouin V, VIIe comte de Flandre. Elle était en possession de l'immunité la plus entière et la plus absolue en vertu du privilège que lui avait concédé le roi Clovis III, le 1er juin 691[1]. Ce privilège fut renouvelé dans une série de diplômes royaux postérieurs, notamment par Philippe-Auguste en 1191[2], puis par Louis VIII en 1223 et par saint Louis en 1231. Il en résultait que l'abbé ne devait compte qu'au roi de son administration et qu'il avait toute justice sur les habitants de ses possessions. On ne sait pas d'une manière précise comment, à l'origine, ses droits de justice étaient exercés, et particulièrement en quoi consistait l'avouerie de Saint-Bertin, mais il est probable que, suivant l'ancienne législation locale qui nous montre des échevins avant Charlemagne, la basse justice était rendue par des échevins, tandis que l'exercice de la haute était confiée à des hommes de fiefs ou francs-hommes de l'abbaye. Un bailli, dont on ne rencontre cependant la mention qu'en février 1271-72, conjurait et assistait ces hommes[3].

Le chapitre de l'église Notre-Dame avait à sa tête un prévôt, deux grands officiers : le doyen et le chantre, et cinq officiers subalternes. Le prévôt avait l'exercice de la haute justice sur tous les biens du

---

1. Guérard, *Chartulerium Sithiense*, p. 35 et autres ouvrages.
2. Voir ci-dessus p. 2.
3. Giry, *loc. cit.*, p. 132 et 135.

chapitre et sur les paroisses qui en dépendaient, tant dans l'enceinte que hors des murs de la ville. Le doyen avait la basse justice. Là aussi, au moins vers le xiii° siècle, on rencontrait un bailli et des échevins présidés par le doyen dans des plaids généraux qui se tenaient tous les ans à diverses époques. Mais les laïques résidant dans l'enclos du chapitre restaient soumis à la juridiction échevinale [1].

Lorsque le bailli fut établi, la Commune était donc constituée, le territoire divisé en fiefs appartenait à des particuliers ou aux deux monastères. Cependant ce territoire entier de la ville avait appartenu autrefois au comte [2], et si différentes juridictions s'y étaient créées à son détriment, il n'avait pas moins conservé comme suzerain le pouvoir législatif suprême, des droits de justice, des redevances, des possessions territoriales. Il requérait, en cas d'invasion de la Flandre, la milice bourgeoise. Il avait, en sa cour féodale, juridiction sur son châtelain, pouvait intervenir dans toutes les contestations surgissant entre les diverses autorités qui se partageaient la juridiction de Saint-Omer, il était resté juge d'appel de la cour féodale du châtelain et même juge suprême. Ces droits que le prince exerçait difficilement alors, devaient trouver dans le bailli, établi dans la châtellenie même, un défenseur constant qui ne négligerait aucune occasion de les maintenir et de les agrandir en luttant contre les influences locales qui les restreignaient. Au milieu

---

1. Le privilège de juridiction de la collégiale de Saint-Omer est exprimé pour la première fois dans une bulle de Calixte II du 6 octobre 1123. *(Archives du chapitre de Saint-Omer,* II G, 58.)
2. Giry, p. 87.

de ces divers pouvoirs, le nouveau fonctionnaire royal allait devenir insensiblement arbitre suprême entre les intérêts qui s'agitaient autour de lui, et le représentant du pouvoir auquel demeurait la force pour faire exécuter les lois générales.

CHAPITRE II

Le bailli remplace le prévôt, le châtelain et le sénéchal dans la plupart de leurs attributions. — Château élevé en 1211 par Louis, fils de Philippe-Auguste. — Les fiefs de l'ancienne châtellenie en dépendent. — Etendue de l'ancienne châtellenie. — Celle-ci n'est plus qu'un fief relevant du bailliage. — Le titre de châtelain, réuni d'abord à celui de bailli, devient le nom d'un officier subalterne, lieutenant du châtelain ou bourgrave. — La sénéchaussée suit le sort de la châtellenie. — Etendue successive du bailliage.

Le bailli remplaça assez rapidement le prévôt et le châtelain.

L'ordonnance de Philippe-Auguste en 1190 avait fait des prévôts les subordonnés des baillis, puisqu'ils devaient veiller sur leur administration, qu'ils pouvaient mettre eux-mêmes les prévôtés en ferme et en recevoir les revenus, et qu'ils étaient aussi autorisés à destituer les prévôts, mais seulement pour rapt, homicide ou trahison. Le représentant du prince prit la haute main sur l'administration locale, même sur l'exploitation du domaine, ne laissant aux prévôts que les soins d'exécution ; il fit pour le Trésor les recettes, frais de procédure, droits de sceau, exploits, forfaitures, amendes, etc., conséquence de ses jugements, et enleva insensiblement au prévôt la direction, la perception et l'emploi des finances [1]. Quant aux attributions judiciaires du prévôt, elles furent aussi réduites et disparurent insensiblement [2]. Les prévôts subsistèrent un certain temps comme subordonnés des baillis ; en 1321, on rencontre encore dans un compte de la baillie de Saint-Omer un article de dépense ainsi conçu : « Œvres faites ou manoir Mons. le prévôt en la rue « Boulisienne » [3] cette mention montre que cet officier était obligé alors de rendre ses comptes au bailli, son supérieur hiérarchique qui ne tarda pas à se substituer complétement à lui.

Quant au châtelain, il fut également absorbé. En 1211, Guillaume V ayant signé la cession consentie à Pont-à-Vendin par Fernand de Portugal, comte de Flandre, à Louis, fils de Philippe-Auguste, roi de France, des villes d'Aire et de Saint-Omer, ce prince construisit dans cette dernière près de la Porte Boulenisienne, un nouveau château [4] et confia au bailli une

---

1. C[el] Borrelli de Serres, *loc. cit.*, p. 194, 204.

2. Suivant M. Bouthors *(Coutumes du bailliage d'Amiens*, t. II. p. 4), les attributions judiciaires des prévôts étaient très limitées, le litige ne devait pas dépasser la somme de 60 sous ni les délits entrainer une amende supérieure. Les autres causes civiles, réelles, personnelles ou mixtes, ainsi que les affaires criminelles, étaient de la compétence du bailli qui était aussi juge d'appel. Nous n'avons rien trouvé d'aussi précis en ce qui concerne Saint-Omer.

3. *Comptes de Pierron de la Marlière (Chandeleur*, 1321) *(Bibl. municip. de St-Omer*, ms. 870).

4. « Ad ann. 1211. Ludovicus interea, Ariam fanum que Odomari maximis operibus, multo firmiora atquè antèa erant, effecit ; validissima apud Audomarenses educta, ad portam Bononicam, turri quâ ingressus egressus que liber, peculiarisque sibi pateret in oppidum ». (Meyer, annales).

partie des fonctions juridiques du châtelain et l'administration de la nouvelle châtellenie. Il paraît que cette mesure y fit cesser de graves abus, dit M. Courtois[1], et que l'autorité royale fut accueillie dans cette contrée avec joie par les vassaux ; car ces châtelains s'étaient érigés en despotes, et se livraient à des violences et à des exactions que la population souffrait impatiemment[2].

Cette châtellenie dont il serait difficile de préciser l'étendue et les limites, comprenait deux mouvances distinctes, celle d'un fief dominant du comté de Flandre, et la mouvance de la seigneurie vicomtière qui appartenait au châtelain.

Au moment où Louis VIII, encore prince royal, en prit possession, la châtellenie « correspondait à peu
« près aux quatre cantons actuels de Saint-Omer
« nord, de Saint-Omer sud, de Fauquembergues et
« de Lumbres, moins les quelques villages ou sei-
« gneuries de ces cantons qui dépendaient d'Ardres,
« du comté de Saint-Pol, de Lillers ou d'Aire, moins
« encore les domaines de Baudringhem, d'Éperlec-
« ques, de Longuenesse, de Moulle, de Saint-Martin-
« au-Laërt et de Serques qui, sous le rapport féodal,
« relevaient du château d'Aire (Mailliart). Dans les
« cantons de Fauquembergues et de Lumbres étaient
« trois principaux quiefs ou fiefs dominants dont
« relevaient la plupart des autres. Ces trois grandes
« seigneuries étaient Fauquembergues, Seninghem
« et Bientques. Au-dessous étaient celles de Renty,
« d'Elnes et d'Esquerdes qui avaient aussi une cer-

---

1. *Dict. géog. de l'arrond. de St-Omer*, p. 224. — *Mém. de la Morinie*, t. XIII.
2. Giry, *Hist. de St-Omer*, p. 96 et 97.

« taine importance. La mouvance du château de St-
« Omer s'étendait même médiatement au delà des
« deux cantons de Lumbres et de Fauquembergues,
« notamment à Coupelle-Neuve, à Coupelle-Vieille,
« à Fasques, à Verchocq, à Rimboval, à Rumilly-le-
« Comte, et en Flandre à Buysscheure et à la baron-
« nie d'Esquelbecque, laquelle relevait directement
« du château de Fauquembergues » [1].

Du nouveau château dépendirent les fiefs tenus directement du prince ; la suzeraineté châtelaine se fondit en effet dans la souveraineté de celui-ci, et la juridiction féodale de la châtellenie se réunit à la puissance souveraine. Ce fief de la châtellenie, insensiblement démembré par suite de la destruction du pouvoir des châtelains [2], fut réduit à celui de la Motte, et releva du château devenu chef-lieu du Bailliage. En 1347, lorsque le bailli convoqua l'hommage du bailliage, les francs-hommes et le lieutenant du châtelain, Pierre de Wissocq, y furent appelés. Sanse de Beaumont, châtelain, fils aîné de messire Florent de Beaumont, fit notamment lui-même hommage de son fief de la Motte, le 27 février 1364, entre les mains du sr de Sangatte, bailli de la comtesse de Flandre et d'Artois, en présence des hommes de fiefs.

Déjà les baillis s'intitulaient baillis et châtelains, on peut citer :

SOUS LES COMTES D'ARTOIS :

en 1347, Enguerrand de Beaulo.
en 1368, Warin, sire de Bécourt et d'Enquin.

---

1. Courtois, *Dict. géogr. de l'arrond. de St-Omer*, p. 223. — *Mém. de la Morinie*, t. XIII.

2. Voir pour les détails relatifs aux châtelains et à la châtellenie l'ouvrage déjà cité de M. Giry : *les Châtelains de Saint-Omer*, et M. Piers, *Variétés historiques, Maison de Saint-Omer*.

en 1370, Guillaume de Wailly.

en 1372, Jean de Brimeu.

en 1373, Henri le Maisier, sr de Biaussart.

SOUS LES COMTES DE FLANDRE :

en 1381, Gilles de Bilke.

en 1382, Guilbert du Fresne.

SOUS LES DUCS DE BOURGOGNE :

en 1385, Allard Danne,

qui tous prennent les deux qualités.

Lorsqu'enfin la châtellenie fut réunie au domaine en 1386, par l'acquisition qu'en fit Philippe le Hardi, duc de Bourgogne, comte d'Artois, les baillis s'étaient déjà emparés de tous les pouvoirs.

Guillaume Percheval d'Ivregny en 1388, et Jehan Haniéré qui, en 1390, fut même autorisé à s'installer au château de la Motte, continuèrent à joindre à leur titre de bailli celui de châtelain ; Aléaume de Longpré, en 1392, et ses successeurs jusqu'en 1483, s'intitulèrent baillis et gouverneurs des ville et château de Saint-Omer. En 1483, il n'y a plus de châtelain au château, et Pierre de Lannoy est bailli des villes, banlieue et bailliage de Saint-Omer ; en 1487, Jehan du Bos, et plus tard en 1507 Ferry de Croy deviennent baillis et capitaines de Saint-Omer, et jusqu'à la vénalité des charges, ce sont les deux titres que conservent ses successeurs ; car ils ont absorbé aussi le pouvoir militaire du châtelain et l'ont même étendu.

Avant la réunion de la châtellenie au Domaine, le bailli rendait des comptes au châtelain pour ce

---

1. « C'est le comptes Jehan de Vaudringhehem, baillieu de Saint-Omer fait à le castelaine puis l'eure qu'il fu bailliex, premièrement du comte de Le Toussaint MCCC et VII ». — Recettes des comptes de Toussaint 1307, Chandeleur, Ascension, Toussaint 1308, Chandeleur

qui dépendait de son fief et des droits utiles qu'il avait conservés. Le fief de la châtellenie subsista quelque temps encore après 1386 et ses comptes continuèrent longtemps encore à être rendus à part, quoique présentés par le receveur de la baillie[1] ; nous le retrouverons plus tard sous la juridiction du bailliage.

La fonction de châtelain ne cessa pas non plus complètement, mais ce titre servit à désigner un officier subalterne qualifié du nom d'officier châtelain ou bourgrave, que nous verrons plus tard représenter encore cependant la commune dans certaines procédures criminelles et lors des élections échevinales quand le bailli y présida.

La sénéchaussée avait déjà disparu en tant qu'office féodal par suite de la vente que le dernier sénéchal Guy du Bois en avait fait le 14 juillet 1306 à la comtesse d'Artois[2].

Les droits perçus par ce feudataire, soit du comte d'Artois, soit du châtelain, consistaient alors dans

et Ascension 1309. Amendes et exploits, le 1/3 pour la châtelaine ; mises, gages de l'avocat de Térouanne, desfendeur dont la châtelaine paie le tiers, un tiers dans l'établissement d'un nouveau gibet, dans l'exécution de « XXIII que hommes, que fames, que pendus, que enfouis et mis à exécution pour chacun xv^s », somme reçue de la châtellenie de Fauquembergues, quelques dépenses faites pour la châtelaine de Saint-Omer (Ascension 1309). *(Invent. som. du Pas-de-Calais*, A. 251).

1. Extrait du compte du domaine de la châtellenie de 1634. *Pièce justificative* XV.

2. Guy du Bois (de Bosco) a vendu à la comtesse d'Artois tout ce qu'il possédait à Saint-Omer et à Blendecques (14 juillet 1306) *(Invent. som. du Pas-de-Calais*, A. 52), de sorte que les rentes dues jadis au sénéchal « à le Paske et au Noël » étaient dues à Madame d'Artois. « Le taule de Saint-Omer x^s, et II capons por une maison gisant en la ruelle par derière la maison Guy de Fiennes » etc.; — Rentes à Blendèque, entre 1303 et 1329 (id. 500).

certains droits de forage, de cambage, de mairie, dans diverses rentes foncières, des redevances en lances avec les fers, en éperons dorés et en gants ; il avait des vassaux qui lui devaient le droit de relief, et en cas de vente le droit seigneurial, et des hommes cottiers pour rendre la justice tant en la ville qu'au village de Blendecques.

Les vassaux de la sénéchaussée se confondirent insensiblement avec ceux du souverain, comme cela était arrivé pour la châtellenie. La sénéchaussée devint elle-même le fief de la Marlière. Quant aux divers droits, ils continuèrent à être perçus au profit du Domaine, ils figurèrent un certain temps dans les comptes de « la baillie » au chapitre spécial « de la senescauchie »[1].

En étudiant les diverses attributions des baillis, nous verrons d'ailleurs dans tous ses détails comment se fit l'absorption des droits des anciens officiers qui les avaient précédés ; du reste elle ne s'effectua pas seulement au profit du nouvel officier représentant le comte, la commune audomaroise sut également profiter de leur démembrement pour s'attribuer des droits de juridiction et des droits utiles.

Le bailliage d'Aire fut réuni à l'origine et pendant quelque temps, de 1201 à 1216 au moins, puis en 1236 à celui de Saint-Omer. Ce fut là une réunion administrative momentanée et les deux circonscriptions devinrent ensuite distinctes [2].

Mais le bailliage de Saint-Omer ne resta pas cependant limité aux anciens territoires de la châtel-

---

1. Brassart, *La sénéchaussée de Saint-Omer* d'après un compte du Domaine de 1355. *(Bull. de la Morinie,* t. VI, p. 463).

2. Toutefois en 1390 Aire fut de nouveau momentanément annexé au bailliage de Saint-Omer. V. ci-après p. 21.

lenie, tels que nous les avons indiqués en 1511.

Le pays de l'Angle [1] qni, au xiie siècle, faisait partie de la châtellenie de Bourbourg, en fut séparé vers 1348 pour être annexé au comté d'Artois et au bailliage de Saint-Omer. Il comprenait quatre paroisses : Saint-Folquin, Sainte-Marie-Eglise (Sainte-Marie-Kerke), Saint-Nicolay (Saint-Nicolas) et Saint-Omer-Eglise (Saint-Omer-Capelle).

Par suite de la cession du comté de Guisnes consentie par Arnould III au profit de Philippe le Hardi, roi de France, en 1282, la châtellenie de Tournehem [2] fut annexée au comté d'Artois et réunie plus tard au bailliage de Saint-Omer ; elle avait environ quatre lieues d'étendue dans sa plus grande longueur et autant dans sa plus grande largeur.

Le pays de Brédenarde [3], avec ses quatre paroisses : Audruicq, Nortkerque, Polincove et Zutkerque, fut annexé au bailliage de Saint-Omer à la même époque et par la même raison [4].

La châtellenie d'Eperlecques était réunie dès 1332 au bailliage de Saint-Omer ; à partir de Philippe le Bon, en 1442, elle fut l'objet de diverses cessions et passa tour à tour, mais seulement à titre de domaine engagé, dans diverses maisons.

Aussi divers baillis de Saint-Omer furent-ils en même temps titulaires d'autres bailliages. Les premiers furent assez longtemps baillis d'Aire et de Saint-Omer. Guilbert de Nédonchel, en 1332, était bailli de Saint-Omer et d'Eperlecques. Sous les ducs

1. Canton d'Audruicq.
2. Canton d'Ardres.
3. Canton d'Audruicq.
4. *Comptes des baillis de St-Omer 1306 à 1342*, à la bibliothèque de la ville.

de Bourgogne, Albert Danne fut en 1387 bailli de Saint-Omer et de Tournehem, ainsi que son successeur. Le 8 décembre 1390, Philippe le Hardi réunit les trois bailliages de Saint-Omer, d'Aire et de Tournehem, et décida qu'à l'avenir ils seraient gouvernés par une seule et même personne qui résiderait dans la première de ces villes. De 1422 à 1478, Guillaume et Alard de Rabodinghe furent encore baillis de Saint-Omer et de Tournehem. Plus tard ces quatre grands fiefs, la châtellenie de Tournehem, les pays de Langle et de Brédenarde et la châtellenie d'Eperlecques, devenus des domaines propres aux comtes d'Artois eurent leurs baillis particuliers et furent placés en second ressort sous l'administration des baillis de Saint-Omer, lors de l'établissement de l'appel judiciaire.

Devant la cour féodale du fief dominant, cette procédure eut aussi pour effet de faire entrer dans le ressort du bailliage les domaines particuliers de Fauquembergues, de Renty et de Seninghem déjà compris dans la mouvance de la châtellenie.

Enfin pour n'avoir pas à revenir sur l'historique de l'étendue du bailliage, ajoutons que le traité de Madrid qui transféra en 1526 la souveraineté de l'Artois à Charles-Quint et à ses successeurs, la destruction de Térouanne en 1553 et la division de l'Artois entre la France et l'Espagne de 1640 à 1677, apportèrent peu de changements aux limites du bailliage [1].

1. *Dict. géog. de l'arrond. de Saint-Omer*, introd. p. xxiv. — *Mém. de la Morinie*, t. XIII. — Traité des Pyrénées du 7 nov. 1659 et traité des limites du 22 sept. 1644. — Traité de Nimègue du 17 sept. 1678. — Nous donnons d'ailleurs dans la seconde partie de cet ouvrage plusieurs nomenclatures des localités soumises à la juridiction du bailliage à diverses époques.

CHAPITRE III

Nomination des baillis. — Leurs attributions d'après leurs commissions. — Division de ces attributions en financières, administratives, militaires et judiciaires. — Considération dont jouissaient les baillis. — Leur serment au prince avant d'entrer en charge. — Cautionnement. — Amovibilité des baillis. — Surveillance de leur administration. — Pénalités. — Trahison d'Enguerrand de Beaulo; Lettres du roi Jean de 1358.

Les baillis Renaud d'Aire et Joscelin qu'on rencontre en 1193, qu'ils aient eu ou non une circonscription territoriale déterminée à administrer, furent institués sous Philippe-Auguste, et nous avons vu le comte de Flandre Baudouin nommer en 1201 Gervais Waignart, bailli de Saint-Omer et d'Aire. Mais l'Artois ne resta pas entre les mains de ce prince, il retourna quelques années après à la couronne en 1211 ; Louis, fils de Philippe-Auguste, le posséda d'abord comme prince royal, puis comme roi ; il le légua en 1227 à titre d'apanage à son second fils Robert, frère de saint Louis, et ce dernier érigea le fief en comté en 1237. Pendant le temps que Saint-Omer dépendit directement du roi, les baillis furent nommés par lui, puis les comtes feudataires installèrent à leur tour ces officiers. Cependant le roi en nomma encore même quand l'Artois appartenait à ces princes, car ce comté fut plusieurs fois et pendant de longues années sous sa main, soit parce que les comtes, pour des raisons diverses, guerres lointaines, minorité, se trouvaient dans l'impossibilité d'administrer eux-mêmes le comté, soit parce que l'Artois, disputé par divers compétiteurs, était saisi par le roi[1]. C'est ainsi qu'en 1316, par lettres données à Amiens le 7 novembre, Philippe, régent du royaume, autorisa le maréchal de Beaumont, capitaine et gouverneur du comté qui était entre les mains du souverain, à nommer les baillis, prévôts et sergents des châteaux et forteresses[2]. Philippe V, pendant la révolte de la noblesse d'Artois contre la comtesse Mahaut, investit lui-même le 21 mars 1318, le bailli Renier de L'Ecluse[3].

Quant aux comtes, ils nommaient directement les baillis ou autorisaient aussi les gouverneurs d'Artois à les instituer. En 1350 ce fut Gaucher de Châtillon qui nomma le bailli Enguerrand de Beaulo au nom de la comtesse Marguerite, veuve de Louis Ier de Crécy, comte de Flandre. Lorsque l'arrière-neveu de cette princesse, Philippe II de Rouvre, mourut le 29 novembre 1361, elle hérita du comté d'Artois, et en établissant par lettres du 30 novembre Gaucher de Châtillon, seigneur de la Ferté et Mathurin Roger ses lieutenants dans la province, elle leur donna notamment le pouvoir de destituer les baillis, rece-

---

[1]. Le comté d'Artois, au XIIIe siècle, fut plus souvent dans les mains du roi que gouverné personnellement par ses comtes (M. Guesnon. *La trésorerie des Chartes d'Artois avant la conquête française de 1640. Bull. hist. et phil.*, 1895, p. 424 et 425).

[2]. Abbé Bled, *Bull. hist. et phil.*, 1895, p. 521.

[3]. Pagart d'Hermansart, *Bull. hist. et phil.*, 1894, p. 585.

veurs et châtelains et d'en instituer d'autres[1]. C'est en vertu de cette délégation qu'Arnoud de Créquy, nommé le 22 novembre 1360 par le gouverneur d'Artois, fut révoqué et nommé de nouveau en 1361 par Gaucher de Châtillon.

Le mariage de la fille de Charles le Téméraire avec Maximilien en 1477 fit passer la ville de Saint-Omer sous la domination de la maison d'Autriche. Le traité d'Arras du 23 décembre 1482, en vertu duquel la princesse Marguerite avait été fiancée au dauphin Charles [2] avec l'Artois pour dot, stipula que les baillis de Saint-Omer seraient, à partir de ce jour jusqu'au mariage des fiancés, nommés par l'archiduc, père de la princesse, mais institués par le dauphin. Pierre de Lannoy fut alors désigné comme bailli en 1483 par Philippe de Crévecœur, gouverneur du comté pour le dauphin mari futur de Marguerite [3].

Puis, lorsque la guerre éclata entre Maximilien et Charles VIII et que Philippe de Crévecœur, devenu maréchal de France, se fut rendu maître de Saint-Omer en mai 1487, il nomma bailli Jean du Bos ; Pierre de Lannoy, qui avait été du parti contraire au roi Louis XI, s'étant départi de son office après la réduction de la place.

Ainsi donc, à chaque changement de prince par voie d'hérédité ou autrement, les baillis, lorsqu'ils n'étaient pas révoqués, recevaient presque toujours une nouvelle investiture afin de pouvoir continuer leurs fonctions.

---

1. Vidimus de ces lettres, *Arch. de Saint-Omer*, AB VIII, 9.
2. Depuis Charles VIII.
3. On sait que le mariage n'eut pas lieu et que Charles épousa en 1491 Anne, duchesse de Bretagne. Le traité d'Arras fut annulé par celui de Senlis en 1493.

M. Courtois a pensé que les baillis particuliers des villes d'Artois « ne furent pendant longtemps que « comme les lieutenants des baillis d'Artois »[1]. M. Richard constate en effet que la juridiction du bailli d'Artois s'étendait à tout le comté, mais que toutefois elle n'existait plus après le xiii° siècle[2]. M. Courtois ajoute que « le véritable titre que por- « taient ceux de Saint-Omer était celui de « gardes de « la baillie de Saint-Omer ». Cela est vrai de quelques baillis notamment de Pierre de Bouveringhem[3], en 1321, et de Gilles du Bilke nommé le 28 avril 1381[4]; Allard Danne, dans sa commission du 17 avril 1385, est au contraire qualifié de bailli[5], et il prêta serment à l'échevinage, le 2 février suivant comme investi « de l'office de la garde de la « baillie »[6]. Enfin dans les lettres qui nomment Guillaume Percheval d'Ivregny, le 31 mars 1388, on voit les termes de garde de la baillie et de bailli employés simultanément par le prince[7]. Ce terme de garde de la baillie a pu servir pour désigner quelque personnage momentanément chargé de la gestion de l'office par suite de sa vacance subite. C'est ainsi que le 29 novembre 1370, la comtesse Marguerite désigna Willaume de Wailly pour « garder et gouverner les offices de nostre baillie et « châtellenie », parce que il n'y a « de présent

---

1. *Dict. géogr. de l'arrond. de Saint-Omer*, introd. p. xxiv *(Mém. de la Morinie*, t. XIII).
2. *Invent. som. du Pas-de-Calais*, A. introd. t. II, p. J.
3. Giry, *Mém. de la Morinie*, t. XV, p. 84.
4. *Arch. de Saint-Omer*, AB VIII. 29 et *Reg. au renouvellement de la Loy*, II, f. xxi r°. — Voir son installation à l'échevinage à la fin de l'ouvrage dans la série des nominations de baillis.
5. *Arch. de Saint-Omer*, *Vidimus*, AB VIII. 31.
6. *Id.*, *Reg. au renouvellement de la Loy*, II, f. xxx v°.
7. *Id.*, AB VIII. 32.

« aucun de par nous pour iceulx garder et gou-
« verner », et ne le nomma bailli que le 12 décembre
suivant [1]. Cependant la désignation de garde de la
baillie ou de bailli était en général synonyme ; il
n'y avait nulle raison en effet pour faire usage de
provisions en *garde,* puisque comme nous le verrons plus loin, on insérait toujours dans les lettres
de nomination la clause « *pour tant qu'il nous*
« *plaira* »; de plus, il y eut, dès la fin du xiii° siècle,
un lieutenant qui pouvait remplacer le bailli ; enfin,
dans les cas urgents, le prince envoyait un de ses
officiers pour tenir la place de son représentant
décédé, comme cela eut lieu notamment en 1385.
Après la mort survenue le 1er janvier de cette année
du bailly Guilbert du Fresne, il s'agissait de renouveler la loy dès le jour des rois suivant, le
duc de Bourgogne, Philippe le Hardi, envoya alors
à Saint-Omer, le 3 janvier, pour présider à l'élection,
le sire de Saveuse, capitaine d'Ardres [2], et il ne
nomma un bailli que le 17 avril 1385 avant pasques.

Les devoirs généraux des baillis de France résul-
tent de l'ordonnance rendue en 1190 par Philippe-
Auguste, elle fut applicable à l'Artois réuni en 1180
à la couronne par suite du mariage de ce prince
avec Isabelle de Hainaut. Il les obligea à recevoir
tous les mois dans leurs assises les plaintes des
sujets, à leur rendre une prompte justice, à veiller

1. *Arch. de Saint-Omer,* AB VIII, 25. — Suivant le c^{el} Borelli de
Serres, *Recherches sur divers services, etc.,* p. 14, note 1 : « Souvent
« la prise en garde était une sorte de stage, en attendant la nomi-
« nation en titre à la charge de Prévôt ou de Bailli ».
2. Vidimus des lettres de Philippe, fils du roi de France, du 3 janvier 1385, données à Oudenaerde. CXXI. 4 aux *Arch. de St-Omer.*

sur la conduite des prévôts et des seigneurs, à les contenir dans leurs devoirs et enfin à rendre compte de leur administration et de leurs provinces tous les quatre mois au Conseil du roi.

Les premières commissions données aux baillis de Saint-Omer n'indiquent pas leurs attributions d'une manière très précise. La plus ancienne connue, celle du 3 mars 1298 donnée à Jean de Biaukaisne, se borne à stipuler que les sujets du prince lui doivent obéissance : « mandons et commandons à « tous nos subgiez estans en la dite baillie que il « au dit Jehan de Biaukaisne obaissent comme à « baillif » [1]. Les pouvoirs donnés à ses successeurs, pendant plus d'un demi-siècle, ne diffèrent point de ceux-ci [2]. Le roi de France lui-même, en 1318, ne s'étend pas davantage sur l'autorité qu'il confie à son bailli qui devra exercer sa charge « more solito », et auquel on doit obéir « ut dicto Renero præbeant « efficacitatem et intendant » [3].

Le bailli en effet exerce son office, non en vertu de commissions spéciales désignant ses attributions particulières, mais en vertu de la toute-puissance du prince qu'il représente et ses pouvoirs ne sont limités que par le droit même de celui-ci. Placé au milieu des diverses autorités rivales, civiles ou religieuses, que nous avons énumérées, il est chargé de faire observer les lois, règlements et coutumes en usage dans l'étendue de la circonscription appelée *baillie* ou *baillage* qui lui est soumise, et son rôle, d'abord assez restreint, grandit successivement lorsqu'il eut absorbé le prévôt et le châtelain et réuni ce qui res-

---

1. *Invent. som. du Pas-de-Calais*, A. t. II, introd. p. xi.
2. Voir diverses commissions de baillis à la fin de l'ouvrage.
3. Pagart d'Hermansart, *Bull. hist. et phil.*, 1894, p. 585.

tait de leur pouvoir aux attributions générales que sa charge lui conférait déjà.

Ce n'est que vers la seconde moitié du xiv° siècle que les commissions deviennent plus explicatives. En 1368, la comtesse Marguerite donne à Varin, sire de Bécourt, pouvoir « de tenir notre jurisdiction et « faire toutes autres choses appartenant au dit « office »[1]. C'est l'affirmation du droit de justice. On le retrouve mentionné dans les lettres de nomination de Guillaume de Wailly du 29 novembre 1370, il a « pooir et autorité de tenir nostre court et juris- « diction oudit bailliage, faire droit et raison, garder « nos drois », et de plus « de faire garder et *guetier* « nostre dit chastel »[2]. Depuis cette époque la justice sera toujours indiquée comme étant une des attributions du bailli.

Quant à l'obligation de garder le château qui est une fonction militaire, on ne la retrouve pas d'une manière précise avant 1388, mais elle peut être sous entendue et comprise dans ces termes souvent répétés : « et faire autres choses qu'il verra estre « bonnes et pourfitables pour nous ou dit office et « qui appartenront à icellui »[3].

Cependant les fonctions du bailli deviennent plus importantes avec Henri le Maisier, sieur de Biaussart, bailli et châtelain, nommé le 5 mars 1373, qui a mandement « de faire droit et justice en nostre « court de la dite baillie, de garder nos drois, juris- « diction, terres, héritages, et générament de faire « et exercer toutes autres choses appartenans aus

---

1. *Arch. de Saint-Omer*, AB VIII, 24.
2. *Id.*, AB VIII, 25. Voir sa commission à la fin de l'ouvrage.
3. Commissions du 12 décembre 1370 de Guillaume de Wailly. Voir à la fin de l'ouvrage.

« dis offices et que bon et vray baillien et chastel-
« lain puet et doit faire »[1], car ici nous voyons
évidemment le bailli chargé de l'administration du
domaine du prince et du gouvernement du bailliage
aussi bien que de la justice. Lorsqu'en 1382 Louis
de Male, comte de Flandre et d'Artois, nomme le
16 février Guilbert du Fresne, il mentionne également dans ses lettres que son bailli doit « tenir et
« garder notre juridiction, faire droit et raison entre
« nos soujets dud. bailliage, conjurer nos hommes,
« garder nos drois et héritages partout ou il polra
« et debvera par raison, etc. »[2].

Allard Danne, bailli de Saint-Omer et de Tournehem, eut en 1385 les mêmes pouvoirs dans les
limites de ses deux bailliages.

Percheval d'Yvregny obtint de Philippe le Hardi,
duc de Bourgogne en 1388 « l'office, garde, exercice
« et administration de notre bailliage de Saint-Aumer
« avec la garde de notre chatel du dit lieu.... et de
« faire droit, raison et justice... »[3] etc. Avec lui
reparaissent donc les attributions militaires.

Lorsque ce prince eut réuni en un seul les trois
bailliages de Saint-Omer, Aire et Tournehem qui
étaient ordinairement gouvernés par trois officiers
différents, il nomma par lettres du 8 décembre 1390,
Jehan Haniéré, écuyer, « baillien de nos dites villes
« et lieux de Saint-Aumer, Aire et Tournehem et aussi
« chastellain de notre castel dudit Saint-Aumer pour
« en demeure et résidence en notre dis castel »[4].

---

1. *Arch. de Saint-Omer*, AB VIII, 26. Voir sa commission à la fin de l'ouvrage.
2. *Arch. de Saint-Omer*, AB VIII, 28.
3. Commission imprimée. Ms. 873 de la *Bibliothèque de la ville*.
4. *Arch. de Saint-Omer*, AB VIII, 33.

Ces qualifications de bailli furent reproduites dans les lettres des 20 août 1392 délivrées par le duc de Bourgogne, dans celles du 15 mai 1404 données par la duchesse de Bourgogne, devenue veuve, au profit d'Aléaume de Longpré, et dans celles octroyées aux deux Rabodinghe.

Pierre de Lannoy porte la qualité de bailli et de capitaine du Rehoult[1], en 1483.

Et il paraît que messire Jean du Bos, conseiller et chambellan du roi, fut nommé en 1487 en qualité de bailli et capitaine de la ville et du château par le maréchal d'Esquerdes.

Denis de Morbecque, en 1499, fut qualifié de capitaine et de hault bailli, et Ferry de Croy, en 1507, exerça réellement les fonctions de capitaine de la ville. A ses autres attributions le bailli avait donc définitivement joint des attributions militaires.

Ainsi le bailli était chargé de veiller à tous les intérêts du prince, c'est-à-dire qu'il administrait tous ses biens, gardait son château où il avait sa résidence, tenait sa juridiction, exerçait ses droits et avait pour mission de protéger le peuple contre les entreprises et abus d'autorité des châtelain, prévôt et autres seigneurs, et il devait, outre ce que les commissions lui enjoignaient particulièrement, « faire toutes autres choses que au dit office apar« tient et doivent appartenir et que bon et loyal « bailli puet et doit faire »[2]. Il était en un mot le représentant du droit et de l'autorité.

1. *Rihoult*, château détruit des comtes de Flandre, près de Saint-Omer, dans la forêt de ce nom. On en voit encore quelques vestiges.
2. Commission de Guilbert du Fresne du 15 février 1382. AB VIII, 28 aux *Arch. de Saint-Omer*. Termes à peu près semblables à ceux

Les fonctions des baillis ne leur furent pas attribuées de toutes pièces, et il n'est peut-être pas, dit M. Giry[1], de personnage dont la puissance et les attributions furent plus variables selon les époques. Si leurs premières commissions ne donnent pas le détail de leurs droits, il n'en faut pas moins conclure qu'ils étaient déjà très étendus, et on ne saurait se servir des termes des suivantes que nous avons cités pour déterminer dans quel ordre leurs attributions s'étendirent successivement. Les premières furent d'abord purement juridiques, puis en vinrent à comprendre les finances, l'administration et l'autorité militaire. Pour les expliquer, nous ne suivrons pas toutefois cet ordre d'une manière absolue, et nous rejeterons à la fin de chacune des deux parties de cet ouvrage les attributions judiciaires, par le motif que ce furent celles qui subsistèrent le plus longtemps et que le bailliage n'était plus au XVIII° siècle qu'une cour de justice féodale complète.

Les baillis jouissaient d'une certaine considération. Plusieurs d'entre eux étaient pris à l'origine dans l'entourage du roi. Tels étaient l'échanson Etienne[2] et le chambellan Tristan[3]. Sous les comtes d'Artois, beaucoup étaient choisis aussi dans les rangs de la noblesse et de la bourgeoisie ; plusieurs ne manquaient pas de prendre la qualification de chevalier, tels sont Robert de Praielle, Pierre du Breucq, Wittasse de Coukove, Renier de l'Ecluse,

employés dans les lettres nommant Henri le Maisier, sire de Biaussart en 1373. V. ci-dessus, p. 28.

1. *Hist. de Saint-Omer*, p. 118.
2. Etienne Scantio 1223 (C^{el} Borrelli de Serres, *loc. cit.*, p. 62 et 69 notes).
3. En 1231.

Guilbert de Nédonchel, Enguerrand de Beaulo. À partir de la fin du xive siècle ils étaient tous chevaliers, ou au moins écuyers, possédaient des fiefs dont ils portaient le nom et faisaient usage de sceaux armoriés.

Avant d'exercer leur office et d'entrer en charge, ils étaient tenus d'abord de prêter le serment de bien remplir leurs fonctions. Ce serment était fait, suivant les circonstances, devant les délégués du souverain, les gens de son conseil, ou devant lui-même. Sous les ducs de Bourgogne, après l'institution de la Chambre des comptes à Lille en 1385, c'est souvent devant les conseillers de cette Chambre qu'eut lieu la prestation de serment. Aléaume de Longpré, nommé le 20 août 1392, par Philippe II le Hardi, duc de Bourgogne et comte d'Artois, et par Marguerite de Flandre, sa femme, suivant lettres datées de Bruxelles, fit ainsi le serment accoutumé devant les gens du conseil, à Lille. Lorsque le 7 septembre suivant, il fut confirmé en vertu de lettres données à Creil par ces mêmes prince et princesse et leur fils Jean, qui avait épousé en 1385 Marguerite de Bavière, le bailli fut dispensé de prêter un nouveau serment en ces termes : « sans que le dit Alliaume soit tenu de faire autre « serment que celui que il a fais à notre dis chan- « celier, comme dit est »[1]. Cependant après la mort de Philippe le Hardi survenue le 27 avril 1404, Aléaume de Longpré fut de nouveau continué par la duchesse Marguerite, veuve du duc, suivant lettres patentes données à Arras le 15 mai, il prêta alors un second serment de fidélité à Saint-Omer entre les

---

1. *Arch. de Saint-Omer*, AB VIII, 34.

mains de Jean de la Personne, conseiller du duc au bailliage. Ce serment consistait à s'engager à faire bonne justice à tous, grands et petits, sans faveur et sans animosité, à conserver avec vigilance les droits du prince, à surveiller et punir au besoin les officiers placés sous les ordres du bailli. C'était en même temps un serment de fidélité au comte d'Artois et c'est pourquoi, à chaque nouvelle investiture, on exigeait ordinairement du bailli, même maintenu en fonctions, un nouveau serment.

Les baillis étaient aussi tenus de fournir caution devant la Chambre des comptes. Il est probable que cette obligation remonte à un temps peu éloigné de l'époque de la création de cette Chambre ; toutefois ce n'est que dans les lettres de nomination de Charles de Saveuse, du 24 février 1488, qu'on la trouve expressément mentionnée ; elles portent qu'il sera « tenu de faire serment et bailler caution suffisante « ès mains de nos amez et féaulx les Présidents et « gens de nos comptes à Lille que commettons à ce. « Si donnons en mandement ausd. de nos comptes « à Lille que, ledit serment fait et caution bailliée « par icelui M⁰ Charles, comme dit est, ils le mettent « et instituent ou fassent mettre et instituer de par « Nous en possession et saisine dudit office »[1].

C'étaient d'ailleurs des officiers essentiellement révocables, les lettres qui les nomment portent ces mots : « tant qu'il nous plaira »[2], ou « jusques à

---

1. *Arch. de Saint-Omer*, AB VIII, 43.
2. Commission de Jean de Biaukaisne du 3 mars 1298 *(Inv. som. du Pas-de-Calais*, t. II, *introd.* p. XI, notes 1 et 2).

notre rappel » [1], « quamdiu nobis placitum conces-
« sisse ac commississe » [2], « et jusques ad ce que
« autrement nous arons pourveu » [3]; et ils ne restaient que quelques mois ou quelques années, au maximum trois ans, dans le même poste. C'est pour cela qu'au xiii° siècle, on voit reparaître à des dates différentes le même personnage comme bailli dans la même ville après un intervalle de quelques années. On peut citer à Saint-Omer Pierre l'Horrible, en 1285 et 1286, nommé de nouveau en 1292 ; Jacques le Muisne (ou le Moine) de 1301 à 1305, puis en 1309 ; quelques-uns viennent d'une autre résidence, ou y sont envoyés : Wistasse de Coukove, après avoir été bailli d'Aire de 1306 à 1308, est nommé à Saint-Omer en 1310 ; Jean de Héronval, au contraire, est chargé du bailliage de cette ville en 1307, et ensuite de celui d'Aire de 1308 à 1309. Pierre d'Arras occupe successivement cette charge à Calais, Saint-Omer et Aire de 1313 à 1314 ; Renier de l'Ecluse, Pierre de la Marlière l'exercent aussi à Aire de 1318 à 1320 avant de venir à Saint-Omer.

Le prince avait ainsi une action plus complète sur un officier qu'il pouvait révoquer, déplacer ou attacher à un poste plus important suivant son mérite ou les services rendus, et il n'avait point à craindre de le voir tenter de se perpétuer dans l'office de la baillie, et d'en faire une espèce de fief comme cela était arrivé autrefois pour la châtellenie.

Les baillis devaient un compte rigoureux de leur

---

1. Commission de Le Muisne. *Arch. de Saint-Omer*, AB VIII, 7.
2. Commission de Renier de L'Ecluse nommé le 21 mars 1318. *Reg. au renouvellement de la Loy*, E f. xl r° aux *Arch. de St-Omer*.
3. Commission de Guilbert du Fresne, 1383. AB VIII, 30, *id.*

administration, leurs héritiers étaient tenus comme eux-mêmes de la bonne gestion de leur auteur. Sur les plaintes des particuliers ou des communautés qui se disaient lésés par leurs exactions ou leurs agissements irréguliers, ou sur les ordres spontanés du comte d'Artois, il était procédé sur leurs actes à des enquêtes confiées à des commissaires spéciaux [1], et le bailli était appelé à fournir des explications sur les faits révélés. Il pouvait être condamné à des amendes ou à des peines plus graves, et à réparer le dommage qu'il avait causé, mais ses accusateurs étaient sévèrement punis s'il était reconnu innocent [2].

Une enquête générale fut ainsi prescrite par le comte Robert II, le 18 avril 1292, sur l'administration de « tous les maistres et baillieus qui ont esté « en Artois depuis que me sire d'Artois s'en ala pre- « mièrement au roiaume de Sicile... en quel guyse « et en quele manière il se sont porté en leurs « offices, et se ils l'ont laissiet aler et perdre pour

---

1. Le samedi après l'Ascension 1255 (8 mai). Lettres par lesquelles l'évêque d'Arras Jakes (de Dinant) déclara que pour terminer les difficultés qu'il y avait entre Guy de Chatillon, comte de Saint-Pol et seigneur d'Artois d'une part, et la ville de Saint-Omer d'autre part, le Roi avait envoyé à Arras Mᵉ Jean de Wlli, clerc, et Jean de Maisons, chevalier qui les décidèrent de la manière suivante, après avoir reçu le serment du Comte et des Echevins qu'ils tiendraient ce qui serait ordonné.

Sur la plainte que les Maieur et Echevins de Saint-Omer avaient porté que le bailli de Saint-Omer avait fait beaucoup de choses contre son serment, les commissaires ont ordonné que le bailli resterait en place et que l'on ferait une information exacte de sa conduite (Copie ms. de l'*Inventaire analytique des Chartes d'Artois*, par Godefroy, appartenant à la Société des Antiquaires de la Morinie, p. 237, n° 246, et *Inv. som. du Pas-de-Calais*, A, 13).

2. Richard, *introd.* à l'*Invent. som. des Archives du Pas-de-Calais*, A, t. II, p. v.

« deniers, par amour, u par prière, u par laide
« négligense, etc. », elle fut confiée à « nobles
« hommes sage mon signeur Nichole d'Itre, cheva-
« lier et seigneur de loy et Piere Jehan de Sainte-
« Crois »[1].

En ce qui concerne le bailliage de Saint-Omer, une enquête sur les faits reprochés à Willanme de Valhuon, qui avait été bailli, fut ordonnée à la fin du XIIIe siècle[2]. Jean de Vaudringhem, qui était à la tête du bailliage en 1309, fut aussi l'objet d'une information spéciale, qui fut conduite par Enguerran de Lisques, Wistasse de Coukove, chevalier et maître Jean de Houplines, et bien qu'il ait été remplacé le 11 septembre par Jacques le Muisne, et plus tard par l'un de ses juges Wistasse de Coukove lui-même, l'enquête ne lui fut pas défavorable. Un bailli pouvait d'ailleurs être chargé de ces informations sur la gestion d'une circonscription voisine, c'est ainsi que Pierre de Beaucauroi, qui résidait à Saint-Omer, établit en 1311, avec l'aide d'autres commissaires, la culpabilité des receveurs des baillies de Calais et de Merck[3]. En 1321, une enquête fut prescrite contre les baillis de Saint-Omer qui, depuis douze ans environ, s'étaient fait payer par les gens du pays de Langle pour renouveler leur échevinage[4].

Ce contrôle incessant, cette surveillance exercée sur les nouveaux fonctionnaires[5], et la responsabilité qui pesaient sur eux prévinrent le retour des abus reprochés autrefois aux prévôts et furent la garantie

---

1. *Inv. som. du Pas-de-Calais*, A, 37.
2. *Id.*, A, 920. Le bailli de Fauquembergues y déposa.
3. Richard, *introd.* à l'*Inv. som. du Pas-de-Calais*, A, t. II, p. VII.
4.   id.   id.   id. p. VIII.
5. Voir ce que nous disons aussi au chap. V, relatif aux *Attributions financières*.

d'une administration intègre, sachant rendre au prince ce qui lui était dû.

Les manquements aux devoirs militaires [1] comportaient des peines autrement graves que les amendes, les dommages-intérêts ou la destitution qui punissaient les exactions. Les trahisons étaient rares d'ailleurs grâce aux soins avec lesquels étaient recrutés les baillis ; du temps de la révolte de Robert d'Artois contre sa tante Mahaut aucun bailli ne fit défection [2]. Mais pendant la guerre de cent ans l'un d'eux prit le parti des Anglais. On ne connaît guère que cet exemple de trahison parmi les baillis de Saint-Omer, et voici comment ce crime fut puni. Messire Enguerrand de Beaulo, chevalier, qui avait pris part en 1340 à la bataille de Saint-Omer, lors du siège mis devant cette ville par Robert d'Artois allié aux Anglais, avait été plus tard, en 1347, appelé aux fonctions de bailli. Il paraît qu'après la bataille de Poitiers, en 1356, il abandonna le parti du roi Jean pendant sa captivité pour embrasser celui du roi de Navarre et des Anglais. Le roi, informé de sa félonie, manda de Londres le 6 novembre 1358 à son bailli d'Amiens de faire détruire la forteresse de Beaulo [3], et le 30 novembre suivant prescrivit aux échevins de Saint-Omer de se joindre au bailli d'Amiens pour la raser complètement. Guillaume de Bours [4] écrivit à son tour le 30 décembre au bailli de Saint-Omer Ernoul de Créquy, qui avait succédé au traître, et à deux

---

1. Voir les *Attributions militaires* au chap. VII.
2. *Inv. som. du Pas-de-Calais*, A, t. II, introd. p. XIII.
3. Dans la forêt d'Eperlecques au nord du hameau du Gandspette, quartier de Northoucq.
4. Bailli d'Amiens.

sergents du bailliage de se transporter au castel avec le nombre d'ouvriers nécessaires pour opérer la démolition. Les deux sergents, en vertu d'une nouvelle commission du 2 janvier 1358, et assistés d'Ernoul de Créquy, se transportèrent dans la halle échevinale et sommèrent Jean de Norhoud, « escuier qui le « castel et maison de Beaulo avoit en warde de par « Mr de Gongnelieu, gouverneur d'Artois », de se dessaisir du castel, ce qu'il consentit à faire le lendemain. Les échevins envoyèrent alors « gens d'armes « et de pié, arbalestriers, archers, machons, carpen- « tiers et manouvriers » en aussi grande quantité qu'on leur requit d'en fournir ; avec l'aide de « ceux « de la ville de Saint-Aumer » et « avoec plusieurs « autres du plat pays denviron », en présence du bailli de Saint-Omer, la forteresse fut abattue et rasée, et le procès-verbal de cette destruction fut dressé le 15 janvier [1].

1. *Arch. de Saint-Omer,* CXLVI, 3. — *Pièce justificative,* V.

CHAPITRE IV

Installation du bailli à l'échevinage. — Serment de respecter les libertés communales. — Il donne aux Mayeur et Echevins la liberté et les franchises de la Chambre échevinale. — Il nomme les sergents à verge et les escarwettes.

Comme le bailli était le représentant direct du comte auprès de la commune, il devait présenter ses lettres de nomination devant la Chambre échevinale, se faire reconnaître et instituer par les maieurs et échevins.

Le privilège dont jouissait la ville de former une circonscription judiciaire laissait assurément subsister intact le lien qui la rattachait à la puissance souveraine, mais on comprend cependant que cette restauration du principe d'autorité que contenait l'institution des baillis devait éveiller l'attention de l'échevinage dont la juridiction s'était formée en partie des débris de l'autorité du châtelain et du prévôt. Aussi, de même que le comte à son avènement ou à son entrée dans la cité jurait de respecter et de faire respecter les privilèges de la commune, le bailli, en entrant en charge, fut contraint de faire un serment identique.

Ce serment se faisait généralement au dossal[1] à genoux, la main sur le crucifix, en présence des mayeur et échevins et de diverses autorités ou personnages qui varièrent avec les institutions. Le bailli lisait ou faisait lire ses lettres d'investiture, puis il était admis au serment. La formule en fut différente suivant les mœurs de l'époque ou les circonstances politiques, mais c'était une formalité d'une importance capitale, elle complétait l'installation du bailli et constatait que la ville l'avait admis.

La formule la plus ancienne que l'on connaisse est celle du serment que l'échevinage proposa à Jake de Charleville le lundy après la Saint Lucq (18 octobre) de l'année 1318.

Chest li serremens que Jaques de Charleville baillieus de S' Omer fist à la ville en sa première venue l'an nostre Seigneur M ccc dis et viii le lundi après la S' Luc.

Vous jures que vous warderes bien et loialment le droit de S'° Eglize, les droitures au signeur du pais, le droit du castelain, les droitures de le ville, les loys et les costumes de le ville, les libertés et poins des cartres de le ville, l'amendement de le ville, as veves et orfenins leur droiture, à cascun homme sa droiture, et que vous ne larres pour amour ne pour haine ne pour autre cose nule ; que vous feres droit et loy à cascun homme quand vous en seres requis[2].

Pierre de la Marlière fit le lendemain de la décolation de Saint Jean (30 août) 1320 un sermeut identique, comme ses prédécesseurs et ses successeurs[3].

---

1. Dossal ou doxal : espèce de tribune placée dans un angle au fond à droite de la halle échevinale.

2. *Arch. de Saint-Omer, Registre au renouvellement de la Loy,* E. f. xliii v°.

3. Notamment Enguerrand de Beaulo, le 19 mai 1350 (Ms. Des Lyons de Noircarme). — Arnoud de Créquy, le 17 décembre 1361 (Reg. C. f. xxiii r°, *Archives de Saint-Omer*).

Sous la comtesse Marguerite, les sept baillis institués dans l'espace de dix ans, de 1362 à 1372, jurèrent aussi de respecter les privilèges de la Chambre échevinale devant les maieurs et échevins et le lieutenant du châtelain [1].

Lorsqu'après la mort de Marguerite en 1381, le comté d'Artois passa sous l'autorité du comte de Flandre Louis de Male, les baillis qu'il envoya à Saint-Omer de 1381 à 1382, Gilles du Belck ou de Bilke [2] et Guilbert du Fresne jurèrent comme leurs prédécesseurs de respecter les droits de la sainte Eglise, du prince, du châtelain et les franchises, lois et coutumes de la ville. Il en fut de même sous les ducs de Bourgogne (1384 à 1477).

Le traité d'Arras qui, en 1482, fiança au dauphin Charles, fils de Louis XI, la duchesse Marguerite de Bourgogne avec l'Artois pour dot [3], avait décidé qu'en attendant la consommation du mariage, la communauté, la châtellenie et le bailliage de Saint-Omer seraient laissés dans la garde des trois états de la ville. Aussi le serment que fit Pierre de Lannoy le 5 juin 1483 fut triple : il jura « ès mains
« de très révérend père en Dieu M. l'abbé de St Bertin,
« Me Hugue de Monchy, chanoine de l'eglise collé-

---

1. Parmi ces sept baillis on peut citer les serments de Jean de Créquy fait le 2 août 1362 — de Pierre, sire de Vaulx du 24 mars 1366, prêté « devant Williame Sandre et sire Williame Batteman, maieurs « et esquevins leurs compagnons, présent Gille Lefevre, lieutenant « du castellain » — de Varin, sire de Bécourt, du 13 avril 1368, « devant Jehan Danne et sire Baudin Vasselin, maieur et esquevins « leur compagnons, présent le lieutenant du castellain » (*Reg. au renouvellement de la Loy*, C. f. XXXV r°, LIII v°, LIIII aux *Arch. de Saint-Omer*).

2. Serment du 28 avril 1381 devant les deux maieurs. Reg. H, f. XXI r°, *Id.*

3. Voir ci-dessus, p. 24.

« giale de S¹ Aumer, représentant l'état du clergé
« et de l'église ; de messire Jehan de Bournel che-
« valier, seigneur de Boncourt, pour les estats des
« nobles, et de M^rs maieur et eschevins de la ville
« de S¹ Aumer représentans pour eulx et leurs bour-
« geois, manans et habitans, le tierche et commun
« état d'icelle ville »[1].

Jehan du Bos, que nous avons vu nommer bailli par le maréchal d'Esquerdes qui avait surpris la ville en 1487, prêta aussi le serment d'usage aux maieurs et échevins le 29 mai. En février 1488, Charles de Saveuse, lorsque la ville fut replacée sous l'obéissance de Maximilien, ne refusa pas non plus de remplir cette formalité.

Le serment que prêta le 21 janvier 1499 Denis de Morbecque fut beaucoup plus solennel et eut une plus grande portée encore, car il garantit la liberté individuelle des bourgeois. Nous le citerons lorsque nous aurons étudié la première partie de la lutte du Magistrat contre le bailliage pour le maintien ou la reconnaissance des libertés échevinales.

Remarquons, à propos de ces serments reçus à l'échevinage, que le même bailli pouvait être appelé à en prêter plusieurs, car chaque fois qu'un de ces fonctionnaires recevait d'un nouveau prince une nouvelle investiture, le Magistrat exigeait un autre serment. On peut citer l'exemple de Guilbert du Fresne nommé en 1382 par Louis de Male, qui fit un premier serment le 17 février 1382, et un second le 22 février 1383 lorsqu'il eût été maintenu par Philippe le Hardi, duc de Bourgogne et comte d'Ar-

---

1. Ms. Des Lyons de Noircarme.

tois. Allart Danne jura aussi de respecter les privilèges de la ville le 2 février 1385 et le 9 mai 1386. Aléaume de Longpré, commissionné en 1392 par Philippe le Hardi, prêta d'abord serment le 9 décembre et le renouvela le 19 mai 1404, lorsqu'il eut été confirmé par la duchesse devenue veuve[1].

Le bailli, après avoir prêté serment sur le dossal, accordait aux Mayeur et échevins « la liberté et les « franchises de la Chambre », c'est-à-dire le pouvoir de s'y assembler, d'y délibérer et d'y rendre la justice. Le Magistrat avait donc besoin, à chaque changement de bailli, d'une espèce d'investiture nouvelle, différente de celle que lui donnait l'élection, et les échevins n'avaient l'usage de leur Chambre qu'autant que le grand bailli voulait bien la leur accorder. C'est qu'en effet la justice qu'ils exerçaient n'était qu'une justice déléguée par le comte d'Artois.

Le plus souvent le bailli descendait du dossal après avoir prêté son serment, et il entrait dans la Chambre du Conseil pour y accorder ces franchises.

Le procès-verbal de l'installation de Baudouin, sire de Sangatte, le 8 octobre 1364, porte qu'il fit d'abord son serment et « Après incontinent en halle messei- « gneurs (les échevins) demandèrent à M. le Bailli « les franchises de la Cambre, laquelle franchise « li dis bailliéu leur octroya en la manière accou- « tumée »[2]. Pierre, sire de Vaux, après avoir prononcé son serment, revint en halle où les mayeur et échevins sollicitèrent de lui l'entrée et franchise

---

1. Voir le procès-verbal de son installation en 1404 dans la série des nominations de baillis à la fin de l'ouvrage.
2. *Arch. de Saint-Omer, Registre au renouvellement de la Loy*, II. f. XLIII v°.

de la Chambre, qu'il leur accorda en la manière ordinaire le 24 mars 1366. Il en fut de même des baillis Varin de Bécourt le 13 avril 1368, Jehan de Brimeu le 11 août 1372, Henri le Maisier, sire de Biaussart le 12 mars 1373, Gille de Bilques le 28 avril 1381, Guilbert du Fresne le 17 février 1382, Allart Danne le 9 mai 1386, Guillaume Percheval d'Ivregny le 5 avril 1388, Aléaume de Longpré le 19 mai 1404 [1].

Les lacunes dans la série des registres de l'échevinage ne permettent pas de préciser jusqu'à quelle époque cette formalité fut remplie, mais elle fut continuée, sans doute, jusqu'au moment où le pouvoir central porta atteinte à la liberté des élections, au XVIe siècle.

Ce n'était pas tout d'autoriser les échevins à remplir les obligations de leur charge, il fallait également que les agents d'exécution des décisions du Magistrat fussent aussi investis du droit d'agir. Aussi après la lecture des lettres et le prononcé du serment, les sergents déposaient leurs masses aux pieds du grand bailli. Ce dernier demandait alors aux mayeur et échevins s'ils avaient des plaintes à faire contre les sergents. Si la réponse était négative, les masses leur étaient rendues, si au contraire la ville avait à se plaindre d'un ou de plusieurs d'entre eux, ils étaient révoqués sur le champ et d'autres étaient nommés en leur lieu et place. Le procès-verbal d'installation du sire de Sangatte, le 8 octobre 1364, nous indique l'accomplissement de ces céré-

---

1. *Arch. de Saint-Omer, Registre au renouvellement de la Loy*, II. f. LXXXIIII rº. Voir à la fin de l'ouvrage : *nomination de baillis.*

monies en même temps que les droits des sergents :
« Après ce (les franchises de la Chambre), li quattre
« sergents du signeur rendirent leurs maches à
« M. le baillieu... et firent serment en la cambre en
« li teneur qui sensuit est assavoir que : il l'office
« de serganterie gouverneront suffisamment et dili-
« gentement et sans déport, front juste et loiale prinse
« et bone relation, et que il ne front nulle prinse
« quil ne le amenront devant ii eschevins, et que en
« maison de bourgois ne bourgois il ne prendront
« sans avoir ii eschevins présent. Si Dieu les ait »[1].

Ces arrestations de délinquants et de criminels, que limitent déjà les garanties obtenues pour la liberté individuelle des bourgeois sur lesquelles nous reviendrons, n'étaient pas cependant les seules attributions des sergents, ils pratiquaient aussi les saisies, notifiaient les assignations des échevins et publiaient leurs arrêtés.

Le droit du bailli de désigner ou de révoquer les sergents à masse n'existait pas seulement au moment de sa nomination, il pouvait l'exercer en tout temps, soit après la cérémonie des élections échevinales[2], soit à toute autre époque. Ainsi le 26 décembre 1364, Marguerite, comtesse d'Artois, manda à son bailli Baudouin de Sangatte de réintégrer dans son office Gilles le Feivre « privé de l'office de serganterie
« de Saint-Omer qu'il tenoit, pour aucunes paroles
« qui tournoient au desplaisir de nostre très chier
« et très amé cousin le duc de Berry »[3]. Le 21 mars

---

1. *Arch. de Saint-Omer, Reg. au renouvellement de la Loy*, L. f. XLIII v°. Nous reviendrons sur la fin du texte de ce serment au chap. VIII-2.
2. Voir Chapitre VI. § 2.
3. *Arch. de Saint-Omer*, grand registre en parchemin, f. 248.

1364 en exécution de lettres de la comtesse d'Artois, le même bailli se rendit en halle et en présence du Magistrat il révoqua Sandre Marcoul de son office de sergent à masse et le remplaça par Gillon Lefeivre, et le 4 avril suivant, en vertu de nouveaux ordres de la comtesse, il rétablit Marcoul en son office [1].

Les autres baillis continuèrent à nommer les sergents à masse bien qu'ils fussent attachés à la ville et payés par elle.

Outre les sergents à masse, il y avait encore au service de la ville des escarvettes. C'est par lettres du 23 novembre 1363 que Tristan du Bos et Mathurin Roger, gouverneurs d'Artois, autorisèrent le Magistrat à établir 4 « eskarwaites » pour la sûreté et la défense de la cité et pour les arrêts au corps, sans que cela puisse préjudicier aux privilèges de la ville [2], qui avait déjà des sergents pour les arrestations. Par une charte du 7 avril 1364, la comtesse Marguerite, veuve de Louis de Créci, accorda de nouveau aux maieur et échevins « pour la tuition « et seurté de leur ville », d'avoir : « à leur cos et « missions en la dicte ville et banlieue d'ycelle jus- « ques à quatre eschagaites », toujours sans porter préjudice aux libertés et droits de la ville, et elle prescrivit au bailli d'exiger des escarvettes le serment de bien remplir leurs fonctions et de leur enjoindre de se présenter à la comtesse ou à ses gens quand ils viendraient à Saint-Omer [3].

En vertu de cette charte, Baudouin de Sangatte

---

1. *Arch. de Saint-Omer*, CLXI, 10 et 11 (Pâques 1365 tomba le 13 avril).
2. *Archives de Saint-Omer*, CLXI, 2.
3. *Id.* CLXI, 3. — *Inv. som. du Pas-de-Calais*, A. 92.

institua en halle le 8 octobre 1364, en prenant possession de ses fonctions de bailli, quatre escarvettes pour le service de la ville, et il reçut leurs serments[1]. Les maïeurs et échevins confirmèrent d'ailleurs le même jour les lettres de la comtesse du 7 avril précédent[2].

Plus tard, Pierre, sire de Vaulx, procéda le 27 mars 1366, à la nomination de ces agents de la manière suivante : « Et après ce, maïeurs et esquevins firent « montrer à M. le baillieu les lettres de madame « d'Artois pour les escarwaittes, lesquelles veues, « il institua selon la teneur desdites lettres, escar- « waites : Clay de Bonninghe, Jehan de Landrethun, « Jehan d'Alekines et Jehan Barbeau, et firent ser- « ment en la manière accoutumée »[3]. D'après des ordres identiques, Jacques de Gournay, Jehan d'Alekines, Jehan Barbeau et Williame Dauske furent désignés le 13 avril 1368 par le nouveau bailli Varin, sire de Bécourt, comme « escharguaites »[4].

En 1372 ce fut le lieutenant du bailli, Rasse du Fresnoy, qui institua les sergents à masse et les quatre escarvettes.

Mais le 6 décembre de cette année, la comtesse d'Artois ordonna au bailli de révoquer de sa part les quatre escarvettes qu'elle avait permis d'établir dans la ville[5], et ce ne fut qu'en 1382 que l'institution fut

---

1. « It. après ce, par une lettre de me dame d'Artois ledit « mons. le bailli institua IIII eskarewaites pour le seurté de le ville ». *Arch. de Saint-Omer, Registre au renouvellement de la Loy*, C. f. XLIII v°.

2. *Inv. som. des Archives du Pas-de-Calais*, A. t. I, 92.

3. *Arch. de Saint-Omer*, Reg. C. f. LIII v°.

4. *Id.*, Reg. C. f. LIIII.

5. Lettres datées d'Arras du 6 décembre, données sous le scel du bailliage de Saint-Omer le 7. CLXI, 4, *Arch. de Saint-Omer*.

rétablie. Le comte de Flandre et d'Artois autorisa alors l'échevinage par lettres du 25 juillet à avoir 6 escarvettes [1], mais dans la suite ce nombre fut réduit.

Ces officiers étaient chargés de la police administrative, ils veillaient à la sécurité de la ville et assuraient l'exécution des règlements de police et de voirie. Mais c'étaient aussi des espèces d'huissiers qui devaient se trouver aux audiences de la halle, à celles du petit auditoire et une fois par mois à la Chambre des orphelins. En halle ils n'assignaient pas les habitants de la ville et de la banlieue, car c'était le privilège des sergents à masse ou à verge. Au petit auditoire même il ne leur était pas permis d'ajourner des bourgeois à la requête d'autres bourgeois, à moins qu'il ne s'agît de difficultés relatives aux gens de métiers, aux cœuriers, à des questions de salaires ou de gages. Ils pouvaient encore y ajourner un bourgeois à la requête d'un étranger. Ils étaient autorisés à faire rentrer, même par voie d'exécution, les amendes concernant la garde [2].

Après 1382, le bailli continua à nommer les escarvettes, cependant en 1388 ils furent désignés par Guillaume Percheval d'Ivregny et par les mayeurs et échevins conjointement ; Aléaume de Longpré en 1382 choisit encore lui-même les escarvettes, et ses successeurs ne cessèrent point jusqu'au xviii° siècle d'en nommer et de recevoir leurs serments, comme ils le faisaient pour les sergents à masse.

---

1. *Arch. de Saint-Omer*, CLXI, 5.
2. Nous avons reproduit à dessein les diverses manières dont on a écrit le nom de ces officiers. Voir Ducange au mot *eschargaita*. Le mot *waites* signifiait *gardes, escarwaites*, troupe, cohorte de gardes. Quant à leurs fonctions d'huissiers, la *table alphabétique des Délibérations du Magistrat* aux *Arch. de Saint-Omer* ne les précise pas d'une façon satisfaisante.

CHAPITRE V

ATTRIBUTIONS FINANCIÈRES

Le bailli tient les comptes du souverain. — Il les rend au grand bailli, puis au receveur d'Artois. — Chambre des comptes d'Arras. — Principales recettes et dépenses des baillis. — Vérification de leurs comptes. — Création d'un receveur du bailliage vers le milieu du XIVe siècle. — Chambre des comptes de Lille, créée en 1385, le receveur y est rattaché. — Receveurs spéciaux pour certaines taxes.

Le bailli, en absorbant le prévôt royal, était devenu l'administrateur général du domaine du prince et de ses revenus, et l'ordonnateur de toutes les dépenses locales. Ses fonctions les plus importantes furent en effet, à l'origine, de tenir régulièrement les comptes du souverain.

On ne peut préciser l'époque où le bailli de Saint-Omer, se substituant au prévôt, rendit directement ses comptes au roi. Le colonel Borrelli de Serres a publié un compte général dressé à la Chandeleur 1226 par le trésorier général de l'Ordre du Temple, où il signale parmi les comptes des baillis quelques mots relatifs à une circonscription qu'ils désignent pour celle de Saint-

Omer[1]. C'est la première mention connue aujourd'hui relative à un compte de ce bailliage. Quelques années après, en 1231 et 1234, Pierre Tristant, qui était alors à la fois bailli d'Artois et bailli de Saint-Omer, après avoir présenté la recette et la dépense de la grande baillie d'Artois, rend un compte séparé pour la ville de Saint-Omer[2].

Mais lorsqu'en 1237 l'Artois fut érigé en comté au profit de Robert, frère de saint Louis, les comptes des baillis furent rendus, soit au grand bailli d'Artois dont la juridiction s'étendit sur tout le territoire du nouveau comté jusqu'à la fin du XIIIe siècle, soit au receveur d'Artois. Après cette époque, vers la fin du règne de Robert II, le grand bailli d'Artois disparut, mais le receveur lui survécut et continua pendant presque tout le XIVe siècle à centraliser la comptabilité des baillis[3]. Il existait en outre très probablement à Arras, dès la fin du XIIIe siècle, une Chambre des comptes dont les membres exerçaient le contrôle financier sur les bailliages[4].

D'autre part, quand le comté d'Artois était entre les mains du roi, l'administration en était transférée à Paris et les comptes étaient rendus alors devant les officiers du roi.

---

1. *Recherches sur divers services publics*, déjà cité, p. 62 et appendice II. p. 176. Le bailli était Etienne Scantio (l'échanson).
2. Brussel, *Usage des fiefs*, livre II. chap. XXXIV. p. 479 et 487.
3. Le Ms. 871 à la *Bibliothèque de Saint-Omer* contient les comptes des receveurs d'Artois pour les années 1311, 1321, 1322, 1323, 1327, 1346, 1349 ; on y voit la recette « des bailleus d'Artois « des remananches que il durent », à différents termes.
4. C'est ce qui a été établi par M. Guesnon dans *La trésorerie des Chartes d'Artois avant la conquête française de 1640* (Bull. hist. et phil., 1895). Il dit p. 431 qu'il lui semble impossible de contester qu'il existât une Chambre des comptes à Arras, un siècle au moins avant l'institution de celle de Lille, qui date de 1385.

Lorsque Louis de Male, comte de Flandre, hérita de l'Artois en 1382, après la mort de sa mère Marguerite de France, le comté fut rattaché à l'administration générale de celui de Flandre, et le receveur de ce pays fut chargé en 1384 de percevoir les revenus du comté d'Artois ; c'est alors qu'il prit le titre de receveur général [1]. Telle fut l'administration financière de l'Artois sous les rois de France, les comtes d'Artois de la famille de Robert Ier et sous les comtes de Flandre.

Le bailli de Saint-Omer était alors le véritable receveur du prince, soit qu'il perçût ses revenus par lui-même ou par un intermédiaire. Ses comptes étaient arrêtés trois fois chaque année à la Chandeleur, à l'Ascension et à la Toussaint [2]. Au chapitre des recettes figurent les revenus des fiefs, terres, jardins et garennes du comte, de ses moulins, notamment à Goudardinghes (Gondardennes), Alekines

---

1. Instruction (du 30 septembre 1385) donnée par le Conseil sur la forme et manière que gardera dores en avant le receveur général de Flandres et d'Artois en la matière de ses comptes. Au dos : Henry Lippin, *receveur général* de Flandre et d'Artois reconnait avoir reçu cette ordonnance de maître René Gombaut (maître des comptes) le 9 octobre 1385. *Inv. som. du Pas-de-Calais*, A, 107.

2. Les comptes des baillis d'Artois se trouvent à Arras dans le *Trésor des Chartes d'Artois*, dont l'*Inventaire sommaire* est dû à M. J.-M. Richard, archiviste. Dans ces comptes, qui commencent en 1282, A. 122 se trouvent beaucoup de ceux des baillis de Saint-Omer. — Le musée des *Archives départementales* a donné le fac simile du compte de l'Ascension 1288, qui contient un compte du bailliage de Saint-Omer. — La Bibliothèque de cette ville possède en outre un Ms 870, où se trouvent les comptes de ses baillis pour le terme de l'Ascension 1306, 1310 et 1313, celui de la Chandeleur 1321 et 1328, celui de la Toussaint 1342. — A partir de 1355, les comptes de cette baillie, rendus par son receveur, sont dans le fonds de la Chambre des comptes de Lille aux Archives départementales du Nord.

(Alquines), Wedreske (Wardrecques)[1], les prix des coupes de bois, les rentes en nature ou en argent, les diverses redevances dues par différents corps de métiers, tels que les brasseurs pour chaque brassin de bière, et les boulangers qui devaient « xii ester- « lins à cascune feste St Michiel »[2], les revenus divers sur la ville de Saint-Omer, celui du poids public « de la poise de saie de cascune blanche saie »[3], la part du comte dans le rouage de la porte Boulenisienne[4], les droits de forage, de cambage, la recette des amendes pour faux poids et confiscation de poids[5], celle des amendes jusqu'à 60 sous pour la non-comparution aux plaids des francs-alleux qui avait été donnée à cens[6], la part du comte dans les amendes prononcées par le tribunal des échevins, la recette des gros et menus exploits, les revenus de la sénéchaussée acquise par le prince en 1306[7]. Il faut ajouter les parts que le comte se réservait dans le produit des octrois, que la commune décrétait pour subvenir à ses diverses charges. Le bailli devait encore recevoir la part afférente à son bailliage pour le subside que le roi demandait en Artois pour la chevalerie ou le mariage de ses enfants[8].

Les dépenses figurant dans le compte rendu aux officiers du comte comprennent : les gages du bailli

---

1. Comptes de 1288 et postérieurs. *Inv. som. du Pas-de-Calais*, A.
2. Comptes Ascension 1306 et Toussaint 1308. *Id.*, A, 215 et 239.
3. Comptes Ascension et Toussaint 1309. *Id.*, A, 253.
4. xv livres en 1288.
5. Compte de Guilbert de Nedonchel, bailli en 1344. *Inv. som. du Pas-de-Calais*, A, 632.
6. Ascension 1306.
7. Chandeleur 1321. Voir le compte spécial, déjà cité, p. 19 de la « senescauchie » en 1355, publié par M. Brassart.
8. *Inv. som. du Pas-de-Calais*, A, 530, année 1333.

fixés pendant le xiv° siècle à xx livres par chaque terme, ceux des sergents, du pendeur de larrons [1], du gaite du castel, de son portier, de l'artilleur d'arbalestes du castel [2], des sergents de la forêt de Ruhout [3], des forestiers, des vallets de chiens [4] et autres gages divers, l'entretien de fauconniers [5], de ménestrels [6], l'envoi au prince de « chines, hairons, butors » [7], les robes des sergents et tous draps (étoffes) livrés chaque année aux grandes fêtes de l'église à l'entourage du comte [8], les fondations

1. Chandeleur 1321 : 4 livres 4 deniers tournois par an, les deux tiers à la charge de la ville, et l'autre tiers à celle du comte d'Artois, on paie en outre au pendeur les cordes qu'il emploie. — Ascension 1320 : 21 s. 4 d. A. 381. — 11 sestiers de blé, Ascension 1290. A, 128.

2. Le gardien du château viii d. par jour, le portier viii s., l'artilleur xii d. Compte de 1306-1307.

3. x d. par jour. Id.

4. xii s. par jour. Id.

5. Mandement de Mahaut à son bailli de Saint-Omer de donner à Winoc et à Robin, ses fauconniers « une cote ardie et une paire de « guants » de la Toussaint dernière (21 novembre 1304). *Inv. som. du Pas-de-Calais*, A. 204.

6. Mandement du comte d'Artois à son bailli de Saint-Omer de payer à Paul, son menestrel, qui a été « dehaitiez hors de notre com-« paignie à St Omer et ailleurs par l'espace de trente deux jours » 4 s. par jour — 8 mars 1299. *Premier Cartulaire d'Artois*, f. 31.

7. « Pour envoiier à Hesdin à la feste la roine Marie, chines, « hairons, butors, poulaille et voirre qui coustèrent vi xx iii lb. vi s. » (Compte Toussaint 1299. *Inv. som. du Pas-de-Calais*, A. 149. — Il y avait sur les eaux avoisinant Saint-Omer des quantités de cygnes, et la dépense d'envoi de ces oiseaux pour les fêtes et banquets, se renouvelle fréquemment. Plus tard, sous les ducs de Bourgogne, on en prend jusqu'à 200 à la fois.

8. M. Richard, *Mahaut, comtesse d'Artois 1302-1329*, Paris, Champion 1887, donne *pièce justificative* XVI, p. 412, le compte des draps achetés pour le duc de Bourgogne, comte d'Artois, le 8 octobre 1315, délivrés par le bailli de Saint-Omer de Nyedonchel, et un relevé de ceux délivrés par la comtesse Mahaut de 1305 à 1323. — Nous renvoyons à cet excellent ouvrage pour une foule de détails de la comptabilité des baillis de Saint-Omer pendant tout le temps que la comtesse Mahaut gouverna l'Artois.

pieuses¹, les aumônes², les dons aux abbayes³, les réparations à la chapelle du château de Saint-Omer⁴, aux autres chapelles privées ou aux objets du culte, les frais de justice, d'arrestation de criminels, de location de chevaux pour les conduire, de nourriture des prisonniers, d'exécution de faux-monnayeurs,

---

1. Ascension 1310 et 1313.
2. Elles étaient très fréquentes et avaient notamment pour objet de soutenir des établissements charitables. Ainsi le 7 décembre 1314, la comtesse Mahaut mandait à son bailli de Saint-Omer de donner diverses sommes « as religieus et lieus piteux ci après nommés : as corde-« liers de S. Omer, as dames de Bonehem, al escoterie pour les frères « et pour les malades qui y sont, as Bons Enfans, à la maladrerie de « Blandeque, à la maladrerie de Soyeque, à la table des povres de « S. Omer, à la table Sᵗᵉ Marguerite, à la table S. Denis, à la table « S. Sépulcre et à la table S. Martin ».

On retrouve soit dans les comptes, soit dans des quittances, de nombreuses mentions relatives à des secours accordés ainsi aux curés pour les tables des pauvres de leur paroisse et à divers receveurs d'hospices (*Inv. som. du Pas-de-Calais*, A, 326, 391).

D'autres aumônes consistaient en vêtements, draps, souliers (A, 339).

Elles n'étaient pas toujours faites par les baillis ou leurs receveurs, ainsi l'*Inventaire sommaire de la Chambre des comptes de Lille* mentionne t. 4, 1ᵉʳ juin 1392 — 31 mai 1393 : « Quittance de Aleaume « de Longpré, de frère François, prieur des chartreux du Val de « Sᵗᵉ Aldegonde lez Sᵗ Omer, et de Jacques de Sᵗᵉ Aldegonde dit de « Northquelmes, par lesquels « a esté delivré en drap et pour l'au-« mosne ordonnée par la comtesse Mahaut cui Dieu perdoinst, jus-« ques à la valeur de 64 livres parisis aux povres de la baillie de « Saint-Aumer et de Langle ».

On nommait aussi aumônes les pensions viagères accordées à d'anciens serviteurs, à leurs veuves et à leurs enfants.

Voir, pour les aumônes faites par la comtesse Mahaut, M. Richard, *loc. cit.*, p. 90, 93, 94, qui cite parmi les pauvres volontaires, les frères mineurs ou cordeliers, les béguines de Saint-Omer, les dames de Sᵗᵉ Colombe et de Bonehem au bailliage de Saint-Omer, des reclus, des recluses. En 1321, Pierre de la Marlière, bailli, écrit au receveur d'Artois qu'il s'est présenté près de onze mille pauvres.

3. Et même leur reconstruction : c'est ainsi que Mahaut reconstruisit le monastère de Sᵗᵉ Claire, fondé par son père Robert II (Comptes de 1322 à 1325. Richard, *loc. cit.*, p. 246, 281, 309 et 350).

4. M. Richard, *Mahaut d'Artois*, p. 349.

pour « le despens des homes le conte menés » à diverses vérités [1], les gages de l'avocat « qui deffend « les causes de Madame à Terwanne » [2], les messages, les œuvres faites aux châteaux (ponts, tours, huis) et aux moulins, les frais de culture, le paiement des garnisons des châteaux voisins et leur approvisionnement, les diverses dépenses militaires que nous indiquons plus loin [3], et d'une manière générale tous les frais d'administration.

Ces énumérations tirées des plus anciens comptes, ne sont ni absolues ni limitatives, et il y a des variétés pour ainsi dire infinies dans les recettes et les dépenses [4].

Bien que les unes et les autres fussent toujours faites par le bailli, on trouve cependant un exemple d'un abandon des recettes au profit de la ville. Ce fut d'ailleurs alors pour le prince un moyen de se libérer en quelque sorte à forfait de diverses dettes. En 1277, toutes les recettes des bailliages de Saint-Omer et de Langle furent concédées par Etienne du Paage, chevalier, bailli d'Artois, à la ville de Saint-Omer, pour 3 ans, à charge par celle-ci de rembour-

---

1. « Pour le despens des homes le conte menés à Kelmes pour « prendre une vérité XIIII s. a le partie msgr le conte. Pour le des- « pens des homes msgr le conte pour la vérité de Houle et Moule « XIII s. a le partie msgr le conte. Pour le despens des eskevins des « frans aloes (francs-alleux) fais le jour des frans plais apres cloze « Paske XX s. II d. a le partie msgr le conte. Pour plait de crestienté « à Terouanne et à Miaux contre clercs et croisiés a le partie msgr « le conte XLVI s. » (Ascension 1290. *Inv. som. du Pas-de-Calais*, A. 128).

2. Ascension 1306 et 1307.

3. Voir le détail aux *Attributions militaires des baillis*, chap. VII.

4. Nous nous ne sommes attachés ici qu'à montrer celles qui se renouvellent habituellement, et à en mentionner quelques autres curieuses à relever.

ser 300 livres dues par le comte à plusieurs bourgeois, de lui donner quittance de 1800 l. qu'il avait empruntées à la ville, et de payer les gages, fiefs et aumônes auxquels ces bailliages étaient obligés [1].

Après avoir indiqué la variété des éléments de ces comptes, il est bon de citer ici les totaux de quelques-uns des plus anciens pour indiquer leur importance.

Celui de la Toussaint 1299 donne pour les recettes 730 l. 173 s. 8 d. et en dépenses 604 l. 9 s. 2 d.

Celui de la Chandeleur 1300 : Recettes 676 l. 3 s. 10 d. Dépenses 350 l. 21 d.

Puis on peut encore relever :

	Recettes	*Dépenses*
Toussaint 1300	741 l. 2 s. 5 d.	415 l. 8 s. 7 d.
Ascension 1301	489 l. 18 s. 2 d.	174 l. 8 s. 2 d.
Toussaint 1301	1625 l. 6 s. 3 d.	740 l. 18 s. 1 d.
Chandeleur 1302	1169 l. 10 s. 5 d.	115 l. 18 s. 7 d.
Ascension 1304	561 l. 13 s. 7 d.	128 l. 7 s. 11 d.
Chandeleur 1305	1254 l. 3 s. 10 d.	389 l. 4 s.
Chandeleur 1312	675 l. 6 s. 9 d.	80 l. 6 s. 9 d.
Ascension 1312	288 l. 19 s. 5 d.	119 l. 13 s. 9 d.
Ascension 1321	461 l. 17 s. 11 d.	124 l. 14 s. 4 d.
Toussaint 1321	1000 l. 9 s.	190 l. 18 s. 4 d.

etc.

Les éléments font malheureusement défaut pour établir à ces diverses dates le budget d'une année entière, et on ne peut y suppléer par un calcul proportionnel à cause de l'étendue inégale et variable des divers termes [2].

---

1. 3 mai 1277. *Inv. som. du Pas-de-Calais*, A. 24.
2. La mobilité de la fête de l'Ascension faisait varier le nombre de jours compris entre la Chandeleur et cette fête, et entre cette fête et la Toussaint. Le terme de la Toussaint à la Chandeleur seul ne

Les recettes et dépenses étaient comptées en livres parisis, et la balance des recettes et mises faisait ressortir presque toujours un excédent. C'est le receveur d'Artois qui recevait cet excédent ou qui comblait le déficit [1].

Nous avons dit que les comptes des baillis se rendaient à Arras, cependant ils étaient présentés quelquefois dans d'autres villes. En 1298, le 3 juillet, les baillis du comté furent réunis pour cet objet à Saint-Omer. L'assemblée se composait de six auditeurs, de trois clercs : l'archidiacre d'Ostrevent, de maître Thibaut d'Aunoy, maître Thierry, clerc et trésorier du comte [2], et de trois chevaliers nobles hommes : le sire de Beaumetz, Simon de Mauregard et Renaud Coignet de Barlette, maistre et garde de toute la terre du comte [3], qui étaient probablement des membres de la Chambre des comptes d'Arras [4].

Le contrôle de la comptabilité des baillis était extrêmement sérieux, les comptes faisaient l'objet d'observations ou étaient rejetés en tout ou partie.

---

changeait pas. On pourrait, il est vrai, établir peut-être un calcul proportionnel par jour, mais on n'arriverait pas, croyons-nous, à un résultat sérieux en opérant ainsi.

1. Richard, *introd.* à l'*Inv. som. du Pas-de-Calais*, t. II.
2. Thierry d'Hireçon, le véritable premier ministre de la comtesse Mahaut, qui semble avoir fait partie lui-même de droit de toutes les commissions chargées pendant son administration de vérifier les comptes des baillis.
3. *Inv. som. du Pas-de-Calais*, A, 146 et 164.
4. M. Guesnon, *loc. cit.*, p. 433, dit qu'à l'origine de la Chambre des comptes d'Arras, « aucune règle fixe ne préside à sa composition. « Elle comprend essentiellement un ou deux clercs ou conseillers-« auditeurs auxquels s'adjoignent au besoin d'autres officiers arbi-« trairement choisis, en nombre indéterminé ».

Celui présenté à la Toussaint 1309 par Jacques le Muisne, bailli de Saint-Omer, ne fut ainsi accepté qu'en partie parce que les commissaires refusèrent d'approuver les dépenses faites pour travaux aux châteaux de Saint-Omer et de Rihout [1].

L'importance de cette comptabilité avait obligé les baillis à avoir des clercs, des employés à leurs gages, chargés des recettes et des paiements, mais sans titre particulier. Ces opérations financières s'étendant et se compliquant d'une manière croissante, il fallut faciliter leur tâche à cet égard, afin qu'ils pussent exercer plus librement leurs attributions militaires, administratives et judiciaires sans cesse grandissantes aussi. C'est ainsi qu'insensiblement la comptabilité fut abandonnée à des receveurs dans les bailliages et sénéchaussées.

Cette mesure fut générale, on trouve des receveurs sans titre pour la sénéchaussée royale de Carcassonne dès 1247, 1268, 1269, puis en 1285 un trésorier. A Toulouse on voit en 1276 et 1298 un trésorier du roi [2]. Dans les bailliages de France et de Normandie c'est vers 1292, sous Philippe le-Bel, qu'ils auraient été institués, mais les premiers comptes ne furent pas présentés par eux [3].

En Artois, la création du receveur de ce comté, dont nous avons déjà parlé, remonte à 1273. Puis il fut établi successivement des receveurs à Arras et à Hesdin ; à Saint-Omer, le premier que l'on connaisse est Willaume de Wailly qui en 1351 avait la recette

---

1. *Inv. som. du Pas-de-Calais*, A. 253.
2. C[el] Borelli de Serres, *Recherches sur divers services publics*, etc. p. 220 à 222.
3. Id. et Brussel, *Traité des fiefs*, t. I, p. 475.

des baillies de Saint-Omer et de Tournehem[1]. Puis d'autres receveurs furent créés à Tournehem même, à Eperlecques, Aire, Béthune, Beuvry, Choques, Bapaume, Avesnes, Aubigny et Quiéry[2]. Il n'y eut donc pas à l'origine de juridiction territoriale bien déterminée assignée à ces comptables.

Le plus ancien compte du domaine de Saint-Omer qui existe aux archives de la Chambre des comptes de Lille, celui de 1355, est rendu par Willaume de Wailly[3] qui, à cette époque, est qualifié de receveur d'Aire, Saint-Omer, Tournehem, Éperlecques, la Montoire[4]. En nommant Arnould de Créquy, le 18 décembre 1361, Gaucher de Châtillon, gouverneur d'Artois, ordonna « au recepveur de ladite baillie (celle de Saint-Omer) présent et à venir » de payer les gages du nouveau bailli, clause qui fut insérée dans toutes les autres commissions. Plus tard par lettres du 19 novembre 1370, la comtesse Marguerite ordonna à son bailli Varin, sire de Bécourt, de remettre à Willaume de Wailly qu'elle qualifie de son receveur, les registres, informations et autres objets de la baillie, et le 29 du même mois elle nomme ce personnage, toujours appelé par elle son receveur, en qualité de bailli et châtelain de Saint-Omer[5]. Il fut remplacé par Gilles du Bilck qui reçut une commission de « receveur des baillie et châtellenie de « Saint-Omer ».

Les attributions financières du bailli furent alors cen-

1. *Inv. som. du Pas-de-Calais*, A, 674.
2. *Id.*, A. 792. Tous ces receveurs existant de 1361 à 1383.
3. *Bull. hist. de la Morinie*, p. 463.
4. *Inv. som. du Pas-de-Calais*, A, 680. Mandement du gouverneur d'Artois du 9 avril 1355.
5. *Arch. de Saint-Omer*, AB. VIII, 25.

tralisées dans les mains de ce comptable. Il afferma les domaines et justices du prince, entretint les châteaux et édifices sans néanmoins pouvoir y faire, à moins d'autorisation spéciale, de nouvelles constructions, administra les eaux et forêts, car on ne connaissait point alors de distinction entre les fonctions d'administrateur et celles de comptable ; il fut chargé en outre de poursuivre les délinquants et de requérir contre eux des amendes ou autres pénalités ; il paya les diverses dépenses, pensions, aumônes, etc.

Il resta d'abord placé sous l'autorité du bailli, mais comme celui-ci l'avait fait auparavant, il fut tenu de rendre ses comptes soit devant la Chambre d'Arras[1], soit devant celle de Paris[2] quand l'Artois était dans la main du roi.

Sa gestion fut surveillée comme l'avait été celle du bailli tant qu'il avait exercé les fonctions de comptable. Et s'il arrivait que pour une cause majeure, les pièces de comptabilité n'avaient pu être fournies, il en était fait mention, c'est ce que constate notamment un rouleau de parchemin aux archives d'Arras intitulé : « 1337. Ramembrance que depuis le mardi jour

---

1. « Item pour 1 cent de jectoirs accatés pour le cambre des « comptes quant li recepveres de St Omer vint de Hedin à Arras « pour rendre ses comptes — x gros ». 1382. *Arch. du Nord, Ch. des C.* registre A, coté 182. Mention citée par M. Guesnon, *loc. cit.*, p. 432, note de la page 431.

2. Voyages successifs du receveur du bailliage d'Aire, St Omer, etc. pour venir compter à Paris au mandement de nosseigneurs des comptes des termes de la Toussaint CCCLIII (*Arch. du Nord, Ch. des C.* registre O, coté 39. — Ascension 1355). — Etat de dépenses faites par Will. de Wailly « pour venir compter à Paris au « mandement de noss. des comptes. Parti de son hostel le XVe jour « de march et vint à Paris le XIXe » (Mai 1355. *Inv. som. du Pas-de-Calais*, A, 680).

« S¹ Phelippe et S¹ Jaque qui fut l'an xxx jusques
« au terme de Toussaint qui fut l'an xxxvii, et quel
« tamps mess. Guylebers de Nyedonchel chevaliers
« et Pierres de Cauchy furent baillieu de S¹ Omer,
« furent comptées pour rechutes par le clerc sans
« que on en peut aucune cose avoir ne rechevoir les
« parties et pour les personnes que ci après se
« ensievent »[1]. Mais ces défauts de justification
étaient des cas très rares, et on se montrait en
général sévère à l'égard du receveur. C'est ainsi
ainsi qu'en 1372, on trouve une procédure contre
Willaume de Wailly alors bailli de Saint-Omer, mais
auparavant receveur, on l'accusait de n'avoir pas
remis à la comtesse d'Artois plusieurs parties
« d'explois escheuz en la recepte de S¹ Omer », et cette
accusation s'étendait à divers baillis et receveurs
« qui ont esté à S¹ Omer depuis que madame fut
« contesse d'Artois »[2].

Gilles du Bilke en 1370 et 1371[3], Jehan du Fresnoy,
dit Noiseux, Alard Danne en 1380 étaient receveurs
du bailliage[4].

Lorsque la Chambre des comptes de Lille eut été
créée en 1385[5], ce nouvel officier y fut rattaché,
c'est devant cette juridiction qu'il prêta serment, sa
commission y fut enregistrée, il y donna caution

---

1. *Inv. som. du Pas-de-Calais*, A, 564.
2. *Inv. som. du Pas-de-Calais*, A, 987.
3. *Id.*, A, 746, 747, 749, 988. Devint bailli, comme Willaume de Wailly.
4. *Id.*, A, 767 et 779. Alard Danne devint bailli de Saint-Omer.
5. Le 3 février 1385, Philippe le Hardi, comte de Flandres et d'Artois, établit à Lille un conseil à une partie duquel il attribua la juridiction ordinaire et contentieuse, et à l'autre la connaissance de son domaine et de ses comptes. Le 17 août 1409, le duc Jean sans Peur divisa ce conseil en deux, il en laissa une partie à Lille sous la dénomination de *Chambre des comptes*, et transféra l'autre à Gand.

pour sûreté de sa gestion, et il rendit ses comptes devant les magistrats qui la composaient.

Si l'on parcourt les premiers volumes qui ont été publiés des Archives de cette Chambre, on trouve une série de ces receveurs, nommés par le prince, tous choisis parmi des familles distinguées et jouissant d'une réelle considération. Citons Hugues Coquillan à Saint-Omer de 1391 à 1393, puis à Eperlecques en 1394 et de nouveau à Saint-Omer; son successeur Pierre des Singes de 1406 à 1417, qui acheta une maison dans la ville en 1411-1412; Jacques de la Tannerie qui partagea ses fonctions avec Pierre des Singes; en 1470 Guillaume d'Audenfort, en 1494 Martin de Wissocq[1].

Par suite de la création de ce receveur du bailliage, la plus grande partie des attributions financières du bailli disparut et à la fin du xiv⁰ siècle on ne voit plus intervenir celui de Saint-Omer dans ces matières que pour certifier certaines dépenses[2]. Cependant il continua à fournir une caution à la Chambre des comptes pour la sûreté de sa gestion[3].

D'autre part il était nommé quelquefois des receveurs spéciaux pour percevoir certaines taxes particulières. C'est ainsi que en 1363, la comtesse de Flandres et d'Artois, Marguerite, déclara par lettres que pour la défense du pays, elle avait été autorisée à établir différents droits à lever tant sur les

---

1. Demay, *Sceaux d'Artois*, p. 206, a relevé les sceaux de Gilles du Bilk, Hugues Coquillan et Pierre des Singes.

2. Alliaume de Longpré, bailli de Saint-Omer, certifie que les ouvriers qui ont réparé le château de Saint-Omer et le vivier de Ruhout ont déclaré avoir été payés de leurs travaux (*Arch. du Nord, Ch. des C.*, t. I, octobre 1392. Cᵒⁿ 1188).

3. Voir le cautionnement des baillis ci-dessus, chap. III, p. 33.

revenus des biens que sur le nombre des feux ; les deniers provenant de ces impositions devaient être déposés dans deux bonnes villes de la province telles qu'Arras et Saint-Omer, sous la garde de deux ecclésiastiques, de deux nobles et deux bourgeois qui ne pourraient en faire emploi que pour la défense du pays[1]. Pour l'exécution de ces lettres, Louis, comte de Flandres et d'Artois, désigna le 15 août suivant pour trésoriers généraux : l'abbé de Saint-Bertin, le chantre de l'église Notre-Dame, Guillaume de Sainte-Aldegonde, le seigneur de Wisques chevaliers, Jean Neurelin et Adolphe de Sainte-Aldegonde, bourgeois, et il nomma Tassart de la Vigne receveur général de cette taxe en la ville de Saint-Omer. Le bailli fut chargé de désigner différentes personnes pour, avec les curés des paroisses de toutes les villes et villages du bailliage, rechercher le nombre de feux et les revenus et établir en outre des receveurs particuliers pour la recette des droits d'aide dans l'étendue de sa circonscription[2].

---

1. *Arch. de Saint-Omer,* CLXVII, 1.
2.   *Id.,*   CLXVII, 2, 3 et 4.

CHAPITRE VI

ATTRIBUTIONS ADMINISTRATIVES

Leurs variétés. — Les plus importantes étaient la surveillance de la comptabilité communale et des élections échevinales de la ville de Saint-Omer. — § I. Comptes communaux. — Ordonnance de la comtesse Mahaut en 1305. — Le bailli assiste à la reddition des comptes. — Commissaires spéciaux. — Ordonnance de Philippe-le-Bon de 1447. — § II. Elections échevinales à Saint-Omer. — Réformes de la comtesse Mahaut en 1306 et de Philippe-le-Bon en 1447. — Echevinage du pays de l'Angle. — § III. Droits de police du bailli dans l'étendue de la ville de Saint-Omer. — Les foires.

Le détail des attributions administratives du bailli serait sans fin. C'est au nom du prince qu'il publiait les ordonnances, les placards, mandements et ordres divers, de l'exécution desquels il était chargé ; il en délivrait des vidimus, des certificats, souscrivait des lettres de non-préjudice, etc.

Agent du prince il exerçait en outre une haute surveillance sur les actes de l'administration locale, sur ceux des seigneurs, afin de prévenir ou de réprimer les atteintes qui pourraient être portées par les bourgeois ou les seigneurs aux droits du comte. Il intervenait, soit sur l'initiative de celui-ci agissant au nom de l'intérêt public, soit sur la demande des communautés elles-mêmes, mais toujours en vertu de mandements spéciaux.

C'est ainsi qu'il était souvent délégué pour présider certaines enquêtes d'un caractère d'utilité générale. On peut citer notamment celles assez fréquentes sur l'état des chemins, des ponts, rivières[1], puis sur le commerce local ou les monnaies.

La fabrication des draps avait à Saint-Omer une importance considérable au moyen-âge et faisait la prospérité de la ville ; mais dans les campagnes voisines on fabriquait des draperies de qualité inférieure qu'on vendait « sous le nom de la ville, de « quoy la draperie de St Omer estoit moult diffa- « mée ». Sur les réclamations des trois maîtres jurés des grands métiers[2], la comtesse Mahaut adressa à son bailli des lettres datées de Paris du 8 mars 1324 qui se terminaient ainsi : « Vous deffen- « drez et faites deffendre sous bone paine par toutes « les villes champêtres que desore navent il ne « faichent nulle draperie quele que elle soit »[3]. La fabrication n'en continua pas moins, et nous verrons plus loin[4] diverses contestations judiciaires

---

1. Chemins et ponts entre Arques et Hallines, 1348 ; rétablissement d'un pont à Wizernes, 1399 ; réparation d'un chemin à Gondardennes, 1429. *Arch. de Saint-Omer*, CXCI, 8, 10 et 12. — Etat de la rivière de Watten, 1443. *Id.*, CCIV, 9.

2. Voir l'histoire de la draperie de Saint-Omer dans les *Communautés d'arts et métiers à Saint-Omer*, *Mém. de la Morinie*, t. XVI, p. 519 et suiv.

3. *Arch. de Saint-Omer, Registre F au renouvellement de la Loy*, f. IIII^{xx} et 1 v°.

4. Chapitre IX, 2.

dans lesquelles le bailli intervint en 1353 et en 1362 pour soutenir les privilèges des drapiers de la ville contre l'abbaye de Saint-Bertin qui possédait aussi à Arques des métiers à tisser. Dans d'autres localités la concurrence était aussi préjudiciable à la ville de Saint-Omer. Sur une nouvelle plainte du Magistrat alléguant les mêmes motifs qu'en 1324, la comtesse d'Artois, rappelant la défense faite déjà par Mahaut, enjoignit le 3 août 1364 à son bailli de Saint-Omer de procéder à une information et de veiller à ce que de nouvelles infractions ne se reproduisissent pas[1]. L'enquête prescrite eut lieu. Il y est expliqué que plusieurs témoins ont certifié que du temps de la comtesse Mahaut, lorsqu'on fabriquait du drap dans les campagnes, le Magistrat se rendait sur les lieux, accompagné du seigneur ou de ses gens, saisissait les métiers et les outils et les brûlait publiquement à Saint-Omer dans la Grosse Rue ou au Marché au Fil, vis-à-vis la Belle Croix. En conséquence, le 21 décembre 1364, le bailli fit publier la défense à tous les habitants des villes champêtres de la banlieue et de la châtellenie de fabriquer des draps, leur enjoignit de se défaire des métiers qu'ils pourraient avoir dans les 20 jours, à partir de Noël, sous peine d'une amende de 60 livres[2].

D'autres enquêtes importantes qu'il y a lieu de signaler, sont celles relatives aux monnaies. On trouve des lettres de Philippe-le-Bon, duc de Bourgogne et comte d'Artois, du 25 novembre 1421, ordonnant qu'il soit informé sur les abus qui se commettaient dans les bailliages de Saint-Omer et

---

1. Lettres datées d'Hesdin. *Arch. de Saint-Omer*, CXXXIV, 6.
2. *Arch. de Saint-Omer*, CXXXIV, 7.

d'Aire « sur le fait du change, allouement et mises
« des monnoyes et billons dont on retiroit des
« profits excessifs », et il nomma comme commissaires pour procéder à l'information et pour punir
les coupables, les baillis de Saint-Omer et d'Aire
avec le mayeur, un échevin et un conseiller de la
ville[1]. Quelques années après, le bailli de Saint-Omer
certifiait le 6 mars 1427, qu'il avait fait publier une
ordonnance du même prince, du 11 février précédent, portant défense de recevoir les couronnes d'or[2].

Mais les attributions administratives les plus
importantes étaient la surveillance de la comptabilité
communale et des élections échevinales de la ville
de Saint-Omer.

L'administration financière du Magistrat était étran-
gère au bailli qui ne pouvait s'immiscer directement
dans la gestion des affaires de la commune. Il contribuait, il est vrai, avec les échevins, à la nomination des répartiteurs des tailles et des assises, mais
il ne pouvait être présent dans l'assemblée qui déter-
minait ces taxes[3]. Cependant il exerçait un pouvoir
de surveillance et d'inspection sur les finances et la
comptabilité communale[4].

A l'origine il n'intervenait pas non plus dans la
reddition des comptes de la commune. Ceux-ci étaient
rendus publiquement dans la halle par les échevins

1. *Arch. de Saint-Omer,* CXVI, 9.
2.   Id.   CXVIII, 13.
3. « Item baillivus comitis erit cum scabinis qui eligent probos
« viros villæ ad faciendas tallias et assisas, sed cum taillabunt sca-
« bini... non intererit baillivus » (Art. 4 de l'ordonnance de Philippe
d'Alsace vers 1178, déjà citée).
4. « Scriptum autem talliæ et assisæ redent scabini baillivo si
« postulaverit ». (Id.).

sortant de charge aux bourgeois convoqués au son de la bancloque¹. Plus tard ces magistrats se bornèrent à rendre les comptes à leurs successeurs². Ce défaut de publicité était général dans toutes les villes, et entraînait des abus qui déterminèrent saint Louis à publier, vers 1256, une ordonnance³ pour obliger les villes à soumettre leur comptabilité à la vérification des gens du roi. En juillet 1279, Philippe-le-Hardi, roi de France, prescrivit au comte Gui de Flandre de contraindre les échevins des villes à compter de leur gestion en présence du comte ou de son délégué, en y adjoignant pour le peuple et pour le commun (pro populo et communitate) de chaque ville, diverses personnes capables, soumises aux charges de la communauté⁴. Mais il est à penser que Saint-Omer, comme tant d'autres villes, put se soustraire au contrôle du prince, car en 1305, les finances municipales étaient en mauvais état, la ville fort obérée, et le conseil échevinal était l'objet de graves inculpations ; ses accusateurs et ses partisans produisirent leurs griefs et sa défense à la comtesse d'Artois, en acceptant d'avance sa décision (10 et 18 mai 1305). L'ordonnance du 22 octobre 1305⁵, qu'elle rendit en conséquence, soumit la comptabilité antérieure à une vérification, promit de punir ceux qui auraient « fait fausseté, barat ou « tricherie » au préjudice de la ville, et prescrivit

---

1. Comme autrefois le peuple était convoqué pour l'apposition du grand sceau communal (*Histoire sigillaire de Saint-Omer*, p. 5, n° 4).
2. Les échevins anciens et les dix jurés anciens rendaient les comptes aux douze échevins et aux dix jurés en exercice. On publiait le résultat du compte.
3. *Ordonnances des rois de France*, t. I, p. 82.
4. *Histoire de la Flandre*, Varnkoenig, t. I, p. 394.
5. *Arch. de Saint-Omer*, CCXI. 2.

qu'à l'avenir les comptes seraient rendus publiquement, en halle ouverte, aux nouveaux échevins par les anciens, dans la quinzaine qui suivrait leur sortie de charge, en présence du bailli et de « tous ceux « de notre dite ville qui estre y vaurront et por-« ront » ; les bourgeois devaient être avertis quatre jours avant la séance par une publication faite à la bretèque [1]. C'est ainsi que le corps échevinal dut se soumettre à l'autorité souveraine en ce qui touchait les finances communales, et le bailli, reçut la mission de surveiller les finances de la ville, et d'assister à la reddition de ses comptes [2]. Deux argentiers étaient alors chargés de la perception des revenus de la ville et du paiement de ses dépenses. Les comptes furent rédigés chaque année sur un registre spécial, l'année financière allait d'une Chandeleur (2 février) à l'autre.

Avant la création de la Chambre des comptes à Lille en 1385, il est probable que des doubles étaient envoyés aux officiers du prince commis à l'audition des comptes, et qui suivaient sa personne partout où elle se transportait ; lorsque cette cour fut fixée à Lille, des expéditions lui furent adressées.

Mais la surveillance du bailli avait paru insuffisante aux comtes de Flandre, qui étaient dans l'usage d'envoyer pour entendre les comptes des commis-

---

1. Une ordonnance du 25 mai 1306, dont nous parlerons plus loin, et réglant le mode d'élection de l'échevinage, contient aussi à l'égard des comptes des dispositions presque semblables à celle de 1305. La publication à la Bretèque devait être faite 3 jours avant la séance au lieu de 4 jours avant.

2. En France, sous le règne de Charles V (1364-1380), ces officiers municipaux devaient rendre compte de leur gestion financière aux prévôts et aux officiers royaux ; cette obligation imposée d'abord aux villes prévôtales, devint général.

saires spéciaux[1]. Comme les frais de voyage et de séjour de ces agents, dont le nombre n'était pas limité, entraînaient des dépenses qui ne laissaient pas d'être considérables, le Magistrat dans une lettre à Jean-sans-Peur, se plaignit en 1416 de ces frais excessifs qui obéraient la ville, et il obtint une décision de ce prince en date du 6 mai portant qu'à l'avenir il n'y aurait plus que deux commissaires, l'un de la ville, le bailli par exemple qui aurait 20 sous par jour, et un autre du pays d'Artois à qui on allouerait 40 sous[2]. Le compte de l'année 1415-1416 porte que dorénavant, l'échevinage pourra rendre ses comptes par-devant deux commissaires, en présence du receveur du duc à Saint-Omer. Les échevins des dix eurent, outre « leur chire », douze sous, leurs deux mayeurs chacun 56. Le 24 février 1417, Jean de Pressy[3] fut désigné avec le bailli pour « entendre
« les comptes de la ville, maisons et hopitaux, y
« appeler le receveur du prince en ladite ville, les
« contredire, débattre et accepter, en prendre des
« expéditions et les envoyer sous leurs sceaux à la
« Chambre des comptes de Lille »[4]. — Le compte de 1417-1418 donne de curieux détails sur les dépenses

---

1. Le roi de France Charles V envoyait dans les provinces des *réformateurs généraux* dont les pouvoirs étaient beaucoup plus étendus.

2. *Arch. de Saint-Omer,* CXX, 3. La décision fut confirmée le 11 mars 1420 par le duc de Bourgogne Philippe-le-Bon. CXX, 5.

3. Messire Jean de Pressy, chevalier, seigneur du Mousnil, fut trésorier et gouverneur des finances du duc de Bourgogne, et au mois de juillet 1427 maître des deux Chambres de Lille et de Dijon, « et « en chacune d'icelles deux Chambres des comptes il se pouvoit « trouver toutes les fois que bon lui sembloit, et y avoit son lieu et « place » (*La Flandre illustrée par l'institution de la Chambre du roi à Lille en l'an 1385,* par Jean Le Seur. Lille MDCCXIII, p. 68).

4. *Arch. de Saint-Omer,* CXX, 4.

qu'entraîna la vérification de celui de 1416-1417 et sur les divers officiers qui y prirent part.

« Despenses pour la visitation des comptes de la ville
« pour 1 an comenchant à la candelier lan IIIIe et seze
« et finissans a le candelier lan IIIIe et dix sept par les
« commissaires ci-après nommez envoyez par Mons. le
« comte de Charolois aiant en l'absence de Mons. le duc
« de Bourgoigne le gouvernement des païs de Flandre et
« d'Artois.

« A Jehan de Pressy, conseiller de Mons. le duc de
« Bourgoigne à présent demeurant en la conté d'Artoiz,
« pour ses gages et salaires de x jours qu'il a vacquié,
« besoigné et retournant à la visitation des comptes de le
« ville [1], XXXII s. parisis par jour soit xx frans et au paris.
« XVI l.

« A Aleaume de Longpré, escuier, bailli de St Omer,
« pour gages et salaires qu'il a vacquié en le visitation
« desdits comptes par l'espace de VIII jours. XVI s. par jour,
« sont VIII frans et au par. VI lib. VIII s.

« A Pierre des Singes, receveur de St Omer pour ses
« gages et salaires de huit jours qu'il a vacquié et entendu
« avec les dessusdits en le visitation desdits comptes,
« XVI s. par jour, soit VIII frans et au par. VI l. VIII s.

« A Simon Dufour, sergent à cheval du bailli de
« St Omer, pour avoir esté clerc avec les dessus dits com-
« missaires et fait lecture desdits comptes et y vacquié
« par VIII jours entiers, pour tout XL s. monnoie courante
« et au par. XXIII l. III d. ob.

« A deux frères Jacobins pour VIII messes qu'ils dirent
« devant lesditz commissaires durant ladite audition,
« pour chacune II s. monn. cour. sont XVI s. et au par.
« XIII s. VIII d. ob.

« Aux argentiers qu'il ont paié tant pour pain, vin,
« fruit, malevizet, espisses, tant en le cambre des dix là
« où les dis commissaires oirent les dis comptes, en le

---

1. En Flandre on appelait *pennegelt* la gratification accordée pour l'audition des comptes (*Inv. som. du Nord, Ch. des C. de Lille*, t. VI, p. 214).

« cambre du conseil comme en le cambre des wettes par
« les dis commissaires, leurs gens et plusieurs de nos et
« de leurs officiers durant le temps des du compte, pour
« ce au par. LXXVI s. VI d.

« A Jehan Hamerel, merchier, pour IIII lib. de gettons
« tant pour les commissaires comme pour les argentiers,
« pour chacune livre VI s. sont XX s. monn. cour. et au
« par. XVII s. II d.

« A Monsieur le maieur s' Lambert de Boulongne, pour
« 1 disner fait à son hostel où furent mess. les commis-
« saires qui oirent les comptes de la ville, est, assavoir
« M. Jehan Pressy, M. le bailly, le receveur, le lieute-
« nant, le chatellain, MM. les maieurs : sire Al. de S¹ᵉ Au-
« degonde¹ et sire Eustache de Morcamp², plus de noss.
« argentiers, sergens et autres off. de Mons. et de le ville
« le XXVIIᵉ jour d'avril, au par. VI lib.

« A Julien le May, pour 1 soupper fait à son hostel, où
« furent Jehan de Pressy, conseiller de Mons. le duc de
« Bourgogne, qui estoit icy venu pour oy les comptes de
« le ville, M. le bailli, Jehan Peut, contrôleur du dit
« Mons. le duc, Guy Guillebaut, trésorier du boulonnais,
« le receveur, le lieutenant, Mons. le maieur sire Eustace
« de Morcamp, maistre Nicole de Faukembergue³, sire
« Jaque de Wissoc⁴, sire Nicole, sire Simon de le Nasse⁵
« et plusieurs autres officiers de Mons. et de le ville
« durant le temps de l'audicion des dits comptes,
« au par. XLVIII s.

. . . .

« A Jehan Sauvage, pour V main et demie de pappier
« de le grant forme à VI s. monnoie courante chacune
« main pour ce présent livre et pour 1 autre livre à
« mettre les receptes de le ville, XXXIII s. valant XXVIII s.
« III d. ob.

« A Gilla d'Aire, loieur de livres, pour avoir fait et
« loiet les deux livres dessus dit au pris X s.

1. Aleaume de S¹ᵉ Aldegonde maieur en 1413 ainsi que Lambert de Boulogne.
2. Mayeur de l'année précédente.
3. Conseiller pensionnaire second de la ville.
4. Echevin.
5. Echevin de l'année précédente ou juré au conseil.

« A Ville Bladeque, pour vii sac de kennevach[1], c'est
« assavoir 1 grant pour mettre toutes les quittances et
« autres lettres et escriptures touchan les comptes de le
« ville de l'an iiiie et xvii, et les autres vi pour mettre
« argent eû l'argenterie, pour ce xiii s.
« A l'auwere de poi pour une mulne et pour mellens
« acatez avec autres choses envoiés au disner à l'ostel à
« la nate, où estoient logiez Jehan de Pressy, conseiller
« de Mons. de Bourgoigne et maistre Jehan de Laustric
« un des seigneurs des comptes à Lille, cy venus de par
« monseig', avec les quels dinèrent Mons. le bailli, Mess.
« les maieurs, sire Nicole de Vissoc, et autres, est assa-
« voir pour le dicte mulne xvi s., pour lesdits mellens
« iiii s., et pour le valet qui les porta iii d. sont xx s. iiii d. ».

Thierry le Roy, bailli de Douai et d'Orchies, le prévôt de Montreuil Jean de Fontaine, furent chargés de semblables vérifications, avec le bailli de Saint-Omer, successivement en 1424, 1433, 1471[2]. Les comptes furent alors signés par le commissaire du prince, le bailli et le receveur du souverain « au « quartier de St Omer ». Ils comprenaient les recettes tant du domaine de la ville que des assises dont le comte d'Artois « prend certaine portion ». Les officiers délégués pour ouir les comptes, et particulièrement le receveur du prince, avaient en effet aussi pour mission de maintenir les droits de celui-ci et de surveiller la recette qui devait être faite à son profit.

Cet examen était sérieux ; c'est ce que prouvent des annotations mises en marge de certains articles de dépense mal justifiées[3] ; ou les observa-

1. Chanvre, toile, sacs de toile.
2. *Arch. de Saint-Omer*, CXX, 6, 7, 8. — Commissions délivrées par Jean-sans-Peur, duc de Bourgogne et comte d'Artois à plusieurs maîtres de la Chambre des comptes de Lille, pour ouïr les comptes de tous les officiers du pays de Flandre et d'Artois *(Inv. som. du Nord. Ch. des C.*, t. II, n° 1600, p. 137).
3. Compte de 1420-1421. On lisait une dépense ainsi mentionnée :
« A plusieurs boins anis de le ville dont noss. sont bien informez et

tions finales. Du reste ce contrôle était bien utile. La corruption électorale sévissait alors pleinement, les échevins donnaient de fortes sommes afin de se faire élire, et tâchaient de se rembourser des frais de leur élection en mettant les fermes ou adjudications des impôts de la ville à bas prix, et en les faisant obtenir à des créatures qui partageaient avec eux les bénéfices, ou bien ils s'appropriaient les revenus des étaux des bouchers ou des poissonniers et ceux des échoppes qui entouraient la chapelle de Notre-Dame des Miracles, sur la place du marché. Depuis 1305, époque où la comtesse d'Artois avait déjà dû intervenir, les finances de la ville avaient été plusieurs fois en détresse [1], et au commencement du xve siècle les choses allaient si loin que bon nombre de bourgeois quittèrent la ville pour s'établir ailleurs.

Ce sont ces graves abus, introduits dans la gestion des deniers de la ville, et d'autres encore dans l'administration de la justice, qu'en 1447 Philippe-le-Bon constatait ainsi dans les lettres données à Bruges le 1er août, « il luy est deubment appareu que plu-
« sieurs de ceux qui ont par cy-devant le gouver-
« nement de nostre ville de Saint-Omer, tant ès offices
« de Mayeur et Echevins comme autres ont esté
« commis plusieurs fautes, excez et abus tant au fait
« de la justice d'icelle nostre ville, comme au bail

« en ont veu les parties en hale pour courtoisies à eulx faites le
« xxiiie jour d'octobre 1421 » (somme non indiquée). L'annotation en marge était ainsi conçue : « Cest article est trop général et pour ce
« soit déclarie à qui la dicte somme est baillie et appors de quitance ».
— Dans d'autres comptes on voit ces annotations : « soit de ce
« parlé », etc.

1. Cet état n'était pas dû seulement à la mauvaise administration des échevins. M. Giry, *Hist. de St-Omer*, p. 248, fait très justement observer que les guerres et leurs conséquences, et le système de fiscalité de Philippe-le-Bel ont ruiné bien des villes.

« des fermes, assis et autres dous à icelle nostre
« ville appartenans et en plusieurs et diverses autres
« manières », et par son ordonnance du 9 décembre
1447, il défendait notamment les exactions exigées
pour rappel de ban (art. xxi), les dîners faits aux
dépens de la ville, sauf celui du renouvellement de
la Loy (art. xxii) ; il prenait des mesures afin que les
fossés de la ville et le droit d'issue fussent affermés
(art. xxiii et xxvi), que « pour ce qu'ès ouvrages de
« ladite ville l'on a par cy-devant fait et commis des
« grandes fautes et abus » les nouveaux ouvrages
de quelque importance fussent adjugés au rabais
(art. xxiv), que les assis du vin, cervoises, « grans
« et autres censes et revenus de ladite ville fussent
« bailliées » au plus offrant et dernier enchérisseur, sans que les magistrats ni l'argentier pussent
« mettre à prix, hausser ne monter lesdites censes,
« ny avoir part ne portion » (art. xxix) ; et si l'on
ne trouvait point d'adjudicataire à un prix raisonnable, la ville pouvait « les coeuillir et les retenir ».
Mais cette nécessité devait être justifiée par l'avis du
bailli, du procureur et du receveur du prince qui se
réuniraient ensuite aux mayeur et échevins pour
aviser (art xxxii). L'art. xxxiii rappelait aussi, « plu-
« sieurs menus offices de la ville, aussy estaux à Bou-
« chers, Poissonniers et autres semblables que lesd.
« Mayeur et Eschevins ont accoustumez de vendre
« et les deniers converties et appliquiez à leur sin-
« gulier proffit », et il exigeait qu'ils se vendissent
à l'avenir « à cry publicque et à Personnes à ce
« ydoines et suffisans ». Enfin l'art. xxxiv décidait
« que pour aucuns exemptez du guetz, ils (les éche-
« vins) ne prendront or ou argent ou autres don ou
« courtoisies quelconques ». Diverses règles de

comptabilité étaient aussi imposées à l'argentier et aux échevins (art. xxxvii), car il n'y eut plus qu'un argentier élu pour trois ans par les maieur, échevins et dix jurés réunis, et indéfiniment rééligible. Les « gens et commis de mondit seigneur » continuèrent toujours à ouïr les comptes. L'argentier en dressait un double sur lequel les commissaires mettaient leurs apostilles, et qui était ensuite transmis à Lille (art. xxxviii)[1].

Toutes ces mesures témoignaient du grand désordre qui régnait dans les finances municipales, et que n'atténuait point la surveillance du bailli et des commissaires aux comptes.

Nous verrons dans la seconde partie de ce travail comment au XVIe siècle on fut amené à créer un fonctionnaire spécial, résidant à Saint-Omer, qui surveillait de plus près, avec le bailli, la comptabilité communale. Cet agent disparut dans la seconde moitié du XVIIe siècle, et le rôle du bailli lui-même ne cessa de diminuer d'importance en cette matière.

Après que la commune se fut constituée, en plaçant à sa tête un collège d'échevins et deux mayeurs, les comtes d'Artois ne paraissent pas avoir fait sentir immédiatement d'une manière directe, leur influence sur la nomination du corps municipal ; et leurs baillis juraient, en entrant en charge, « ès mains « du mayeur », de maintenir les libertés communales[2] ; ces princes eux-mêmes, lorsqu'ils venaient à Saint-Omer, prêtaient dans l'église Notre-Dame, le serment de conserver les privilèges de la cité. Perpétuelles sans doute à l'origine, les fonctions

1. Lettres patentes de Philippe-le-Bon imprimées.
2. Nous avons étudié ces serments, p. 40.

d'échevins devinrent ensuite annuelles, et jusqu'au xiv⁰ siècle, ceux sortant de charge nommèrent leurs successeurs. Mais, à cette époque, les mêmes abus que nous avons signalés dans la gestion des deniers de la ville se produisaient à propos des élections et donnèrent lieu aussi à des plaintes graves de la part du peuple ; une haute et riche bourgeoisie s'était constituée, s'était assuré le maniement des affaires, et on accusa les échevins de gouverner en maîtres, de disposer de toutes choses sans presque de règle, à leur profit exclusif, et de regarder les charges comme héréditaires ; aussi en s'adressant en 1305 à la comtesse Mahaut pour lui signaler la mauvaise gestion des finances, « le commun » demanda également la réforme de la Loy. L'ordonnance du 22 octobre [1] commença par enlever à la ville la nomination de ses magistrats, puis le 25 mai 1306, la comtesse Mahaut décréta un système d'élections à trois degrés, créant un corps municipal composé de deux collèges : d'abord douze échevins parmi lesquels serait pris le mayeur, chargés des attributions administratives et judiciaires, puis *dix jurés pour la Communauté* représentant particulièrement la classe inférieure, destinés à exercer un contrôle sur les échevins. L'élection avait lieu dans la nuit de l'Epiphanie. L'échevinage de l'année précédente conservait certaines attributions sous le nom de *jurés au Conseil*[2]. Par une seconde ordonnance de la même année, la comtesse détermina la catégorie des éligibles [3].

---

1. Nous l'avons analysée p. 68, 69, au point de vue financier.
2. *Arch. de Saint-Omer*, CXXI, 3. — Copie du xiv⁰ siècle.
3. Copie du commencement du xiv⁰ siècle au verso de l'ordonnance précédente.

Cette intervention établit d'une manière bien précise le droit du souverain « à refourmer l'estat de le
« vile, à adrecier, corrigier et amender les choses
« maltraitiées et mal faites pour la pais, la réfour-
« mation et le profit de le vile et des habitans en
« ychelc »[1], et plus tard les successeurs de la comtesse Mahaut usèrent, comme elle, du droit d'intervenir dans les élections échevinales.

Les élections municipales avaient lieu la nuit de l'Epiphanie, en présence de l'officier châtelain ou bourgrave, représentant les droits de la commune. Elles étaient présidées par le bailli comme chef de la haute justice, qui recevait le serment des nouveaux élus. Ce serment, à la fin du xiv° siècle, était le suivant :

« Que vous jusques à la nuit de le Thiephaingne feres
« et tenres droit eschevinage et tenres le droit de sainte
« eglise, à madame la contesse d'Artois sa droiture, à
« madame la chastellaine sa droiture, à la ville sa droi-
« ture le amendement et le pais de le ville, aux vesves et
« orphelins leur droiture, à chascun homme sa droiture,
« et ce ne lairés pour amitié pour haine ne aultre chose,
« que vous ne dirés et ferés droit et loy, quand chieux
« vous en semoudra qui à son bon droit vous en doit
« semoure, et là où il vous doit semoure. Et Dieu vous
« hait et chy saint et tous les sains du paradis »[2].

Nous verrons, en étudiant les fonctions du lieutenant général du bailli, avec quelle difficulté celui-ci put se faire remplacer par ce magistrat, lorsque lui-même ne pouvait être présent aux élections[3].

1. Préambule de l'ordonnance de 1306.
2. Sans date. Même serment en flamand à la suite. *Arch. de Saint-Omer*, en tête du *Registre au renouvellement de la Loy*, II, f. 1 v°.
3. Notamment en 1385 et 1429, 1490, 1491, 1494, 1495 et 1497. Voir chapitre X.

Après avoir reçu le serment des nouveaux élus, le bailli accordait les franchises de la Chambre, la permission aux membres du Magistrat de porter des armures, et il rendait aux sergents leur masse ou en nommait d'autres [1].

La magistrature créée par la réforme de la comtesse Mahaut, ne subit pas de changement sensible jusqu'au milieu du xve siècle ; seulement, malgré les dispositions nouvelles qui ne mentionnaient qu'un seul mayeur, il continua à s'en trouver deux à la tête du corps municipal. Le bailli du souverain continua à jurer, à son entrée en charge, de respecter les franchises et privilèges de la Chambre échevinale, et ne fut pas investi de l'autorité nécessaire pour réformer les abus. Aussi ceux-ci continuèrent, et Philippe-le-Bon dans ses lettres données à Bruges le 1er août, constatait, outre les abus financiers auxquels nous l'avons vu plus haut porter remède [2], les graves inconvénients de ce pouvoir électif sans contrôle. On y lit : « mesmement que plusieurs de
« ceux qui sont à présent échevins d'icelle nostre
« ville, y ont esté commis, éleus et instituez
« moyennant grosses sommes de deniers qu'ils en
« ont payez ; et par ce, ont esté délaissez les autres
« qui eussent esté plus notables, suffisans et habiles
« pour le gouvernement de notredite ville ». Et par l'ordonnance du 9 décembre 1447, où il reconnaissait encore : « § II. — Item, pour ce que, depuis long et

---

1. Nous avons déjà dit, chap. IV, p. 43, que le bailli, après s'être fait recevoir à l'échevinage, accordait les franchises de la Chambre. Cette formalité et les autres également signalées se répétaient aussi à chaque changement du Magistrat, c'est-à-dire après les élections annuelles.

2. Chapitre VI, p. 75.

« ancien temps, ceux qui ont esté fait et créé
« Mayeur et Echevins de S¹ Omer sont demeurez
« esdits offices alternativement et an après autres
« leur vie durant, parquoy les plusieurs d'eux
« cuydans que ce fust leurs héritages, s'y sont gou-
« vernez autrement que deubment, en commettans
« plusieurs abus contre le bien de justice et de la
« chose publicque de laditte ville de S¹ Omer », il se
décida à régler l'élection du corps échevinal sur de
nouvelles bases : les électeurs furent les mayeurs et
échevins en exercice et les dix jurés pour la communauté, qui s'adjoignaient neuf personnes représentant les trois états, prises par portions égales
dans le clergé, la noblesse et la bourgeoisie, savoir : trois curés, trois gentilshommes et trois notables bourgeois. Le Magistrat continua à être composé de douze échevins, des jurés au conseil et des
dix jurés pour la communauté, mais ne comprit
plus qu'un seul mayeur pris parmi les échevins.
Pour surveiller et assurer la sincérité des choix,
la charte déclarait, par ses articles 4 et 6, que le
châtelain et le bailli, ou son lieutenant en son absence,
seraient présents à l'élection du corps échevinal et
recevraient le serment des 31 électeurs ; que le
bailli ou son lieutenant entendrait celui des élus [1]
déclarant « chacun par soy, que pour lesdits offices
« ils n'ont requis ou fait requérir ni baillez, ne
« baillerons, ou feront baillier ou donner à aucun
« quelque courtoisie, soub quelque condition ou cou-
« leur que ce soit, et qu'ils garderont chacun en droit

---

1. « Les Mayeur, Echevins et Jurez ainsi de nouvel faits, choisis et
« esleu, les sergeans à verge les iront quérir, et puis *par le com-*
« *mandement dudit Bailli ou de son lieutenant, feront serment en*
« *la forme accoustumée* » (art. VI).

« soy les ordonnances en ces présentes déclarées ».

Ces dispositions, ainsi que celles qui déterminèrent les cas d'incompatibilité entre les différents candidats à l'échevinage (art. vii), et édictèrent quelques règlements de finance, n'apportèrent pas un changement bien sensible à l'état des choses qui se maintint ainsi jusqu'en 1500, époque où furent prises des mesures plus énergiques pour contenir cette aristocratie bourgeoise dans le devoir et pour faire cesser les abus, car elle était restée maîtresse d'élire seule tous les magistrats de la cité. Nous verrons le bailli, appelé alors à un rôle plus actif, chargé d'introduire dans la composition de l'échevinage des éléments étrangers plus dévoués aux intérêts généraux de la cité et à ceux du prince.

Peut-être le bailli de Saint-Omer installait-il à l'origine d'autres échevinages dans les villes faisant partie du domaine du prince. Nous en trouvons au moins un exemple dans le pays de l'Angle où le collège des échevins et des *keurheers* élus par les quatre paroisses [1], était renouvelé par l'officier du comte d'Artois. Il en était ainsi du temps de Robert II et de la comtesse Mahaut, car les gens du pays de Langle se plaignirent en 1321 à cette princesse de ce que le bailli prenait des gages trop élevés pour procéder à cette installation [2] dans la maison commune appelée *Geisel-huis*.

La surveillance de la comptabilité communale et des

---

1. *Chronique de Guines et d'Ardres,* par Lambert, curé d'Ardres, éd. Godefroy Menilglaise, p. 513. — Courtois, *Dict. géog. de l'arrond. de Saint-Omer*, p. 9.
2. *Inv. som. du Pas-de-Calais*, A, 944. Voir ci-dessus, p. 36.

élections échevinales de la ville de Saint-Omer n'étaient pas le seul devoir du bailli. Il pénétrait encore plus intimement dans l'administration intérieure de la cité en exerçant certains droits de police dans le but de sauvegarder les prérogatives et les droits du comte.

Dès 1270 l'échevinage était obligé de lui remettre un exemplaire de ses bans et règlements [1] pour qu'il pût les faire modifier, ou dénoncer au prince ceux qui seraient en contradiction avec ses droits [2] ; et il siégeait à la chambre échevinale au côté droit du mayeur, sur le banc où se plaçaient les dits jurés pour la communauté, afin d'intervenir dans l'examen de ces règlements lorsqu'il pouvait le juger utile.

Toutefois les échevins s'étaient de bonne heure affranchis de cette tutelle et on ne voit pas l'intervention du bailli dans toute la réglementation de police dont M. Giry nous a tracé le tableau à la fin du XIIIe siècle [3]. C'est qu'en effet la ville avait alors le privilège de s'administrer elle-même et de réglementer tout ce qui concernait les métiers [4]. Ce n'est qu'au XVIe siècle que des difficultés éclatèrent à propos de certains points entre les officiers municipaux et ceux du bailliage, et nous en parlerons plus loin en traitant de la compétence de ces derniers.

La police des foires cependant ne rentrait pas d'une manière complète dans les attributions muni-

---

1. Giry, *Hist. de Saint-Omer*, p. 120.
2. Varnkoenig, *Histoire de Flandre*, déjà cité, dit : t. II, p. 130, « que les baillis refusaient leur consentement aux règlements de « police du collège des échevins, chaque fois que ceux-ci leur sem- « blaient de nature à compromettre les prérogatives du comte ».
3. Giry, *Histoire de Saint-Omer*, chap. IX.
4. Pagart d'Hermansart, *Les anciennes communautés d'arts et métiers à Saint-Omer.*

cipales. L'établissement d'une foire dans une ville était en effet un privilège spécial dont le souverain se réservait l'octroi, tout en fixant le lieu et la durée de cette réunion commerciale presque toujours d'après le vœu des populations. Aussi lorsque, en 1269, Robert II d'Artois institua une seconde foire à Saint-Omer, le bailli, au nom du prince, fut chargé de se concerter avec l'échevinage [1]. La comtesse Marguerite régla ensuite en 1366 l'étalage et la garde des marchands et marchandises pour la foire du 28 septembre, reportée plus tard au 29 (S¹ Michel), et en vertu de ce règlement c'était le bailli ou son lieutenant qui, avec les mayeurs et échevins, assignait les places au dedans ou au dehors de la ville aux marchands pour étaler et vendre ; et si l'échevinage réclamait des gardes pour les marchandises, le bailli était autorisé à lui fournir des hommes d'armes aux frais de la ville. Comme il devait veiller à la sûreté de la cité, il était naturel qu'il concourût avec les mayeurs et échevins à fixer des places aux marchands étrangers qui arrivaient en foule à ces époques, et parmi lesquels se trouvaient parfois des malfaiteurs ou des espions déguisés.

---

1. « Lettres de Robert d'Artois aux bourgeois de Saint-Omer, leur
« annonçant qu'il a ordonné à son bailli et aux personnes qui sont
« chargées de sa terre de régler avec les échevins le temps le plus
« utile pour l'établissement d'une foire à Saint-Omer. — Paris,
« mars 1270. n. v. ». *Inv. som. du Pas-de-Calais*, A, 18. — Voir
aussi *Arch. de Saint-Omer*, XLII, 2. « Ita tamen quod statutum vel
« ordinatum nundinarum ipsarum fiat prout erit expediens et utile
« per Baillivum nostrum ». — Nous avons donné l'histoire des foires
dans les *Anciennes communautés d'arts et métiers à Saint-Omer*,
p. 135 et suiv.

CHAPITRE VII

ATTRIBUTIONS MILITAIRES

Le bailli est chargé des dépenses militaires, de l'entretien des châteaux-forts existant dans l'étendue de son bailliage. — Ces dépenses sont acquittées plus tard par les receveurs du bailliage. — Surveillance du bailli sur les châteaux-forts des seigneurs et sur les fortifications élevées autour des villes de son bailliage. — Il convoque le contingent militaire des vassaux du prince. — Dans la ville ses pouvoirs sont limités par les privilèges des maieurs et échevins à qui incombe l'entretien des fortifications et qui font garder la ville par la milice communale dont le maieur est le chef. — En temps de guerre cette milice ne peut quitter la ville que si le territoire de la Flandre est envahi. — Mais le bailli répond de la place au prince et surveille les échevins. — Le bailli en temps de guerre n'est à l'origine qu'exceptionnellement commandant du château et de la place; on y envoie des capitaines et des gouverneurs. — Cependant le bailli est homme de guerre. — Belle conduite de plusieurs baillis.

Lorsque Baudouin II, le Chauve, comte de Flandre,

eut créé de 902 à 917, autour de la ville de Saint-Omer agrandie, une nouvelle enceinte fortifiée, il donna la garde de deux des portes à deux de ses vassaux : celle de la nouvelle porte d'Arkestade du côté d'Arques fut confiée au seigneur d'Havveskerke[1], et celle de la porte Boulenisienne au châtelain de Bourbourg, et il les autorisa à percevoir sur les bourgeois des gages annuels pour ce service. Le Magistrat ou un gouverneur fut sans doute chargé de la porte Sainte-Croix et de la porte du Haut-Pont[2]. Quant au château de Sithiu, enlevé bien auparavant aux moines, ses premiers possesseurs[3], il fut plus tard confié au châtelain qui, à l'origine, était surtout un chef militaire et qui dut pourvoir à la sûreté de la ville, de sa banlieue et d'un certain district[4]. Il commandait anciennement la milice bourgeoise, mais les premières chartes de la commune lui enlevèrent le droit d'exiger le service militaire des habitants de la ville qui, déjà au temps de Guillaume Cliton en 1127[5], ne le devaient qu'au comte, et seulement dans certains cas déterminés. Nous avons vu comment le châtelain, d'officier délégué du comte était devenu son vassal. Son commandement militaire resta borné à ses propres vassaux avec lesquels il devait garder le château et protéger la ville, et les bourgeois, au lieu du service militaire qu'ils ne durent plus au château, furent obligés à parti-

1. Hauweskerque, village sur la Lys près Saint-Venant (Pas-de-Calais).
2. *Annales de Deneufville*, ms. 809 de la *Bibl. de Saint-Omer*, p. 217.
3. Giry, *Hist. de Saint-Omer*, p. 93.
4. Le premier châtelain date de 1042. — Giry, *Les Châtelains de Saint-Omer*.
5. § 4 de la charte de 1127.

ciper aux frais de garde, et à payer aux vassaux une redevance fixe annuelle [1].

En 1211, le château de Sithiu ou de la Motte releva du nouveau château construit par Louis, fils aîné de Philippe-Auguste [2], qui voulut s'assurer ainsi en tout temps de la place. Déjà, depuis plusieurs années existait à Saint-Omer un bailli chargé de l'administration de la châtellenie ; il n'eut pas d'abord d'attributions militaires précises, mais, comme administrateur des domaines du prince et son receveur, il devait pourvoir à toutes les dépenses militaires aussi bien qu'aux autres ; les comtes de Flandre et d'Artois possédaient dans l'étendue de la châtellenie diverses forteresses, les plus importantes étaient les châteaux de Saint-Omer, Rihoult, la Montoire, Tournehem, Eperlecques [3], qui furent placés tour à tour, suivant les vicissitudes des événements politiques, sous l'administration du bailli de Saint-Omer, dont la juridiction comprit à certaines époques les territoires d'Aire, Saint-Omer et Tournehem [4]. Dans les petites forteresses le comte entretenait des garnisons consistant d'ordinaire en un châtelain, quelques sergents [5] et des guetteurs qui

---

1. Giry, *Hist. de Saint-Omer*, p. 95 et 101.
2. Voir page 14.
3. *Rihoult*. Selon Collet (notice historique de Saint-Omer), ce château était à 1000 toises environ au nord-est du village d'Arques. Les ruines du château de *la Montoire* sont sur le territoire de la commune de Zutkerque, canton d'Audruicq (Pas-de-Calais) ; elles sont enclavées dans le parc du château de la Cressonnière construit lui-même sur le territoire de la commune de Nielles-les-Ardres. *Tournehem*, commune du canton d'Ardres (Pas-de-Calais), *Eperlecques* (id.).
4. V. pages 19 et suiv.
5. Des sergents, dit M. Boutaric, « étaient préposés à la garde des « châteaux et mis à la disposition des baillis. A partir du commence-

étaient à ses gages. Quant aux soldats, ils étaient pris parmi les habitants de la localité qui étaient tenus de monter gratuitement la garde à tour de rôle. Le bailli devait approvisionner de vivres ces divers châteaux, les tenir constamment en état de défense, les visiter, les faire réparer et garder ainsi que les villes de son bailliage, et en payer les garnisons.

Pendant le xiv° siècle, quand la guerre avec la Flandre est menaçante, et pendant toute la durée de la guerre de Cent Ans (1337-1453), ces châteaux sont sans cesse réparés et ravitaillés par les soins du bailli de Saint-Omer. On travaille en 1301 à celui de Saint-Omer[1]. En 1302 on y trouve un petit arsenal que le bailli passe en revue[2], en 1306 on répare les ponts[3], la grosse tour est surélevée en 1319 et l'on place des barbacanes devant la porte du château[4], en 1342 les murs sont réparés[5]. Un inventaire prescrit le 12 octobre 1347 par Pierre de Sechelles, gouverneur d'Artois, et dressé par le bailli Enguerrand de Beaulo, constate qu'il y avait au château de Saint-Omer « iiii boistes de canon prisiées xxv s. t. »[6]. Le gouverneur d'Artois mande à Wuillaume de

« ment du xiii° siècle tous les comptes font mention de ces soldats. » (Organisation militaire de la France sous la 3° race. *Bibliothèque de l'École des Chartes*, 1861, t. XXII (2° de la 5° série).

1. *Inv. som. du Pas-de-Calais*, A, 169.
2. J.-M. Richard, *Mahaut, comtesse d'Artois, etc.*, p. 226-227.
3. Compte des baillis, ms. 870, *Bibl. de Saint-Omer*. — 1306 : « Pour « brike mise au solement des ponts ».
4. J.-M. Richard, *loc. cit.*, p. 280.
5. Compte des baillis, ms. 870, *Bibl. de Saint-Omer*, p. 81. — 1342 : « A Jehan Desque pour un millier et iii° et demi de brike mis « et employés pour refaire les murs au castel vers le boucherie et « ailleurs, hauchier les murs là où il fallait ».
6. *Inv. som. du Pas-de-Calais*, A, 84.

Wailly, le 24 juin 1356, de faire refaire la salle du castel[1], on pose aussi sur la tour un nouveau plancher neuf de 76 mètres de diamètre, et au dehors sur la saillie de ce plancher sont attachées « vint « huisses pendans à laces » appelées « tiroirs » que l'on pouvait ouvrir à volonté pour la défense de la forteresse[2]; un devis de réparations dressé en 1357, dit M. Richard[3], indique que ce château avait quatre tours, une porte principale et une petite porte placée par derrière et flanquée de deux autres tours. En 1375 les nécessités de la guerre exigent que le guet et la garde du château de Saint-Omer soient renforcées, et la comtesse Marguerite n'ayant point envoyé de gens d'armes à cet effet, le bailli requiert le Magistrat de lui prêter des arbalétriers et autres soldats. L'échevinage ne fait aucune difficulté, mais il se fait délivrer le 27 septembre par la comtesse des lettres de non-préjudice lui garantissant ainsi qu'aux bourgeois, le maintien de leurs franchises qui ne les obligeaient qu'à la garde des remparts de la ville[4].

A Rihoult, dans la forêt de Clairmarais, la garnison comporte en temps de paix un châtelain, son lieutenant, quelques sergents à pied et à cheval, un maître des engins, un guetteur. En mars 1299 les 15 sergents[5], et en mai 1300 les 13 ser-

---

1. *Inv. som. du Pas-de-Calais*, A, 88.
2. J.-M. Richard, *loc. cit.*, p. 280.
3.   id.   id.
4. *Arch. de Saint-Omer*, XIII, 3. — Voir plus loin les privilèges et obligations du Magistrat en matière militaire.
5. « 27 mars 1299. — Garsies, châtelain du château de Rüout « certifie que Jean de Biaukaisne, bailli de St Omer, a payé les ser- « gens en garnison dans ce château, savoir : Adam Le Basteur, « Andrieu Haradin, Robin de Marcais, Pierre Gratart, Pierron de

gents[1] reçoivent du bailli de Saint-Omer chacun 12 deniers par jour et le maître des engins 18 deniers. Cette même année le château est approvisionné de « espringales, garrots, arbalestes », cordes, fers, etc., et on y construit des « bretesches » au-dessus de la porte, du côté du pont, entre deux tourelles[2]. Le compte de 1306, et celui de 1342 qui est plus étendu, mentionnent les provisions de vin, farines, avoine, chandelles, vinaigre, lanternes, engins destinés à la nouvelle garnison[3]. A cette dernière date le châtelain reçoit six sous de solde par jour, les sergents trois sous et le guetteur un sou. En temps de guerre il faut payer en outre quelques hommes d'armes qui sont soldés comme le châtelain, et deux canoniers qu'on voit figurer dès 1342 et qui touchent quatre sous.

En 1327 le bailli paie les dépenses nécessitées par des « œuvres » au château d'Eperlecques, à une tour et à la porte du château de Tournehem, et pour

« Croisettes, Tassart de le Cappelle, Enguerran le Boskillon, Gillet
« au blanc Sourcil, Jean le Camus, Jean de Bouloigne, Aliaume de
« Dourier, Thomas le Barbier, Colart Kesnel, Coppin de St Omer et
« Jeannet de St Omer le vieil, sur le pied de douze deniers par jour
« et Jean Govien, maître des engins, à dix-huit deniers par jour »
(Copie du ms. Godefroid, appartenant aux Antiquaires de la Morinie,
t. II, p. 406-407).

1. « Mai 1300. — Certificat de Garsies, châtelain du château de
« Rüout que le bailli de Saint-Omer a payé à Adam le Basseteur,
« Andrien Haradin, Robin du Markies, Pierrot Gratart, Pierron de
« Croisettes, Tassart de Le Capielle, Enguerran le Boskellon, Hues
« du Markès, Jean le Camus, Jean de Bouloigne, Aliaumes de Dou-
« rihier, Thomas le Barbier et Coppin de St Omer, sergens en gar-
« nison dans ce château, leurs gages à raison de chacun 12 deniers
« par jour » (Ms. Godefroid, t. II, p. 414).

2. Compte de Jean de Biaukaisne, bailli de Saint-Omer, Chandeleur 1300 (Inv. som. du Pas-de-Calais, A, 155).

3. Ms. 870, Bibl. de Saint-Omer, p. 81.

la réfection du plancher de la grande tour de la Montoire[1]. Le compte de Guilbert de Nédonchel, bailli de Saint-Omer et d'Eperlecques, arrêté à la Chandeleur 1338, mentionne la dépense faite à la Montoire « pour les bresteskes faite entour le chas- « tiel », puis des œuvres au château de Saint-Omer ; et celui de l'Ascension 1338, d'autres œuvres à celui d'Eperlecques [2].

Un mandement du gouverneur d'Artois du 27 mars 1340, ordonne au bailli de Saint-Omer d'approvisionner et de renforcer les garnisons de Ruhout, Eperlecques et la Montoire [3]. Dans ce dernier château on trouve d'après l'inventaire de 1347 déjà cité « trois canonz prisiés xxv s. t., la prêche valant « ıxxv s. t. item trois livres de pourre xx s. t. le livre »[4]. Le receveur du bailliage paie en 1359 les gages de plusieurs arbalétriers qui y furent envoyés de Saint-Omer [5]. A la même date le château d'Eperlecques est l'objet d'une inspection.

En temps de guerre le bailli ne cesse pas son administration, il fait alors les fonctions d'intendant près du châtelain ou du capitaine nommé en cas de péril pour prendre le commandement du château ; il remet à cet officier, dès son arrivée, les garnisons, les vivres, les munitions dont il a dressé inventaire, les engins de guerre dont l'entretien lui incombe en temps de paix, il veille aux approvisionnements ultérieurs et au paie-

---

1. *Inv. som. du Pas-de-Calais*, A, 460.
2.   Id.   A, 567 et 569.
3.   Id.   A, 78.
4. Octobre 1347. *Id.*   A, 84.
5. Abbé Bled, *Hist. des arbalétriers de Saint-Omer,* Saint-Omer, D'Homont, 1892, p. 19.

ment des gages du capitaine et de ses sergents[1].

Après la création des receveurs, la dépense de l'entretien des châteaux-forts tomba dans leurs attributions comme les autres dépenses des bailliages[2].

La surveillance du bailli s'étendait même sur les châteaux et maisons fortes appartenant aux seigneurs feudataires du comte d'Artois. C'est ce qu'établissent des lettres du 11 août 1364[3] de Marguerite, veuve de Louis de Crécy, comtesse de Flandre et d'Artois, contenant ordre au bailli de Saint-Omer de faire la visite des forteresses, forts et châteaux existant dans le bailliage, d'enjoindre aux seigneurs de les mettre en état de défense, d'y faire faire le guet et la garde tant de jour que de nuit et de faire publier que tous ceux qui avaient quitté le pays devaient y revenir dans un délai de quinze jours, sous peine de la perte de leurs corps et de leurs biens. Un autre mandement de la même princesse fut adressé au bailli de Saint-Omer au moment où les grandes compagnies menaçaient le comté : « Bailli,
« nous avons entendu pour certain que les compai-
« gnies sont entrées au Royaume et entendent venir

---

1. J.-M. Richard, *introd.* au t. II de l'*Inv. som. du Pas-de-Calais*, p. IV.
2. « Che sont les parties d'artillerie délivrées par Allard d'Aire,
« recepveur de S. Omer, à nous Ancel La Personne, chevalier, cas-
« tellain et garde du castel de la Montoire, à Willaume du Bos, cas-
« tellain et garde du castel de Tournehem et à Alyaume de Lomprey,
« castellain et garde du castel d'Eperlecque, pour la garnison des diz
« casteaux, arcs, arbalètes, « deux canons de fer », poudre, traits,
« saiettes », etc. (Mandement du comte de Flandre et d'Artois du 3 mai 1383. *Inv. som. du Pas-de-Calais*, A, 106). — On voit aussi qu'à la mort de Charles VI en 1422 les échevins de Saint-Omer requirent le receveur du bailliage de réparer la grosse tour du château.
3. *Arch. de Saint-Omer*, CLXVII, 6.

« en notre paiis d'Artois et les y ameine messire
« Charles d'Artois li quel nous a deffiée, et à l'aide
« de Dieu et de noz amis y entendons telement pour-
« veoir que notre honneur y sera gardé. Si vous
« mandons que vous avisez les villes et forteresses
« de votre bailliage qu'elles soient enforcées et em-
« parées, et les nobles qui y ont chastiaux ou mai-
« sons fors, qu'ils les emparent et mettent en bon
« estat et ordenance, affen que par leur deffaut ou
« coulpe aucun dommaige n'en peust venir. Et se
« vous en y savez aucunes qui ne soient tenables, si
« les alez veoir et visiter, appelés avec vous aucuns
« qu'en tels choses aient cognoissance. Et l'estat
« nous en rescrivez briement pour y pourveoir, car
« vous savez se nous ne le faciens, mons. le Roy ou
« ses genz le feroient à notre deffaut. Notre sire
« vous gart. Escript à Arras le xv⁰ jour du mois de
« février (1368) » [1]. Elle écrivait encore le 15 juillet
1369 qu'elle envoyait le sire de Vaulx avec une certaine quantité de gens pour tenir ses châteaux et forteresses, de « par delà » et invitait les bailli et receveur de Saint-Omer à payer leurs dépenses et celles
de leurs chevaux [2]. En 1373, le sire de Béthencourt,
chevalier, fut aussi chargé par la comtesse Marguerite, qui en avertit tous ses baillis par lettre du
11 juillet 1373, de visiter tous ses châteaux, d'y
mettre des gens d'armes, archers, arbalétriers, et il
fut aussi autorisé à exiger des receveurs le paiement

1. *Inv. som. du Pas-de-Calais*, A, 95. Cf. *Documents relatifs aux grandes compagnies 1326 à 1366* publiés par M. J.-M. Richard. *Bull. hist. et phil.*, année 1895, p. 539; v. aussi la page 94 note 4.
2. *Inv. som. du Pas-de-Calais*, A, 96. de Vaulx avait été bailli de Saint-Omer.

des réparations nécessaires et des fournitures[1].

D'autre part le bailli devait veiller à ce que des châteaux-forts ne fussent pas élevés par les ennemis dans la circonscription de son bailliage. Dans une lettre de 1352, Geoffroy de Charny, capitaine général des guerres de Picardie et chargé de l'inspection des forteresses et frontières de Flandre et d'Artois, certifiait que c'est par son ordre que Enguerrand de Beaulo, bailli de Saint-Omer, avait fait démolir les forts que les Anglais faisaient construire à Saint-Folquin et à Monnekebure. En 1359, Robert de Fiennes, connétable de France, ordonnait à son tour le 31 janvier à un autre bailli Arnoul de Créquy, d'abattre le château d'Esquerdes et de visiter ceux de Bléquin et d'Ardinghem[2].

Il ne pouvait, sans l'agrément du prince, autoriser que des fortifications furent construites autour des villes de son bailliage par leurs possesseurs ou leurs seigneurs. Les religieux de Saint-Bertin ayant ainsi commencé à fortifier la ville d'Arques qu'ils possédaient, Jean-sans-Peur, duc de Bourgogne, fit d'abord suspendre les travaux comme pouvant porter préjudice à la ville de Saint-Omer très rapprochée d'Arques ; puis, sur la prière des religieux, il chargea

---

1. *Inv. som. du Pas-de-Calais*, A, 98.
2. *Bull. hist. de la Morinie*, t. IX, p. 594 et 596. — Saint-Folquin dans le bailliage de Saint-Omer, aujourd'hui canton d'Audruicq, Monnequebeurre en est un hameau, il appartenait alors aux religieux de Saint-Bertin. — Bléquin relevait du château de Seninghem sous la mouvance de celui de Saint-Omer et de son bailliage. — Saint-Martin-d'Hardinghem relevait de la ville épiscopale de Térouanne et plus tard de celle de Saint-Omer, annexe de Fauquembergues sis dans le bailliage.

divers personnages, le gouverneur d'Artois et le bailli de Saint-Omer de visiter ces ouvrages, et le 12 mars 1414 il en autorisa la continuation [1]. Le 16 juillet suivant, après une autre enquête à laquelle Aléaume de Longpré et son lieutenant Gilles de Seninghem avaient pris part, on désigna le plan à suivre pour certains détails d'exécution [2]. Ils voulurent aussi en 1412 fortifier leur village d'Acquin par la construction d'une tour et d'autres ouvrages de pierre ; Aléaume de Longpré fit encore partie de la commission chargée d'examiner l'utilité de ces travaux qui furent autorisés le 14 avril 1415 [3].

C'est aussi le bailli qui, lorsqu'il s'agissait de défendre le territoire dont l'administration lui était confiée, requérait, en cas de guerre, comme représentant du comte, seigneur féodal, le contingent militaire de ses vassaux, et il exigeait des feudataires le service militaire auquel ils étaient obligés [4]. Tous les possesseurs de fiefs étaient tenus, en effet,

---

1. *Les Chartes de Saint-Bertin*, 2477.
2. *Les Chartes de Saint-Bertin*, 2487.
3.   Id.   2423, 2478 et 2481.
4. En 1444, deux sergents à cheval du bailliage reçurent des indemnités du duc de Bourgogne, dit M. de Laplane dans son *Histoire d'Eperlecques*, p. 41, « pour avoir allé dudict St Omer à
« Falquemberghe, Seninghem, Tournehem et Eperlecques, publier
« les lettres patentes de mondict seigneur par lesquelles on signifioit
« aux chevaliers, écuyers et autres gens qui ont accoutumé d'eulx
« armer, qu'ils fussent prêts, montés et armés toutes les fois que on
« les manderait pour résister aux routiers et capitaines des gens de
« guerre qui par cy devant ont servi Monseigneur le Roi et Monsei-
« gneur le Doffin, que l'on disoit avoir prins conclusion d'entrer ès
« pays de mondict seigneur.
« Item pour avoir allé ès dicts lieux publier les édits de mondict
« seigneur le comte d'Etampes fesant mention que l'on faict haster
« les dictes gens d'armes et de traict ».

de lever un certain nombre de soldats qu'ils devaient entretenir à leurs frais, pendant une année. En 1415, quelques jours avant la bataille d'Azincourt, Philippe de Bourgogne, comte de Charolais, prescrivait le 6 octobre, de par le commandement de son seigneur et père[1], aux baillis de Flandre et d'Artois d'avoir à faire publier l'arrière-ban pour assembler ses sujets possédant fiefs ou arrière-fiefs, et les obliger à se tenir armés et préparés pour le 30 du même mois, afin de combattre les Anglais[2]. Le contingent à fournir par les fiefs et arrière-fiefs de la châtellenie de Saint-Omer a varié suivant l'étendue de celle-ci et l'importance des fiefs, car la charge du service militaire était proportionnée à la fortune de chacun de ceux qui étaient convoqués. Un document de 1474 nous montre qu'à cette époque Charles-le-Téméraire leva 15 hommes d'armes avec leurs écuyers, servants, pages, etc., 4 combattants à cheval et 419 combattants à pied[3]. Ces hommes étaient désignés par le bailli, qui procédait en outre à l'ordonnancement et à la répartition des impôts dont le recouvrement était affecté aux dépenses que nécessitait leur entrée en campagne.

Enfin le bailli devait empêcher que les ennemis du prince ou ses sujets révoltés pussent trouver, soit

1. Jean-sans-Peur, X^e comte d'Artois, XXVIe comte de Flandre.
2. *Arch. de Saint-Omer*, CCXVIII, 3. Vidimus du 18 octobre par le bailli de Saint-Omer Aleaume de Loncprey (Longpré).
3. Deschamps de Pas, *Les fiefs et arrière-fiefs de la châtellenie de Saint-Omer, qui doivent le service militaire au duc de Bourgogne en 1474 (Bull. de la Morinie*, t. III, p. 166 à 182).
Le ban et l'arrière-ban furent convoqués à Saint-Omer en l'année 1655 pour la dernière fois par le roi d'Espagne. C'était « le dixième « homme de ceux de la campagne ». *Table alph. aux archives de Saint-Omer.*

dans le bailliage, soit à Saint-Omer même, un asile ou des secours. C'est ainsi qu'en 1437, alors que les principales villes de Flandre étaient soulevées contre le duc de Bourgogne, Philippe-le-Bon écrivit de Lille, le 19 janvier, au bailli de Saint-Omer ou à son lieutenant, de faire défense publiquement à la ville d'aider de vivres ou autrement les habitants de Bruges, et d'avoir avec eux quelque correspondance, et lui prescrivit en outre d'arrêter ceux qui se trouveraient à Saint-Omer et de saisir leurs biens, et de punir les bourgeois audomarois qui refuseraient de signaler les réfugiés qu'ils auraient accueillis chez eux [1].

Dans la ville même, son action militaire fut à l'origine assez restreinte.

Elle était limitée d'abord par les privilèges des mayeurs et échevins. La commune en effet avait sur son propre territoire des droits militaires qu'elle avait conquis lorsque le pouvoir du châtelain avait décliné : elle pouvait se garder elle-même ; les maieurs n'étaient pas seulement les chefs civils de la cité, ils en étaient aussi les gardiens militaires, ils conservaient les clefs des portes [2], donnaient le mot du guet, réparaient les fortifications intérieures, surveillaient les travaux des portes et des murailles avec deux échevins « commis aux ouvrages », entretenaient les approvisionnements de vivres et de munitions de guerre, veillaient en un mot à toutes

---

1. *Arch. de Saint-Omer,* CXXVII, 1.
2. Voir les comptes de la ville : Un des plus anciens, celui de 1417 mentionne les salaires des portiers des portes Boulizienne, Ste Croix, du Colhof, du Haut-Pont, de Lisle, de l'Erbostade, de ceux qui ont en garde les clefs du chatel, puis les dépenses en bois, charbon, candelles de cire, torches à falots.

les mesures que dictait l'intérêt de la défense de la ville [1]. Aussi eurent-ils longtemps, ainsi que les échevins, le droit d'avoir des « coëffettes de fer » [2] et d'être armés.

De même la milice urbaine composée de tous les bourgeois en état de porter les armes était indépendante du bailli. Les maieurs avaient en effet succédé au châtelain dans son commandement. C'est parmi les hommes de la milice que l'on prenait ceux qui étaient chargés de faire le guet [3], et la sécurité de la ville reposait sur leur courage et leur vigilance. Plus tard, lors de la création des compagnies d'archers et d'arbalétriers, ces corps d'élite durent fournir chacun un homme pour la garde et le guet de jour et de nuit.

Si le droit de se garder elle-même était un privilège pour la ville c'était en même temps une obligation. C'est ce que l'ordonnance réformatrice du duc de Bourgogne en 1447 rappela en ces termes, par son article XXXIV, aux bourgeois : « *Item* est ordonné que
« d'oresnavant tous les habitans et demeurans en
« laditte ville de Saint-Omer, quy d'ancienneté ont
« accoustumé de faire guet et garde, et quy, par pri-
« vilège spécial n'en sont ou seront exempts, seront
« contraints de faire lesdits guets et garde, et, pour
« lesd. guets conduire, se commettront chacun an,
« après le renouvellement de la dite Loy, par lesdits
« Mayeur, Eschevins et Jurés, Connétables, gens
« ydoine et propice quy à ce audit guetz faire

---

1. Pagart d'Hermansart, *Le Siège de Saint-Omer en 1677*, p. 11, *Mém. de la Morinie*, t. XXI.
2. Délibération du Magistrat de 1443.
3. Nous avons donné dans les *Communautés d'arts et métiers à Saint-Omer*, t. I, p. 92, sur la milice et le guet des détails qu'il n'y a pas lieu de répéter ici.

« contraindront tous ceux de leursdittes connesta-
« bleries, sans aucuns en déporter ou exempter s'ils
« n'y sont privilégiez comme ditest, lesquelles
« Connestables et aussy les Eschevins quy sur eux
« auront regard, feront serment de eux y gouverner
« et conduire léaulment..... » Des lettres de vidimus, données par le Garde du scel royal du bailliage d'Amiens du 20 février 1482 (v. s.), du traité
de paix conclu la même année[1] entre Louis XI,
roi de France, Maximilien d'Autriche, ses enfants
le duc Philippe et la duchesse Marguerite, et les
Etats de leur pays, attestent encore d'une manière précise le droit des mayeur et échevins de
garder la ville, et même à cette époque le château
leur fut momentanément confié : « *Item* que pen-
« dant la minorité de la dite demoiselle (la duchesse
« Marguerite)... Et en tant qu'il touche la garde, les
« trois estats de ladite ville porront faire telles
« ordonnances et statuts qu'ils adviseront estre
« requis pour leur seureté, soit pour tenir soydoyers
« ou mortes paiez pour la garde de ladite ville et
« chasteau ; et s'ils entendent en leurs consciences
« qu'il leur soit besoin, pourront commettre et eslire
« un chief entre eulx pour la garde d'icelle, tels
« qu'ils adviseront de l'un d'eulx, en tenant tous-
« jours à eulx la charge et gouvernement de ladite
« ville pour la délivrer comme dit est »[2].

Cette milice urbaine qui gardait la ville, ne pou-

1. Traité d'Arras du 23 décembre 1482, qui resta sans exécution et fut annulé par celui de Senlis en 1493.
2. *Recueil des chartres de la ville*, p. 58, imp. chez Fertel, 1739. Ces mots : *la délivrer* font allusion à la disposition spéciale à Saint-Omer insérée dans le traité, à savoir : que la ville et son bailliage ne seraient mis sous le nom et en la main du Dauphin et de mademoiselle d'Autriche qu'après la consommation de leur mariage.

vait jamais, d'après la charte de 1127 (art. 4), être envoyée hors du comté de Flandre et ne quittait même la ville que si le territoire de la Flandre était menacé. Ce privilège fut respecté sous la monarchie de saint Louis [1], et si les bourgeois de Saint-Omer contribuèrent aux frais de l'entretien des gens de guerre levés par ce prince en lui payant au terme de la Chandeleur 1231 une somme de 1500 livres, et en l'an 1234 une autre somme de 1000 livres en deux termes, ce fut à titre de don et sans qu'ils y fussent obligés [2]. Pendant la révolte de la noblesse d'Artois contre la comtesse Mahaut, le roi, qui avait saisi le comté, avait envoyé à Saint-Omer en 1316 le maréchal Jean de Beaumont qui fit de nombreuses expéditions au dehors pour détruire les châteaux des seigneurs révoltés. Les habitants de Saint-Omer l'avaient aidé et avaient fourni des chevauchées [3]. Par lettre du 11 avril 1317 le maréchal déclara que c'était sans préjudice aux droits de la ville et pour l'honneur et l'avantage du roi que plusieurs habitants s'étaient joints à lui pour « grever les ennemis en « plusieurs lieux entre autres à Esquerdes et Eper- « lecques ». Son successeur, le maréchal de Trie, donna aussi à l'échevinage, le vendredi après Noël 1318, des lettres de non-préjudice dans le même sens [4].

Plus tard la milice obtint plusieurs fois des dispen-

---

1. Saint-Omer, sous les rois de France (1193-1237), était comprise parmi les *bonnes villes*.

2. « De burgensibus sancti Audomari xve libras » (1331). — « De « burgensibus Sancti Audomari pro ultima mediate *doni sui* v^e libras » Chandeleur 1234 (Brussel, *Usage des fiefs*, t. I, p. 417).

3. Pagart d'Hermansart, *Lettres de Philippe V aux échevins de Saint-Omer 1317-1319* (Bull. hist. et phil., 1894, 3 et 4, p. 578).

4. *Arch. de Saint-Omer*, LX, 1.

ses de se rendre à l'armée, notamment en 1383[1], 1410[2] et 1417[3], parce que la ville avait besoin d'être gardée. Mais il semblait que les bourgeois propriétaires de fiefs dussent, à raison de cette possession, le service militaire, de là des difficultés entre l'échevinage et les souverains. En 1414, le duc de Bourgogne Jean-sans-Peur ordonnait au bailli de Saint-Omer et à tous autres officiers ses justiciers de cesser toutes poursuites contre les bourgeois possédant ou non des fiefs ou arrière-fiefs, que divers mandements avaient obligés de se rendre à l'armée, et il les dispensa parce que la ville était sur les frontières et qu'il était nécessaire d'y entretenir le guet jour et nuit[4]. On trouve plus tard, en 1465, une délibération du Magistrat du 13 octobre 1465 par laquelle il décide de porter devant le duc Philippe-le-Bon une réclamation rappelant le privilège de la ville, et protestant contre la saisie faite par le lieutenant du bailli de divers fiefs et arrière-fiefs. En voici un extrait qui caractérise nettement les droits des bourgeois : « Le xxiiii° jour d'octobre audit an (1465)
« ..... item... de remonstrer les privilléges de le
« ville et des bourgeois dicelle touchant que on ne
« les doit contraindre à aler en aucunes armées
« avoec le prince si non quant les ennemis envaissent
« le conté de Flandre, et que ce non obstant
« plusieurs bourgois et habitans estoient alez, et les
« aultres avoient envoyé plusieurs hommes darmes
« et aultres en lost et armée de Mons. de Charollois,
« lieutenant de Mons. le Ducq, aussy que le ville y

---

1. *Arch. de Saint-Omer,* CCXVIII, 4 et 5.
2.   Id.   id.   6, 7, 8, 9.
3.   Id.   id.   15.
4.   Id.   id.   12.

« avoit envoyé culeuvriniers et archiers jusques à
« xliiii quilz avoient furny de harnas et abillemens,
« dont le ville qui est en frontière proche des englès
« est desnuée de gens et de chevance, néantmoins le
« lieutenant de Mons. le bailli et aultres officiers par
« mandement de mondit sieur le duc avoient saisy
« aucuns fiefz et arrière-fiefz des bourgois et sef-
« forchent de les traictier à finance pour non avoir
« alé ou envoyé en ladicte armée contre lesdits
« privilléges, requerre que mondit sieur voeulle faire
« lever sa main et cesser lesdits empeschemens »¹.
Cela n'empêcha point le duc d'ordonner le 27 juin
1466 de faire publier le ban et l'arrière-ban pour
obtenir que tous ceux qui possédaient fiefs et arrière-
fiefs et autres se trouvassent en halle le 28 juillet,
afin d'aller assiéger Dinant². Mais le 27 novembre
suivant il consentit de nouveau à accorder la main-
levée de la saisie faite par le bailli des fiefs appartenant aux bourgeois de Saint-Omer qui avaient
refusé de se rendre à l'armée³.

Les privilèges de la ville et des bourgeois en matière militaire avaient donc été plusieurs fois confirmés.

Pour ce qui concernait l'entretien des fortifications,
l'échevinage y pourvoyait au moyen d'impôts spéciaux et les habitants étaient souvent d'autre part
indemnisés des pertes qu'ils subissaient. En 1312 et
en 1317 le roi de France fit verser aux échevins
45,000 livres, montant d'une estimation faite en 1303
des dommages causés par l'incendie des faubourgs⁴.

---

1. *Registre aux délib. du Magistrat* B, f. LXVI.
2. Vidimus. *Arch. de Saint-Omer*, CCXVIII, 24.
3. *Arch. de Saint-Omer*, CCXVIII, 25.
4. Lettres de Philippe-le-Bel du 2 mai 1304 par lesquelles il s'en-

Il en était de même des dépenses extraordinaires qu'exigeait la garde de la ville dans de pareilles circonstances. Les archives municipales contiennent de nombreux octrois d'impôts ou de taxes accordés ainsi pour les besoins de la ville. On peut citer notamment des lettres de Charles, fils aîné du roi Jean, et son lieutenant, après la désastreuse bataille de Poitiers, qui le 6 mars 1357 autorise le Magistrat à percevoir pendant un an quatre deniers pour livre sur les denrées et marchandises et 6 deniers par pot de vin « pour soustenir les forteresses et en-« tendre à la garde et deffense de ladite ville »¹. Dans la suite les mayeurs et échevins continuèrent à obtenir pour l'entretien des fortifications et des soldats qu'ils levaient pour la garde de la ville, des octrois qui furent renouvelés jusqu'en 1665.

Le bailli n'était pas cependant sans exercer une certaine surveillance sur les remparts, et il devait signaler au prince toute mesure qui lui aurait pu en compromettre la sûreté de la place. Il y avait notamment une partie des fortifications qui servait de limite au monastère de Saint-Bertin et l'échevinage était sans cesse en difficulté avec l'abbaye à propos de la garde de ce point. Enguerrand de Wailly, sur l'ordre de la comtesse Mathilde, fit abattre vers 1328, une porte extérieure que les religieux de Saint-Bertin avaient fait construire et fortifier². Aléaume de Longpré en 1410 régla avec

gage à payer à la ville de Saint-Omer 45,000 livres pour l'indemniser de ses pertes et notamment de l'incendie de ses faubourgs. Quittances des 12 juin 1312 et 1317 concernant le paiement de cette somme. *Arch. de Saint-Omer*, XXVI, 3. — Reg. F, f. cix v° pour l'estimation des dommages en 1303. *Arch. de Saint-Omer.*

1. *Arch. de Saint-Omer*, I, 12.
2. *Les Chartes de Saint-Bertin*, t. II, n° 1535. La comtesse modifia

les échevins le service de guet et garde imposé à l'abbaye de Saint-Bertin en cas de guerre[1]. Guillaume de Rabodinghe en 1424 intervint dans un accord entre l'abbé de Saint-Bertin et l'échevinage au sujet de la saignée à faire au Moëlendic, rivière allant d'Arques à Saint-Omer, afin de pouvoir remplir d'eau les fossés de la ville « en cas de émisnent « péril de guerre et non autrement »[2].

Quoiqu'il en soit des droits incontestables alors des bourgeois de garder leur ville et d'entretenir ses fortifications, il ne faut pas oublier que le bailli avait sous ses ordres la garnison ordinaire que le comte d'Artois entretenait en temps de paix et qu'il était chargé au nom du prince de conserver la place sous sa domination ; il avait donc pour mission de surveiller en temps de paix la conduite des échevins, soit que leur fidélité pût paraître douteuse, soit qu'on pût craindre qu'ils ne laissassent surprendre la ville par l'ennemi ou qu'ils ne parvinssent pas à maîtriser des révoltes intérieures. Et les baillis ne faillirent pas à leurs devoirs : Alard de Rabodinghe contribua à mettre fin en 1467 à une insurrection contre le duc de Bourgogne Charles-le-Téméraire[3]. Et si le mayeur le Caron eût écouté les avis de Jean du Bos, neveu de d'Esquerdes, installé par lui comme bailli au nom du roi Louis XI après la surprise de la ville en 1487, la conspiration de Jehan Fauquet qui la fit retourner au pouvoir de la Maison de Bourgogne en 1489 n'eût pas réussi.

sa décision en 1329 et régla ensuite les conditions de la construction de cette porte.
1. *Les Chartes de Saint-Bertin,* n° 2393.
2.   *Id.*   n° 2633.
3. Derheims, *loc. cit.,* p. 285.

Le bailli, malgré les droits de l'échevinage, peut donc être considéré comme ayant été gouverneur de la place en temps de paix.

En temps de guerre il n'eut presque jamais le commandement des troupes qui pouvaient opérer contre l'ennemi dans l'étendue du bailliage, et nous avons vu quelles étaient ses obligations vis-à-vis des capitaines qui étaient alors nommés au commandement des châteaux [1]. Assurément pendant la guerre de cent ans, comme les Anglais étaient établis dans le Calaisis et que les environs de Saint-Omer étaient sans cesse inquiétés, le bailli fut appelé à jouer un rôle militaire et à coopérer à la défense de la ville sans cesse menacée par les corps de troupes flamandes ou anglaises qui parcouraient la région. Aussi comme il avait été affranchi de ses attributions financières par la création d'un receveur du bailliage vers le milieu du XIVe siècle, aidé et remplacé au besoin dans ses attributions administratives et judiciaires par un lieutenant dès la fin du XIIIe [2], il fut souvent choisi alors parmi les hommes d'épée. D'autre part, les princes de la maison de Bourgogne qui depuis 1384 possédèrent la Flandre et l'Artois, firent passer ces provinces à l'état monarchique et s'appuyèrent sur l'aristocratie militaire, de sorte que les charges de bailli furent plutôt confiées dès cette époque à des hommes de guerre.

Cependant ce n'était pas le plus souvent à cet officier que le prince confiait la défense de la place ou du château de Saint-Omer quand la guerre sévissait. Il n'était pas à l'origine nécessairement bailli

---

1. Page 87.
2. Voir les lieutenants de bailli ci-après chap. X.

en même temps que capitaine de la ville, on ne peut citer au xiii° siècle que Robert de Praïelle qui en 1297 ait été désigné comme exerçant les deux fonctions, et ce n'est que beaucoup plus tard que l'officier du prince prétendit au gouvernement militaire de la place [1].

Au xiv° siècle, en temps de guerre, pour renforcer la garnison, on y envoyait des capitaines « à trois « cens hommes darmes », ou « à tant de gent darmes, « tant de cheval comme de pié que boin il semblera « et besoin sera pour la garde et seureté des lieus de « sa dite capitainie. » Ces capitaines ou lieutenants du roi prêtaient à l'échevinage, avant d'entrer en fonctions, un serment dont voici la formule au xiii° siècle « que ils warderont le droit, honour et le pais du « conte d'Artoys et de le ville, et que le dite ville et « les personnes d'icelle il warderont, maintenront et « deffenderont comme bon et léal capitaine doivent « faire » [2]. On trouve ainsi en 1297 Arnoul de Wandona, chevalier, capitaine de Saint-Omer, Merck et Calais [3], en 1300 sire de Longo Vado, capitaine de Saint-Omer [4]. Le connétable Raoul, comte d'Eu et de Guînes, nomma en 1340 Jean, sire de Fosseux et de Wismes, « capitaine de S¹ Omer et de tous lieux,

---

1. 3 décembre 1897. — Vente par Robert de Praïelle, chevalier, bailli et capitaine de Saint-Omer à Philippe David, bourgeois de cette ville, de 120 arpents de bois dans la forêt de Rihout appartenant au comte d'Artois *(Inv. som. du Pas-de-Calais*, A, 42).

2. *Registre E au renouvellement de la Loi*, f° 9 r° aux *Archives de Saint-Omer*. Le texte ci-dessus cité est précédé de ces mots : « L'an M trois cens et deux les serremens que le lieutenant du roi « nosire et des capitaines qui *ont esté* en le ville de S¹ Aumer en « tems de werres est chis qui s'ensieut...... » Cette formule de serment était donc en usage avant 1302.

3. 12 décembre 1297. *Inv. som. du Pas-de-Calais*, A, 158.

4. *Inv. som. du Pas-de-Calais*, A, 158.

« chastiaux et villes d'Arthois sur les frontières »[1]. Henri de Montfaucon, sur la demande des habitants, fut nommé par le roi Philippe VI, capitaine spécial de Saint-Omer le 16 avril 1346 « et les bourgeois « devaient » lui faire donner aide, confort et obéis- « sance en tout ce qui apparteara à faire pour la « garde et sehurté » de la place. Le 13 janvier de la même année, Guy de Neelle fut établi par le roi « capitaine de nostre ville de Saint-Omer à trois cens « hommes d'armes »[2]. Après la bataille de Crécy il y commanda les garnisons d'Aire et de Boulogne qui étaient venues au secours de Saint-Omer menacée par les Anglais[3]. En 1380, dit Froissard, « le capi- « taine de St Omer » envoya des arbalétriers au secours du château de Vroland sur le territoire de Recques[4]. C'étaient là des officiers qui venaient tenir garnison et renforcer la milice bourgeoise insuffisante lorsque la ville était menacée par d'importants corps de troupes ennemies ; il ne semble pas qu'ils aient été placés sous les ordres du bailli, et ils paraissent au contraire avoir été choisis comme chefs militaires.

Dans les cas plus graves la place était commandée par des capitaines généraux, ou par des gouverneurs d'Artois, des maréchaux ou des connétables de France et autres personnages ; ces derniers étaient de véritables gouverneurs qui résidaient momenta-

---

1. Demay, *Sceaux d'Artois*, p. 198, n° 1839. — *Grand registre en parchemin*, f. 74, aux *Arch. de Saint-Omer*, 1346.
2. *Arch. de Saint-Omer*, CCLX, 6. *Diplômes de nominations de capitaines.*
3. Derheims, *Hist. de Saint-Omer*, p. 172, bailli Jake de Boncourt.
4. Froissard, éd. Lyon 1569, p. 862. — D'après M. de Laplane, ce capitaine s'appelait : Baudoin d'Hennekins (*Mém. de la Morinie*, t. XIV, p. 35).

nément dans la ville et qui avaient sous leurs ordres les capitaines dont nous venons de parler[1]. En 1303 Robert d'Artois, petit-fils du comte Robert II, qui succéda à Jacques de Bayonne, défendit la ville contre les flamands commandés par Guillaume de Juliers[2] ; Gauthier de Chatillon, connétable de France, en 1304[3] ; le comte de Meaux en 1314[4] ; le maréchal de Beaumont en 1317 ; puis le maréchal de Trie[5] et Mathieu de Vaumin de 1318 à 1319 furent envoyés successivement par le roi pour défendre la place menacée. On voit ensuite Eudes IV, duc de Bourgogne, pendant le siège de 1340[6]. En 1346 le maréchal de Moreuil était à Saint-Omer[7]. « En 1348, dit Froissart,
« se tenoit en la ville de Saint-Omer Messire Geof-
« froy de Charny, et là gardoit les frontières, en
« usant de toutes choses, touchant aux armes comme
« Roy[8]. La garnison était commandée en 1369 par le connétable Moreau de Fiennes[9]. Guillaume, sire

---

1. A l'origine les châtelains défendaient la place, et en 1198 ce fut encore Guillaume V qui soutint le siège mis devant Saint-Omer par le comte de Flandre.

2. *Annales de Deneufville*, ms. 809, *Bibl. de Saint-Omer*, t. I, p. 425. Jacques le Muisme était bailli.

3. Derheims, *Hist. de Saint-Omer*, p. 140 à 143.

4. Id. id. p. 147 à 149. — D'après cet auteur le bailli était Pierre de Baucaurroy.

5. Derheims, *Hist. de Saint-Omer*, p. 150 à 151, et Pagart d'Hermansart. *Bull. hist. et phil.*, 1895, 3 et 4, pp. 578 et 586.

6. Derheims, *loc. cit.*, p. 157 à 164. — Le bailli était Guilbert de Nédonchel.

7. Bernard VI de Moreuil (P. Anselme, LVI, p. 714). — Il est mentionné comme « estans ou pais et en la ditte ville » dans des *Lettres de Philippe, roi de France, 25 juin 1346*, citées plus loin. *Arch. de Saint-Omer*, CLXXII, 18. *Pièce justificative*, n° III. — Bailli : Guilbert de Nédonchel.

8. Froissart, vol. I, ch. CL, p. 154. — Derheims, *loc. cit.*, p. 177 à 182. — Bailli : Enguerrand de Beaulo.

9. Derheims, *loc. cit.*, p. 202.

de Saveuse, capitaine général de Picardie, donnait en 1386 quittance des sommes reçues « pour le temps « durant lequel il gouverna le bailliage de Saint- « Omer »[1]. En 1477 lors de l'attaque par Louis XI, Philippe de Bourgogne, sieur de Bevres, était le capitaine général de Saint-Omer et d'Aire ; comme il ne quitta pas cette dernière ville pendant le siège de Saint-Omer, les assiégés furent commandés par le sieur de Chanteraine[2]. Vers 1480 Pierre de Monchy fut gouverneur[3] peu après le second siège tenté en 1479 par le roi de France. En 1482 le sieur de Bevres était de nouveau gouverneur et il avait pour « l'ung « des capitaines d'icelle ville » messire Charles de Saveuse[4]. Quand en 1487 le maréchal d'Esquerdes surprit la place, le même gouverneur y commandait, et Jean de Cauchy, son lieutenant, perdit la vie en la défendant[5]. Il installa comme bailli et capitaine de Saint-Omer et du château Jehan du Bos qui prêta le serment de bailli le 29 mai 1487, mais le gouverneur fut cependant Jacques de Fouxolles qui auparavant l'avait été de la section de Furnes comprenant le territoire de Gravelines et de Bourbourg[6]. Le 21 février 1489 (n. v.) Georges de Beustain, chevalier, était

---

1. *Inv. som. des Arch. du Nord*, Ch. des C., t. IV, n° 1844. — Allard Danne était bailli.

2. *Mém. de la Morinie*, t. XIII, p. 117.

3. *Histoire généalogique de la noblesse des Pays-Bas, où Histoire de Cambrai et du Cambrésis*, par le Carpentier, Leyde 1668, p. 298. — L'auteur mentionne aussi Jean de Chanteraine, chevalier, qui fut créé pour ses actions héroïques gouverneur de Lille, puis de Saint-Omer qu'il ravitailla sous Marie de Bourgogne. Nous venons de le citer.

4. *Chroniques de Flandre et d'Artois*, par Louis Brésin, publiées par M. Marmier, Paris, Dumoulin, 1880, p. 14 et 15. — Voir aussi Arch. du Nord, Ch. des C., t. IV, n° 2152, en 1495.

5. Derheims, *Hist. de Saint-Omer*, p. 299.

6. Id. id. p. 302. — *Annales de Deneufville*, p. 336.

lieutenant et capitaine général de Saint-Omer [1]. Denis de Morbecque, capitaine de Dunkerque, qui contribua à la reprise de Saint-Omer quelques jours après, en confia la garde à un capitaine piémontais [2] et non au nouveau bailli messire de Saveuse. En 1491 Demerstam ou Derbestan fut chef et capitaine de la ville pendant que Saveuse était bailli [3].

Quant au château lui-même qui à l'origine était toujours confié au bailli, on y voit au xv° siècle des capitaines ou des gardes spéciaux [4] chargés de sa défense.

Cependant si les baillis n'étaient qu'exceptionnellement alors capitaines du château ou de la place en temps de guerre, c'étaient néanmoins la plupart du temps, comme nous l'avons dit, des hommes de guerre et ils concouraient à la défense sous les ordres

1. *Chartes de Saint-Bertin,* t. IV, n° 3536.
2. *Chroniques de Brésin,* déjà citées, p. 61.
3. Dans la liste des baillis donnée par M. de Laplane *(Bull. de la Morinie,* t. II, p. 1012) figure ce Demerstam sous le n° 50. Il ne paraît avoir été que capitaine de la ville ; peut-être M. de Laplane qui intitule sa liste : Baillis, gouverneurs ou capitaines de Saint-Omer a-t-il pensé que ces divers titres ont toujours été inséparables, et a-t-il fait du capitaine de la ville à cette époque un bailli.
4. La plupart des premières lettres de nomination des baillis mentionnent que le bailli avait la « garde du chatel » (v. p. 28). En 1386 il en était encore capitaine : Commission de capitaine du château de Saint-Omer donnée par le comte de Flandre à Alard D'ayne (Danne) bailli de la dite ville *(Inv. som. du Nord, Ch. des C. de Lille,* 1052 et 1844), mais au xv° siècle on peut citer : 1424 à 1426 Hugues de Lannoy, sieur de Santes, capitaine et garde du château ; 1470 Aleaume Gamel, écuyer, capitaine du château, ainsi que Guillaume de Wignacourt, remplacé en 1477 par Jacques de Ghistelles ; Claude d'Occors, dit Gostrin, en 1480 ; Quentin le Bon « naguères capitaine du château « de S¹ Omer » (1493) *(Arch. du Nord, Ch. des C.,* t. IV, n°⁸ 1932, 2122, 2147).

des gouverneurs qui la commandaient ; plusieurs d'entre eux firent largement leur devoir. Pierre de Beaucaurroy refusa en 1316 de livrer la ville aux partisans de Robert d'Artois [1], Guilbert de Nédonchel accompagna avec sept écuyers le duc de Bourgogne Eudes IV dans les sorties faites contre l'armée de Robert qui avait mis le siège de Saint-Omer en 1340 [2], et Robert de Manneville fut tué en 1487, les armes à la main, en défendant la place contre une surprise des Français [3]. Un seul se rendit coupable de trahison pendant la guerre de Cent Ans [4].

---

1. Derheims, *Histoire de Saint-Omer*, p. 148.
2. Ms. Deslyons de Noircarme.
3. De Laplane, *les abbés de Saint-Bertin*, t. II, p. 44. — *Dict. hist. du dép. du Pas-de-Calais, arrond. de Boulogne*, t. II, *histoire de Menneville*, p. 408.
4. Voir plus haut, chap. III, p. 37.

CHAPITRE VIII

ATTRIBUTIONS JUDICIAIRES

Mode de rendre la justice en Artois. — Hommes féodaux et cottiers. — Justice du comte d'Artois, le bailli est conjureur mais n'est jamais juge. — La semonce ou conjure et les conclusions. — Droit de calenger. — Seigneurie et justice sont inséparables. — Le bailli exerce la haute justice. — Cour du bailliage vers 1350. — Cas royaux attribués au bailli d'Amiens ou à son lieutenant à Montreuil. — La cour du bailliage devient une cour féodale d'appel et une cour foncière. — Conseillers au bailliage.
Devant le tribunal des échevins le bailli partage quelques attributions avec le châtelain. — Il n'y exerce la conjure qu'en matière criminelle. — Lutte entre le bailli et le Magistrat à propos des privilèges des bourgeois. — Juridiction des Mayeur et Echevins dans la ville et la banlieue. — Elle s'étend même sur les officiers du bailliage, excepté en matière criminelle. — Le bailli obligé de respecter la liberté individuelle des bourgeois. — Serment du bailli en 1499. — Etrangers. — Leze majesté. — Confiscation.

Avant de retracer les devoirs du bailli en matière

judiciaire, il est utile de rappeler quel était le mode de rendre la justice en Artois. Les usages particuliers à cette province, remontant à l'origine de la monarchie, y ont en effet subsisté jusqu'à la Révolution, et il ne serait pas possible de comprendre les attributions judiciaires du bailli et de la cour du bailliage sans un exposé sommaire des coutumes spéciales de ce pays.

C'était un usage chez les Francs que chacun avait le droit d'être jugé par ses pairs, et dans les premiers temps de la monarchie ce droit appartenait à tous les hommes libres. Le prince ou son lieutenant avait pour assesseurs des juges dont la condition était égale à celle des parties qui plaidaient, il les convoquait dans des réunions temporaires et périodiques (mallum, placitum), ou en assemblées générales (conventus), présidait l'assemblée, recueillait sans y prendre part, la sentence rendue par les *boni homines* généralement au nombre de sept, et la faisait exécuter.

Lorsque les fiefs devinrent héréditaires et patrimoniaux, la pairie se transforma ; les principaux vassaux de chaque seigneur furent appelés les *pairs* des seigneurs, et ce mot ne signifia plus que les juges devaient être personnellement de la même condition que les parties, mais qu'ils étaient co-vassaux à raison de leur tenure en mouvance d'un même seigneur. A la personnalité de la justice succéda la réalité de la juridiction territoriale. Ces vassaux formèrent la cour du seigneur et jugèrent les causes des vassaux inférieurs. La possession d'un fief donna le droit d'exercer la justice avec les pairs ou pareils dans les assises du fief dominant ; les réunions temporaires ou périodiques prirent le nom d'*assises*, *plaids, cort,* les *boni homines* furent les hommes de fiefs, les francs hommes ; et la qualité du fief décida de la qualité et du nombre des juges.

Toutefois l'ancien mode de rendre la justice subsista et ni le seigneur, ni son officier, lieutenant, bailli, prévôt, sénéchal, ne prirent une part directe au jugement : leur mission était uniquement de réunir les hommes, les semoncer ou conjurer pour qu'ils jugeassent et d'assurer l'exécution de la sentence.

Cet usage persista en France sous les deux premières races de ses rois et sous les premiers princes de la troisième. La formule d'hommage prêté au roi saint Louis suivant les usages des Chatelets de Paris et d'Orléans mentionne d'une manière précise que c'est le vassal qui doit rendre la justice à la semonce du bailli royal[1]. Les articles 23 et suivants de l'ordonnance de 1254-1256[2], les chapitres 105 du livre I et 15 du livre II des Etablissements de saint Louis, les articles 28 et 30 de l'ordonnance du 7 janvier 1277, attestent expressément cet usage. En 1315, le roi Philippe-le-Long, en confirmant une ordonnance générale de saint Louis sur ce point et en l'adressant aux bailliages d'Amiens et d'Artois[3], déclarait lui-même par

---

1. « La forme qui se gardoit du temps de St Loys estoit telle selon
« l'usage du Chastellet de Paris, d'Orléans ou de Baronnie : Le sei-
« gneur prenoit entre ses deux paulmes les mains de son vassal
« ioinctes : lequel à genoux, nûe teste, sans manteau, ceinture espée
« ni esperons (je croi pour monstrer toute humilité) disoit : sire ie
« devien vostre hō de bouche et de mains : Et vous iure et promets
« foy et loyauté et de garder votre droict à mon pouuoir et de *faire*
« *bonne justice à votre semonce* ou *à la semonce de vostre Bailly*,
« à mon sens. » Cela dit le seigneur baisoit le vassal en le bouche. (Fauchet, *des Patrices,* Paris 1600 in-8°, p. 67 v°.)

2. *Ordonnances des rois de France*, t. I, 65 et 76.

3. Boutillier, *Somme rurale* au titre des Baillis et Prévôts. Il dé-

l'art. 17 de son ordonnance, que les baillis du roi et autres officiers n'auraient point voix dans les jugements, mais les laisseraient faire aux hommes de fiefs après les avoir assemblés et conjurés, et qu'ils seraient tenus de donner leurs lettres de jugements conformes à leurs avis [1]. Enfin les dispositions de ces anciennes ordonnances se trouvent reproduites dans les articles 18 et 19 d'une ordonnance du 30 mars 1350 et 53 de celle du mois de mars 1356 [2].

Cependant dans les provinces qui restèrent soumises aux rois de France, l'autorité royale se fit insensiblement reconnaître comme supérieure et indépendante de tout fief, et sous Philippe-le-Bel, on commença à décider que le droit de rendre ou de faire rendre la justice était un attribut essentiel de la souveraineté royale, et n'était pas dans son essence un droit vraiment féodal que puissent exercer les propriétaires de fiefs, bien qu'ils tinssent ce droit du consentement ou de concession des rois. Les hommes de fiefs ne furent plus appelés au jugement, les baillis et autres juges eurent la liberté de se choisir un conseil sans avoir égard à la qualité des parties mais seulement à la nature de l'affaire ; ils appelaient ordinairement des avocats ou jurisconsultes qui prirent le titre de conseillers et avec qui ils jugèrent par eux-mêmes ou par leurs officiers dans les bailliages et présidiaux.

Dans les seigneuries, la pratique de juger par pairs disparut aussi insensiblement en France, ainsi

finit ainsi les assises du bailli : Assise est une assemblée de sages juges et officiers du pays que fait tenir ou tient le souverain bailli de la province (liv. I titres IIII et XIII).

1. Guyot, *Répert. de jurisprudence*, v. *Grand Bailli*, p. 265, éd. in-4°.

2. *Ordonnances des rois de France*, t. II, 191 et III, 121.

que le principe observé jusque là dans l'ancienne monarchie qu'un juge ne jugeait jamais seul ; le seigneur créa un officier juge qui eut l'exercice de la justice et qui porta généralement le nom de bailli.

Il n'en fut pas de même en Artois ; les habitants de cette province, longtemps séparée de la couronne de France, se maintinrent dans le droit d'être jugés par leurs pairs[1]. Le comte d'Artois, bien que propriétaire de la juridiction supérieure et des autres inférieures, n'avait pas, ni lui, ni ses vassaux, l'exercice de la justice qui appartenait dans chaque territoire, ville ou bailliage à une assemblée de vassaux ou de bourgeois choisis[2]. Les justices restèrent donc toutes territoriales dans ce pays, sauf celles qui furent créées pour connaître de cas particuliers, telles que le Conseil d'Artois, l'Election d'Artois, la Maîtrise des eaux et forêts ; de sorte qu'on distingua jusqu'à la Révolution, dans les hautes justices et dans les justices vicomtières ou moyennes les hommes *féodaux* ou de fiefs qui ren-

---

1. La constitution de la Flandre se rapprochait de celle de l'Artois sur cette matière, mais on ne trouvait point dans la première de ces provinces de juridictions royales exercées par des hommes de fiefs. En Hainaut et dans le Cambrésis, les baillis et hommes de fiefs exerçaient aussi la justice, mais avec quelques restrictions basées sur la justice basse, haute ou moyenne.

2. Le Commentaire de Gosson (Anvers 1582) sur le titre Ier de la 1re partie de la Coutume d'Artois, droits des seigneurs, s'exprime ainsi : « Quis etiam, *more majorum*, in hac regione comparatum « est, ut *judicia, plurium consilio exerceantur*... Qamvis enim « comes Artesiæ fit supremus dominus et princeps, ejusque sit su- « premæ, aliarumque suarum jurisdictionum proprietas, ad eum « tamen non spectat juris dicendi officium, neque ad inferiores Do- « minos ejus vassalos, sed, in singulis Territoriis, Oppidis, ac Præ- « fecturis, Vassalorum cætus juridictioni munus exequitur. » *(Coutumes générales d'Artois*, par A. Maillart. Paris 1704, in-f° p. 194 et 195.)

daient la justice haute ou moyenne, et dans les seigneuries foncières, les hommes *cottiers* qui étaient seuls compétents pour administrer la basse justice [1]. Ces hommes étaient obligés de juger dans la cour de leur seigneur, mais le seigneur lui-même, ni son représentant n'avait le pouvoir de rendre la justice personnellement. « Li hommes des gentixhommes « font les jugements et ne mie le baillif » disent les *Anciens usages d'Artois* [2]. Celui-ci avait le droit seulement de convoquer l'assise et de semoncer ou conjurer ses hommes pour leur faire rendre le jugement ; de même le droit de ceux-ci restait dans l'inertie sans la conjure du propriétaire de la justice ou de son lieutenant. « Itaque, dit Gosson dans « son Commentaire sur la coutume d'Artois [3], hujus « Provinciæ Princeps, aliique inferiores invicem « Domini, et Vassali, in suis quique Territoriis aut « Imperii, aut Jurisdictionis ipsius proprietarii, « *Judices quidem non sunt ;* sed sacramenti, fidei, « rectique Judicii exactores et quasi Præsides, custo- « desque Legum et Justitiæ ». Quand les hommes féodaux délibéraient, le seigneur ou son représentant devait sortir de la salle d'audience, il y rentrait seulement « pour faire et dire loi à la semonce ».

Aussi distinguait-on dans toutes les seigneuries deux espèces d'officiers attachés à chaque justice : les hommes de la terre, ceux du seigneur. Les pre-

---

1. Les articles 1 et 4 de la Coutume d'Artois règlent ainsi les juridictions seigneuriales. Cependant à Tournehem et dans le pays de Brédenarde l'article 1 de la Coutume accordait aux hommes de fiefs le droit de juger les cas de basse justice, tandis qu'à Audruicq et à Hesdin les hommes cottiers exerçaient la haute et la moyenne justice (art. 3 et 4. Cout. d'Audruicq, art. 1, Cout. d'Hesdin).
2. *Anciens usages d'Artois* (fin du XIIIe siècle), tit. LIV, art. 16.
3. Gosson, déjà cité.

miers étaient ceux qui, comme nous venons de le dire, rendaient la justice lorsqu'ils étaient convoqués et semoncés, les seconds étaient créés pour soutenir les droits du seigneur, ce furent les baillis, procureurs ou procureurs fiscaux, ils étaient amovibles à la volonté du seigneur, et n'avaient aucune aptitude pour juger.

La justice du comte d'Artois était organisée de la même manière que les justices seigneuriales, et les baillis des rois ou des comtes exercèrent l'autorité judiciaire conformément aux usages d'Artois, ils ne furent jamais juges à aucune époque et n'eurent d'autre mission que de conjurer les hommes chargés de juger, et d'exécuter les jugements[1]. Cela est si vrai que vers la fin du XVIII° siècle, le bailli de Saint-Omer, successivement dépouillé de presque toutes ses attributions, vit même son droit de conjure qui lui restait, contesté comme inutile par le lieutenant-général.

Il ne faut pas toutefois confondre la semonce ou conjure appartenant au chef de la justice avec les conclusions que pouvaient donner les procureurs du roi créés vers le XV° siècle. La conjure était indispensable dans toutes les affaires, les conclusions du ministère public n'étaient requises que dans les causes intéressant le seigneur, le public, les mineurs et quelques autres. La conjure ne renfermait point de conclusions, elle contenait seulement une invita-

---

1. Varnkœnig, *Histoire de Flandre jusqu'à l'année 1305*, éd. Gheldolf, t. II, p. 156, a bien précisé les fonctions judiciaires des baillis : « Ils réunissaient, dit-il, l'autorité du ministère public de nos « jours avec celle des présidents, sans néanmoins prendre aucune « part à la délibération même. Aucune séance judiciaire n'était pos- « sible contre leur gré ; mais ils ne jugeaient pas eux-mêmes. »

tion ou plutôt une jussion : « Agere jubet », tandis que le ministère public requérait que les affaires fussent jugées d'une certaine façon. La conjure était exercée par un officier particulier, même dans les sièges où il y avait des procureurs d'office ou un procureur du roi, et ne suppléait point aux conclusions dans les cas où celles-ci étaient requises. Enfin les jugements prononcés étaient intitulés du nom du conjureur ou semonceur et jamais du nom de l'officier du ministère public.

Le droit de calenger, c'est-à-dire de mettre à exécution les jugements, de faire les clains et arrêts, était une conséquence nécessaire du pouvoir et de l'autorité de l'officier semonceur. Il donnait l'autorisation aux poursuites judiciaires de même qu'il donnait la force aux jugements. Et il avait des sergents ou huissiers par le ministère desquels il faisait remplir ces fonctions de la justice.

Quant à la juridiction, elle était réglée en Artois par la mouvance, de sorte que lorsqu'un héritage était dans la directe d'un seigneur il était aussi de sa justice. C'était une conséquence de la maxime qui s'était maintenue dans ce comté que seigneurie et justice étaient inséparables. La justice du comte d'Artois était une justice féodale, puisque le comté, réuni à la Flandre ou séparé d'elle, formait un fief tenu en foi et hommage de la couronne de France, et les principes régissant les fiefs y restèrent applicables. Les vassaux du comte d'Artois avaient donc, sous l'autorité des baillis, l'exercice de sa justice dans l'étendue de chaque bailliage.

Au moment où apparaissent à Saint-Omer les premiers baillis, les seigneurs ne reconnaissaient plus au châtelain aucune suprématie, ils considéraient les citations faites à eux-mêmes ou à leurs vassaux comme un empiètement sur leur indépendance ou leur droit de justice et ne voulaient point voir exécuter sur leurs terres d'actes émanés d'une autre juridiction. Toutefois la considération dont le bailli jouissait augmenta, il s'éleva bientôt au-dessus du châtelain, et avant même que celui-ci eut cessé d'exister, il devint le premier fonctionnaire public de la châtellenie. En justice il était le représentant du droit et de l'autorité, et responsable de l'ordre public. Il était chargé de la répression des crimes et délits, et avait la garde des prisons du château. Il poursuivait avec les sergents sur les grands chemins, les voleurs et les vagabonds, exigeant des chevauchées et couchant dans les châteaux et monastères, ou bien il procédait aux enquêtes nécessaires pour découvrir les coupables qui se dérobaient à la justice, il faisait arrêter les criminels, les traduisait devant leurs juges naturels, conjurait ceux-ci de dire le droit et faisait exécuter la sentence, ou la réduisait à une peine pécuniaire qui figurait dans ses recettes [1].

Il fut donc chargé par le souverain, non pas de rendre, mais de faire rendre, comme conjureur, la justice aux habitants du bailliage justiciables des comtes d'Artois, par les pairs ou hommes de fiefs relevant immédiatement du comte et de son château de Saint-Omer, qu'il convoquait à tour de rôle. On voit, dès le mois de mars 1255, cinq membres de la cour du nouveau bailliage, qualifiés déjà de *aulici*, conseillers, apposer leurs sceaux

---

1. J.-M. Richard, *Introd.* au t. II de l'*Inv. som. du Pas-de-Calais*, A, p. II.

au bas de la décision qui tranche en faveur des religieux de Clairmarais le litige existant depuis longtemps entre eux et la ville au sujet du droit de pêche dans la Moëre[1]. Demay, dans les *Sceaux d'Artois,* a relevé les sceaux de 27 francs hommes ou hommes de fiefs qui, de 1301 à 1374, ont jugé au château de Saint-Omer[2]. En 1321-1322 une sentence de ces hommes est scellée du scel de Pierre de Bouveringhem, bailli ; en 1347 le châtelain lui-même figure parmi ces hommes féodaux[3]. Le bailli s'était substitué à lui dans toutes ses fonctions juridiques ; l'ancienne cour où siégeaient les vassaux fut présidée par lui, elle devint la cour féodale des francs hommes ou hommes de fiefs, ou plus simplement la cour du bailliage, que des plaids ordinaires se tinrent régulièrement au château pour l'administration de la justice.

Nul texte précis n'indique à quelle époque s'établit le ressort judiciaire du bailli et se fixa l'étendue de sa juridiction comme président de la cour des francs hommes, il résulte seulement d'une note marginale du xive siècle qui se trouve à la fin du *Cartulaire de Saint-Bertin,* que la constitution du bailliage daterait de l'année 1350 environ[4]. Il est probable qu'alors le nombre des hommes féodaux

---

1. *Mémoires de la Morinie,* t. XII, p. 195.
2. Demay, *Sceaux d'Artois,* p. 105 à 107.
3. Guilbert de Nédonchel, bailli, sppela les francs hommes du bailliage l'an 1347 avec Pierre de Wissocq, chastelain, savoir : Le s[r] de Créky, le s[r] de Fosseux, le chastellain de Berghues, mess. Guilbert son fils, mess. Williame de Créky et Regnaud son frère, le s[r] de Mametz, mess. Pierre de Chastillon, mess. Pierre de Gand, sire Jean de Gand. (Dufaitelle, *Etudes archéologiques).*
4. Arthesium erigitur M° C° IIII**xx**XIX.... Ballivatus Sancti Audomari annis CL eo amplius erectus est post erectionem comitatus Arthesii (Guérard, *Cartul. de Saint-Bertin,* p. 372).

nécessaire pour rendre un jugement valable tendit du moins à s'uniformiser[1], que les convocations furent à peu près régulières, et que le bailli s'adressa en général aux mêmes personnes pour composer le tribunal ; alors les *hommes* le plus fréquemment réunis formèrent une sorte de corps présentant déjà une certaine consistance et portant le nom de cour. A cette époque leur nombre paraît avoir été fixé à cinq. Nous avons vu que les commissions données aux baillis désignent en effet d'une manière expresse, à partir de 1368, le droit de justice qui leur appartient[2], et que celui de conjurer les hommes du comte est mentionné en 1382[3].

A la place du châtelain, le bailli présida aussi d'autres cours, il tint les vérités annuelles et les vérités générales qui avaient lieu tous les 7 ans, et où se décidaient sans appel, à sa conjure et au jugement des hommes des paroisses ou des hommes féodaux, la plupart des causes criminelles du bailliage.

Le bailli présida aussi dès la fin du xiii° siècle l'échevinage des francs-alleux, justice relevant de la châtellenie, ainsi que le constate un procès-verbal du 18 avril 1292, où il est dit que lorsque Pierre l'Orriblé, bailli de Saint-Omer, vint « u chastel le « castelain à S¹ Omer pour tenir les plais des francs « alues par eskevins chevaiers, si comme il est « usé », il eut une altercation violente avec Bois-

---

1. D'après les *Anciens usages d'Artois*, la cour seigneuriale devait être composée de cinq hommes au moins pour rendre jugement en cause d'héritages et de meubles et en matière criminelle.

2. Commission de Varin, sire de Bécourt (V. ci-dessus, p. 28).

3. Commission de Guilbert du Fresne du 13 février 1382 (V. ci-dessus, p. 29).

sart de Renenghes, « chevaliers venus avec les « autres eskevins des francs alues pour sir en « court » et l'affaire dut être remise [1].

Nous reviendrons sur ces diverses cours en traitant plus tard de la compétence des officiers du bailliage et des fiefs.

Nous venons de voir comment s'organisa d'abord la cour du bailliage et quelle fut la manière d'y rendre les jugements.

Pour bien en déterminer la juridiction, il faut distinguer d'abord les cas de haute justice, puis le ressort judiciaire, et enfin la mouvance, c'est-à-dire l'état de dépendance des domaines en relevant noblement ou roturièrement.

Quant aux cas de haute justice, réservés autrefois au châtelain, le bailliage les décidait dans toute sa circonscription hors du territoire des seigneurs haut justiciers, c'est-à-dire dans les seigneuries qui n'avaient que la moyenne ou la basse justice et relevaient directement du château. Avant même que la cour du bailliage fut constituée, on voit, dès 1248, le bailli instrumenter à Lannoy, dans la banlieue de Saint-Omer, où le chapitre n'avait que la basse justice [2].

Mais la connaissance des cas royaux était interdite aux officiers du bailliage, et avait été attribué aux juges du roi de France, le bailli d'Amiens seul juge royal pour la province d'Artois, ou son lieutenant à Montreuil ; et il en fut ainsi jusqu'à la création du Conseil d'Artois en 1530 et après que le roi de

---

1. *Inv. som. du Pas-de-Calais*, A, 37.
2. Giry, *Hist. de Saint-Omer*, p. 118.

France eut abandonné la suzeraineté de l'Artois en 1525.

Le ressort judiciaire s'établit insensiblement après la constitution de la cour du bailliage. La justice ordinaire patrimoniale du comte d'Artois était exercée par les hommes de fiefs dans l'étendue des villes, comtés, châtellenies et seigneuries tenus tant en fiefs, cotteries que terres franches formant le bailliage. Presque tout son territoire était composé de différents fiefs dont les seigneurs avaient la justice en propriété, suivant la maxime de la coutume d'Artois, que nous avons déjà citée, que seigneurie et justice sont synonymes. De sorte que les officiers du prince ne pouvaient connaître en première instance que des causes personnelles des habitants des terres ou fiefs simples qui, n'ayant point d'héritages cottiers dans leur mouvance, n'avaient ni seigneurie ni justice, et qui relevaient immédiatement du prince à cause du château de Saint-Omer. Or comme il y avait très peu de seigneuries foncières qui ne fussent mouvantes d'une autre seigneurie, ou vicomtière, ou ayant haute justice, appartenant à des seigneurs particuliers, c'était le seigneur vicomtier ou haut justicier qui connaissait des causes personnelles dans l'étendue de la seigneurie foncière. Mais, à l'époque où le ressort judiciaire fondé sur l'appel prit naissance au XIVe siècle [1], les officiers du bailliage eurent la justice de ressort sur ces diverses seigneuries, et leur cour devint la cour féodale suze-

---

1. Il ne fut réglé définitivement pour le bailliage de Saint-Omer que par l'arrêt du grand Conseil de Malines du 22 juin 1532 *(Ord. royaux du Bailliage,* p. 68).

raine de toutes les justices et juridictions féodales médiates et immédiates de la mouvance, dépendance et ressort de la seigneurie et justice du prince qu'ils desservaient au château de Saint-Omer. Leurs décisions allaient alors en appel à Amiens devant le bailli du roi de France ou devant son lieutenant à Montreuil.

Il faut en outre distinguer encore, avons-nous dit, une autre juridiction de la cour du bailliage : celle fondée sur la mouvance. C'était la justice d'hommage.

A l'origine le comte, et plus tard le châtelain, entouré des hommes de fiefs, recevait la foi et l'hommage des vassaux du prince, les aveux et dénombrements, et jugeait les contestations relatives à leurs fiefs. Il procédait à ces opérations probablement au château de Sithiu, en présence d'un certain nombre d'hommes. Cette cour variable et éphémère ne se constituait que pour une ou plusieurs affaires déterminées ; celle-ci achevées, ses pouvoirs expiraient ; mais sa formation était nécessaire pour rendre valables les opérations féodales. L'acte accompli, tous ses membres en attestaient l'authenticité comme témoins et lui donnaient un caractère légal.

Lorsque le bailli remplaça le châtelain, il fut obligé, pour accomplir les opérations féodales, de convoquer, chaque fois qu'il en était besoin, les hommes de fiefs qui se trouvaient à sa portée. Insensiblement il arriva pour ces matières ce qui s'était produit pour les jugements en matière civile et criminelle, le nombre des hommes féodaux nécessaires pour rendre un acte valable, qui, à l'origine, n'était pas fixé, tendit à s'uniformiser. Il fut admis que deux ou trois hommes de fiefs, présidés par le bailli ou son lieutenant suffisaient. Le nombre des convocations fut aussi à peu près réglé, et les réunions avaient lieu à d'autres jours que les jours ordinaires de plaids.

Cependant les hommes de fiefs qui formaient à l'origine la cour du seigneur haut justicier représentant l'autorité du souverain, n'étaient pas instruits, et leur ignorance les obligea, lorsque les procès se multiplièrent, à prendre l'avis de jurisconsultes ou avocats qui rédigeaient une consultation en forme de jugement, les hommes de fiefs déclaraient qu'ils jugeaient suivant cet avis, et ils scellaient de leurs sceaux une sentence à laquelle ils ne participaient point. Cet usage, qui avait prévalu dans toutes les justices, entraîna de nombreux abus.

Pour y remédier, il parut sage de créer dans l'étendue de la haute justice de Saint-Omer des espèces d'avocats pour remplacer les jurisconsultes qui rédigeaient en fait les jugements ; on les appela *conseillers,* parce que ce fut d'après leurs conseils et avis que durent être prononcées les sentences. On put ainsi diriger d'une manière plus directe les hommes de fiefs dans les questions de droit et rattacher aussi plus intimement la justice au pouvoir.

Jehan de Nieles ou Nyelles avait reçu le 15 avril 1384 une commission de conseiller pour tout le comté d'Artois[1] et avait « esté chargié de visiter et

---

1. *Inv. som. du Pas-de-Calais,* A, 106. — Il touchait 30 l. par an.

« conseiller les causes et prochés qui ont esté par-
« devant nostre chastellain de Saint Aumer et
« ailleurs ès-cours subgettes en nostre bailliage
« d'ilec » ; il eut pour successeur « nostre amé et
« féal conseillier maistre Guy Ponthes », nommé le
27 août 1393 par Philippe-le-Hardi, fils du roi de
France, duc de Bourgogne et comte de Flandre et
d'Artois, qui eut les mêmes pouvoirs [1].

Pendant un certain temps il paraît n'y avoir eu à
Saint-Omer qu'un conseiller. En 1400 c'était Jean de
la Personne qui auparavant était conseiller pensionnaire de la ville [2]. En 1405, il fut fait chevalier et
chambellan en récompense de ses bons services, et
à sa place Antoine de Wissocq, licencié ès-lois et
écuyer, fut nommé conseiller à Saint-Omer par
Jean-sans-Peur, et « intimé pour lui servir de
« conseiller pour tout son pays d'Artois et par
« spécial de le ville de St Omer ».

Philippe-le-Bon succéda à son père, assassiné à
Montereau le 10 septembre 1419, et créa cette même
année un second conseiller en la personne de Jean
d'Ardres, chevalier, appartenant à l'illustre maison
d'Ardres.

En 1421, un troisième conseiller fut nommé par
lettres patentes et commission données à Bruges à
Jean de France, d'une famille connue en Artois.

En 1428, alors que Guillaume de Rabodinghe
était bailli, fut créé un quatrième conseiller par
lettres expédiées à Lille, ce fut Gérard Diclebecque.

Enfin Philippe-le-Bon compléta l'institution des

---

1. *Inv. som. du Nord. Ch. des C. de Lille,* 1854, n° 58, v. la commission de Guy Ponthes à la fin de l'ouvrage.
2. *Ms. des dignités de l'église de Saint-Omer,* p. 205.

Conseillers au Bailliage en nommant un cinquième conseiller, par lettres patentes et commission données à Saint-Omer en 1437, à Nicole de Quendalle, chevalier.

On a dans les deux manuscrits Deschamps de Pas et Des Lyons de Noircarmes, des listes assez complètes des conseillers qui se succédèrent à ces cinq offices [1]. Cependant les archives de la Chambre des comptes de Lille fournissent encore quelques noms qu'il n'est pas toujours possible d'attribuer à l'un des 5 offices créés, mais qu'il faut relever, avec les indications que peuvent donner les commissions qui les mentionnent, sur les fonctions de ces nouveaux magistrats. C'est ainsi que le 28 mai 1473, le bailli Allart de Rabodinghe donne vidimus de lettres en date à Valenciennes du 4 du même mois par lesquelles Charles le Téméraire nomme, au lieu de Denis de Sennerghem, Robert Mondrelois « conseiller du con-
« seil par nous ordonné en nostre ville de Saint-
« Omer », et il donne mandement au bailli ou à son lieutenant, « qu'il le appelle et évocque doresnavant
« ès consaulx qu'il tiendra avec nos aultrez conseil-
« liers en la dite ville de .... dudit estat de con-
« seillier ». La même année, après la mort de Nicole de Quendalle, que nous venons de voir pourvu du cinquième office, le souverain nomma le 9 novembre 1473, pour lui succéder, Jehan Bourset « en
« l'office de nostre conseillier ordinaire et à gaiges
« en nostre conseil par nous ordonné en nostre dite
« ville de Saint-Omer ». Il donne mandement à son bailli ou à son lieutenant « qu'il le mette et institue
« de par nous en possession et saisine dudit office

---

1. Voir les listes à la fin de l'ouvrage.

« et deslorsenevant il et noz aultres gens de conseil
« audit Saint-Omer le appellent et évocquent à noz
« consaulx et à le consultacion et expédition des
« besoingnez et affaires touchans nous, noz domaine
« seignourie et subgetz »[1]. Aleamet ou Aléaume
Mondrelois, valet de chambre de Charles le Téméraire, fut nommé à son tour le 19 novembre 1473
au lieu et place de Colart Erembault dans les mêmes
termes, et d'autres nominations telles que celles de
Guillaume Vaye (10 février 1457-1458), Hugues
Oderne qui remplaça Robert Mondrelois (16 février
1488-1489), Jean Datte qui succéda à Jean le Borgne
et avant lui à Pierre de le Nesse (27 novembre 1489),
sont toutes libellées comme les précédents [2].

Il y a lieu de remarquer que ces conseillers ainsi
créés en titre d'office dépendent du bailli ou de son
lieutenant qui les institue et qui reçoit leur serment,
tandis qu'en 1404 encore, alors qu'il n'y avait qu'un
avocat ou procureur du duc, c'est le bailli qui avait
prêté serment entre ses mains [3]. Dans la commission
du 24 juin 1445, il n'est pas prescrit, il est vrai, à
Hugues Coquillan de prêter serment, mais c'est parce
qu'il « nous a autresfoiz fait le serrement de con-
« seillier [4] », les autres lettres de nomination portent : « donnons en mandement à nostre bailli de
« Saint-Omer ou son lieutenant que prins et receu
« par lui dudit ...... le serment ...... [5] ...... ou :

1. Voir les lettres de commission sous le vidimus du bailli en date
du 9 novembre 1469 à la fin de l'ouvrage.
2. *Arch. du Nord, Ch. des C. de Lille*, 2096, 2139.
3. Aléaume de Longpré avait en effet prêté serment de fidélité au
prince entre les mains de Jehan de la Personne, conseiller du duc
au bailliage le 19 mai 1404. Voir chap. III, p. 32 et 33.
4. Lettres du 24 juin 1445.
5. Lettres du 4 mai 1473, Robert Mondrelois, et du 19 novembre
1473, Aleamet Mondrelois.

« surquoy ledit ..... sera tenu de faire le serment
« à ce deu et pertinent ès mains de nostre bailli du
« dit S¹ Omer ou son lieutenant que commectons
« à ce¹. »

Enfin ces conseillers touchent des gages².

Les commissions données à ces nouveaux magistrats, qualifiés aussi du titre d'avocats du duc de Bourgogne, n'indiquent point, on le voit, d'une façon bien précise leurs attributions. D'une manière générale, ils devaient servir le chef de la province en toutes ses « causes et besoingnes et contre tous excepté « la ville de S¹ Omer et le roy » ; ils étaient établis « pour juger des droits, hauteurs, justice et domaine « du Prince, vacquer et entendre à le consultation et « expédition des affaires qui se traiteront audit « bailliage³. »

La justice ordinaire resta entre les mains des hommes de fiefs qui prirent seulement conseil et avis des conseillers du prince. C'est à la même époque, au surplus, que des conseillers pensionnaires furent créés à l'échevinage pour aider les échevins en matière de jurisprudence, et plusieurs des conseillers au bailliage furent auparavant pensionnaires de la ville, tels Guy Ponche attaché à celle-ci en 1364, puis au bailliage en 1393, Jehan de la Personne qui servait la ville en 1399 et le bailliage en 1404, puis Jehan de France et Gérard Diclebecque à diverses époques⁴. Et il est à penser que les sentences des hommes de fiefs étaient rendues comme celles des éche-

---

1. Lettres du 9 novembre 1473, pour Jehan Bourset, déjà citées.
2. Nous en reparlerons au Livre III.
3. *Ordonnances royaux du bailliage*, avis au lecteur, p. 2, imp.
4. Pagart d'Hermansart, *Les Conseillers pensionnaires de la ville de Saint-Omer, 1317 à 1764*. Liste des conseillers principaux ou premiers, p. 30 à 32.

vins qui portent : « eu sur ce conseil et advis », et sont à une certaine époque suivies de la signature du conseiller pensionnaire dont on avait pris l'avis [1]. Ces conseillers au bailliage exercèrent une grande influence sur les juges auxquels ils étaient presque substitués en fait, et au XVIIIe siècle nous les verrons remplacer légalement les hommes féodaux.

Quant à la justice d'hommage, elle passa plus tôt entre les mains des conseillers. Dès le XVe siècle ils eurent la connaissance spéciale, à l'exclusion des hommes de fiefs, de tout ce qui concernait la mouvance des fiefs relevant du château de Saint-Omer. Les actes de foi et hommage, les aveux et dénombrements devaient être faits au château, les aveux et dénombrements vérifiés par eux, et ils jugeaient les blâmes auxquels ces déclarations étaient sujettes ; si un vassal désavouait le souverain, c'était à eux à prononcer la commise, si un fief était vendu, il leur appartenait d'en investir l'acquéreur, s'il était ouvert, de le réunir au Domaine du prince. Ils prononçaient sur tout défaut de relief, sur les questions relatives aux successions, transports, créations de rentes, hypothèques sur les biens féodaux, en un mot jugeaient toutes les causes civiles réelles concernant les fiefs. Tandis que les hommes de fiefs jugeaient le mardi et le jeudi de quinzaine en quinzaine pour administrer la justice ordinaire, les conseillers te-

---

[1]. A l'échevinage, les sentences étaient rendues en ces termes : « Eu sur ce conseil et advis » et au XVIIIe siècles, les registres portent ces mots, avec la signature du Conseiller pensionnaire premier ou second dont les Maieur et Echevins avaient pris l'avis (*Arch. du Pas-de-Calais*). Il y avait sans doute devant les deux juridictions du bailliage et de l'échevinage des conseillers chargés de préparer ainsi les sentences.

naient le vendredi leurs audiences également sous la présidence et à la conjure du bailli.

Ils étaient en outre chargés ainsi que le portent expressément leurs commissions citées plus haut, de la conservation des domaines du prince, ils eurent la connaissance de toutes les causes qui en dépendaient, et ils furent véritablement juges et seuls juges en matière domaniale. On les appela longtemps pour cette raison conseillers des domaines[1]. C'était aussi le vendredi qu'ils jugeaient de ces matières.

Il y eut donc vers le milieu du xive siècle au bailliage de Saint-Omer une cour féodale composée des hommes de fiefs, assistés de conseillers du prince, ne jugeant que les cas de haute justice et qui s'attribua le ressort sur les justices seigneuriales de l'étendue du bailliage; et plus tard, vers le xve siècle, une autre cour domaniale composée seulement des conseillers chargés spécialement de décider de toutes les questions féodales et de tout ce qui concernait le domaine du prince. Ces deux cours étaient également présidées par le bailli qui conjurait les juges de prononcer la sentence, mais qui ne jugeait pas par lui-même. Nous verrons la conquête française supprimer les anciens hommes de fiefs, les remplacer par les conseillers à condition qu'ils fussent eux-mêmes hommes de fiefs, et réunir ces deux cours en une seule en diminuant toutefois ses attributions en matière féodale et domaniale ; quant au bailli son rôle resta le même. Au point de vue judi-

---

1. Jugement du Conseil d'Artois du 10 octobre 1682 (*Ord. royaux du Bailliage de Saint-Omer*, p. 194).

ciaire cette cour, même lorsqu'elle fut complétée par un certain nombre de magistrats comme nous le verrons plus loin, ne peut être comparée aux bailliages royaux des provinces de France, car ses juges ne furent jamais que des juges féodaux, et leur juridiction ne s'étendit que sur le fief[1] sans s'exercer directement sur la ville. Cependant nous allons voir que le droit de conjure en matière criminelle devant l'échevinage appartenait au bailli.

Les bourgeois de Saint-Omer avaient en effet pour juges les mayeurs et échevins et n'étaient point justiciables des hommes de fiefs du bailliage. Leur tribunal avait été aussi à l'origine présidé par le comte ou son délégué qui était sans doute le magistrat désigné sous le nom de judex mentionné dans la charte de 1127. Ses attributions passèrent au châtelain, mais les échevins arrivèrent peu à peu à l'éliminer de leurs plaids en le remplaçant par le mayeur et ils transformèrent l'intervention du châtelain. A la fin du XIIe siècle, les fonctions juridiques de ce dernier consistèrent à conjurer les échevins et à exécuter leurs jugements, il était officier de police judiciaire et faisait fonctions de ministère public près leur tribunal[2].

Le bailli n'hérita pas complètement du rôle du

---

1. Tous les bailliages d'Artois étaient ainsi des cours féodales parce que leurs officiers ne jugeaient qu'en qualité d'hommes de fiefs.

2. Giry, *Hist. de Saint-Omer*, p. 99, 177, 178, 181, 182. Le serment des échevins à la fin du XIVe siècle *(Reg. au renouvellement de la Loy*, H, 1376 à 1413) indique bien que le tribunal devait être semoncé ou conjuré avant de juger : « que vous ne dires et feres droit et loy
« quand chieux vous en semoudra qui a son boin droit vous en doit
« semoure, et là où il vous doit semoure ».

châtelain. Les fonctions de cette nature qui restèrent à ce dernier ne furent plus exercées par lui-même, il est vrai, mais par un délégué d'ordre inférieur, officier amovible désigné sous le nom de lieutenant de châtelain et qui retint plus tard le nom même de châtelain ou de burgrave. Il était à l'origine nommé par le châtelain [1], ou quelquefois par le bailli ou autre officier du prince quand ce dernier avait pris en main la châtellenie [2]. Il était présent avec les autres officiers de l'échevinage à la prestation du serment du bailli [3], et lui-même prêtait serment entre les mains des mayeur et échevins, souvent en présence du bailli et de son lieutenant, en la chambre du conseil. Le procès-verbal de l'installation de l'un d'eux en 1361 nous a été conservé : « Le xv° jour de septembre « l'an LXI, Gille de Belke, castellain establis par « mons' le connestable de France, signeur de Fien- « nes, castellains de Saint Aumer, présenta à Mess. « maieur et esquevins en le cambre du conseil les « lettres de son establissement et fist son serment

---

1. « Lambert plais fu establis chastellain de Saint-Aumer par « mons. le castellain de Saint-Aumer en halle, présent le lieutenant « de mons. le bailli et noss. maieurs et eschevins, etc... le XIII° jour « de septembre l'an LXXVIII » (1378). (Reg. H, f. VII v°, *Arch. de Saint-Omer*).

2. « Le XII° jour de décembre l'an de grâce mil CCC soixante trois « vint en halle Jean de Créquy, chevalier, bailli de St Omer, et « prinst en li main de ma dame la comtesse d'Artois la châtellenie « de St Omer et de Fauquembergues, lesquelles tenoit auparavant « de son droit naturel madame Béatrix, dame de Fiennes. Il institua « dans l'office de chastelain Willaume le Crokemakere » (*Reg. au renouvellement de la Loy*, C, f. XL. — Voir aussi AB, VIII, 11, *Arch. de Saint-Omer*).

3. Le serment du bailli Guillebert du Fresne, en date du 22 février 1383, porte : « présens Jehans Amours, chastellain et mess « maieur et eschevins » (*Reg. au renouvellement de la Loy*, H, f. XXVII v°) et il en est de même de beaucoup d'autres.

« ainsi qu'il suit : « Primes à sauver le droit de
« l'église, le droit du prinche, le droit du castellain,
« le droit de le ville, les franchises, libertés, privi-
« lèges et bonnes coustumes de le ville, le pais de le
« ville, as vesves et orphenins leur droit, à cascun
« son droit, et que il gouverneroit et manteroit son
« office de castellain comme bons et loiaulx castel-
« lains doit faire [1]. »

Après la réunion de la châtellenie au comté d'Artois en 1386, le châtelain devint un simple officier du domaine nommé par le prince et à ses gages. Le premier fut institué par le duc de Bourgogne, Philippe le Hardi [2] en 1387. L'usage du serment qui était prêté du temps des châtelains particuliers propriétaires de la châtellenie continua à être observé. En 1404, à la suite de la prestation de serment à l'échevinage faite le 15 mai par le bailli Aléaume de Longpré, on lit : « *Item*, ledit xixe jour de may l'an dessus
« dit, vint en halle Leurens Delile et monstra unes
« lettres patentes scellées du scel de ma ditte dame
« (la comtesse d'Artois) par lesquelles elle le avoit
« institué en l'office de chastellain et se offry li dis
« Leurens à faire le serment en le manière accous-
« tumée, et sur ce, en le présence dudit bailli et de
« nos dis seigneurs, ycellui Leurens fist serment en
« le cambre du conseil par le fourme et manière que
« avoit fait le dit bailli [3]. » En effet, la formule que

---

1. *Reg. au renouvellement de la Loy*, C, f. XXI v°.
2. Jehan Amours institué châtelain par Philippe-le-Hardi, prêta serment le 8 avril 1387. Le duc de Bourgogne mentionne, dans les pouvoirs qu'il donne à Jehan Amours, qu'il a acquis nouvellement la châtellenie avec tous ses profits et charges *(Reg. au renouvellement de la Loy,* H, f. XXXVI v°).
3. *Reg. au renouvellement de la Loy,* H, f. LXXXIV r°).

nous avons citée en 1361 est celle employée par le bailli lui-même.

Ces lieutenants de châtelain, officiers châtelains ou burgraves, avant la réunion de la châtellenie au domaine comme après, conservèrent certaines fonctions judiciaires qu'ils exercèrent avec le bailli. Ils assistaient aux réconciliations à la suite d'homicides, ou paix, appelées *zoenes*, et y représentaient l'action publique de la ville, tandis que le bailli qui y était présent, non pas seulement pour assurer le paiement de l'amende due au fisc, mais pour recevoir du meurtrier qui faisait la paix « son corps qu'il lui présen-« tait et l'espée pour d'icelle estre puny à discré-« tion [1] », était le représentant du prince et de sa justice déléguée à l'échevinage [2].

Tous deux assistaient aussi en les mêmes qualités à la cérémonie de réparation pour crimes contre le burgaige, c'est-à-dire pour l'outrage fait à la commune tout entière par un acte de violence commis sur un bourgeois de la cité par un étranger, ou aux actes d'amende honorable pour « meffait, injure et « vilenie [3]. »

Enfin lorsque le Magistrat exerçait le droit d'arsin, c'est-à-dire lorsque le mayeur allait à la tête des bourgeois en armes détruire ou brûler la maison de l'étranger qui avait tué, blessé ou injurié quelqu'un des leurs et qui n'avait point donné satisfaction, le bailli et le châtelain assistaient à cette exécution [4].

1. M. l'abbé Bled, *le Zoene* (*Mém. de la Morinie*, t. XIX, p. 235).
2. C'était d'ailleurs le bailli qui informait sur les paix.
3. *Le Zoene*, loc. cit., p. 332, acte de 1318. — Autres actes de 1341, 1348 publiés par M. Giry, *Mém. de la Morinie*, t. XV, p. 102, 252 et 254. — Ce sont les baillis Aliaume de Berkain, Guilbert de Nédonchel et Enguerrand de Beaulo qui assistent à ces cérémonies.
4. Giry, *Mém. de la Morinie*, t. XV, p. 255, *Procès-verbal d'arsin*

L'officier châtelain conserva aussi assez longtemps une part dans les amendes résultant des jugements des échevins [1]. Enfin nous verrons que, comme représentant des droits du fief de la châtellenie ou de la Motte, il exerçait les fonctions de partie publique à l'échevinage.

Malgré ces restrictions, d'une manière générale les attributions du châtelain en matière criminelle passèrent au bailli. Celui-ci était conjureur de la juridiction municipale, bien qu'il n'en fût pas le chef, mais il ne l'était qu'en matière criminelle et il représentait le prince propriétaire de la justice qu'on administrait à l'échevinage, qui en avait, il est vrai, délégué l'exercice aux échevins, mais qui s'était réservé le droit de poursuite, celui de mettre en mouvement cette justice criminelle [2]. Le bailli ne donnait pas non plus la force coactive aux jugements de ce siège qu'il faisait cependant exécuter. Il devait arrêter les malfaiteurs et les mettre en prison préventive dans les prisons de la ville et c'était un devoir si impérieux pour lui qu'un lieutenant de bailli dut faire le 14 janvier 1413 amende honorable à la ville pour avoir refusé d'arrêter un étranger qui avait blessé et injurié un bourgeois [3]. Le bailli, après la capture du criminel, donnait sa plainte aux éche-

---

d'une maison à Serques en 1350, — et Hist. de Saint-Omer, p. 100, note 2, acte de 1405. — Voir pour le rôle du bailli dans la procédure d'arsin, l'art. 8 de l'ordonnance de Philippe d'Alsace de 1178, déjà citée.

1. Giry, Hist. de Saint-Omer, p. 101. Compte du Domaine de la châtellenie en 1634. Pièce justificative, XV.

2. Pagart d'Hermansart, Le maître des hautes œuvres ou bourreau à Saint-Omer, Saint-Omer, D'Homont, 1892, p. 1 n. 2. — Les Procureurs de ville à Saint-Omer, id.. 1894. p. 40 et 41.

3. Mém. de la Morinie, t. X, p. 282, Giry, pièce justif. XXVII.

vins[1] et les conjurait de juger. Après le jugement, il faisait mettre en liberté les accusés ou exécuter les coupables[2].

On peut citer de très anciens exemples de la conjure du bailli en matière criminelle. On la voit exercée par lui dès la fin du xiiie siècle à propos d'une paix rompue[3]. C'est aussi à la conjure de Jacques Le Muisne en 1303 qu'Antoine Reuvise, mayeur de St-Omer, Pierre Flourens, Gille de Ste-Aldegonde, Nicolas de Ste-Aldegonde et autres échevins de cette ville jugèrent le procès criminel de Simon Hannebart, échevin de Bergues, atteint et convaincu d'avoir voulu livrer la cité aux troupes du comte de Flandre, ils le condamnèrent à être rompu vif, mis sur la roue, puis traîné, pendu et brûlé, ses cendres jetées au vent[4]. En 1306, Pierre du Bruec, bailli, conjura les mayeur et échevins de décider si divers bourgeois soupçonnés par l'échevinage d'avoir conspiré avec les Flamands contre le roi et madame d'Artois étaient coupables, et le 20 mai 1306 sa plainte fut écartée[5].

1. L'intervention du bailli dans les plaids de l'échevinage est indiquée en ces termes : « Le baillius se plaint de N » ou « de che que ».
2. *Hist. de Saint-Omer*, par Giry, p. 119.
3. *Inv. som. du Pas-de-Calais*, A, 917. « Et toutes ces choses de-
« menées ensi comme il est desusdit li baillus de St Omer qui est
« justice en lieu msgr d'Artois se plainst des fais devant dis et en
« fist plainte contre led. Philippe a loy selonc l'uzage de le vile de
« St Omer... maieur et eschevin conjuré du baillu devant dit prisent
« leur respit de dire leur jugement... après chou li devant dis Phi-
« lippe se traist au baillu d'Amiens ».
4. Sentence rendue le v juin 1302 : « Ly donc, après ces choses
« confessées, Jacques le Meusnes adonc bailly de St Omer *conjura*
« échevins qu'ils rendissent jugement : échevins conjurés, ils disent
« par jugement, qu'on bruleroit iceluy Simon, et le mettroit en une
« reulle, et le traineroit et on le penderoit, et puis le arderoit-on, et
« le poure ventelet au vent » (*Dignités de l'église de Saint-Omer*, 1728, ms. p. 201).
5. *Inv. som. du Pas-de-Calais*, A, 928.

Le 20 septembre 1342, sur la réquisition du bailli Guilbert de Nédonchel, l'échevinage bannit pour trois ans et trois jours un valet du duc de Bourgogne qui avait volé de la venaison au château pendant le séjour du duc. C'est à la même conjure que le 22 novembre suivant les échevins condamnèrent Jehan et Enguerran de Hames, ainsi que leurs complices, à diverses amendes pour avoir blessé Jaqueme le Castellain un jour de marché [1].

En étudiant d'ailleurs les difficultés qui surgirent à propos de la justice entre le bailli, l'échevinage, les seigneurs ecclésiastiques et laïques, nous aurons de très nombreux exemples de l'action du bailli en matière criminelle.

Ce droit de conjure du bailli explique comment, bien que la cour échevinale eût le droit de haute justice et que ses jugements en matière criminelle fussent définitifs, cet officier exerçait en réalité une grande influence en matière criminelle puisque le droit de poursuite était entre ses mains seules.

L'exercice de ce droit de conjure en matière criminelle auprès de l'échevinage rencontra de bonne heure de longues résistances qui se perpétuèrent plusieurs siècles.

A Saint-Omer, comme dans les autres communes, la première des revendications avait été l'indépendance de la juridiction. Et pour cette ville elle avait été consacrée par les § 1, 10 et 12 de la première charte donnée à la commune en 1127; puis ces droits de justice avaient été confirmés en 1128 par Thierry d'Alsace; en 1164 par Philippe d'Alsace; par Bau-

---

1. *Grand registre en parchemin*, f. 80 v°, aux *Arch. de St-Omer.*

douin IX, 18ᵉ comte de Flandre, suivant une charte du 5 mai 1199 ; par Louis, fils aîné de Philippe Auguste, en 1211 ; et par saint Louis en 1229 [1] ; et en 1247 Robert Iᵉʳ, comte d'Artois, homologuait un jugement arbitral rendu par l'abbé de Clairmarais, le prévôt de l'église de Saint-Omer, l'archidiacre d'Ostrevant du diocèse d'Arras, et les baillis d'Arras et de Saint-Omer, entre l'échevinage et l'abbaye de Saint-Bertin, qui précisait de la manière la plus positive la nature de ces droits et juridiction en les présentant comme les droits mêmes du prince délégués par lui à la commune : « Ubi vero justitia est comitis, est judicium scabinorum Sancti Audomari » [2]. En vertu de ces concessions qui furent encore plusieurs fois confirmées [3], les échevins avaient le droit de haute et basse justice dans l'étendue de la ville et de la banlieue, sauf diverses exceptions, tant sur ses bourgeois que sur les étrangers, car cette justice avait un caractère à la fois territorial et personnel, et les bourgeois ne pouvaient être distraits de leurs juges naturels.

Ces droits de juridiction et ce privilège furent toujours défendus avec une grande persévérance et une grande énergie, soit contre les juges du roi de France, souverain de l'Artois, soit contre son bailli à Amiens ou son lieutenant le prévôt de Montreuil, à qui la connaissance de ces royaux était réservée, soit contre les gouverneurs d'Artois, soit enfin contre le bailli de Saint-Omer lorsque celui-ci, sortant

---

1. *Recueil des Chartres de la ville*, p. 3, 7, 11 et 15.
2.   Id.   p. 24.
3. En 1302 par Philippe-le-Bel, en 1318 par Philippe V, en 1323 par Charles IV, en 1328 par Philippe VI, en 1440 par Charles VII. *Recueil des Chartres de la ville*, p. 15 et 21.

de son rôle d'auxiliaire de la justice criminelle de l'échevinage, arrêtait, faisait juger ou condamner par des hommes de fiefs quelque bourgeois, ou quelque individu étranger ayant commis un délit ou un crime sur le territoire soumis à la juridiction du Magistrat.

Nous ne mentionnerons pas ici les conflits que l'exercice du droit général de juridiction dans la ville et la banlieue par l'échevinage amena avec les juges du roi de France [1], ni les empiètements de ceux-ci dont les comtes d'Artois se plaignaient parfois [2], mais nous indiquerons succinctement les principales difficultés survenues entre le bailli et les mayeurs et échevins du XIIIe au XVe siècle.

Le premier conflit judiciaire qu'il éleva contre la commune remonte à 1255. Il s'agissait de l'arrestation et de la mise dans la prison du comte d'un homme qui avait rompu une paix et que les échevins prétendaient juger. L'affaire prit une telle gravité que les échevins suspendirent le cours de la justice ; le roi envoya alors deux commissaires dont la décision, dit M. Giry [3], « ne relate malheureusement pas au « long les griefs articulés par l'échevinage contre le « bailli ; il y est dit seulement qu'il se plaignait de « ce que li bailliu avoit juré à garder le loi de le « ville et avoit fet contre son serment en moult de « choses.... » Le bailli fut maintenu en charge et contraint de jurer à nouveau d'observer son serment.

Mais l'acte le plus ancien par lequel il reconnut

---

1. Pagart d'Hermansart, *Lettre de Philippe-le-Hardi de 1277* (*Bull. hist. et phil.*, 1896, p. 25 à 27). — *Recueil des Chartres de la ville*, p. 15, 27.

2. Notamment en 1369. *Recueil des Chartres de la ville*, p. 52 — et *Arch. de la ville*, AB, CCXCII, 14 et XXVII.

3. *Hist. de Saint-Omer*, p. 121 et 425. Voir aussi p. 86.

ensuite que les échevins exerçaient régulièrement la justice criminelle remonte à l'année 1321. La femme Baude, accusée d'avoir assassiné le nommé Baptiste de le Cleve et un enfant dans la paroisse de Surches (Surques), avait été assignée devant les échevins, le bailli fut chargé d'informer et il requit le Magistrat de lui remettre la prisonnière pour la conduire sur le lieu du crime et assister à l'instruction. Les mayeurs et échevins y consentirent, mais à condition que cette autorisation ne préjudicierait en rien aux droits de la ville, et que, l'information une fois terminée, l'accusée leur serait remise pour que justice fût faite. Pierre de Bouveringhem, garde de la baillie, reconnut le 16 septembre que les choses s'étaient ainsi passées, et l'échevinage condamna la femme Baude à être brûlée [1].

En 1329 le bailli Enguerrand de Wailly ne s'était pas montré aussi respectueux des droits du Magistrat. Il avait arrêté Jehan Wasselin et Jehan Malin qui s'étaient portés à des voies de fait contre Jake le Barbier, « maistre de l'escuerie de madame d'Arthois » et contre Artu de Lumbres, boutelier de la comtesse. Sur la réclamation des mayeurs et échevins, les deux accusés « furent restauli premièrement ou castel
« devant le porte si comme on vient devers le mar-
« kiet entre le porte dedens et le tour, et de la vint
« avoec lesdis prisonniers Engerrans de Wailly adont
« bailliu de S¹ Aumer dusques à le prison de le ville
« pour attendre le jugement deskevins » [2].

Malgré de nouvelles confirmations des droits de juridiction de la ville par Charles IV en 1323 et par

---

1. *Arch. de Saint-Omer*, CCLXI, 1ᵉʳ.
2.   Id.   AB, XXI, 1ᵉʳ.

Philippe VI en 1328 [1], d'autres difficultés éclatèrent les années suivantes.

En 1332 le Magistrat réclama deux bourgeois détenus dans les prisons du château, et un acte du 19 août, auquel assistent divers commissaires, le châtelain Pierre de Wissocq et le lieutenant du bailli, constata que les deux prisonniers avaient été rendus à la justice échevinale [2].

Guilbert de Nédonchel, bailli, avait fait pendre en 1336, un individu qui fut reconnu être justiciable des mayeurs et échevins ; sur la plainte de ceux-ci l'évêque de Châlons, gouverneur d'Artois, accorda le 20 juin à l'échevinage des lettres de non-préjudice.

Un jugement du bailliage de Saint-Omer du 21 juillet 1355, rendu sur la demande du procureur de ville, renvoya également devant les mayeurs et échevins un bourgeois indûment assigné [3].

L'année suivante, le bailli reconnut lui-même le droit de l'échevinage, dont le lieutenant du roi ne tenait aucun compte. Deux soldats avaient été tués dans le chemin entre la ville et le village de Tilques, dépendant de la banlieue. Arnoul d'Audrehem, maréchal de France, lieutenant du roi en Picardie, Artois et Boulonnais, prit connaissance de l'affaire et prétendit en décider. Le bailli et le châtelain, comme exerçant l'un les fonctions de partie publique, l'autre celles de procureur fiscal à l'échevinage, se joignirent aux mayeurs et échevins pour soutenir que la connaissance et la punition de tous les faits arrivés dans les limites de la ville et de la banlieue leur

---

1. *Recueil des Chartres de la ville*, p. 15.
2. *Grand registre en parchemin* aux Arch. de Saint-Omer, f. 7.
3. Arch. de Saint-Omer, AB, XXI, 3. — A cette époque Jean d'Humières était bailli.

appartenaient, et ils obtinrent le 17 mai, du lieutenant du roi, des lettres de « non préjudice à leur ju-
« ridiction, connaissance, correction et punition dudit
« cas, ni d'aucun autre »[1].

En 1362, le 12 décembre, l'échevinage exigea du bailli, Jean de Créquy, la mise en liberté d'un nommé Pierre Coen, étranger, arrêté sur son territoire[2].

Dans la banlieue, un homicide fut commis deux ans après, en 1364. Ceux qui étaient accusés d'en être les auteurs étaient domiciliés dans le ressort du bailliage. Aussi les officiers de ce siège les avaient fait arrêter hors de la banlieue et emprisonner au château de Saint-Omer, et le bailli s'était transporté avec deux hommes de fiefs auprès du Magistrat pour lui déclarer qu'ils maintenaient cette appréhension ; mais les mayeurs et échevins déclarèrent vouloir connaître de l'affaire, parce que le meurtre avait été commis dans la banlieue. Après diverses contestations, il fut décidé le 30 octobre que ce qu'avaient fait le bailli et les francs-hommes ne porterait aucun préjudice à la loy ni à la juridiction de l'échevinage, et que, si un autre cas semblable arrivait, ses droits resteraient entiers[3].

Trois ans plus tard, un nommé Hamain ou Hannin et d'autres individus, ses complices, originaires de Bilques, village de la mouvance du château et du ressort du bailliage, furent arrêtés par ordre du bailli Pierre de Vaux et traduits devant les francs-hommes du château, pour avoir battu et blessé quelqu'un dans la ville. Les mayeurs et échevins

---

1. *Arch. de Saint-Omer*, CCLXI, 3. — Le bailli était encore Jehan d'Humières.
2. *Grand registre en parchemin*, f. 147. *Arch. de Saint-Omer.*
3. *Arch. de Saint-Omer*, AB, XXI, 5.

réclamèrent les coupables et la difficulté fut portée devant la comtesse d'Artois. Celle-ci décida, par lettres du 9 février 1367, que l'affaire serait mise en délai jusqu'à l'Ascension prochaine afin que le Magistrat pût produire ses titres, et qu'en attendant les individus arrêtés seraient élargis, mais elle accorda au Magistrat des lettres de non-préjudice pour l'avenir [1].

Guillaume Percheval d'Yvregny, en 1389, avait fait aussi emprisonner un bourgeois et sa femme soupçonnés de larcin et les avait soumis à la question ; il dut reconnaître le 7 janvier que cette procédure avait eu lieu contrairement aux droits de juridiction des mayeurs et échevins et ordonner que les prisonniers leur seraient remis [2].

Le 7 décembre 1395, le bailliage décida que la cause d'un bourgeois de Saint-Omer qui lui avait été adressée par le bailli d'Amiens devait être renvoyée à l'échevinage [3].

Deux malfaiteurs « robeurs et weiteurs de que- « mins », arrêtés par deux paysans, avaient été livrés dans la banlieue à un sergent massier du duc de Bourgogne, amenés au château et interrogés par le bailli ; l'échevinage les réclama, ils lui furent remis le 6 juin 1409 [4].

Vers 1444, des sergents du bailliage ayant arrêté Jean de Bambek, bourgeois de Saint-Omer, il fut convenu que ces sergents comparaîtraient devant le Magistrat pour reconnaître qu'ils avaient agi contre les privilèges de la ville et requérir le pardon

---

1. *Arch. de Saint-Omer*, AB, XXI, 6.
2.   *Id.*   CCLXI, 4.
3.   *Id.*   AB, XXI, 3.
4. *Grand registre en parchemin*, f. 250, aux *Arch. de St-Omer*.

de leur conduite, et qu'ils seraient obligés de faire chacun un pèlerinage, l'un à St-Hubert des Ardennes, l'autre à Notre-Dame de Boulogne, sans quoi ils seraient poursuivis [1].

En 1452, le duc de Bourgogne, comte d'Artois, adressa le 4 janvier au bailli de Saint-Omer ou à son lieutenant une commission par laquelle il lui mandait qu'après information il fît appréhender, s'il y avait lieu, un nommé Robin de la Creuse et ses complices accusés d'avoir maltraité et blessé Jean le Vasseur, fermier des religieux de Saint-Bertin, dans le village de Longuenesse. Guillaume de Rabodenghe, lieutenant du bailli, rendit compte au prince, le 30 janvier, de son enquête et exposa que le délit ayant été commis dans la banlieue, il avait porté sa plainte devant les mayeurs et échevins [2].

En étudiant plus tard la juridiction spéciale des *franches vérités* tenues par le bailli, nous verrons les bourgeois dispensés aussi d'y comparaître.

Ce principe que tous ceux qui habitaient dans la ville et la banlieue étaient sujets à leur juridiction, amena les mayeurs et échevins à considérer même les baillis et autres officiers du comte comme leurs justiciables, ce qui suscita de fréquentes difficultés, car les baillis, dont le concours judiciaire était imposé aux magistrats municipaux, refusaient de se soumettre eux-mêmes à leur jugement. La comtesse

---

1. *Arch. de Saint-Omer*, AB, XXIII, 5. — L'accord est sans date. Mais ces sergents étaient Simon Dufour, Jean Leblanc, Henri Mansone, Clais Lefeuvre ; or Simon Dufour et Henri Mansone étaient tous deux ensemble sergents à cheval en 1444 (*Mém. de la Morinie*, t. XIV, p. 41), les faits se sont donc passés probablement cette année-là.
2. *Arch. de Saint-Omer*, AB, XXIII, 4.

Marguerite régla en 1378 cette grave question par un concordat du 3 décembre, qui décida qu'à elle seule appartenait la connaissance de tous les délits civils et criminels commis par le bailli et autres officiers du bailliage dans l'exercice de leurs fonctions, mais que pour tous contrats et autres cas civils et même en cas de délits et excès commis contre eux, ils seraient justiciables des mayeurs et échevins. Un arrêt du parlement du 20 du même mois homologua cet appointement [1].

Les nombreux exemples de conflits entre l'autorité supérieure et l'échevinage, que nous avons énumérés, montrent avec quelle ténacité les bourgeois surent maintenir le droit d'être jugés par leurs pairs que leur accordaient les chartes primordiales de la cité.

Mais leur sûreté personnelle n'était pas seulement garantie par ce privilège, elle l'était encore par d'autres franchises qui les protégeaient contre les arrestations et les détentions arbitraires. Le « droict de le ville » voulait que les bourgeois ou tous autres habitants soumis à sa juridiction ne pussent être arrêtés sans l'intervention d'un ou de plusieurs échevins ; que l'on ne pût pénétrer sans l'assistance d'un ou de plusieurs officiers de ville ès maisons des bourgeois, et que ceux-ci, en outre, ne pussent être envoyés dans les prisons de la ville sans une autorisation spéciale des échevins. La présence des magistrats urbains avait pour effet d'empêcher que le bailli n'opprimât ou ne tyrannisât les bourgeois comme l'avaient fait les prévôts et châtelains.

---

1. *Recueil des Chartres de la ville*, p. 32.

Ces privilèges, il est vrai, n'étaient peut-être pas établis d'une manière précise par les anciennes chartes d'émancipation de la cité [1], mais la tradition attestait qu'elle en avait joui dans tous les temps comme les anciennes villes de Flandre. Nous avons rappelé, au commencement de ce travail, le plus ancien document relatif aux attributions des baillis, c'est-à-dire l'ordonnance de Philippe d'Alsace en 1178; on y lit : § 2. Item baillivus comitis poterit arrestare « hominem qui forefecit, sine scabinis, donec antè « scabinos veniat... » [2]. Si donc en cas de flagrant délit le bailli pouvait arrêter les malfaiteurs sans l'intervention des échevins, c'est que dans les autres cas cette intervention était de droit commun et nécessaire.

Le premier acte qu'on trouve consacrant l'existence de ces franchises au profit des bourgeois de Saint-Omer remonte à la seconde moitié du xive siècle. En 1363, Jean de Créquy, alors bailli, et un sergent entrèrent dans la maison d'un bourgeois et l'arrêtèrent sans avoir appelé les échevins. Sur la plainte du Magistrat, Tristan du Bos, gouverneur d'Artois, écrivit le 13 septembre au bailli que ces deux entreprises sur la juridiction de la ville seraient et demeureraient nulles et non avenues [3].

C'est à la suite de ces difficultés que, lorsque le successeur de Jean de Créquy, Baudouin de Sangatte, se présenta en halle le 8 octobre 1364, l'éche-

---

1. Voir cependant les deux chartes de Thierry d'Alsace de 1151 et 1157 d'après lesquelles le judex n'a pas le droit de se saisir d'un accusé dans l'intérieur de la gildehalle, et le reçoit des mains du gardien, au seuil de l'édifice, en présence de deux échevins (Giry, *Hist. de Saint-Omer*, p. 84).

2. Warnkœnig, *Hist. de la Flandre*, éd. Gheldolf, t. II, p. 423.

3. *Arch. de Saint-Omer*, AB, XXI, 4. *Pièce justificative* VI.

vinage exigea des quatre sergents le serment que nous avons déjà cité, où il est dit : « que il ne front « nulle prinse qu'il ne les amuront devant ıı esche-« vins, et que en maison de bourgois ne bourgois il « ne prendront sans avoir ıı eschevins présent » [1].

Et dès lors ce privilège de la bourgeoisie de Saint-Omer fut défendu avec persévérance pendant plusieurs siècles.

En 1367 Pierre de Vaulx, bailli, qui remplaça le sieur de Sangatte, dut ordonner le 8 novembre de faire amende honorable à la ville, à trois sergents qui avaient arrêté un valet qu'ils croyaient un banni de Bergues, sans l'intervention d'un seul échevin, et déclarer lui-même à l'échevinage qu'ils avaient agi sans son ordre [2].

Le bailli Guillaume de Wailly reconnut à son tour le 18 décembre 1370 que son lieutenant et son sergent étaient entrés sans avoir requis les échevins « en le maison de le magdalene emprès Sainct « Aumer » et y avaient procédé à une saisie, et que ces actes de juridiction étaient nuls comme faits au préjudice du Magistrat ; et il accorda à celui-ci la connaissance de la cause en déclarant qu'il « ne « vouloit point que en temps advenir il leur puisse « porter aucun préjudice en leurs franchises, cou-« tumes et usages » [3].

Henri le Maisier, sire de Biaussart, fut aussi contraint de reconnaître le 31 juillet 1373, par un acte spécial revêtu du sceau du bailliage, qu'il n'avait pas le droit de condamner en amende aucun particulier de la ville de Saint-Omer, de faire aucune

1. Chap. IV, p. 45.
2. *Grand registre en parchemin*, f. 248 (*Arch. de Saint-Omer*).
3. *Arch. de Saint-Omer*, AB, XXI, 7.

entrée en maisons de bourgeois, ni d'y faire aucun exploit de justice sans les échevins. Et cet acte de reconnaissance fut inséré plus tard par le Magistrat dans le recueil des chartes attestant les privilèges de la ville [1].

Le 20 juillet 1374 le même bailli, à la requête des échevins, fit « admener et mettre hors des dictes « prisons de ledicte ville » Jehan Clayzoeve arrêté par un sergent à masse « sans che que li dis ser- « gans le eust admené par devant aucuns de mes- « sieurs eschevins, lequelle chose il ne pooit ne « devoit faire » [2].

Une sentence de l'échevinage du 2 septembre 1374, qu'a publiée M. Giry [3], explique avec précision qu'il ne suffisait pas que l'individu arrêté fût ensuite mené devant deux échevins, il était nécessaire que ceux-ci fussent présents à l'arrestation et aient été requis d'y assister.

En 1377 le s^r de Biaussart, bailli, négligea lui-même de nouveau de « kalangier » devant les officiers de la chambre échevinale pour un bourgeois arrêté par ses officiers et envoyé dans les prisons de la ville, et il dut donner le 1er juillet des lettres de non-préjudice [4].

L'incorrigible bailli laissa encore en 1378 un des sergents à masse arrêter et mettre en prison un bourgeois du nom de Baudin Meux sans le concours des échevins ; sur la plainte du Magistrat le 21 janvier : « lidis sergens restabli le dicte prise au lieu « là ou il le avoit fait, sour le markiet de Saint-

---

1. *Recueil des Chartres de la ville*, p. 30.
2. *Grand registre en parchemin*, f. 248 v°, aux *Arch. de St-Omer*.
3. *Mém. de la Morinie*, t. XV, p. 267.
4. *Grand registre en parchemin*, f. 249, aux *Arch. de Saint-Omer*.

« Aumer, derrière le cappelle. Pour ce, fu li dis
« Baudin admenez et mis hors de ledicte prison et
« livrez audit lieu et compta lidis sergans et mist au
« nient ledicte prinse... Et incontinent après ledict
« restablissement ledit sergans prist et arrêta ledit
« Baudin et le kalenga de LX lib. pardevant lesdis
« eschevins, liquel eschevin en signèrent que li dis
« sergans le menast en le dicte prison » [1].

Cette même année 1378, une arrestation irrégulière faite par le lieutenant du bailli fut aussi annulée et refaite à nouveau [2].

En 1408, le châtelain Guy Pollart entra « ès maison » d'un bourgeois sans être accompagné d'échevins, afin d'arrêter Willaume de le Bracque, mais il fut contraint de le remettre le 1ᵉʳ juin « ès mains
« de nos seigneurs maieurs et eschevins en leur
« halle comme non deuement prins par ledit chas-
« tellain en maison de bourgeois » [3].

On peut encore citer un acte du 13 mai 1447 par lequel le lieutenant de bailli Gougibus reconnut qu'il était entré « induement et en abusant de son office » dans la maison d'un bourgeois, brasseur au faubourg du Haut-Pont, avait saisi ses meubles et ses effets pour le paiement du droit de gamage dont la connaissance appartenait aux échevins. Cet acte eut lieu en présence des mayeurs et échevins, de Hugues de Quefdeber, procureur du comte d'Artois et de Robert du Val, procureur de ville [4].

Sans multiplier encore le récit de ses démêlés,

---

1. *Grand registre en parchemin*, f. 249, aux *Arch. de Saint-Omer*.
2. Giry, *Mém. de la Morinie*, t. XV, p. 272. — *Pièce justificative* XX.
3. *Grand registre en parchemin*, f. 249 vᵒ, aux *Arch. de St-Omer*.
4. *Arch. de Saint-Omer*, AB, XXIII, 3.

— 151 —

constatons qu'à la fin du xv⁰ siècle l'échevinage obtenait encore une reconnaissance des droits de liberté individuelle des bourgeois. Mais cette fois la déclaration du bailli fut plus générale et plus solennelle que celle faite en 1373 par le sire de Biaussart [1], car elle eut lieu au moment où Denis de Morbecque se faisait recevoir dans la chambre échevinale, et elle fut comprise dans la formule même de son serment. Le 22 janvier 1499 en effet, il monta sur le dossal avec les mayeur [2] et échevins, en présence de Laurent Clinquebout, sous-bailli, Guillaume de Rebecque « prins pour lieutenant de bourgrave », et aussi devant les « frans hommes et deservans et jugeant au siège du bailliage, qui pour lors tenoit séance au chateau de S¹ Omer » : Louis et Jacques de Rebecq, David d'Audenfort, Aliaume de le Neufrue, Nicolas de Lauttinghem, Jean de Mussem, Jacques de Morquin, Guilbert Dupuis et Bernard Duquesne; il fléchit le genou et, mettant la main sur le crucifix, il fit serment de
« bien et loyaument exercer le dit office de haut
« bailly, de garder les drois de la Ste Eglise, de M^r le
« comte d'Artois, du chastellain, les drois, privilè-
« ges, franchise et bonnes coutumes de le ville et
« communauté, *de non entrer en maison des habi-*
« *tans pour y faire prinse ou autre exploit sans avoir*
« *avec lui officier de mesdits sieurs de ledite ville,*
« de faire droit aux veufves et orphelins si avant que
« à l'office appartient quand requis en sera, et au
« surplus se acquitter selon l'escript faisant mention
« dudit serment » [3].

---

1. Voir pp. 148, 149.
2. A partir de 1447 il n'y a plus qu'un mayeur.
3. *Registre au renouvellement de la Loy*, H, de 1478 à 1589, f. LVIII v⁰. — *Ms. Des Lyons*. — *Ms Deneufville*, p. 552. — Le texte

Cette nouvelle clause du serment fut plus tard répétée souvent, comme nous le verrons, par les baillis, et la liberté individuelle des bourgeois ne fut plus sérieusement contestée ni atteinte.

Tandis que le bailli ne pouvait ainsi arrêter les bourgeois sans certaines formalités, son intervention était au contraire nécessaire quand il s'agissait de forains [1] qui auraient pu être victimes d'actes arbitraires de la part du Magistrat. La ville jouissait en effet du privilège d'arrêt, c'est-à-dire du droit d'arrêter l'étranger, créancier d'un bourgeois, lorsqu'il se trouvait sur son territoire, mais le règlement de 1378 de la comtesse Marguerite avait décidé (art. 7) que les mayeurs et échevins ne pouvaient faire arrêter les forains, ni prendre connaissance des faits qui leur étaient reprochés sans que le bailli ou son lieutenant fussent appelés.

On sait que le privilège d'arrêt existait encore à Saint-Omer au XVIIIe siècle, nous en parlerons d'une manière complète en traitant de la juridiction des vierschaires.

Nous avons dit [2] que d'après l'ordonnance du comte de Flandre de 1178, le bailli pouvait arrêter les malfaiteurs sans l'intervention des échevins, en cas de flagrant délit, sauf à leur livrer le coupable ensuite. Il y eut plus tard une autre exception, c'était le cas de lèse-majesté divine et humaine.

du serment est celui du registre H, car Deneufville en a omis la partie essentielle et nouvelle, la consécration de l'interdiction d'entrer dans les maisons des bourgeois ou de les arrêter sans la présence d'un officier de la ville.

1. On appelait ainsi les étrangers, et particulièrement les marchands non propriétaires ni fermiers d'héritages dans la banlieue.
2. p. 147.

Le bailli intervenait aussi dans les condamnations prononcées par l'échevinage et entraînant le bannissement, puisqu'alors la cause était le plus souvent criminelle[1]. Il pouvait se croire autorisé à confisquer les biens des criminels ou des bannis condamnés par l'échevinage, car la charte de 1168, par son article 16, permettait au comte de confisquer les biens des meurtriers en fuite. Mais insensiblement, en invoquant les usages de certaines villes de Flandres et les textes qui leur accordaient des franchises égales à celles de ces villes qui en possédaient le plus, les mayeurs et échevins étaient parvenus à garantir aussi bien la propriété que la liberté individuelle; et la confiscation n'était point admise dans l'étendue de leur juridiction, si ce n'est pour cas d'hérésie ou crime de lèse-majesté. Leur privilège est indiqué dans un mandement de la comtesse Marguerite au receveur de Saint-Omer et au bailli de Tournehem du 25 juillet 1336, par lequel elle leur ordonne de s'enquérir sur une plainte à elle adressée par les échevins lui exposant que son bailli avait mis en sa main les biens d'un banni nommé Willaume Baron : « Combien que de leur jugement en cas
« criminel soit à mort ou à ban, aucune confiscation
« de biens n'y eschée, mais de tous temps soit usé
« et acoustumé que les biens des condempnez ou
« bannis comme dit est, les hoirs d'iceux ont touz
« jours euz et tournez à leur profit, sens ce que nous
« ne nos predecesseurs contes d'Artois y preissest

---

1. Sentence de l'échevinage du 16 février 1344, rendue par le Magistrat en présence du bailli, qui condamne Etienne Coquelart, bourgeois, a être banni à perpétuité parce qu'il était suspecté d'avoir tué un bourgeois. *Arch. de Saint-Omer*, CLII, 2.

« ne eussiens onques aucun droit de confiscation »[1].

L'appointement du 3 décembre 1378 entre l'échevinage et la comtesse Marguerite constata ce privilège des bourgeois à propos de la saisie des biens de Gilbert de Nortquelmes qui fut annulée[2].

Plus tard, le bailli Aléaume de Longpré fit en 1394 main-mise sur un fief appartenant à Tassard d'Averhoud, banni pour homicide ; sur les remontrances des échevins, Philippe-le-Hardi, duc de Bourgogne et 9e comte d'Artois, reconnut que de tout temps les biens des condamnés et des bannis en la ville revenaient paisiblement à leurs héritiers, et il ordonna le 3 mai à son bailli de lever la main-mise[3].

Enfin, le roi Charles VII, devant lequel les échevins s'étaient pourvus en 1440 afin d'obtenir l'exemption de la confiscation en faveur des bourgeois et habitants de la ville et banlieue condamnés pour crimes, confirma leur privilège par une charte donnée au mois de décembre[4].

Telles étaient les bornes que les échevins étaient parvenus, à la fin du xv° siècle, à imposer au pouvoir judiciaire des baillis. Ceux-ci avaient été obligés, après une lutte persévérante de plusieurs siècles, de donner aux bourgeois de Saint-Omer de précieuses garanties contre les assignations irrégulières, le droit de les frapper d'amende, les arrestations arbitraires, la violation du domicile et la confiscation des biens.

1. *Inv. som. du Pas-de-Calais*, A, 94. — Le bailli était Pierre de Vaux.
2. Giry, *Mém. de la Morinie*, t. XV, n° 125, p. 125.
3. *Inv. som. du Pas-de-Calais*, A, 108 — et Giry, *Mém. de la Morinie*, t. XV, p. 277.
4. *Arch. de Saint-Omer*, CLXXXVII, 25. — *Ordonnances*, t. XIII. p. 327.

CHAPITRE IX

ATTRIBUTIONS JUDICIAIRES (suite)

LUTTE DES BAILLIS AVEC LES JURIDICTIONS ECCLÉSIASTIQUES

L'évêque de Térouanne. — Les clercs et la justice ecclésiastique : exemples des conflits avec l'autorité échevinale en matière criminelle. Rôle des baillis. — Procès au Parlement, intervention du roi de France. Lettres royales de 1338 et 1346. — Humiliations imposées à un sous-bailli au XIVe siècle et à Guilbert de Nédonchel, bailli, en 1346. — Excommunication de plusieurs baillis : Aléaume de Longpré, Guillaume et Alard de Rabodinghe, en 1398, 1422, 1432, 1440, 1447. — Saisie du temporel. — Droit d'asile, lettre de Charles V en 1364. — Difficultés en matière civile : clercs marchands et mariés. — Actions contre les clercs. — Excommunication du bailli Aléaume de Longpré en 1395. — Biens meubles des ecclésiastiques décédés intestat. — Causes civiles des laïques : testaments. — Les laïques affranchis de toute juridiction ecclésiastique en 1432.

L'abbaye de Saint-Bertin. — Double rôle du bailli, il est protecteur de l'abbaye et il défend la juridic-

tion du prince. — Difficultés avec le Magistrat et le bailli. — Excommunication du bailli Guillaume de Wailly en 1371. — La draperie d'Arques. — Accord en Parlement en 1385 relatif à la juridiction de l'abbaye. — Arrêt du grand conseil de Malines du 17 mars 1542.
Le chapitre de la collégiale. — Droit d'excommunication des prévôts. — Conflits avec la ville et le bailli. — Excommunication des baillis Guillaume Le Poingnant et Pierre de Bouveringhem, en 1286 et 1321. — Bulle du pape Jean XXII de 1323. — Accord de 1333. — La coutume de 1531.

Ce ne fut pas seulement avec la ville que le bailli eut de nombreuses difficultés en matière criminelle. Certains crimes n'étaient pas de la compétence de l'échevinage, certaines personnes échappaient à sa juridiction aussi bien qu'à celle des hommes de fiefs du bailliage et étaient jugés par les tribunaux ecclésiastiques, de sorte que des questions de juridiction étaient fréquemment soulevées entre le pouvoir civil et le pouvoir religieux.

La juridiction ecclésiastique était très en faveur au moyen âge. Elle s'était développée grâce au respect qu'on devait aux ministres des autels, aux garanties de bonne justice qu'offraient les clercs, les seuls lettrés de leur temps, à la gratuité de la justice qu'ils rendaient, aux dépens qu'ils accordaient à celui qui gagnait sa cause, à la douceur de la répression des délits et des crimes ; et elle avait fini par embrasser toutes sortes d'affaires et ne laisser presque rien aux juges royaux et à ceux des seigneurs.

En matière criminelle notamment, « au douzième
« siècle, époque où la juridiction ecclésiastique avait
« acquis le degré le plus élevé de son autorité, on
« chercherait vainement, dit M. Faustin Hélie [1], une
« distinction précise, une définition claire des délits
« ecclésiastiques et des délits communs. Ils étaient
« sans cesse confondus les uns avec les autres
« comme les limites des deux puissances spirituelle
« et temporelle l'étaient elles-mêmes. L'Eglise, décla-
« rant hardiment qu'elle tenait sa juridiction de Dieu
« et non des hommes, s'était naturellement emparé,
« par une conséquence de ce principe, de toutes
« les matières qui lui semblaient appartenir à la
« mission sainte qu'elle remplissait. Elle avait donc
« successivement attiré à elle 1° la connaissance des
« délits imputés aux clercs, 2° le jugement de tous
« ceux qui pouvaient, directement ou indirectement,
« affecter les intérêts de la foi dont elle avait reçu
« le dépôt. »

Puis, recherchant dans la pratique du XIII° et du
XIV° siècle l'origine et le progrès de ces conflits, le
savant jurisconsulte en montre la principale cause
en ces termes : « Les juges d'Eglise ne prononçaient
« ni la peine de mort ni les peines, communes à cette
« époque, qui entraînaient la mutilation de quelque
« membre ; leur maxime était qu'ils ne devaient
« frapper qu'avec le glaive spirituel : *Ecclesia enim*
« *gladium non habet nisi spiritualem qui non occidit*
« *sed vivificat.*

« Il résultait de là que les crimes les plus graves
« n'étaient atteints que d'une peine insuffisante
« puisque l'Eglise n'avait pour le punir que ses

---

1. *Histoire de la procédure criminelle*, p. 359.

« peines spirituelles ou la prison. La force des choses
« même, la nécessité d'une répression plus efficace
« luttaient donc incessamment contre le privilège,
« pour ramener ces crimes devant les juges ordi-
« naires » [1].

La commune de Saint-Omer avait obtenu de bonne heure en matière criminelle des garanties contre l'insuffisance, les inconvénients ou les abus de la législation ecclésiastique. L'article 3 de la charte de 1127 donnée par Guillaume Cliton, XIV° comte de Flandre, portait que les bourgeois ne pourraient être traduits hors la ville pour les cas ressortissant à la juridiction ecclésiastique, mais qu'ils y seraient cités devant l'évêque ou l'archidiacre ou devant un prêtre commis avec les mayeurs et échevins, et les cas de citation devant cette juridiction étaient limités à trois : violation des églises et lieux saints, crime ou délit sur la personne d'un clerc, rapt et viol d'une femme.

Les chartes postérieures ajoutèrent le doyen parmi les personnages devant lesquels pouvaient être faites les citations, mais, conformément aux principes que nous avons exposés sur le mode de rendre la justice à cette époque, ces personnages présidaient le tribunal qui était composé de clercs et d'échevins, et ne jugeaient pas eux-mêmes.

Un accord intervenu en 1150 entre le comte Thierry d'Alsace et l'évêque de Térouanne Milon autorisa l'évêque à citer au siège épiscopal. De sorte que, comme le fait remarquer M. Giry [2], la juridiction épiscopale s'exerçait alors non seulement à Térouanne, mais sur les lieux mêmes où les délits

---

1. *Histoire de la procédure criminelle*, p. 364.
2. *Histoire de Saint-Omer*, p. 125.

avaient été commis, et probablement au chef-lieu de chaque doyenné.

Mais les officialités remplacèrent ces premières juridictions, et celle de Térouanne est mentionnée dès le 9 juin 1233[1].

Si bien définis qu'aient pu être par la charte de 1127 les cas où les tribunaux d'église étaient compétents, des contestations fréquentes ne s'en élevèrent pas moins entre le doyen de chrétienté ou l'official de Térouanne et l'échevinage. Le bailli du comte y fut très souvent mêlé ; le plus souvent le conflit n'existait pas directement, il est vrai, entre l'officier du prince et l'évêque, mais comme le bailli était, à l'origine, ainsi que nous l'avons vu, auxiliaire de la justice municipale, qu'il arrêtait les malfaiteurs, les traduisait devant l'échevinage, qu'il exerçait auprès de ce tribunal les fonctions de ministère public et exécutait ses jugements, il était responsable au même titre que les échevins eux-mêmes des entreprises que l'évêque pouvait les accuser de commettre sur ses droits de justice.

C'est surtout à propos de la juridiction sur les clercs que les difficultés furent fréquentes et que les conflits prirent parfois un caractère extrême de vivacité.

En principe les clercs relevaient seulement de la justice ecclésiastique. L'autorité royale et le parlement ne le contestaient pas, et on trouve dans les *Olim* plusieurs enquêtes, arrêts ou lettres royales confirmant les privilèges des clercs[2]. A Saint-Omer

---

1. *Histoire de Saint-Omer*, p. 127.
2. *Les Olim*, t. I, p. 46-IX et 277-IV, 1258 et 1268 ; t. II, p. 109-XXXV, 1277 ; t. III, p. 410-XXIV, p. 500-CX, 1309 ; p. 549-XLIV, 1310 ; p. 723-XII, 1312, etc.

la charte de 1127 les avait reconnus et celle de Philippe d'Alsace en 1168 portait expressément que les clercs étaient soumis à l'évêque [1].

Mais la cause de presque tous les conflits entre l'autorité spirituelle et l'autorité temporelle était la difficulté de distinguer alors certains clercs des laïques. Assurément lorsqu'un accusé se disait clerc et qu'il portait une marque extérieure de l'état clérical : la tonsure ou le costume, il semble qu'il devait être rendu de suite à la cour d'église. Encore fallait-il examiner de près si ces marques extérieures étaient bien réelles et sérieuses.

A l'égard de la tonsure, on devait s'enquérir si le tonsuré l'avait été par celui qui pouvait la lui conférer [2], car des malfaiteurs, afin de jouir d'une impunité relative s'ils étaient arrêtés, se faisaient tonsurer avant de commettre quelque crime, puis réclamaient le privilège de cléricature [3]. L'église soutenait, con-

---

1. « Clerici in suis capitulis coram episcopo respondebunt (§ 41) »
2. Voir dans *les Olim*, t. I, p. 529-VI un arrêt de 1261 constatant que l'abbé de Compiègne n'avait pu valablement tonsurer un bourgeois. — Un acte d'appel au siège archiépiscopal de Reims fait en 1397 contre le doyen de chrétienté et l'évêque de Terouanne par Thomas Mikelawe, procureur de Jean Bollard, mayeur et de Jacob Platel, échevin de Saint-Omer, du duc de Bourgogne et d'Aléaume de Longpré, son bailli, nous montre comment l'autorité laïque soutenait qu'on dût procéder en cas d'arrestation d'un clerc : « Ymo
« debet primo, parte vocata et audita legitime, diligenter inquiri
« per judicem an fuit injectio manus in clericum temeraria, vel
« ipsius qui dicitur clericus detentio facta justè, vel temerè et injusta,
« et *an ille qui dicitur clericus sit legitime tonsuratus ab illo qui
« potuit illi conferre tonsuram clericalem* » (*Arch. de Saint-Omer*, CLXXIV, 19).
3. Dans l'acte d'appel ci-dessus on lit en effet : « Multi nam que
« temerarii rasuras gesserunt in capite qui non erant certe clericatus
« caractere insignita, et maxime malefactores hoc facere consueverunt
« qui ex proposito et deliberato animo enormia facta facere decre-
« verunt, per hoc penas sibi de jure infligendas à judice seculari

trairement aux prétentions des juges laïques, qu'elle avait seule mission de constater la supercherie et que ces malfaiteurs devaient lui être livrés. A Térouanne, comme dans les autres officialités, on mettait encore au nombre des clercs tous ceux qui portaient la tonsure, quoiqu'ils fussent mariés, tandis que l'échevinage de Saint-Omer prétendait avoir la connaissance tant au civil [1] qu'au criminel des clercs mariés domiciliés dans la ville [2].

Quant à l'habit, les juges laïques déclaraient, contrairement aux gens d'église, qu'il leur appartenait de décider si celui qui portait le costume clérical était un clerc ou un laïque déguisé [3] ; et à plus forte raison ils n'entendaient point qu'on renvoyât devant l'officialité un clerc pris en flagrant délit, revêtu d'un habit séculier, car alors il avait perdu, soutenaient-ils, le privilège de clergie ou de cléricature.

Enfin l'official revendiquait les accusés par cela seul que ceux-ci savaient lire et écrire, car il y avait là apparence de cléricature.

D'autre part, s'il s'agissait d'un crime rentrant dans les cas privilégiés : trahison, lèse-majesté, faux, fausse-monnaie, sauvegarde enfreinte, etc., le bailli du comte prétendait avoir seul le droit de faire punir le coupable, même s'il était clerc, mais le

---

« evadere confitentes » *(Arch. de Saint-Omer,* CLXXIV, 19). — Beaumanoir, *Cout. de Beauvoisis,* chap. XI, 45, dit aussi que les larrons et les meurtriers se revêtaient eux-mêmes de l'habit de clerc et se faisaient une tonsure les uns aux autres pour échapper à la justice ordinaire.

1. Nous parlerons plus loin des causes civiles.
2. Commission du 31 mai 1362 obtenue par le procureur de la comtesse d'Artois et le Magistrat de Saint-Omer. *Arch. de Saint-Omer,* CCXXII, 19.
3. C'est ce qu'avait décidé le Parlement. *(Hist. du droit et des institutions de la France,* par M. Glasson, t. VI, p. 269).

juge d'église soutenait que l'instruction devait être faite concurremment avec lui. Ces cas privilégiés étaient d'ailleurs assez mal définis, leur notion était, peut-être à dessein, maintenue dans un certain vague qui favorisait les prétentions des juges royaux.

Toutes ces circonstances diverses des causes portées devant l'une ou l'autre des juridictions donnaient lieu à des difficultés qui prenaient parfois un caractère très grave. L'évêque de Térouanne, en effet, défendait son privilège comme le faisait partout alors l'Eglise, au moyen des armes spirituelles, dont les deux plus fortes, qui exercèrent sur le douzième et le treizième siècle une si étrange influence, étaient l'excommunication et l'interdit. Les magistrats qui résistaient à ses prétentions ou attentaient à ses droits étaient excommuniés [1], et le bailli du prince n'échappa point à cette censure ; quant à l'interdit, il était prononcé contre la ville entière comme responsable de ses échevins, il entraînait la suspension de l'usage des sacrements, sauf le baptême et l'extrême onction, des offices divins et même de la sépulture ecclésiastique. C'étaient les seules armes qu'eut l'Eglise pour maintenir sa juridiction, mais leur emploi était terrible dans les siècles où la foi était encore vive parmi les populations.

Assurément on pouvait appeler des jugements rendus par l'official de Térouanne au métropolitain de Reims, et de là devant le primat, puis au pape ou même devant le futur concile, mais ces degrés de juridiction n'offraient pas assez de garanties pour les officiers du roi, et malgré la règle qu'on ne pouvait

---

1. Beaumanoir dit en effet, chap. XI, 44, que si les laïques se hâtaient de justicier un clerc accusé de crime, avant de vérifier la véritable qualité du prévenu, ils encouraient l'excommunication.

appeler du juge d'église au juge séculier, on vit les échevins et le bailli de Saint-Omer adresser souvent au roi de France ou au parlement leurs réclamations contre les actes de leur évêque.

Déjà saint Louis en 1287 avait accordé aux juges royaux un droit de révision sur les sentences les plus rigoureuses des tribunaux ecclésiastiques [1]. A partir du règne de Philippe-le-Bel, les conceptions morales, ecclésiastiques, politiques, sociales, sur lesquelles reposaient précédemment la société chrétienne et la société française, reçurent de graves atteintes. En 1329, les plaintes que les baillis et les juges royaux de France avaient fait entendre contre les officiers des évêques avaient décidé le roi Philippe VI à réunir à Paris une assemblée du clergé et de divers seigneurs. Le roi, il est vrai, maintint par décision du 28 décembre l'Eglise en possession de sa justice, toutefois les tribunaux ecclésiastiques rencontrèrent à partir de cette époque plus de difficultés pour attirer à eux la plupart des affaires, et peu à peu le roi et les seigneurs reprirent une partie de celles qui revenaient à leur compétence naturelle. Le bailli du

---

1. Dalloz, *Essai sur l'histoire du droit français*, p. 167. — D'après M. J. Bouquet *(Histoire du clergé de France,* t. III, p. 32), si l'on ne peut remonter au-delà du XVe siècle pour trouver l'origine de la procédure suivie plus tard sur les appels comme d'abus, il n'en est pas moins certain que ces appels, plus anciens au fond que dans la forme, remontent beaucoup plus haut. On connait, en effet, un acte d'appel d'un jugement de l'évêque de Paris, relevé au Parlement du temps de Philippe-le-Hardi qui régna de 1270 à 1285, puis un règlement de ce corps fait en 1290, des arrêts donnés sur des appels comme d'abus en 1336 et 1338 *(Mémoires du clergé,* t. VII, p. 1543 et suiv.), un arrêt du 11 avril 1372 cité par Pasquier *(des Recherches sur la France,* liv. III, chap. XXX), et d'autres du 13 mars 1376, 7 juin 1404, 17 juin 1449, rapportés par de Héricourt *(Lois ecclésiastiques).*

comte d'Artois à Saint-Omer fut donc soutenu davantage, soit par les comtes suzerains, soit par le roi lui-même, lorsque cet officier traduisait les clercs devant l'échevinage qui représentait la justice royale, ou qu'il exécutait contre eux les décisions des magistrats urbains.

Les exemples de conflits entre la justice séculière et la justice ecclésiastique à propos des clercs en matière criminelle pourraient être multipliés à l'infini. Nous n'avons à nous occuper ici que de ceux dans lesquels le bailli du comte intervint, mais parmi ceux-ci, également très nombreux, nous nous bornerons à choisir les plus importants, de manière à permettre d'apprécier suffisamment le rôle du bailli.

Un des plus anciens est le grave dissentiment qui éclata au commencement du xiv° siècle sous le gouvernement de la comtesse Mahaut. Un nommé Jehan Maxemakère avait été condamné à mort par les échevins et exécuté par l'ordre du sous-bailli, qui ignoraient que le criminel fût clerc. L'évêque Ingelram de Créqui intervint, et après des contestations terminées par un accord que le parlement homologua, le sous-bailli et ses sergents furent obligés de restituer publiquement le corps du supplicié aux représentants de l'évêque en présence des échevins qui avaient rendu la sentence, et tous durent faire amende honorable pour le préjudice qu'ils avaient causé à la juridiction épiscopale. Une décision semblable eut lieu aussi à propos de l'exécution d'un autre clerc appelé Jean Rokier [1].

Cependant, en 1346, dans une affaire où l'évêque

---

1. *Cartulaires de l'église de Térouanne*, par MM. Duchet et Giry. Saint-Omer 1881, n° 242 : L'accord, sans date, eut lieu entre 1302 et 1329. (Giry, *Hist. de Saint-Omer*, p. 127).

avait imposé au bailli une humiliation semblable, le roi intervint pour défendre son agent. Il s'agissait, il est vrai, d'une affaire de trahison, cas que l'autorité royale prétendait se réserver [1]. Un valet, qui était banni, avait été arrêté dans la ville, et, convaincu de trahison par les échevins, il avait été exécuté par le bailli, Guilbert de Nédonchel. L'évêque de Térouanne, Raymond Saquet [2], prétextant que le banni était clerc et qu'aucune information suffisante n'avait été faite, décréta l'interdit et empêcha le service divin dans les églises ; de plus, il obligea le bailli et ses sergents à rapporter le corps du malfaiteur dans la ville, à le faire inhumer et à déclarer qu'ils ignoraient sa qualité de clerc et qu'ils s'en remettaient à la discrétion du prélat sans condition. Mais le roi de France, Philippe VI, averti par le maréchal de Moreuil qui commandait ses troupes à Saint-Omer, écrivit le 25 juin à son bailli d'Amiens, que si la prétention de l'évêque était tolérée, les malfaiteurs et les traîtres pourraient entrer dans les villes d'Artois sans que les baillis osassent les poursuivre dès qu'ils pourraient invoquer qu'ils avaient reçu la tonsure ; il ordonna à l'évêque de lever l'interdit tant à Saint-Omer que dans toute autre ville d'Artois où il pourrait l'avoir mis, de relever le bailli de Saint-Omer de tout engagement, sous peine de saisie du temporel, et il prescrivit que dans tout le comté d'Artois les baillis, mayeurs et échevins continuassent à faire justice de tels malfaiteurs [3].

Plus tard, d'ailleurs, on ne contesta plus que les

---

1. Voir dans *les Olim*, t. I. p. 522-x, en 1261, un arrêt où il est dit que la trahison d'un clerc « pertinet ad regem ».
2. 43ᵉ évêque, de 1334 à 1357.
3. *Vidimus de lettres de Philippe VI du 25 juin 1346*. Pièce

clercs coupables de trahison ou de conspiration relevassent de la justice royale.

Les difficultés relatives aux clercs mariés se reproduisaient aussi très fréquemment [1]. On sait que les clercs inférieurs aux sous-diacres avaient le droit de contracter mariage sans perdre le privilège de cléricature, mais ils devaient continuer à porter l'habit ecclésiastique, mener la vie cléricale et n'avoir contracté qu'un seul mariage avec une vierge [2]. Or, en 1362, un clerc nommé Clay Musteroil, qui « avoit « espousée une feme qui avoit esté paravant toute « commune » et « diffamée de ribaudie avant qu'il « l'espousat... fu prins en le ville de St Omer par les « gens de la contesse d'Artoys pour soupechon de « pluiseurs larrechins... [3] et estoit ou tamps de le « prinse vestus d'une cotte hardie demy parti et d'un « caperon demy party, et si n'avoit point de tonsure « ... il fu par lesdis maieur et eschevins jugiés à « mort et exécutez par le baillieu de St Omer » [4]. L'évêque [5] et ses vicaires prétendirent que l'échevi-

---

justificative, III. — L'échevinage qui condamna le vallet traitre, à la peine de mort, était celui élu pour un an le 6 janvier 1345. Il était ainsi composé : Elnart d'Elnes, écuyer, Jean Lescot, mayeurs ; Jean Alem, Williame de Ste Audegonde, Rasse du Briart, Jehan de Bouloigne, Jehan Danne, Estevennes Delindes, Jehan Hanghebouch, Adenoufle de Ste Audegonde, Eustasse du Hoket, Baudin Vasselin, échevins.

1. V. sur les *Clercs mariés*, la note 115, p. 1003, *Olim*, t. I.
2. *Histoire du droit et des institutions de la France*, par Glasson, t. VI, p. 468, note 3.
3. Il était « tondeur de grant forches » et avait notamment coupé plusieurs aunes à des draps qu'on lui avait apportés à tondre, puis avait rendus ces draps comme s'ils étaient entiers. Il fut arrêté en mai.
4. Le bailli était alors Jean de Créquy.
5. C'était alors Gilles Aicelin de Montaigu, 44e évêque de ce siège,

nage et le bailli avaient porté atteinte à leurs droits. D'après les ordres donnés par le roi au prévôt de Montreuil le 10 décembre 1362, l'affaire fut portée devant le parlement, mais l'official, sans s'inquiéter de la solution à intervenir, menaça d'excommunier les magistrats, de mettre les églises en interdit, et il fallut mander au premier sergent du roi de la prévôté de faire commandement à l'évêque et à son official de faire cesser ses menaces sous peine de saisie du temporel [1].

Jehan Flourens « marchant subgect et soubz ma« nant » en la ville de Saint-Omer, avait battu et navré Jehan du Crocq ; le coupable, qui était clerc marié, était venu en la cour de l'évêque de Térouanne [2] en habit et en tonsure et s'était constitué prisonnier. La comtesse d'Artois se plaignit de ce que les vicaires et officiers de l'évêque voulaient avoir la connaissance du méfait et prétendit qu'elle seule, par ses baillis et officiers, avait « le cognoissance, correction « et punition... de toutes persones qui auroient per« petré aucuns délictz ou mesfaiz en sadicte ville de « Sainct-Omer pour tant qu'il fussent lay ou clercq, « mais qu'il fussent marié ou vivant layement » [3], tandis que l'évêque soutenait qu'il avait « le cognois« sance, correction... de tous clercs mariez, de leurs « deliz et mesfaiz commis et perpetrez en son diocèse « de Terouenne, meismement puis qu'il se feussent

1357 à 1368, nommé Guillaume par Froissart. Il tint en 1357 les sceaux auprès du roi Jean, captif en Angleterre.

1. *Arch. de Saint-Omer*, CLXXII, pièce 19 et *3e Mémoire*, côté T. — Nous ignorons quel fut l'arrêt du parlement.

2. Adhémar Robert, 47e évêque de Térouanne, 1371 à 1375.

3. La comtesse Marguerite appliquait les mêmes principes que le roi de France dont elle était suzeraine. (Voir les lettres citées ci-dessus p. 165 de Philippe VI du 25 juin 1346).

« porté layement ou que depuis aroient résumé ton-
« sure et habit de clercq ». Un accord intervint le
5 mars 1371 entre les vicaires et Guillaume de
Wailly, bailli de la princesse, mais il y est dit « que
« ce ne porte aucun préjudice à le dicte madame as
« prochés que elle a en parlement ou ailleurs contre
« ledict révérend père pour cause de le cognoissance
« des clercqz mariés » [1].

Le parlement prononça en effet une sentence dans
une affaire où le bailli de la comtesse ne paraît pas
être intervenu, et confirma le 13 décembre 1382 un
nouvel accord entre la princesse elle-même et l'évêque [2] relatif à la limite de leur juridiction à St-Omer,
notamment en matière criminelle sur les clercs mariés [3]. Mais cet arrêt ne mit pas fin aux difficultés, et
d'autres décisions que nous citerons plus loin durent
être rendues à propos de la situation de ces clercs [4].

---

1. Ce sont du moins les termes dont se sert le bailli en consentant
à l'accord, et ils sont implicitement admis par les vicaires : « que
« pour ce aucuns préjudices ne soit fais ou engenrez à la dicte dame,
« à sa jurisdiction... pour le temps présent, passé ou advenir ».
(*Cartulaires de Térouanne*, n° 272). — Voir dans l'*Inv. som. du
Pas-de-Calais*, A, 982, année 1365 : « Che sont les proces que ma
« dame la c[tesse] de Fl. et d'Art. a à cause de se baillie de Saint-Omer.
« Premièrement... al encontre de mons. l'evesque de Terouwane,
« pour cause de pluiseurs clercs mariés, pris sans habit et sans
« tonsure en le ville de St Omer et yceuls justichies à mort pour
« leurs dementes, dont li dis mess. li evesques voelt avoir le congnis-
« sance ».

2. Pierre II d'Orgemont, 48e évêque de Térouanne, 1375-1384.

3. *Arch. de Saint-Omer, grand registre en parchemin*, f. 63. —
Le Parlement d'ailleurs ne méconnaissait pas les privilèges des clercs.
On voit dans les *Cart. de Térouanne*, f. 194, n° 286, la mention d'un
arrêt du 13 novembre 1382 autorisant l'évêque de Térouanne à poursuivre des laïques de Saint-Omer coupables de violences sur un clerc.

4. Voir ci-après p. 170 un accord intervenu en 1398, et le paragraphe relatif aux causes civiles.

Cependant l'interdit ou l'excommunication étaient entre les mains du clergé des armes trop redoutables pour que le roi n'eût pas jugé nécessaire d'une manière générale d'en régler l'usage. Des lettres patentes du 5 janvier 1369 enregistrées au parlement avaient déclaré qu'attendu les privilèges accordés par les papes au roi de France, il était fait défense à tous les prélats du royaume et à leurs officiers de mettre aucun interdit, aucune sentence ou aucune excommunication « ès villes et lieux situés en ce « royaume mêmement étant du domaine du roi »[1]. L'Eglise n'en continuait pas moins à défendre sa juridiction par les armes spirituelles.

C'est pour cela qu'en 1396 le bailli d'Amiens dut écrire à tous les prévôts royaux du bailliage[2], pour leur signaler que des prêtres ou curés, se disant autorisés par leurs évêques, excommuniaient « tous
« ceux qui empechent le jurisdiction de l'église par
« eux ou par autruy ; ... de fait, de parole ou par
« escript » ; ... « tous ceux généralement qui dé-
« tiennent personnes prestres ou clers par especial
« non mariés et tous autres prins en habit et en
« tonsure » ; et il ajoutait : « Pourquoi nous vous
« mandons et commetons et à chacun de vous que
« vous faites commandement expres aus dis prestres
« curés et à tous ceux à qui il appartenra que des

---

1. On trouve aux *Arch. de Saint-Omer*, CCXCII, 32 : « Extrait de
« différentes bulles de papes accordées au roi de France portant
« privilège qu'aucun Archevêque, Evêques ou autres ne puissent
« mettre son royaume en interdit, ni excommunier ses sujets, et qui
« se trouvent énoncées dans un arrêt du parlement du 18 juil-
« let 1422 ».

2. Evidemment la commission fut adressée aux baillis comme aux prévôts. Le bailli de Saint-Omer, qui était alors Aléaume de Longpré, dut la recevoir.

« dits excommunications, prononchiations, deffenses,
« monitions, ils se déportent et les rappellent et
« faichent rappeler et mettre au nient sans y pro-
« céder doresenavant sur et à peine de chincq cens
« lib. par. à aplicquier au roy notre sire, et tous
« ceux que par infourmation faites ou à faire trou-
« veres couppables d'avoir fait les dites excommu-
« nications par le manière dite adjournes à com-
« paroir en personne à jour compétent par devant
« nous ou notre lieutenant à Amiens à lencontre dudit
« procureur du Roy pour ce réparer et amender et
« respondre à tout ce que le dit procureur du roy
« lui vaura demander... » et il prescrivait en outre de
faire publier ces instructions « ès lieus notables de
« la dite prévosté acoustumés à faire cris »[1].

Dans le but de soustraire les échevins et le bailli du comte aux censures ecclésiastiques, une nouvelle tentative pour régler la juridiction du Magistrat sur les clercs mariés et non mariés fut faite en 1398 ; un accord eut lieu, qui fut confirmé le 3 juin aux plaids du lieutenant du bailli d'Amiens à Montreuil, entre le procureur du roi de France, du duc de Bourgogne et de l'échevinage de Saint-Omer d'une part, et celui de l'évêque de Térouanne d'autre part[2].

Mais vers la même époque, un nouvel attentat commis par un prétendu clerc marié, Bauduin le

---

1. *Arch. de Saint-Omer*, CLXXIV, 10. — Cette commission du bailli d'Amiens contient en même temps d'autres prescriptions relatives à la connaissance des testaments. Nous en reparlerons plus loin aux matières civiles.

2. *Registre en parchemin* aux *Arch. de Saint-Omer*, f. 64. — L'évêque était alors Jean IV Tabari, 49e évêque. 1384 à 1403.

Boghel, qui avait perpétré un assassinat, amena encore des difficultés. Les mayeurs et échevins qui l'avaient jugé et condamné à mort, le bailli Aléaume de Longpré qui l'avait arrêté et emprisonné, furent excommuniés, et comme cette mesure n'avait pas empêché l'exécution du criminel, l'évêque mit l'interdit sur les églises de la ville. L'échevinage en appela au roi et les choses allèrent si loin que celui-ci fit saisir le temporel de l'évêque. Dans l'accord qui fut plus tard signé entre les parties et qui fut soumis au parlement, on voit que l'official avait demandé que le prisonnier lui fût rendu comme clerc, en prétendant que ledit « habit nestoit aucunement
« difforme, mais estoit conveinant à clerc, car il
« disoit que combien que le colet de la cotte dudit
« Baudin fust en parti de drap vermeil, si ne este ce
« que une bordure qui aloit tout au tour, et nestoit
« mie si largue que par ce deust estre notté difforme
« dabit de clerc ». C'étaient là des arguties, les officiers du comte d'Artois s'y étaient arrêtés d'autant moins que, pendant l'enquête, ils firent présenter au coupable un livre d'heures, et qu'on constata que ce coupable ne savait pas lire. L'official ne pouvait donc soutenir sérieusement sa prétention qu'on avait eu affaire à un clerc. Aussi le concordat passé entre l'évêque d'une part, le procureur du comte d'Artois, les bailli, mayeurs et échevins de l'autre, accorda
« s'il plaist à le court, en le manière qui sensuit, que
« les dis bailli, maieurs et eschevins et aultres qui
« pour ceste cause ont esté excommuniés seront
« absoulx, le dit cès[1] osté à plain, et la main du roy
« mise au temporel dudit evesque levée à son pour-

---

1. Cès ou cez : cessation des offices divins, interdit.

« fit ». Par arrêt du 7 février 1401, le parlement homologua cette convention et ordonna la levée de l'excommunication et de l'interdit [1].

Ce procès n'est pas seulement curieux parce qu'il fait mention de la saisie du temporel de l'évêque ; un des mémoires produits dans cette affaire constate l'animosité des officiers du prince et de l'échevinage contre les juges ecclésiastiques accusés de transiger avec les malfaiteurs qu'ils se faisaient remettre « sous umbre de clergie » et qu'ils absolvaient trop facilement. En outre, on reprochait à l'official de refuser le témoignage des laïques, hommes ou femmes [2] « de quelque honneur ou auctorité quil « soient », et de maintenir cette règle que « avant « que aucun clerc soit convaincu et ataint d'aucun « cas criminel il convient qu'il soit prouvé contre lui « par XII témoins tous clercs » [3], de sorte que la justice était illusoire : « par ainsi en vérité tout est « purgiet en le dicte court » [4]. Ces attaques étaient

---

1. *Arch. de Saint-Omer*, CLXXIII, 1er. — Le nom du meurtrier est écrit différemment dans diverses pièces, Boghel. Voghel. le Bohgle. le Boghele, suivant la prononciation, la dernière orthographe est celle de l'arrêt du parlement de 1401.

2. On sait qu'au moyen-âge certaines personnes étaient frappées de l'incapacité d'être témoin — notamment les femmes dans quelques parties de la France. Ce fut une ordonnance du roi Charles VI du 15 novembre 1394 qui fit disparaître cette différence en décidant qu'à l'avenir les femmes pourraient partout déposer en justice. (Glasson. *Histoire du droit et des institutions de la France*, t. VI. p. 547). Ce n'était donc pas un grief bien sérieux contre l'official de Térouanne que de lui reprocher de ne pas admettre le témoignage des femmes.

3. On ne permettait pas dans les enquêtes faites par l'autorité ecclésiastique à une partie d'assigner plus de neuf témoins sur le même fait (Glasson, *loc. cit.*, p. 540), et devant les tribunaux laïques, la pratique, s'inspirant du droit canonique, décida à partir du commencement du XIVe siècle qu'une partie ne pourrait pas citer plus de dix témoins sur un seul fait (Glasson, id., p. 544).

4. *Mémoire du procès « pour l'occision de Baudin le boghle à*

très vives, elles ne prétendaient point seulement signaler des abus, elles visaient les formes mêmes de la justice ecclésiastique, et les concessions faites par les concordats précédents n'avaient point amené le moindre apaisement entre les parties. D'autres différends n'allaient pas tarder en effet à surgir.

Un nommé Wille le Wilde qui avait été banni de la ville « pour certains criesmes, excès et malefices... « sur le teste jusqu'à dix ans ensuivans », mais, qui « alant contre le dit ban », était revenu en 1406 en la ville, « et en icelle tenoit tavernes, bordiaux, « jeux de dés, faisans plusieurs tenseries et menans « vie très mauvaise et dissolute, wetteur de quemins, « murdriers, publiquement diffamez et renommes « destre traitres à la couronne de france, aliez avoec « les englés ennemis du roy notre sire et de avoec « eulx faire plusieurs maléfices », fut arrêté par les échevins. Ils étaient assemblés avec le bailli pour faire son procès criminel, lorsque un nommé « Foulque de le fontaine, mal renommé » et « plu- « sieurs personnes de divers estas » qui l'accompagnaient brisèrent les portes de la halle, dressèrent une échelle contre le dossal, afin de s'emparer de Le Wilde, « lequel ils disoient estre clerc », et « eussent tant en ce continué que se la dicte loy ne « se feust pourveu de deffenses, iceulx estans « assemblés en le dicte halle et dossal, les dis « malfaiteurs par forche et violence fussent entré « en le cambre du conseil lan estoient lesdits maire « eschevins ». Foulque était marié ; poursuivi par le Magistrat, il se rendit en la prison de l'évêque de

« l'encontre de Monsieur de Terwanne ». *Arch. de Saint-Omer*, CLXXIII, 1er.

Térouanne [1] auprès duquel il invoqua sa qualité de clerc, et fit faire défense à l'échevinage de procéder contre lui. Mais le roi intervint encore, il fit faire commandement à Me Jehan Baudescot, official, et à Baudin Remy, promoteur, de mettre à néant la monition adressée aux échevins. L'official refusa, un second commandement du roi défendit sous peine de deux mille livres parisis de juger la cause contre le droit des échevins. L'affaire dura plusieurs années. Enfin un jugement du 24 février 1412 fut rendu par le bailli d'Amiens sur les poursuites du procureur du roi de la prévôté de Montreuil, du comte d'Artois et des échevins, et il fut ordonné que le prisonnier resterait « sous la main du roi » [2].

Cette même année 1406 vit terminer un autre différend entre le même évêque et le même bailli. Un clerc du nom de Willequin de Bortacle « pour cer-
« tains criesmes et délis par lui en le dite ville ou
« banlieu de St Omer sans péril de mort de personne
« ou mutilation de personne » avait été emprisonné en 1399 d'après l'ordre de l'évêque Jean Tabari, prédécesseur de Mathieu Renaud. Les mayeurs et échevins ainsi que le bailli avaient réclamé et ils avaient contesté la tonsure du criminel tandis que l'official maintenait qu'il était clerc. Le différend dura sept ans au bout desquels il intervint entre les vicaires de l'évêque et le Magistrat un concordat qui décida que, « par considération de la longue prison que
« le dit prisonnier a soutenu et enduré paciament
« par lespace de sept ans comme dit est, et que
« le dicte pénitence puet bien souffrir pour pugni-

---

1. Matthieu Renaud, confesseur du roi. puis 50e évêque de Térouanne, de 1404 à 1414.
2. *Arch. de Saint-Omer*, CLXXIII, 7.

« cion », tout le procès serait annulé, sans préjudicier aux droits des parties. Ce concordat, en date du 22 janvier 1406, porte le scel de l'official de Térouanne, celui de la baillie de Saint-Omer et le scel aux causes de la ville [1].

Au milieu de ces vicissitudes, le doyen de chrétienté restait sans conteste le représentant de l'autorité épiscopale, il informait contre les clercs coupables résidant dans son doyenné et envoyait son enquête au promoteur du diocèse. Il luttait autant qu'il le pouvait contre l'envahissement de la puissance civile et réclamait en faveur de l'immunité des clercs quand ils étaient arrêtés ou emprisonnés par les laïques. C'étaient les devoirs que lui prescrivait l'évêque ; en décembre 1411, Mathieu Renaud en donnant à Jean Macau, curé de l'église paroissiale de Sainte-Croix dans le faubourg de ce nom à Saint-Omer, le pouvoir d'exercer la charge de doyen rural, l'obligeait à le prévenir de l'emprisonnement des clercs et à les réclamer aux mayeurs, échevins et bailli, en menaçant ceux-ci d'excommunication et d'interdit dans les cas graves [2].

L'évêque d'ailleurs ne se refusait aucunement à reconnaître que les clercs devaient obéissance au Magistrat. Un mandement de Louis de Luxembourg, rendu au mois de juillet 1417, fait au contraire défense aux clercs de contrevenir aux ordonnances de l'échevinage, et admet que celui-ci peut les faire arrêter, mais à charge de les remettre aux mains de l'évêque pour les faire punir [3].

Une autre très sérieuse affaire, à laquelle l'échevi-

---

1. *Arch. de Saint-Omer*, CLXXIII, 5.
2. *Arch. de Saint-Omer*, CLXXIII, 9.
3. *Arch. de Saint-Omer*, LXXXI, 26.

nage ne fut pas mêlé directement, fut celle à laquelle donna lieu en 1422 l'arrestation par le bailli d'un nommé Robin de Sainte-Audegonde. Il était accusé de plusieurs crimes : d'abord d'avoir pillé les bagages du comte de Warwick qui, avec d'autres Anglais, accompagnait la reine d'Angleterre, Catherine de France, veuve depuis près de deux mois de Henri V, qui passait à Saint-Omer ; ensuite d'avoir « ocis et « mis à mort Gile de le Court » ; et aussi d'avoir, « comme on le supposait, desrobé aucuns joyaux « de le Reyne d'Engleterre ». Le coupable poursuivi se fit clerc, prétendant ainsi échapper à la justice séculière. Mais Warwick avait mandé à Guillaume de Rabodinghe, alors bailli du duc de Bourgogne, comte d'Artois, de « faire droit si avant que son office le « vouloit et comme requis en estoit », et celui-ci, voyant dans les actes commis un crime de lèse-majesté et de violation de la paix, réussit à faire appréhender Robin de Sainte-Audegonde et à le faire conduire aux prisons du château. L'évêque Louis de Luxembourg [1] réclama en vain, pour le faire juger par son official, le voleur qui fut exécuté par l'autorité séculière ; le prélat lança alors l'excommunication contre le bailli et un mandement d'interdit de tous les offices divins contre les habitants de Saint-Omer. A la demande du prévôt de la collégiale, Hugues de Cayeu [2], le duc intervint auprès de l'évêque qui consentit le 26 octobre 1422 à lever le cès, mais l'excommunication fut maintenue contre le bailli qui dut plus tard faire amende honorable [3].

---

1. 51ᵉ évêque de Térouanne, 1415-1436.
2. Hugues de Cayeu, 27ᵉ prévôt, 1409-1438.
3. *Inv. som. du Nord, Ch. des Comptes de Lille*, t. I, n° 1466 : « Frais de justice du bailliage de Sᵗ Omer et en particulier de

Quelques années après, en 1432, le 15 mars, un dimanche vers le soir, Pierre Lescot ou le Roede, « banni de trièves enfraintes et de mauvais et énorme « cas », fut reconnu dans la ville et immédiatement arrêté ; amené de suite devant les échevins qui le jugèrent sans publicité et proclamèrent seulement leur sentence au dossal, il fut condamné à être pendu, et il fut livré au bailli qui, avec ses sergents et le bourreau, et accompagné d'une grande multitude de peuple, le conduisit aux fourches patibulaires. Pendant le trajet, le représentant du doyen de chrétienté, accompagné d'un notaire et de témoins, le requit et le somma de lui livrer le condamné qu'il déclarait être clerc. Guillaume de Rabodinghe répondit nettement et très haut qu'il n'en ferait rien. Le prêtre alors, comme délégué de l'évêque, prononça l'excommunication contre le bailli[1]. Celui-ci, irrité, ordonna à ses sergents de se saisir de l'ecclésiastique et de le conduire en prison et il leva sur lui un bâton qu'il tenait à la main, mais le prêtre put éviter le coup. Puis Pierre le Roede fut pendu.

L'évêque, Louis de Luxembourg, prétendit que l'arrestation et le jugement étaient illégaux, attendu qu'il s'agissait d'un clerc saisi « in habitu et tonsurà

« l'exécution de Gilles le Court... » 1423, juillet-septembre ; et t. IV, n° 1928, octobre 1422 à octobre 1423. — *Table alph.* analysant le *Registre aux délibérations du Magistrat*, A, perdu *(Arch. de Saint-Omer)*.

1. En général l'excommunication ne pouvait être prononcée que par une sentence de justice précédée de trois monitions. Mais l'espèce de procès-verbal dressé par l'autorité ecclésiastique, que nous analysons, porte : « dictus baillivus expresse et alta voce respondit « quod ipse nihil faceret, *qua propter dictus locum tenens* (decani « xristianitatis) *virtute sue potestatis cum excommunicavit* ». Arch. de Saint-Omer, CLXXIII, 14.

« clericalibus » et marié régulièrement avec une vierge. Ses réclamations n'ayant pas été admises, il mit de nouveau les églises en interdit et excommunia Gérard de Wissocq, second mayeur, David d'Averhoud, Baudin Bourgois et Pierre de Mussem, échevins, qui avaient participé au jugement. Le bailli et l'échevinage firent acte d'appel devant l'officialité métropolitaine à Reims, offrant de prouver que Pierre Lescot, dit le Roede, n'était pas clerc, que c'était un laïque bigame, qu'il n'avait ni la tonsure ni l'habit religieux quand il avait été arrêté, et qu'enfin « ipse fuerat pro suis demeritis relegatus « à dictâ villâ » [1].

Cependant le prévôt du chapitre s'entremit afin d'obtenir la levée du cès et de l'excommunication, il fit même un voyage à Calais où se trouvait l'évêque de Térouanne, mais sans résultat. D'autres nombreuses sollicitations, auxquelles vinrent se joindre celles du duc et de la duchesse de Bourgogne, finirent par amener l'espoir d'une entente. Le 7 avril 1432 [2], l'évêque leva en effet l'interdit sans condition. Mais l'excommunication fut maintenue. Alors le lendemain mercredi 8, le bailli, le mayeur et les échevins excommuniés se rendirent à Térouanne et députèrent à l'évêque : Gérard Diclebecque, conseiller pensionnaire, Philippe de Sus-Léger, clerc de la

---

1. Ils ajoutaient dans le même sens que la lettre royale de 1346 que nous avons citée p. 165 : « Item que in juridictione principis in « dicta villa Sancti Audomari sunt subditi xx M. homines divisarum « nationum et regionum quorum nomina et conditiones à baillivo, « majoribus et scabinis et justiciâ ignorantur, qui dùm in maleficiis « comprehunduntur judicantur et fit justicia, *alioquin tota politia deperiret nec possent boni quiete vivere propter malos* ».
2. Le jour de Pâques en 1432 est le 20 avril, le 7 avril était donc à la fin de l'année (v. s.).

ville [1], et deux autres échevins : Jehan d'Eperlecques et Aléaume de Rebecques. Jehan Mancel, procureur général d'Artois, qui, sur la demande du bailli et du Magistrat, était venu à Saint-Omer avec l'autorisation du duc de Bourgogne pour cette grave affaire, s'était joint à la députation. Les envoyés furent reçus par Mgr Jehan de Wissocq, doyen de Térouanne, Me Jehan Baudescot, official et Me Pasquier de Vaulx, vicaire, qui leur déclarèrent que Monseigneur étant malade, « ils estoient chergiés de par lui de besoin- « gner ». Le conseiller principal exposa que le jour précédent l'évêque avait répondu à M. le prévôt de Saint-Omer et à d'autres personnes qui lui avaient été envoyées que, eu égard aux hautes sollicitations dont il avait été l'objet, il consentait à mettre le cès à néant, et que si « les particuliers excommuniés ve- « noient vers lui faire aucune requeste il leur feroit « justice » ; qu'en conséquence, les officiers de la ville de Saint-Omer se présenteraient « pour furnir « et remplir à leur povoir aggréablement la réponse « dudit monsigneur levesque ». Gérard Diclebecque ajoutait du reste que les échevins l'avaient chargé de dire : « Jà soit que l'exécution dudit l'iettre avoit « esté par eulx faite deuement à leur entendement « en eulx acquittant du serment qu'ils ont fait devers « notre très redoublé seigneur à garder les drois de « lui et de le dite ville, sans vouloir offenser ou des- « poinctier mondit signeur levesque, sa juridiction « ecclésiastique, ou l'église en aucune manière à « leur povoir, néantmoins, pour ce qu'ils sentoient « le dit monsigneur levesque offensé par la dite « exécution, pour son appaisement et bénévolence

---

1. Clerc du secret ou greffier principal.

« acquérir ils étoient venus devers lui sa révérence
« et en toute humilité lui très humblement supplier
« que, en tant que il seroit offensé, que tout leur
« fust pardonné et absolution plaine leur fut baillié ».

Si respectueux qu'il fût, ce langage assez fier affirmait les droits des magistrats de la ville et, dans une circonstance aussi grave, il n'était peut-être pas fait pour amener la réconciliation. L'évêque fit répondre qu'il accorderait leur demande s'ils consentaient à l'accepter pour juge du différend et si ils voulaient laisser son promoteur connaître de l'affaire, « eux judi-
« ciairement oys ». Les échevins ne consentirent qu'à une certaine condition, ils déclarèrent que
« pour bien de paix et euls mettre en tous devoirs,
« estoient prets de renoncher aux appellations par
« eulx faittes pour le dit cès et excomunication, pour-
« veu que Monsigneur le duc, la ville et eulx
« fussent entiers de alléguier leur drois, griefs et
« excusations qu'ils ont eus et soutenus par le fait et
« occasion des dis cès et excomunication par devant
« mon dit signeur levesque, comme ils eussent peu
« faire par devant les juges devant qui le cause
« d'appel povoit servir depuis le cès mis jusques à
« l'adnullation dicellui ». L'évêque consulté par le doyen et Mᵉ Pasquier de Vaulx, fit dire que « de
« cognoistre de le repparation des griefs fais par le
« cès par lui seroit chose mal appartenant », et qu'il ne pouvait accorder l'absolution *ad cautelam*[1] aux excommuniés que s'ils renonçaient à l'appel qu'ils avaient fait au siège archiépiscopal de Reims. Dans un but d'apaisement, Mᵉ Diclebecque fut chargé de

---

1. On appelait *absolution ad cautelam* une absolution provisoire, mais prononcée cependant en connaissance de cause pendant l'appel de l'excommunié.

déclarer au nom des bailli, mayeurs et échevins, que si monseigneur refusait de juger lui-même, il pouvait commettre « telle personne ydoine que boin lui « sembleroit et que voulentiers ils renoncheroient « à l'appel..., eulx entiers en leurs causes d'excu- « sation et griefs à eulx fais après ladite renonciation « comme devant ». Cette condition ne fut pas plus admise que les autres ; de sorte que le procureur du duc, et le greffier de ville, agissant comme procureur du Magistrat, firent constater par le notaire apostolique tout ce qui s'était passé dans ces conférences, et ils quittèrent Térouanne avec les autres délégués. Il fallut que le duc de Bourgogne intervînt et accordât des lettres de rémission à ses officiers ; alors le bailli, les mayeurs et les échevins se rendirent de nouveau au siège de l'évêché le jour de la Trinité (7 juin 1433) et ils reçurent enfin l'absolution en renonçant à leur appel[1].

---

1. *Arch. de Saint-Omer*, CLXXIII, 14. — On nous permettra de compléter ce curieux récit auquel nous avons cru pouvoir donner un certain développement, en ajoutant cet extrait des comptes de la ville de 1432-1433 qui font mention aussi de ces excommunications : « A maistre Jehan Manssel (Mancel), procureur général d'Artois, qui, « à la requête de noss^{rs} bailli, maieurs et eschevins, est venu en « ceste ville pour avoir son advis avec le conseil de mons^r le duc et « de le ville sur le fait du cès mis en le ville et des excommunie- « mens donnés contre nosd. s^{rs} bailli, maieur et aucuns eschevins « par l'official de Térouenne, etc... » 200 nobles d'Angleterre furent donnés au doyen de Térouanne, vicaire de l'évêque, « pour cer- « taine composition faite pour mons^r Guillaume de Rabodingues, « bailli de Sain^t-Aumer, sire Nicole de Wissoc, maieur et autres « eschevins de la dicte ville obtenir absolucion de certains excomu- « niemens, agravaison et ragravaison contre eulz donnés et pronun- « chiez par l'official de Térouanne pour l'exécucion faite par le juge- « ment desd. de Saint-Aumer de la personne de pierre lescot dit le « roede nonobstant monicion qui leur fu faicte pour le ravoir comme « clerc de par mond. redoubté s^{gr} (l'évêque)... Chaque noble est « estimé LIX la pièce monnaie courant, ce qui fait au parisis en « tout v c. v l. XIII s. III d. ob. »

A cause de la détention d'un clerc nommé Vincent Couvreur, l'official de Térouanne mit encore les églises en interdit et excommunia en 1440 le bailli et les échevins de Saint-Omer ; le prisonnier dut être élargi, le bailli et l'échevinage contraints encore à demander l'absolution. Quatre échevins et les procureurs des autres membres du Magistrat se rendirent à Térouanne le 15 mai afin de l'obtenir [1]. C'était la troisième fois que le bailli Guillaume de Rabodinghe était excommunié.

Ces censures ecclésiastiques effrayaient peu sans doute les baillis de Saint-Omer, car en 1447 ce fut Alard de Rabodinghe, bailli et fils du précédent, qui fut excommunié à propos de l'arrestation d'un clerc non marié coupable de rébellion, et le cès fut jeté aussi sur la ville ; mais une transaction intervint et une décision de la cour de l'évêque du 17 avril leva ces peines, le coupable fut remis par l'official au bailli et il fut condamné à avoir le poing coupé [2].

On trouve encore la trace d'autres difficultés survenues en matière criminelle entre l'évêque et le bailli ou les justiciers de Saint-Omer, dans des pièces indiquées dans l'appendice VI du *Cartulaire de Térouanne*, mais on n'a pas la date de ces documents qui ne sont que sommairement analysés [3]. On y voit cependant l'intervention du roi lui-même pour arrêter le zèle inconsidéré du bailli : « mandatum « regium contra baillivum S. Audomari exequito- « rium, quia clericum cujus crines radi fecerat resti- « tuere contradixit sed morti tradidit » ; et l'annula-

---

1. *Arch. de Saint-Omer*, CLXXIV, 7. — Evêque Jean V le Jeune, 52ᵉ prélat de Térouanne, 1436-1451.
2. *Reg. aux délibérations du Magistrat*, C, f. 3.
3. *Cartulaires de Térouanne*, p. 369.

tion de trois procédures faites par les « justiciarii » de Saint-Omer contre le droit de l'évêque.

Le droit d'asile, qu'il ne faut pas confondre avec le droit de juridiction qu'avaient les corps religieux sur les biens leur appartenant, était aussi une source de difficultés ; si c'était en effet « une garantie ins-
« tituée par l'Eglise contre les excès ou l'impéritie
« des juges, elle avait le tort et le danger de couvrir
« du même droit d'asile l'innocent et le coupable »[1] et, en se réfugiant dans les églises, les malfaiteurs réusissaient parfois à échapper à la justice royale. Dès les premières années de son règne, en 1364, le roi Charles V se préoccupa d'une plainte que lui adressaient les échevins de Saint-Omer relativement aux assemblées secrètes et aux conciliabules que tenaient divers malfaiteurs, clercs ou laïques, dans les églises de cette ville et en d'autres lieux de l'évêché de Térouanne, et il écrivit le 24 décembre à l'évêque que les officiers royaux n'osant appréhender ces malfaiteurs « pour le révérence de Sainte Eglise », il le priait d'y pourvoir « hastivement de tel et si conve-
« nable remède comme il appartient faire en tel cas », sans quoi il serait lui-même obligé d'y porter remède[2]. L'official s'empressa d'écrire le 28 janvier suivant au doyen de chrétienté de Saint-Omer pour empêcher ces réunions[3] et autoriser les officiers de justice quels qu'ils fussent « quoscumque justiciarios

---

1. de Beaurepaire, *Le droit d'asile* (Ecole des Chartes, 3ᵉ série, t. IV, p. 313 et 573).
2. *Pièce justificative*, n° VII.
3. *Pièce justificative*, n° VIII. — Le parlement veillait aussi à ce qu'on n'attribuât pas la qualité d'asile à des édifices ou à des terres qui n'y avaient pas droit (Bouteiller, *Somme rurale*, livre II, tit. 9, p. 738 et 740).

« laicales » à les arrêter, à moins qu'ils ne fussent clercs. Ces abus se perpétuèrent néanmoins, car dix ans après, en 1374, le 6 avril, l'évèque fut encore obligé de commander de chasser des églises les malfaiteurs, les bannis et autres personnes de mauvaise conduite [1].

Cependant la juridiction épiscopale embrassait d'une manière générale tous les intérêts civils des clercs, toutes les causes relatives à leurs personnes, à leurs propriétés, à leurs conventions. Mais dans les différends soulevés entre l'échevinage et la justice ecclésiastique en matière civile, le bailli du comte d'Artois intervient beaucoup plus rarement qu'en matière criminelle, car le Magistrat exerçait la plénitude de la juridiction civile, et dans les causes qui en relevaient le bailli n'avait point qualité pour intervenir. Toutefois il reste l'agent du prince, soit pour ramener les causes des clercs devant la justice séculière, soit pour enlever à l'évèque le droit de juridiction qu'il possédait encore sur les séculiers dans certaines matières, et, quand il n'agit pas directement, il reçoit des ordres soit du roi lui-même, soit du bailli d'Amiens ou de son lieutenant.

En ce qui concerne les clercs, les difficultés venaient des prétentions réciproques des deux autorités à juger les clercs marchands, à statuer sur les engagements pécuniaires des clercs et sur l'attribution de biens meubles des ecclésiastiques décédés intestat.

Un des privilèges des clercs consistait en ce qu'on

---

1. *Arch. de Saint-Omer*, CLXXII. 28.

ne pouvait saisir leurs biens ; quelques-uns de ceux qui faisaient le commerce en abusaient pour se refuser à acquitter certaines taxes ou à payer leurs créanciers. Le parlement de Paris était déjà intervenu en 1231 et 1309 pour préciser leur responsabilité [1]. L'échevinage de Saint-Omer soutenait qu'il avait « le court et cognoissance des clercs mariez et mar- « cheans couchans et levanz en le dicte ville de S^t « Omer et ou conté d'Artoys », et Philippe-le-Bel, sur la plainte du comte d'Artois et des mayeurs et échevins, confirma le droit de ces derniers en écrivant le 23 avril 1338 à son bailli d'Amiens que l'évêque de Térouanne s'efforçait « de avoir le court et la co- « gnoissance des clercs mariez et marcheans », contrairement aux droits anciens du Magistrat, il lui recommanda d'examiner de près les affaires qui pourraient lui être soumises, et lorsque l'empiètement de l'évêque lui paraîtrait évident, de requérir celui-ci de laisser « les dis complaignans user et joïr « de leur dicte possession et saisine », et s'il rencontrait une opposition, de le contraindre à abandonner les poursuites « par toutes les voyes et remèdes « convenables que tu pourras et par le prinse et « détention de son temporel, si mestier est », et enfin de l'assigner « aus jours de ta baillie de nostre « prochain parlement » [2].

---

1. *Les Olim,* t. II, p. 325-vi. — 1291. « Pronunciatum fuit quod « licet idem clericus de omnibus bonis suis merces non exerceat, « sed de parte eorum, tamen de omnibus facultatibus suis, ex quo « merces exercet, talliari debet clericus antedictus ». — 1309. Absolution des gens du comte de Nevers qui avaient fait pendre deux clercs mariés marchands (t. III, p. 357-iv). — Beaumanoir dit que pour sa marchandise seulement, le clerc marchand est privé du privilège clérical et doit payer les droits de tonlieu, travers et autres (chap. II. n° 36, t. I, p. 171).

2. *Pièce justificative,* n° II. — L'intervention du bailli du comte

D'une manière générale et en France, d'après un règlement de 1274 rendu par Philippe III, les actions réelles et personnelles dirigées par les clercs contre les laïques avaient cessé insensiblement d'être de la compétence des juges ecclésiastiques qui n'avaient conservé que le jugement des actions personnelles intentées contre les clercs [1]. Néanmoins ce dernier point même était encore contesté à la fin du XIV° siècle par le bailli de Saint-Omer.

En 1395, un sieur Gaillard avait fait arrêt sur des deniers qui devaient être payés à un clerc marié, vivant laiement, nommé Pierre Warinel, son débiteur. La cause fut portée devant les échevins, l'évêque intervint et déclara qu'il appartenait à son official seul de juger puisqu'il s'agissait d'une affaire contre un clerc. L'échevinage refusa d'admettre cette réclamation, et le bailli Aléaume de Longpré fut chargé, afin d'avoir le défendeur sous la main, d'arrêter Pierre Warinel [2] ; on espérait ainsi forcer l'autorité ecclésiastique à se désister. Mais l'évêque n'hésita pas à lancer l'excommunication contre les officiers du duc de Bourgogne, comte d'Artois [3], et elle ne fut levée que sur l'intervention de son procureur qui fit avec l'évêque un accord ratifié en la cour de Montreuil le 17 juillet [4].

n'est pas mentionnée dans cette lettre, mais elle fut évidemment portée à sa connaissance par le bailli d'Amiens.

1. L'ordonnance de 1539 confirma cette restriction des privilèges des clercs.

2. La prison n'était pas alors une véritable peine ; dans la plupart des cas c'était un moyen de s'assurer que le défendeur comparaîtrait (Glasson, *Histoire du droit, etc.*, t. VI, p. 697 et 698).

3. Aléaume de Longpré, bailli, fut encore excommunié en 1398, comme nous l'avons vu p. 171.

4. *Arch. de Saint-Omer*, CLXXII. 37. — L'appendice VII des

Plus tard, un arrêt du parlement du 20 juillet 1448 attribua aux mayeur et échevins, et non à l'évêque de Térouanne, la juridiction en matière civile sur les clercs mariés [1], et mit fin aux conflits trop fréquents dans lesquels le bailli était lui-même obligé d'intervenir.

A l'égard des prêtres et curés, l'autorité ecclésiastique avait décidé que leurs biens meubles appartenaient à l'église dans laquelle ils avaient un bénéfice, s'ils étaient décédés intestat [2]. Un prêtre du nom de Rose ayant été tué en Flandre, l'évêque de Térouanne avait fait saisir à Saint-Omer tous les biens meubles qu'il y avait laissés ; les héritiers et l'échevinage réclamèrent vainement, l'évêque approuva la saisie et ordonna sous peine d'excommunication que ceux qui pourraient avoir des biens ayant appartenu à ce prêtre les restituassent. Le Magistrat protesta, déclarant que la maison et les biens étaient situés dans sa juridiction et se plaignit au roi. Celui-ci écrivit au gouverneur d'Amiens, et Robert de Kesane, sergent du roi, se transporta à Térouanne le jeudi après Pâques 1342 [3] pour signifier à l'évêque, à la requête du procureur du duc de Bourgogne, comte d'Artois, des mayeurs et échevins et des hoirs de Jean Rose, commandement de remettre les biens enlevés. Puis,

---

Cartulaires de Térouanne, p. 372 mentionne sommairement un arrêt du parlement dont la date n'est pas indiquée, confirmant une sentence du bailli d'Amiens contre les « justiciarii » de la ville de Saint-Omer, en faveur de l'évêque de Térouanne, dans une affaire où un clerc avait été arrêté par eux « pro debito pecuniario ».

1. *Arch. de Saint-Omer*, LXXXI. 34.
2. de Héricourt, *Lois ecclésiastiques, analyse des Décrétales*, titre XXVII, livre III, p. 128.
3. Pâques tombait le 31 mars en 1342.

sur le refus de l'évêque, le bailli de Saint-Omer, Guilbert de Nédonchel, requit le même sergent de saisir son temporel, ce qui fut fait le 9 avril, et la mainlevée de la saisie ne fut donnée qu'un an plus tard, le 29 avril 1343, après le remboursement d'une somme équivalente à la valeur des biens saisis [1].

Qant aux causes civiles des laïques, on sait que les cours ecclésiastiques en avaient attiré à elles un grand nombre, et qu'elles avaient affirmé leur compétence dans toutes les affaires où la foi religieuse était engagée. Les archives de Saint-Omer nous montrent notamment les conflits qui éclataient à propos de l'exécution des testaments. Comme ils étaient alors reçus par les prêtres et les curés, l'église s'était attribué le droit de faire rendre compte devant la cour ecclésiastique de la manière dont les volontés des défunts avaient été respectées. La comtesse d'Artois avait obtenu le 13 décembre 1382 la confirmation d'un accord entre elle et l'évêque de Térouanne en cette matière [2], mais l'autorité royale ne s'en était pas tenue à cette espèce de transaction et elle décidait que dans la circonscription du bailliage d'Amiens les juges séculiers devaient connaître de l'exécution des testaments des clercs et des laïques [3]. En 1396,

---

1. *Arch. de Saint-Omer*, CLXXII, 12.
2. Arrêt du parlement déjà cité p. 168.
3. Déjà à l'époque de Beaumanoir, les affaires de testaments restaient parfois à la justice laïque *(Coutumes du Beauvoisis*, chap. 12, n° 60, t. I, p. 21). — Les décrétales, qui n'ont point force de loi en France, « attribuent le droit aux évêques et autres juges ecclésias-
« tiques de veiller à l'exécution des testamens ; d'obliger les héritiers
« et les exécuteurs testamentaires à remplir les volontez des défunts,
« et de les exécuter eux-mêmes sur les biens des défunts quand ceux
« qui en sont chargez n'y ont pas satisfait dans l'année à compter
« du jour qu'ils ont été avertis par l'évêque. Elles permettent même

par une mesure générale applicable au diocèse de Térouanne, le bailli d'Amiens confirma cette jurisprudence en ne permettant à l'évêque d'intervenir que si les exécuteurs et les héritiers se soumettaient volontairement à sa juridiction. Sa lettre du 11 janvier, adressée à tous les prévôts royaux de son bailliage, porte notamment « se aucuns hoirs, ayant
« cause ou exécuteurs de trépassés sont cités, pour-
« suivis ou constrains, ou mis en cause pour enre-
« gistrer ne pour rendre compte des testamens dont
« il sunt et seront chergiés ou eux submet à compter
« par devant quelconques juges eglesiastiques de
« cheux testamens en dedens l'an après le trespas-
« sement des testateurs il viengnent dire ou nonchier
« par devers nous ou notre lieutenant sur et à paine
« de dix libres par. à applicquier au roy notre dit
« seigneur, en deffendant à tous exécuteurs et autres
« qu'ils ne se submettent rendre compte desdis tes-
« tamens par devant les juges ecclésiastiques se nest
« de leur pure et liberalle volenté sans autre cons-
« trainte ou induction jusques après l'an après le
« trespassement des dis testateurs complet et finy » [1].

La coutume de l'échevinage en 1531 constate que c'était aux mayeur et échevins à faire exécuter les

---

« en ce cas à l'évêque d'ôter à l'héritier la jouissance des biens du
« défunt. *En France ce sont les juges séculiers qui connaissent de*
« *l'exécution des testaments des clercs et des laïcs...* » (de Héricourt, *Lois ecclésiastiques, analyse des Décrétales,* livre III, titre XXVI, p. 127).

1. Copie du 10 février 1396 sous le scel de Bertran Anezart, sergent du roi, d'un vidimus par le prévôt de Montreuil en date du 15 janvier d'une commission du bailli d'Amiens du 11 janvier 1396. *(Arch. de Saint-Omer,* CLXXIV, 10). — Nous avons déjà mentionné cette commission, p. 169, où elle est datée par erreur de 1395, à propos des excommunications prononcées contre ceux qui détiennent des prêtres ou clercs tonsurés.

testaments, à juger les différends auxquels ils pouvaient donner lieu, et à recevoir les comptes d'exécution [1].

Au surplus, dès le xve siècle, l'évêque de Térouanne se vit interdire définitivement toute juridiction sur les séculiers, et par lettres du 27 mars 1432 données à Middelbourg, le duc de Bourgogne, comte d'Artois, Philippe, sur les informations à lui fournies par ses baillis, ordonnait que « doresenavant aucuns « de nos dis subgés lais et vivant layemment ne « sortiront jurisdiction pour actions civiles en le dite « court spirituelle de Thérouenne, quelque comman- « dement que par citation, monicion ou autrement « leur en soist ou puist être fait en quelque manière « que ce soit, sur peine de soixante livres d'amende ». Et il donnait mandement, notamment au bailli de Saint-Omer, de faire publier cette ordonnance solennellement et suivant l'usage accoutumé [2].

On ne trouve pas de trace de conflits à propos des causes concernant les veuves et les orphelins, protégés à l'origine par l'Eglise et partout ses justiciables. C'est qu'à Saint-Omer il y avait depuis un temps immémorial une chambre des orphelins chargée, sous l'autorité des mayeurs et échevins, de tout ce qui concernait les intérêts des mineurs, et que les baillis eux-mêmes, dans leurs serments, juraient de « warder... as vefves et orfenins leur droiture » [3].

---

1. Art. xxxiii à xxxv.
2. Vidimus de la dite lettre sous le sceau du bailliage de Saint-Omer par Guillaume de Rabodinghes, bailli, le 4 avril 1432. *Pièce justificative* IX.
3. Serment de Jacques de Charleville du 18 octobre 1318, cité p. 40.

Nous avons expliqué[1] l'origine des droits de justice de l'abbaye de Saint-Bertin. Sa juridiction s'étendait sur tout le territoire qu'elle possédait, soit dans son enclos, soit dans la ville, soit au dehors.

Le bailli du comte avait vis-à-vis de l'abbaye un double rôle ; comme elle était sous la sauvegarde des comtes d'Artois il devait la protéger[2], et, d'autre part, il lui arriva fréquemment d'entrer en conflit avec les abbés pour défendre les droits du prince.

On trouve de nombreux actes de baillis tendant à faire respecter la sauvegarde[3]. Ils étaient appelés également à constater divers privilèges concédés par l'abbaye et à défendre ses redevances ou ses propriétés[4]. Ils étaient souvent aussi arbitres pour décider de dif-

---

1. Page 10.
2. Lettres de sauvegarde accordées par la comtesse Marguerite à l'abbaye de St Bertin « qui a toujours été de le garde des comtes « d'Artois », et lui donnant pour gardien spécial le bailli de St Omer. — 15 mai 1367. *Inv. som. du Pas-de-Calais*, A, 95, etc.
3. Lettres du 8 décembre 1399 d'Aléaume de Longpré, bailli. *Chartes de Saint-Bertin*, t. III, 2120. — Mandement d'Alard de Rabodinghes du 1er janvier 1461-62. *Id.*, 3121, etc.
4. Le sceau de Stéphane Scantio est apposé en 1225 à une convention intéressant l'abbaye « *ad majorem securitatem* ». *Chartes de Saint-Bertin*, t. I, 678. — 16 août 1343. Guillebert de Nédonchel, bailli, témoigne que les religieux de Clairmarais ont obtenu de ceux de Saint-Bertin la permission de faire passer « harnas parmi le cauchie « de le vile d'Arkes » jusqu'à la Toussaint, sans payer de droit. *Id.*, t. II, 1604. — 8 mai 1367. Pierre de Vaulx fait rendre à l'abbaye divers arbres qui avaient été indûment « coupés, par ordre des marguilliers « de l'église de St Martin en l'Iselle, sur l'âtre de le dite église ». *Id.*, t. II, 1745. — 9 mars 1373-74. Henri le Maisier adresse à la comtesse d'Artois un rapport sur une entreprise des marguilliers de St Martin en l'Isle contre les privilèges de l'abbaye de Saint-Bertin. *Id.*, t. II, 1840 ; t. III, 2092, 2393 et 2470, etc.

ficultés entre elle et la ville de Saint-Omer¹. Dès 1224 leur influence était assez importante pour que l'un d'eux, Etienne Scantio, apposât son sceau, sur la demande des parties, à une charte par laquelle l'abbé de Saint-Bertin et Hugelin de Hergelle se soumettaient à un arbitrage pour clore des difficultés qui s'étaient élevées entre eux, et le bailli s'engage à faire observer la décision². Nous avons vu³ Simon de Villers, bailli d'Arras et de Saint-Omer, intervenir en 1247 dans le différend qui avait surgi entre la ville de Saint-Omer et l'abbaye de Saint-Bertin au sujet de la banlieue et de la haute justice et juridiction que les deux parties prétendaient avoir entre Arques et Saint-Omer⁴. Enfin le sceau du bailliage est apposé en 1304 par Jakemon le Muisne à un procès-verbal d'information relatif à la saisie par le roi d'un moulin que la ville de Saint-Omer faisait construire sur la rivière d'Aa malgré les droits des religieux⁵.

D'autre part la juridiction de Saint-Bertin donna lieu à des conflits sans nombre avec la ville toujours désireuse d'augmenter la sienne et de diminuer les entraves qu'y apportaient les droits de l'abbaye⁶. Les religieux possédaient dans la ville une importante amanie⁷, ainsi que des terres dans la banlieue, et ce mé-

1. Charte de Robert Iᵉʳ d'Artois de février 1247. *Arch. de Saint-Omer*, CCXX. — Il y est dit que le curage d'un fossé se fera à frais communs par l'abbaye et la ville ; en cas de désaccord on s'en rapportera à l'arbitrage du bailli.
2. *Chartes de Saint-Bertin*, t. I, nº 652 (1223-24).
3. P. 139.
4. *Chartes de Saint-Bertin*, t. II. nᵒˢ 921, 923, 924, 930, 935 et 936.
5. Id. 1420, acte du 8 juin 1304.
6. Giry. *Hist. de Saint-Omer*, p. 136.
7. Pagart d'Hermansart, *L'amanie de Saint-Bertin en 1753*. *Bull. hist. de la Morinie*, t. VIII, p. 336 à 342.

lange de juridictions dans l'étendue d'une même agglomération d'habitants facilitait nécessairement les erreurs et les contestations. Le bailli du comte intervint souvent au milieu de ces difficultés en vertu de son action en matière criminelle, et ses tentatives d'empiètement sur les privilèges de l'abbaye furent fréquentes.

Une des plus anciennes difficultés qui surgirent eut lieu vers 1227 : Etienne Scantio, l'un des premiers baillis de Saint-Omer, avait fait un procès criminel à un nommé Thiery, bourgeois d'Arques, qui était de la juridiction de Saint-Bertin, et il le condamna à mort ; la sentence fut exécutée, mais Jean, abbé, porta plainte au roi de France saint Louis, en expliquant que les privilèges de l'abbaye avaient été violés. Le bailli fut condamné en cour à fournir satisfaction à l'abbé, ce qu'il fit en 1227 en présence d'Adam, évêque de Térouanne [1], de Pierre de Collemieu, prévôt de Saint-Omer, des abbés de Bergues, d'Ham et d'Auchy et des échevins de la ville [2].

Le privilège de l'immunité s'étendait aux serviteurs et employés de l'abbaye. On a en effet des lettres du pape Grégoire IX, du 17 février 1234, écrites à l'abbé de Saint-Nicolas de Furnes, au prévôt et au doyen de Sainte-Walburge de la même ville les chargeant de contraindre le bailli et les échevins de Saint-Omer à considérer les serviteurs et employés de l'abbaye comme devant jouir des prilèges de la cléricature avec défense de leur imposer aucune taille ni exaction [3].

1. Elevé à l'épiscopat en 1213.
2. *Chartes de Saint-Bertin*, t. I, n° 722. — Lettres signées de tous ces dignitaires. — Deneufville, *Annales*, t. I, p. 378. (Ms. 809 de la *Bibl. de Saint-Omer*).
3. *Chartes de Saint-Bertin*, t. I, n° 824 (1234-35).

En 1251 ce fut encore à propos d'habitants vivant à Arques sur la pâture du côté de la ville, arrêtés par le bailli, que survint un conflit ; la comtesse Mahaut reconnut que l'église de Saint-Bertin avait la haute justice sur ce territoire et fit remettre les individus arrêtés au bailli des religieux ; c'est ce qu'attesta le 15 août 1251 Simon, abbé de Clairmarais [1].

Les usurpations de juridiction des bailli, mayeurs et échevins de Saint-Omer se renouvelèrent assez fréquemment pour que le 25 janvier 1261 le pape Urbain IV ait chargé l'évêque de Cambrai, le doyen et l'official du même diocèse de faire une information sur ces abus [2] ; ils n'en continuèrent pas moins.

En 1302, un voleur avait été appréhendé dans l'église Saint-Bertin par le bailli de l'abbaye, il fut revendiqué par Gilles de Seningbem, lieutenant du bailli de Saint-Omer, accompagné de deux échevins et de Jacquemart Coppin, procureur de ville ; mais le prisonnier n'était pas un bourgeois et le mayeur reconnut en halle que le droit de le faire justicier appartenait aux religieux [3].

Une grave violation des privilèges de l'abbaye de Saint-Bertin eut encore lieu au monastère même, en 1371. Un valet nommé Quade Hannequin, accusé de lèse-majesté, s'était échappé des prisons de la ville et avait trouvé un refuge dans l'abbaye. Il y fut réclamé par le bailli Guillaume de Wailly et par le Magistrat. Sur le refus de l'abbé Jean d'Ypres de livrer le prévenu, le monastère fut envahi par une multitude armée conduite par le bailli, les mayeurs et les échevins. Des portes et fenêtres furent brisées et des recherches

---

1. *Chartes de Saint-Bertin*, t. II, 985 à 992 et 1046.
2.   Id.   t. II, n°˙ 1065, 1066, 1069 (1361-62).
3. Giry, *Hist. de Saint-Omer* : *pièce justificative* LXXI, p. 440.

faites d'abord « haut et bas partout en l'église », puis on alla « ès chambres desdis religieux par tout « le monastère de ledicte abbie » et le valet fut enfin découvert « en le chambre du sous-prieux » et ramené dans les prisons de la ville. Ces désordres eurent lieu le 10 septembre 1371 [1]. L'abbé, indigné de la violation de son église, l'interdit aux habitants et il obtint de plus des vicaires généraux et de l'official de Térouanne une sentence d'excommunication contre le bailli et le corps échevinal, sentence dont ceux-ci appelèrent de suite au siège archiépiscopal de Reims, en soutenant que la censure n'avait pas été prononcée conformément au droit ordinaire de la loi diocésaine [2].

Le 18 octobre, le roi donna l'ordre au prévôt de Montreuil d'appeler devant lui, dans l'abbaye ou ailleurs, les bailli, mayeurs et échevins, le conseiller pensionnaire de la ville, Gui Ponche, le gardien des prisons et beaucoup d'autres bourgeois qui avaient participé à ces violences [3], de leur défendre de trou-

---

1. *Chartes de Saint-Bertin,* t. II, n°s 1793, 1794 — et *Arch. de Saint-Omer,* CCXX, 26.
2. Et notamment : « dictos baillivum, maiores et scabinos non « vocatos, non auditos non monitos ». *Arch. de St-Omer,* CCXX, 26.
3. L'échevinage en exercice en septembre 1371 est celui nommé dans la nuit de l'Epiphanie 1370. Plusieurs d'entre ceux qui le composent sont cités dans la lettre royale comme ayant pris part aux actes de violence contre les religieux. Nous soulignons leurs noms. L'échevinage comprenait Williame Sandre et *Jehan de le Court,* mayeurs ; Adenoufle de Sainte-Audegonde, *Jake de Sainte-Audegonde, fils de M. de Nortkelmes, Vincent Boulart, David d'Averhoud,* Tassart de le Vouve, Jake de Lenvin, Lambert de Bouloigne, Enguerrant Platel, Jehan de Wissoc, Lambert Batheman, échevins. Le Magistrat de l'an passé comptait aussi des coupables, notamment le « vies mayeur ». Il était composé de *Jehan Lescot,* Jehan Dane, mayeurs ; *Tassart de Morcamp,* Sandre Salavertin, *Jehan d'Esperlecques,* Baudin de le Deverne, George Main à bourse, Jehan Folke de Brûlio, *Williame de Percheval d'Ivregny,* Pierre de le fontaines,

bler dans ses « possessions, droits, juridictions, fran-
« chises, libertés, seigneurie et nobleces » l'abbaye
qu'il prenait de nouveau sous sa garde, de faire réparer et rétablir les lieux dégradés, et d'ajourner au
jour de la baillie d'Amiens du prochain parlement de
Paris, les opposants ainsi que six des plus coupables[1].

De son côté, informée de ces excès, la comtesse
Marguerite donna le 13 décembre suivant à son bailli
de Saint-Omer commission d'informer sur ces actes
de violence. Mais sans attendre les décisions à intervenir, les parties convinrent de s'en rapporter à la
médiation du cardinal de Beauvais[2] et un accord fut
conclu le 5 avril 1372. On décida que une personne
honorable du conseil de la ville, au nom de ceux
dont l'abbé avait à se plaindre, se rendrait « avec un
« nombre de gens jusques à dix ou huit personnes
« au moins » un dimanche « entre heure de prime
« et de grant messe » en l'église de Saint-Bertin, et
reconnaîtrait que « ne mie onques ils eussent in-
« tention, voulenté ou courage de l'église injurier,
« icelle violer, enfraindre le immunité ou préjudicier
« aucunement as franchises et libertéz de le dicte
« église, mais tant seulement pour hastiver, obvier
« aux périlz et griefs irrécupérables que par le de-
« meure dudit malfaiteur et leurs complices se peus-
« sent avoir ensuy... », et dirait à l'abbé « pour
« infractions de huys et de fenètres, violences et tout

Jehan Batheman, Florens Malin. Les autres bourgeois coupables sont
désignés dans l'arrêt du Parlement publié dans les *Chartes de
Saint-Bertin*, t. II, n° 1813.

1. Lettre du roi Charles V donnée par copie sous le scel de Jacques
de Bours, sergent du roi, le 20 décembre 1371 *(Arch. de Saint-
Omer*, CCXX. 26).

2. *Chartes de Saint-Bertin*, t. II, n° 1803.

« ce que ensuy s'en est », ces mots : « Je le vous « amende et m'en mes en votre ordenance ». En outre, il serait offert à l'église de Saint-Bertin « un « huys de cire de vint et cinq livres pesant... duquel « huis, pour le bien de paix et pour monstrer plus « grant amour des dis religieux et de ciaux de le « ville, ledit mons. le cardinal se fait fors de en or- « dener par telle manière que li dis huis ne demourra « que quatre jours en le dicte église, et li dit reli- « gieux feront depechier et fondre ledit huys, incon- « tinent après les diz quatre jours ». Il fut stipulé ensuite que l'abbé de Saint-Bertin, « avant que les « parties se partent de place, de bon cuer et amiable, « quittera et pardonra toutes rancunes ; qu'il décla- « rera retirer toute parole injurieuse proférée par lui « à l'occasion de ce procès, et que notamment il « affirmera ne savoir que bien et honneur de toutes « les personnes de le ville et du bailliage, les tenant « toutes comme venuez de bonne extraction et « comme s'etant toujours porté bien et loyalment à « la couronne de France et envers leurs autres sei- « gneurs »[1]. Cet accord fut transmis le 13 juin par Charles V aux gens de son Parlement[2], le 3 juillet le roi promulgua l'arrêt qui l'homologuait[3] et donna ses lettres exécutoires sur l'arrêt au prévôt de Montreuil[4].

Cependant la comtesse Marguerite, après l'informa- tion qu'elle avait ordonnée en décembre 1371, avait fait citer devant elle à Arras le bailli, les mayeurs et les échevins, et, après avoir entendu leurs explica-

1. *Chartes de Saint-Bertin*, t. II, n° 1811. — Vidimus de 1373 aux *Arch. de Saint-Omer*, CCXX, 26.
2. *Chartes de Saint-Bertin*, t. II, n° 1812.
3. *Id.* t. II, n° 1813. — *Arch. de Saint-Omer*, CCXX, 26.
4. *Chartes de Saint-Bertin*, t. II, 1814.

tions, d'où il résultait qu'ils n'avaient jamais eu l'intention d'injurier l'abbaye, et que les périls de la guerre et la position de la ville située à la frontière du royaume devaient justifier leur manière d'agir et leur vigilance peut-être excessive, elles les « quitta, « par lettres du 29 juillet 1372, de toutes accusa- « tions, calenges, criesmes, peines, amendes et « poursuites criminelles et civiles [1] ». Les clauses du concordat arrêté n'en furent pas moins exécutées, et le 17 octobre 1372 fut dressé, par le bailli et les francs hommes de Saint-Bertin, le procès-verbal de la cérémonie convenue, à laquelle ils avaient été présents dans l'église abbatiale lors de la réparation solennelle faite par l'échevinage aux religieux ; et quatre notaires en rédigèrent aussi le même jour un autre procès-verbal. Enfin Jacques de Bours, sergent du roi, rendit compte à son tour au parlement de l'exécution de l'arrêt du 3 juillet précédent [2]. L'amende honorable imposée au Magistrat et au bailli donnait gain de cause à Saint-Bertin. L'appel au siège de Reims qu'ils avaient adressé contre les censures par eux encourues n'avait pas été accueilli, l' « appellatio » avait été « frivola seu frustata judicata », et la cause renvoyée à l'examen et au jugement de l'évêque. Néanmoins, et peut-être à cause de la décision de la comtesse Marguerite, l'excommunication ne fut levée que le 5 mars 1373, ainsi que l'interdit qui avait été jeté sur l'église de Saint-Bertin. Quant au coupable, dès le 15 janvier 1373, par lettres données au chastel du bois de Vincennes [3], le roi « meuz de

---

1. *Arch. de Saint-Omer*, CCXX, 26. — Original scellé.
2. *Arch. de Saint-Omer*, CCXX, 11.
3.   *Id.*   CLII, 5. — Original scellé du grand sceau de cire rouge.

« pitié et compassion, en aussi regard à le grant
« paine et misère que Quade Hanequin, habitant de
« le ville de Saint-Omer, a souffers lui estans en pri-
« son pour cause daucunes paroles que len dit lui
« avoir dites contre notre personne, les quelles pa-
« roles regardent crime de leze-majesté, et pour
« cause desquelles paroles il est encore detenuz pri-
« sonnier ès prisons de nos amés les maieur et es-
« chevins de le dite ville de St Omer », le déchargea
de toutes peines, amendes corporelle et criminelle, le
rétablit en ses biens et bonne renommée, et donna
l'ordre au bailli de Saint-Omer et à l'échevinage de
l'élargir [1].

Un autre acte attentatoire aux privilèges de l'abbaye de Saint-Bertin avait lieu aussi à Arques à la
même époque. Le bailli, à la tête de gens d'armes,
d'arbalétriers et d'archers et d'autres gens de la ville
et du pays, était entré de nuit et par force au moustier de la ville d'Arques appartenant à l'abbaye de
Saint-Bertin, afin de s'emparer d'un nommé Michel
le Ravene qui s'était rendu dans les prisons de l'abbé,
et le roi avait donné mandement le 21 janvier 1371

---

1. Nous ne savons pourquoi M. Derheims (*Hist. de Saint-Omer*,
p. 204 à 209) et après lui M. de Laplane, dans les *Abbés de Saint-
Bertin*, ont fait de Quade Hanequin un prisonnier anglais. Le premier ajoute même qu'il fut condamné à mort, puis que lui et d'autres
prisonniers « entrèrent en ligne de compte pour une certaine somme
« dans les 1500 livres que la ville devait payer pour rançon des
« otages » qu'elle entretenait en Angleterre pour la rançon du roi
Jean, et qu'ils furent, au retour de ceux-ci, rendus à l'Angleterre. —
M. de Lauwereyns de Roosendaële dans sa brochure : *les Otages de
Saint-Omer* (Fleury-Lemaire, 1879) ne mentionne pas cette circonstance. Et les pièces publiées dans les *Chartes de Saint-Bertin*,
comme celles que nous avons pu voir aux archives municipales,
attestent qu'il s'agissait d'un habitant de Saint-Omer.

à un sergent d'informer au sujet de ces excès [1]. Le concordat du 5 avril 1372, que nous venons de citer, annula également les exploits de justice faits à cette occasion.

Willaume de Wailly n'en continua pas moins à molester les religieux, notamment à Arques en informant, sans appeler leurs officiers, contre deux individus soupçonnés d'assassinat, et la comtesse Marguerite décida le 9 janvier 1372 que l'abbaye ayant tout droit de justice dans la seigneurie d'Arques, il y avait lieu de faire réparation des torts qu'elle avait soufferts ; ce fut Henri le Maisier, sieur de Biaussart, successeur de Guillaume de Wailly, qui y procéda le 17 février suivant [2].

Un nommé Henry de Mersman avait volé un hanap d'argent dans le logement du duc de Bourgogne au château de Saint-Omer, puis s'était réfugié au monastère de Saint-Bertin, il fut arrêté et emprisonné par les bailli et sergents des religieux ; mais les gens du duc le conduisirent de Saint-Bertin au château où il fut « questionné et gehainé » en la présence du bailli de la comtesse qui était encore Henri le Maisier, ils se décidèrent ensuite à le remettre « ès prisons « des diz religieux » en prétendant toutefois avoir « le congnoissance dudit Henry », mais sur la plainte de l'abbé, la comtesse d'Artois, par lettres données à Arras le 10 décembre 1375, commanda à son bailli de respecter les privilèges de l'abbaye [3]. Et le 18 décembre elle déclara au même officier que les reli-

---

1. *Chartes de Saint-Bertin,* t. II, n° 1802 (1371-72).
2.   Id.   t. II, n°s 1826 et 1832 (1372-73).
3.   Id.   t. II, n° 1862.

gieux de Saint-Bertin avaient toute justice, haute, moyenne et basse dans leur église et dans l'enclos et pourçaint d'icelle [1].

D'autres conflits sans cesse renouvelés entre la ville et l'abbaye provenaient de ce que celle-ci faisait fabriquer des draps à Arques et que l'échevinage se plaignait de ce que l'on y contrefaisait la marque de ceux de Saint-Omer, et prétendait surveiller la draperie des religieux. De véritables expéditions guerrières, à la tête desquelles marchaient les mayeurs et échevins, avaient lieu contre la draperie d'Arques. En 1353 « grant quantité de eschevins, bourgois, habitans et « jurés de le dicte ville de Saint-Omer et autres jusques au nombre de trois mille ou plus, par manière d'ostilité, armés à pié et à cheval à tout » grant quantité de arbalestres... » avaient brisé les métiers et s'étaient livrés à de grands excès. Le bailli du comte, Enguerrand de Beaulo, était parmi les envahisseurs [2].

En 1362, une pièce de drap tissée à Arques en contrefaçon des droits de la ville [3] et saisie par ses officiers, avait été brûlée sur le marché au fil en présence d'Ernoul de Créquy, alors bailli. Les mayeurs et échevins avaient consenti, il est vrai, à donner à l'abbaye de Saint-Bertin des lettres en date du 1er juillet reconnaissant que cet acte ne serait point un précédent lui portant préjudice [4], mais les querelles au sujet des draps ne s'étant point

---

1. *Chartes de Saint-Bertin*, t. II, n° 1863.
2.   *Id.*   t. II, n°s 1657, 1658 et 1829.
3. Le procès-verbal de la saisie de la pièce de drap a été publié par M. Giry, *Mém. de la Soc. des Antiq. de la Morinie*, t. X, n° 85, p. 110. — Les *Chartes de Saint-Bertin*, t. II, n° 1713.
4. *Chartes de Saint-Bertin*, t. II, n° 1715.

apaisées, le roi Charles VI autorisa le 9 janvier 1384 les mayeurs et échevins à s'accorder, pardevant le Parlement de Paris, avec les religieux de Saint-Bertin, touchant les litiges qu'ils avaient les uns contre les autres depuis plus de trente-deux ans [1]. L'accord eut lieu le 12 janvier grâce à l'intervention du duc de Bourgogne ; le bailli et les officiers essayèrent vainement de justifier leur conduite en prétendant qu' « en le ville d'Arques, ville non close ne fremée, « située à demie lieue de St Aumer, ès parties vers « Flandres, estoient venu soudainement plusieurs « tiserans et foulons, conspirateurs banni de Flan- « dres qui faisoient certaines assamblées et conven- « ticules secrez, et avoient intention de attraire avec « eulz aucuns tisserans et autres du commun de « Saint-Aumer pour faire commocion et sédicion en « le ville », le Magistrat n'en dut pas moins faire amende honorable [2].

Cet accord ne se borna pas à fixer les conditions de l'intervention des officiers de la ville pour surveiller la draperie d'Arques et empêcher la contrefaçon de celle de Saint-Omer ; il détermina aussi les conditions générales de la juridiction de l'abbaye dans la ville. Il était reconnu que les religieux exerçaient la justice haute, moyenne et basse « en « l'église et monastère et tout le pourpris d'icelle », et qu'ils avaient la « cognoissance de tous cas « et sur toutes personnes délinquans oudit lieu, « sauf réserve et excepté les bourgois de le ville et « subzmanans dedens le ville et banlieue d'icelle », et il était expliqué ce qui devait être fait dans le cas

---

1. *Charles de Saint-Bertin,* t. III, n{os} 1949 et 1951 (1384-85).
2.   *Id.*   t. III, n° 1950 (1384-85).

où des bourgeois auraient commis un délit dans l'enceinte de l'abbaye.

Depuis cette époque on ne vit plus, il est vrai, le bailli intervenir dans les questions de rivalité entre la ville et le monastère à propos des draps dont l'industrie ne tarda pas d'ailleurs à émigrer en Angleterre; mais bien que l'accord de 1384-1385 ait semblé établir les droits respectifs des religieux et de la ville, les luttes de juridiction ne cessèrent point complètement, et les baillis furent fréquemment obligés de reconnaître leurs torts.

En 1396, c'est Aliaume de Longpré qui dut délivrer le 23 juillet des lettres de non-préjudice à l'abbaye pour avoir pris sur le territoire d'Arques un nommé Guillebert d'Averhoud, poursuivi à *caude-cache* depuis la ville de Saint-Omer jusqu'au dit lieu pour cas criminel[1]. Puis Guillaume de Rabodinghe consent le 17 août 1428 à annuler l'arrestation de Jehan de le Hille, sujet d'Arques[2]. Le 28 septembre 1430, il donne des lettres de non-préjudice aux religieux de Saint-Bertin pour avoir « tenu une vérité et enqueste, dans « leur hôtel à Houlle » un jour que le « temps estoit « dur de pluie »[3]. et prononce le 27 octobre 1439 le renvoi par devant la cour ou salle de Saint-Bertin de certaines causes indûment portées devant sa juridiction[4]. Une autre fois, le lieutenant du bailli est désapprouvé par le comte d'Artois : un censier de l'abbaye, Jehan Levasseur, revenait de la ville le jour de St Etienne en 1452, lorsqu'il fut attaqué à Longuenesse par plusieurs individus qui le blessè-

---

1. *Chartes de Saint-Bertin*, t. III, n° 2088.
2.   *Id.*   t. III, n° 2717.
3.   *Id.*   t. III, n° 2728.
4.   *Id.*   t. III, n° 2810.

rent ; le bailli de Saint-Omer ou son lieutenant avait été chargé, par lettres de Philippe, duc de Bourgogne, données à Lille le 4 janvier, d'informer sur le fait, d'appréhender et de condamner les coupables, mais il avait différé, et Philippe-le-Bon, par lettres du 19 janvier, manda au premier huissier ou sergent d'armes de son conseil de faire le nécessaire et blâma le lieutenant de bailli, Guillaume de Rabodinghe, de favoriser, par ses lenteurs à informer sur ce fait, les prétentions de l'échevinage de Saint-Omer à qui il défendit de connaître de ces excès [1].

Nous n'insisterons pas davantage sur ces conflits qui furent enfin résolus par un arrêt du grand conseil de Malines du 17 mars 1542, qui décida notamment que toute justice haute, vicomtière et foncière appartenait aux religieux dans leur enclos et dans une partie des terres qu'ils possédaient dans l'étendue du bailliage [2], la vicomtière et la foncière seulement dans les autres ; qu'ils avaient aussi la justice foncière dans leurs maisons, fiefs, terres et seigneuries situés dans la ville et dans la banlieue sous le ressort de l'échevinage, mais que la haute justice et la vicomtière appartenaient dans la même circonscription aux bailli, mayeur et échevins de St-Omer et qu'elles y devaient être exercées par eux [3].

En 1739 le jurisconsulte Maillart constate que tout bourgeois ou habitant de la ville ou de la banlieue « qui a délinqué dans le dit enclos (celui de l'abbaye) « peut être arrêté par les officiers de justice de l'ab-

1. *Chartes de Saint-Bertin*, t. III, nos 2989 et 2990 (1452-53).
2. Arques. Herbelles. Acquin, le Val-Bosquet et Coyecques.
3. *Recueil des Chartres de la ville*, p. 68. Cet arrêt fait mention de divers autres conflits que ceux que nous avons signalés, nous y renvoyons, v. p. 86.

« baye, pour de suite être remis ez mains des offi-
« ciers de l'échevinage en cas de revendication » [1].
Rien n'était changé à ce qu'avait décidé le concordat
de 1384-1385 [2].

C'est une bulle du pape Callixte II, du 6 octobre
1123 [3], acceptée par le roi Louis VI, qui avait accordé
au chapitre de N.-D. de Saint-Omer toute justice dans
son enclos, sur les personnes faisant partie ou étant
sous la dépendance du chapitre ; et, en vertu de cet
acte pontifical, le prévôt du chapitre pouvait lancer
l'excommunication contre les ennemis de l'église si
l'ordinaire négligeait de le faire, et les absoudre s'ils
s'amendaient.

Les papes Innocent II, Adrien IV, Alexandre III,
en 1139, 1159 et 1179 avaient confirmé les droits,
privilèges, exemptions et coutumes du chapitre [4].

En 1235, à la prière de Pierre de Collemieu, 16e prévôt de la collégiale, le pape Grégoire IX, en confirmant la bulle de Callixte II, précisa le « pouvoir des
« prévôts d'excommunier tous les malfaiteurs envers
« le chapitre, dans le cas où l'évêque diocésain refu-
« serait de le faire » [5].

Les différends avec la ville et le bailli du comte à
propos de l'exercice de cette justice s'étaient élevés
dès l'origine de l'existence du chapitre, et l'échevinage avait cherché de bonne heure à se mettre à

---

1. *Liste alphabétique des juridictions, etc.*, p. 32, n° 18.
2. Cité p. 202.
3. Orig. *Arch. du chapitre de Saint-Omer*, II, G. 58.
4. Vallet de Viriville. *Essai sur les Arch. du chapitre de l'église cathédrale de N.-D. de St-Omer*, Mém. de la Morinie, t. VI.
5. Deneufville. *Ms. des Dignités de l'église de St-Omer*, p. 86. — *Arch. du chap.*, II, G. 66.

l'abri de ces censures directes ; il avait obtenu de Pierre de Doy, 37° évêque de Térouanne [1], la confirmation, par une charte donnée le vendredi avant la fête de S' Mathieu en septembre 1247, d'un concordat intervenu entre les prêtres de l'église de Saint-Omer et les échevins de cette ville décidant « que ces prê-
« tres ne pourront plus fulminer l'excommunication
« contre le Magistrat sans une autorité (autorisation)
« particulière du pape, ou du métropolitain, ou de
« l'éveque du diocèse » [2].

Le bailli fut quelquefois chargé d'apaiser ces difficultés entre la collégiale et la ville. En 1247, de Villers, bailli d'Arras et de Saint-Omer, fut notamment désigné comme arbitre, au mois de février, par Robert, comte d'Artois, pour terminer diverses contestations entre l'échevinage et le chapitre [3]. Le 28 février 1288, le scel du bailliage authentiqua un accord entre la ville et les chanoines [4].

Mais le plus souvent, le bailli, comme exerçant la justice criminelle avec l'échevinage, se trouvait aux prises avec la justice du chapitre : Guillaume le Poingnant fut excommunié, ainsi que les échevins, la 2° férie avant les cendres 1286 (17 février) par Nicolas de Rèje [5], doyen, au nom de tout le chapitre, pour avoir, au mépris de ses immunité, privilèges et juridiction, évoqué et jugé une batterie et querelle survenue dans la charpenterie et le cimetière entre Hugues Pansage, maçon, et Berthelot, charpentier,

1. De 1230 à 1251.
2. Deneufville. *De l'état ecclésiastique de la ville de St-Omer*, p. 34 (Ms. appartenant aux Antiq. de la Morinie).
3. Giry, *Histoire de St-Omer*, p. 417. Pièce justificative XLVII (1247-48).
4. Giry, *Histoire de Saint-Omer*, p. 120 (1288-89).
5. Nicolas de Regio, 14° doyen de la collégiale.

laïques, ouvriers et chefs des travaux de la fabrique[1].

L'année suivante, le doyen ayant refusé de répondre à une citation du même bailli, celui-ci, avec ses sergents, dévasta les propriétés du chapitre à Ecques, à Bilques, à S¹-Omer-Eglise, et fit même enlever à Saint-Omer les couvertures des celliers des chanoines dont les ouvertures donnaient sur la place du châtelain, il fit aussi couper leurs vignes. Mais le chapitre porta plainte au parlement contre ces excès et il eut gain de cause[2].

Une autre fois, vers la fin du xiii⁰ siècle, Guillaume de Valhuon[3], bailli du comte, vint au chapitre apporter une plainte des échevins de la ville qui prétendaient que le bailli de l'église refusait de faire droit à un de leurs bourgeois ; le chapitre répondit que le doyen tenait deux ou trois fois l'an des plaids généraux annoncés par des publications, et qu'il jugeait alors toutes les causes qui se présentaient. Les bourgeois ne voulurent point attendre l'époque des plaids et saisirent le bailli du chapitre un jour qu'il était hors de son territoire, puis, sur son refus de décider l'affaire, ils requirent le bailli du comte de le mettre en prison ; mais le bailli d'Arras, à qui plainte fut portée, intervint et délivra le prisonnier.

En 1298, le bailli du chapitre à Ecques, où les chanoines avaient la haute justice, avait exécuté un faux monnayeur ; le bailli du comte, Jean de Biaukaisnes, considérant que le crime commis rentrait

---

1. La sentence d'interdiction est lancée contre Guillaume, bailli de monseigneur le comte d'Artois, à Saint-Omer, Nicholas de Traves, bailli du châtelain du même lieu et les mayeurs et échevins de la même ville. *(Arch. du chap., II, G 579.)*

2. Giry, *Histoire de St-Omer*, p. 122.

3. Il est désigné sous son prénom seulement. *Arch. du chap.*, II, G 195. Plainte du chapitre contre la ville, fin du xiii⁰ siècle.

dans les cas privilégiés, vint à Ecques, s'empara des hommes du chapitre qu'il amena en prison, et fit abattre les fourches où le faux monnayeur avait été pendu. Le chapitre obtint encore un arrêt de parlement en sa faveur. Il avait rédigé, dit M. Giry, un immense rouleau de griefs articulés contre l'officier du prince [1].

En 1312, un autre bailli, Pierre de Beaucaurroy, fit aussi sans succès une querelle au chapitre en sommant le doyen de lui délivrer un bourgeois détenu dans les prisons des chanoines, et il dut renoncer à sa plainte [2].

Vers 1321 [3], un clerc, le bailli de St-Omer, Pierre de Bouveringhem et quatre bourgeois, avaient maltraité, garotté, bâtonné, jeté en terre, puis traîné en prison Jean Ponghe, chapelain de l'églioe Notre-Dame. Une sentence d'excommunication fut fulminée contre eux par le chapitre et sanctionnée par le pape Jean XXII dans une bulle de l'année 1323, qui confirmait en même temps le droit d'excommunication déjà accordé au chapitre : « Quibus est ab apostolico « sede indultum ut in malefactores eorum... possint « interdicti et excommunicationis sententias promul- « gare » [4].

Ces violences des officiers royaux et ces difficultés sans cesse renaissantes nécessitèrent un règlement qui intervint le 17 juin 1333 ; il attribua au chapitre

---

1. Giry, *Hist. de St-Omer*, p. 122. — M. Giry a analysé ces plaintes p. 140, note 3. 142, note 2.
2. Giry, *Histoire de St-Omer*, page 144, note 3.
3. Pierre de Bouveringhem, cité dans la bulle de 1323 dont nous allons parler, était bailli de Saint-Omer en 1321 et fut remplacé en 1322 par Jean de Saulty. Les faits mentionnés dans la bulle ont donc dû se passer en 1321.
4. *Pièce justificative*, I.

juridiction dans son enclos¹ sur toutes personnes excepté « les bourgois et les inframanans et demo-
« rans réalment et sans fraude en le dicte ville et
« banliewe de S‍ᵗ Aumer », et détermina en même temps la procédure que devaient suivre les officiers du comte ou de la ville pour se saisir ou prendre livraison d'un accusé leur appartenant, sur le territoire de l'église ².

Cet état de choses se maintint longtemps, puisqu'on trouve plus tard, à la date du 26 septembre 1425, une attestation donnée par les mayeurs et échevins portant que, à la réquisition du bailli de Saint-Omer³, le prévôt de l'église, Hugues de Cayeu, avait relâché « un bourgeois emprisonné pour quelque noize
« ou melléé qu'il auroit faite au cloitre de S‍ᵗ Omer⁴ ».

La coutume de 1531 constate que les différends entre la commune et le chapitre en ce qui concernait les délits ou crimes commis dans l'enclos du chapitre étaient apaisés, car la connaissance en appartenait à l'échevinage⁵. La question resta donc tranchée en faveur du Magistrat.

Enfin, en 1739, le jurisconsulte Maillart reconnait que le chapitre a juridiction dans les parties de son enclos où l'évêque n'exerce pas la sienne, et que « les bourgeois et habitants de la ville et de la ban-
« lieue, pour quelque crime que ce puisse être, soit
« qu'ils se soient retirés dans l'enclos de la cathé-
« drale, soit qu'ils l'y aient commis, demeurent jus-
« ticiables aux mayeur et échevins à qui ils doivent

---

1. Dès 1269, le comte d'Artois avait autorisé le chapitre à clore son enclos.
2. Giry, *Hist. de St-Omer*, p. 143, note 1.
3. Guillaume de Rabodinghe.
4. *Arch. du chapitre*, II. G 580.
5. Giry, *Hist. de St-Omer*, p. 143.

« être remis par le bailly du chapitre ; sinon les
« mayeur et échevins peuvent les y faire prendre, en
« tel lieu qu'ils puissent être ; excepté si le crime
« avoit été commis sur quelque personne demeurant
« dans l'enclos, pour raison duquel la poursuite de-
« vroit en être faite par devant leur gardien, c'est-à-
« dire le juge royal, qui est à présent le conseil pro-
« vincial d'Artois »[1].

---

1. *Listes alphabétiques des juridictions, etc.*, p. 32, n° 17.

CHAPITRE X

Les lieutenants du bailli. — Ils sont nommés par lui d'abord en nombre illimité. — Leur amovibilité. — Leur serment à l'échevinage. — Les lieutenants premiers ou généraux et les lieutenants seconds ou particuliers. — Ils remplacent le bailli. — Le Magistrat s'oppose, le plus souvent en vain, à ce qu'ils reçoivent le serment des échevins.

En retraçant les difficultés survenues entre le bailli et les diverses autorités locales laïques et ecclésiastiques, nous avons souvent rencontré, agissant à la place du bailli, un personnage qualifié de lieutenant de bailli. En effet, un siècle ne s'était pas écoulé depuis la création des premiers baillis à St-Omer, qu'ils ne pouvaient déjà plus suffire à leur tâche. Les diverses attributions que nous venons de passer en revue étaient devenues trop importantes et trop absorbantes, et la nécessité s'était imposée pour eux d'avoir des suppléants à qui ils pussent déléguer tout ou partie de leur autorité, au moins dans les matières administratives, de police et judiciaires.

On ne peut préciser à quelle époque fut institué le premier lieutenant du bailli, mais à la fin du xiiie siècle, il existait déjà un officier pourvu de ce titre[1]. Ici, comme dans l'histoire de bien d'autres institutions, le fait fut converti en droit, car ce n'est que plus tard, en 1361, que l'on trouve exposé d'une façon positive le droit du bailli d'avoir des lieutenants. Les lettres patentes de bailli délivrées le 18 décembre 1361 par Gaucher de Chatillon, au nom de la comtesse Marguerite, à Arnould de Créquy portent ces mots : « Par ces présentes donnons pouvoir « autorité en nom que dessus d'iceli office faire et « exercer par li et ses lieutenans, ainsi que bon et « léal baillieu poeult et doit faire »[2]. C'est donc le bailli qui, à cette époque, avait le droit de commettre une ou plusieurs personnes pour exercer les fonctions qui dépendaient de son office. En effet le 4 octobre 1364, Baudouin, sire de Sangatte, vint en halle et institua en la chambre échevinale Jehan Bec, qui prêta serment devant le Magistrat.

Les autres baillis, ses successeurs, continuèrent d'user du droit de désigner un ou plusieurs lieutenants. Pierre de Vaux institua devant deux échevins

---

1. Les Archives des comptes de Lille montrent :

1272. Guillaume de Biemont, *lieutenant du bailli de Saint-Omer*, mande qu'Isabeau Massiet a vendu à Cordian Guilleman, receveur de St-Omer, au nom de l'archiduc d'Autriche, un fief de 12 livres parisis de rente (janvier-avril 1273, *Inv. somre*, t. I, n° 1273).

1275. Adhéritement par Charles de le Creuse, *lieutenant du bailli de Saint-Omer*, à Cordian Guilleman, receveur de cette ville, d'un fief de 60 rasières de bled, assignés sur la chatellenie de ladite ville (février-mars 1275, *Inv. somre*, t. I, n° 137).

Dans l'*Inventaire sommaire des Arch. du Pas-de-Calais*, A, on voit :

1290. Notification par Jean Deule, sergent du comte d'Artois et *lieutenant du bailli de Saint-Omer*, qu'en sa présence, Huelin de Boisdinghem a vendu à Willemet, son neveu, pour 60 l. par. un fief de 2 mesures sis « de le Radinghem sous le verde rue » tenu du comte d'Artois (juin 1290, A, 35). — Voir les listes à la fin de l'ouvrage.

2. *Arch. de Saint-Omer*, AB, VIII, 7.

Tassart du Fresne, qui fit le 27 mars 1366 le serment accoutumé et fut autorisé à taxer le vin sans préjudicier aux droits des échevins [1].

Villiam Yoeds, nommé le 8 janvier 1367 par le même bailli et présenté à l'échevinage où il prêta serment, fut renouvelé le 12 avril 1368 par Varin de Bécourt, et continué par Jean de Brimeu le 2 août 1372, et en 1373 par Henri le Maisier, sire de Biaussart [2] ; mais tous deux désignèrent en outre, à cause de l'absence de William Yoeds, un second lieutenant, Tassart ou Rasse du Fresnoy. Le sire de Biaussart destitua ensuite Yoeds le 6 septembre 1374 et le remplaça par Lambert Delevoye, qui fut encore suppléé par Tassart du Fresnoy [3]. Le 11 février 1374, le bailli nomma Jehan Odise et Noiseur du Fresnoy, fils de Tassart, « non pour ce rappelant les pouvoirs de ses « autres lieutenants dessus dits ». Jehan Galée fut désigné le 12 février 1374 en l'absence de Tassart et de Noiseur du Fresnoy ; puis, le 13 août 1375, Loys de Wittasse, le 10 juillet 1377 Henri d'Aucoche (daucoich), le bailli « non rappelant le pouvoir de Loys, « sire de Wistasse » [4]. Le 31 janvier 1377, François Lecupère fut établi lieutenant, mais comme il était absent, Jehan du Fresnoy dit Noiseur fut mis à sa

---

1. « Après li dit Mr le baillieu pria à nos seigneurs maïeur et es-
« quevins que li dit son lieutenant poeult jouïr de son bourgaige et
« taxer vin, lequel celle li dit mayeurs et esquevins li octroient et de
« grace tant que il leur plaira ce sans leur prejudice. » *(Registre au renouvellement de la loy*, C, f. LIII v°.)

2. Villaume Yoed en 1372. *(Inv. somre du Pas-de-Calais*, A, 987. appelé « Youch » en 1376. *Id.* 988.)

3. « ... en outre ordonna et restabli en l'absence dudit Lambert
« Tassart dufresnoy, comme autrefois il l'avoit etabli en l'absence du
« dit Williame Yoeds, lequel Tassart du Fresnoy avoit adonc fait son
« serment. » (*Reg. au renouvellement de la loy*, C, f. IIII^{xx} et XII v°.

4. *Registre au renouv^t de la Loy*, H, f. v.

place [1]. Le 21 septembre 1379, on voit Gille de Belck et Jehan Galée de nouveau, et le bailli « ne rappelle « point François Lecupère son aultre lieutenant » [2]. François le Cuvelier, quoique absent, fut nommé le 28 avril 1381, et il fut remplacé par Cyprien Le Wilde [3]. William Yerouch refusa l'office le 17 février 1382 et François le Cuvelier fut nommé derechef [4]. Cyprien le Wilde obtint encore la lieutenance le 26 février 1385 et l'exerça avec François le Cuvelier [5].

Tous ces lieutenants essentiellement révocables étaient d'abord présentés aux officiers du bailliage et prêtaient serment de fidélité au comte d'Artois ; puis devant les échevins, en halle, ils en faisaient un semblable à celui de bailli. Ils ne recevaient pas de commission et avaient en général, en l'absence du bailli, les mêmes pouvoirs que lui [6]. Les lieutenants nommés en second n'avaient le droit d'exercer : « qu'en l'absence du premier et non autrement », c'est ce que l'échevinage avait fait reconnaître dès 1372, la première fois que le bailli avait jugé bon de désigner un second lieutenant [7]. Au surplus, l'autorité du premier lieutenant n'était pas si bien établie qu'il pût remplacer le bailli en toutes cir-

---

1. *Registre au renouv^t de la Loy*, H, f. vi.
2.   Id.   f. x v°.
3.   Id.   f. xxi.
4.   Id.   f. xxiii.
5.   Id.   f. xxvii.
6. Ils pouvaient notamment révoquer les sergents à masse.
« 1er juillet 1373. Wille Yoeds, lieutenant du bailli, délaissa Robert « Maquerel sergent à masse de sondit office et institua en son lieu « Jehan de Bilke lesquels fist serment le dit jour en halle. » *(Reg. au renouv^t de la loy,* C f. iiii^{xx} viii, r°.) V. aussi chap. IV, p. 47 ci-dessus.
7. Ms. Deslyons de Noircarme : c'était Rasse du Fresnoy, nommé pour remplacer Williame Yoeds en son absence. V. ci-dessus.

constances. Ainsi, lorsque le 1ᵉʳ janvier 1385 le bailli, Guilbert du Fresne, vint à mourir, les échevins se réunirent le jour même de la mort pour examiner la question de « sçavoir se à le prochaine
« veille le tiephangne, au renouvellement de l'eschevinage, sire franchois Le Cuvelier, qui avoit esté
« lieutenant du baillieu, poroit exercer l'office de
« baillieu au renouvellement dudit eschevinage pour
« ce que lidis bailli estoit trespasséz, ce fu conclut
« que, considéré que lidis lieutenant estoit fait par
« le baillieu et non institué par monseigneur, il ne
« pooit neus faire comme lieutenant *quia mortuo*
« *mandatore expirat mandatum,* et pour ce en escri-
« rent hastivement nos signeurs pardevers monsei-
« gneur de Bourgogne, conte de Flandres et d'Artois,
« qui lors estoit à Oudenarde, lequel envoia tantost
« un mandement à monseigneur de Saveuses, capi-
« taine qui adonc estoit à Ardes »¹. Et ce fut, comme nous l'avons déjà dit², M. de Saveuse, gouverneur d'Ardres, qui fit l'élection échevinale la veille des rois 1385 au nom du prince.

Allard Danne, désigné pour bailli seulement le 17 avril 1385 par le duc, établit pour lieutenant Simon de Kelmes³ ; son successeur, Percheval d'Ivregny, nomma le jour de la Quasimodo (5 avril) 1388, Jehan de la Motte dit Clapsien, et, à sa place, comme il était absent, il établit Williame Yerouch⁴. Aléaume de Longpré nomma le 9 mai 1404 Guilbert du Fresne et le 7 février 1405 Gilles de Seninghem⁵.

---

1. *Arch. de St-Omer, Reg. au renouv^t de la loy,* H f. xxx.
2. Chap. III, ci-dessus, p. 26.
3. *Arch. de St-Omer, Reg. au renouv^t de la Loy,* H, f. xxiii, r°.
4.   Id.   id.   f. xxxix.
5.   Id.   id.   f. 84, r° et v°.

On s'est étonné de la multiplicité de ces lientenants qu'on rencontre quelquefois au nombre de trois ou quatre. Evidemment, si l'on admet qu'ils aient exercé leurs fonctions à Saint-Omer seulement, leur nombre semble excessif, mais on peut penser que le bailli les envoyait au dehors, dans diverses résidences de son bailliage, telles que Tournehem ou Eperlecques, qui furent, à certaines époques, des bailliages réunis à celui de Saint-Omer, ou bien en mission temporaire et pour représenter son autorité dans certaines portions du territoire menacées par l'ennemi ou même isolées momentanément par suite de l'état de guerre où se trouvait le pays, notamment pendant l'invasion anglaise (1337-1457).

De 1404 à 1446, les noms des lieutenants ne sont pas tous connus. L'échevinage proteste toujours contre leur ingérence dans les élections, et Guillaume de Rabodinghe est obligé, le 4 janvier 1429, en désignant Gilles de Seninghem, son lieutenant, à l'effet de se trouver en halle pour y recevoir, en son lieu et place, le serment des échevins, de donner à la ville des lettres de non-préjudice [1].

A partir de 1446, il semble que les baillis n'usent que rarement du droit d'avoir plusieurs lieutenants à la fois [2], et en 1481 l'institution des lieutenances se régularise assez pour qu'on puisse plus nettement distinguer un lieutenant général et un lieutenant

---

1. *Arch. de Saint-Omer,* C, XXII, 1er.

2. Cependant ce droit se maintint au moins jusqu'en 1507, car Augustin de Renty, lieutenant général, nommé par Ferry de Croix le 22 mai 1507, avait reçu pouvoir de « en notre absence commettre et « establir un ou plusieurs lieutenants de nous Bailli dessusdit, qui « ait le même pouvoir que nous avons, en partie, ainsi que ledit « notre lieutenant verra être expédient et convenable... « *(Ms. des Lyons de Noircarme.)*

particulier, et les pouvoirs des uns et des autres grandissant, on voit Jacques de Boistel, Guillaume Létendart, lieutenants généraux, et même les lieutenants particuliers : Emon de Salperwick, Jehan de Fontaine, Mathieu du Gardin recevoir, au lieu et place des baillis, les serments des échevins en 1490, 1491, 1494, 1495 et 1499, en présence des officiers châtelains ou bourgraves, Jehan Baron, Jehan Vasselin et Adrien Brunel, sans que l'échevinage puisse s'opposer à ces délégations.

Le lieutenant général ou le bailli lui-même présentait à l'échevinage les lieutenants particuliers. Eustache de Bournonville fut nommé le 28 août 1493 pour, d'après le procès-verbal de son installation, « le « dit office exercer en cette ville et banlieue ainsi « que accoutumé est tant au bailliage comme ail« leurs, et de ce a faict le serment en tel cas perti« nent, et ce à la requeste et présentation qu'en a « faict à mes dits sieurs Jaque de Boistel dit du Pan, « escuier, lieutenant premier et général dudit sei« gneur, et a prommist de soy bien et loyalment « conduire ». L'année suivante, Emon de Salperwick fut présenté par le bailli, en 1495 Jehan de Fontaine et en 1497 Mathieu du Guardin le furent par le lieutenant général [1].

Jusqu'au XVIe siècle, cet officier ne paraît avoir suppléé le bailli qu'en matière administrative et ce n'est que vers 1515 que nous le verrons chargé aussi d'attributions judiciaires.

---

1. *Ms. des Lyons de Noircarme*. — On trouve les noms d'Eustache de Bournoville, Jean de Fontaine, Mahieu du Gardin en 1494, 1497 et 1499 dans les *Chartes de Saint-Bertin*, t. IV, éd. Bled, nos 3584, 3616 et 3663.

CONCLUSIONS

Nous avons mentionné au chapitre I les divers pouvoirs existant à Saint-Omer au moment de la création du bailli. Depuis, nous l'avons vu devenir assez rapidement le seul représentant du prince, et nous avons passé en revue jusqu'à la fin du xve siècle ses diverses attributions sans cesse grandissantes, à part les finances qui, dès le milieu du xive, ont passé entre les mains d'un receveur. Si importantes que fussent ces attributions, elles restent encore, à l'époque où nous nous arrêtons, limitées par les droits des villes, des églises et des fiefs séculiers.

Vis-à-vis de l'échevinage en particulier, ses pouvoirs sont assez limités. Il surveille la comptabilité et l'administration de la ville, mais celle-ci passe successivement pendant trois siècles sous la domination des rois de France Philippe-Auguste, Louis VIII et Louis IX, des comtes d'Artois de la famille de Robert I (1237), des comtes de Flandre (1381), des ducs de Bourgogne (1384) et des archiducs d'Autriche (1477), et, pendant tout ce temps, sous tous ces souverains, le bailli doit reconnaître les franchises et libertés de la chambre échevinale. Il ne peut mettre d'ordre dans la comptabilité ni dans les élections municipales, ni y réprimer suffisamment les abus ; il ne peut davantage saisir le gouvernement militaire de la cité ; et il doit reconnaître la juridiction du Magistrat sur ses bourgeois et leur accorder de précieuses garanties relatives à leur liberté individuelle et à la propriété. Cependant en matière criminelle il est le conjureur des échevins, il fait arrêter les malfaiteurs qu'il livre à leur justice, il exécute leurs sentences, et il exerce ainsi une grande influence puisque le droit de poursuite est entre ses mains seules. Si l'intervention du bailli dans les affaires de la cité n'est pas plus décisive, s'il promet de respecter ses privilèges et ses libertés, c'est qu'il est le représentant de princes à qui la nécessité s'est imposée de se concilier les bourgeois ; le comté d'Artois, la couronne de France même ne se sont pas toujours transmis sans contestations[1] et les princes les plus légitimes ont eu besoin d'obtenir des subsides de la ville[2] ou de s'assurer de sa fidélité pendant les guerres incessantes qui amenèrent devant ses remparts successivement Bauduin IX, comte de Flandre en 1198, Fernand de Portugal en 1214, les Flamands en 1302 et 1303, Robert d'Artois en 1340, les Anglais en 1406 et 1437, Louis XI en 1477 et le maréchal d'Esquerdes en 1487. Ce n'est que plus tard, sous des gouvernements plus affermis, que nous verrons les baillis recevoir des ordres

---

1. Pagart d'Hermansart, *Deux lettres de princes français aux échevins de St-Omer après la mort de Louis X le Hutin, pendant la vacance du trône en 1316.* (Bulletin historique et philologique, 1894.)

2. Pagart d'Hermansart, *Lettres de Philippe V aux échevins de St-Omer pendant la révolte de la noblesse d'Artois contre la comtesse Mahaut, 1317-1319.* (Id. p. 576 à 588.)

pour surveiller plus complètement l'administration de la ville et des pouvoirs suffisants pour y apporter des réformes plus complètes que celles essayées en dernier lieu par Philippe-le-Bon au milieu du XVI° siècle.

En ce qui concerne les établissements religieux, la longue étude que nous avons présentée au chap. IX sur les conflits entre la juridiction ecclésiastique et celle du bailli et des échevins, montre d'abord les justices d'église cherchant à attirer à elles les procès civils et criminels, et plus tard le tribunal laïque de l'échevinage se saisir de la plupart des affaires et restreindre la compétence ecclésiastique. L'évêque défend son privilège de juridiction en jetant plusieurs fois l'interdit sur la ville et en excommuniant ses magistrats. Il lance aussi l'excommunication sur plusieurs baillis du comte d'Artois, car ces officiers sont l'appui de l'échevinage. En effet, la justice criminelle du prince est représentée dans la ville par le Magistrat à qui il l'a déléguée autrefois, et elle est mise en mouvement par le bailli lui-même. En prétendant soumettre à la justice commune aux bourgeois tous ces clercs que l'on trouvait dans tous les états et dans toutes les professions, non liés irrévocablement à l'Eglise, attachés seulement à son service, et dont les privilèges avaient pris une extension illimitée, l'officier du comte sert donc son souverain qui cherche à dégager la juridiction temporelle des enlacements de la juridiction spirituelle, et il remplit sa mission de réprimer les abus de l'autorité ecclésiastique. D'autre part, le bailli se réserve de décider lui-même de certains crimes privilégiés, et il est l'agent du pouvoir dans tous les cas où il y a lieu de défendre les prérogatives du souverain. Bien que les baillis interviennent rarement en matière civile, c'est cependant aussi avec leur appui que la justice de la ville ressaisit le jugement des causes concernant des clercs mariés ou marchands et toutes celles des laïques qui n'étaient point purement spirituelles, de sorte que la juridiction civile sur les séculiers finit par être enlevée à l'évêque de Térouanne au commencement du xv° siècle.

A cette époque, en effet, la réaction laïque, qui remonte à Philippe-le-Bel, commence à triompher, le clergé n'est plus l'unique agent de toute vie sociale et politique. Les excommunications, les interdits lancés par les officiaux n'ont plus la portée d'autrefois, et le pouvoir civil n'intervient pas pour sanctionner par la confiscation des biens ou une peine corporelle la première de ces censures ecclésiastiques. Dans cette lutte, les baillis sont soutenus par les comtes d'Artois, par le parlement de Paris ou par le roi de France lui-même, mais si ceux-ci exigent parfois l'obéissance de l'évêque dans les matières qui ne touchent ni à la religion, ni à ses enseignements, ni à ses œuvres, ils savent cependant arrêter souvent le zèle inconsidéré de leurs agents. Malheureusement aussi de regrettables violences se produisent et le bailli, levant en 1422 son bâton sur le représentant du doyen de chrétienté et le faisant arrêter [1], rappelle les outrages dont le pape Boniface VIII avait été victime à Anagni plus d'un siècle auparavant.

L'abbaye de Saint-Bertin et le chapitre usent des mêmes armes que l'évêque pour assurer leur juridiction, attaquée violemment par le Magistrat et le bailli. L'officier du comte, qui favorise trop fréquemment

---

1. V. p. 177, ci-dessus.

les prétentions de l'échevinage, est souvent blâmé, les établissements ecclésiastiques, qui sont en même temps des seigneurs féodaux, voient leurs privilèges confirmés, mais les bourgeois sont définitivement soustraits à leur juridiction.

C'est ainsi que dans cette partie du comté d'Artois, feudataire de la couronne de France, comme dans le royaume lui-même, la justice du prince, par le fait de l'action des baillis, s'était étendue au détriment de la juridiction ecclésiastique et que la compétence de celle-ci fut renfermée dans des limites plus étroites.

Enfin, comme le bailli s'est substitué complétement au prévôt qui a disparu et au châtelain qui n'est plus qu'un officier judiciaire, il est devenu le seul représentant féodal du comte suzerain, dans l'étendue de l'ancienne châtellenie transformée en bailliage; tous les fiefs de celle-ci dépendent du château de Saint-Omer; il a le droit de donner la possession et investiture des fiefs en relevant, de vérifier les aveux et dénombrements et de juger les difficultés en matière féodale. La cour du bailliage, définitivement constituée vers 1350, ne juge pas seulement ces matières, elle exerce aussi des droits de haute justice ; plus tard, elle reçoit les appels des juridictions inférieures, car les seigneurs, même dans ce pays d'Artois où le droit de justice restera toujours attaché à la possession du fief, ont dû reconnaître le droit d'appel.

LIVRE II

LE BAILLIAGE DE SAINT-OMER

depuis la fin du XVe siècle jusqu'en 1790

CHAPITRE I

Nominations des baillis. — Leur serment au prince avant d'entrer en charge. — Cautionnement. — Le comte de Saint-Venant prend en 1653 le titre de grand bailli. — Réunion de Saint-Omer à la France en 1677. — Vénalité des charges en 1692, mode de nomination des baillis.

Sous Maximilien d'Autriche, Philippe-le-Beau, 13e et 14e comtes d'Artois, sous Charles-Quint et sous les rois d'Espagne jusqu'en 1677, les baillis de Saint-Omer furent régulièrement nommés par les princes, suzerains puis propriétaires à partir de 1525 du comté d'Artois. Ils furent alors en général choisis parmi les conseillers, chambellans, gentilshommes de la Chambre des archiducs, de l'empereur ou des rois, et c'étaient de hauts et puissants personnages presque toujours pourvus de commandements militaires [1]. Comme précédemment, le bailli se faisait recevoir en la Chambre des Comptes de Lille et y prêtait serment entre les mains des Président et gens des Comptes, ou entre celles du prince lui-même. Il continua aussi à fournir une caution. Nous avons rappelé les lettres de 1488 où cette obligation était imposée à Charles de Saveuse [2]. Les commissions données aux baillis qui lui succédèrent portent les mêmes conditions à cet égard et stipulent que leurs gages et émoluments seront payés par le receveur des domaines à Saint-Omer [3].

En 1570, Philippe II, par une ordonnance du 9 juillet défendit à tous « pour quelque estat ou « offices que ce soit, tant de justice que de comptes, « d'offrir ou de donner directement choses quelconques pour y parvenir, ni même user de quelques « ambitions ou illicites poursuites ». L'art. 5 ajoutait la nécessité d'un serment spécial dont la formule était jointe ; les contrevenants étaient menacés d'être privés de leurs offices et d'être déclarés à jamais indignes d'en occuper d'autres. Un édit du 2 mai 1626 reproduisit les principales dispositions de l'ordonnance de 1570 [4]. Aussi les lettres de nomination données par Philippe IV le 25 février 1632 à Antoine de Rubempré portaient : « Sera tenu de « faire le serment pertinent et bailler caution suffi-

---

1. Voir plus loin livre II, chapitre VI, aux *Attributions militaires*, les motifs de ce choix.
2. Page 33.
3. *Ordonnances royaux du bailliage de Saint-Omer*, p. 1 et 6. Commissions de 1488 et de 1539.
4. *Histoire du Conseil de Flandre*, par Al. Matthieu *(Annales de l'Académie archéologique de Belgique*, t. XXXV, 1879).

« sante, et en oultre jurer que pour obtenir ledit
« état et office ou à cause d'icelui, il n'a offert,
« prommist ni donné, ni fait offrir, promettre ou
« donner à qui que ce soit aucun argent ni autre
« chose quelconque, ni le donnera directement ou
« indirectement ni autrement en aucune manière ».
Ce serment fut prêté à Lille le 24 mars suivant.

Les lettres de commission de Gilles de Lières en date du 5 août 1633 sont conçues dans les mêmes termes, il y est ajouté : « sauf et excepté ce qui
« s'est accoustumé donner pour les depesches, et ce
« ès mains de nos amez et féaux les Présidents de
« nostre Chambre des Comptes à Lille, que com-
« mettons etc... »[1].

Robert de Lens le 12 janvier 1641[2], et Maximilien de Lières, comte de Saint-Venant, le dernier bailli nommé par le roi d'Espagne en 1653, prêtèrent le même serment que leurs deux prédécesseurs. Le comte de Saint-Venant est le premier qui prit le titre de grand bailli.

Après la prise de Saint-Omer en 1677 et la réunion définitive de cette ville à la France, la charge resta vacante jusqu'en 1694. Elle était devenue vénale depuis l'édit de février 1692 par lequel Louis XIV avait réuni à son domaine les offices des Baillis, Prévôts, Mayeurs, Ammans, Ecoutètes et autres dans l'étendue du parlement de Tournai, du Conseil d'Artois et des gouvernances et juridictions y ressortissant. Il ordonna que la vente de ces offices serait faite devant des commissaires à ce députés, et que les adjudicataires, leurs hoirs, successeurs et ayants cause héréditairement

---

1. *Ordonnances royaux du bailliage de Saint-Omer*, p. 16.
2.   *Id.*   p. 21.

pourraient disposer de la charge à titre de survivance, par contrat de vente volontaire ou autrement, ainsi que de leur propre bien. L'adjudicataire primitif et les titulaires successifs étaient tenus de prendre de la chancellerie des lettres de provision, et de justifier qu'ils avaient atteint l'âge de vingt-cinq ans, qu'ils professaient la religion catholique, étaient de bonnes vie et mœurs et avaient la suffisance, probité, loyauté, prudhommie, capacité et expérience nécessaires pour exercer l'office. Le droit de marc d'or créé en 1578, attribué partie au trésor, partie aux officiers de la chancellerie, était versé par l'impétrant avant qu'aucune lettre de provision ou commission d'office pût être scellée en la chancellerie. D'autre part, diverses formalités à remplir devant le Conseil d'Artois précédèrent l'installation du grand bailli dans sa juridiction. Lorsque l'impétrant avait obtenu les lettres de provision scellées, il les produisait à la cour du conseil provincial avec une requête signée d'un procureur demandant qu'il plût à la cour admettre et recevoir le suppliant à l'exercice de l'office de grand bailli en prêtant le serment requis en pareil cas. La cour ordonnait la communication des pièces au procureur général. Celui-ci donnait des conclusions tendant à ce que, avant faire droit il fût informé par devant un conseiller commissaire, des vie, mœurs, religion, âge etc. du requérant. La cour nommait le conseiller commissaire qui procédait à l'information. Le procureur général donnait de nouvelles conclusions. La cour, les chambres assemblées, rendait son arrêt visant les pièces produites et le rapport du conseiller, admettait le requérant à exercer l'office de grand bailli en prêtant serment, ordonnait qu'il serait mis en possession de l'office par un personnage qu'elle commettait, et que les lettres de provision seraient registrées au greffe du Conseil pour être exécutées selon leur forme et teneur. La cour recevait ensuite le serment du nouveau bailli. L'obligation du cautionnement avait disparu.

Renom de Beaufort se rendit le premier acquéreur de la charge, le 20 mai 1694[1], pour le prix de 13.500 livres et les 2 sols pour livre, ensemble 14.175 livres. Sa commission fut signée le 26 juin par le roi. Il prêta serment le 9 juillet 1694, entre les mains des officiers du Conseil d'Artois, et ce furent André Guilluy et Pierre-André Bataille, le premier, conseiller, le second, procureur général de ce siège, qui vinrent l'installer au bailliage en présence de deux hommes de fiefs.

Par testament du 3 octobre 1702 il légua son office à son fils Christophe-Louis de Beaufort qui obtint une commission datée de Versailles du 19 novembre suivant et fut reçu au Conseil d'Artois le 29 décembre.

Louis-Eugène-Marie de Beaufort succéda à son père mort le 4 avril 1748, on lui accorda des lettres de dispense d'âge[2] le 27 juillet parce qu'il n'avait que vingt ans[3]. Ses lettres de provision portaient qu'il

---

1. *Ordonnances royaux du bailliage de Saint-Omer*, p. 26 — et *Archives nationales*, sect. judic., cote V¹, 97.
2. Voir livre III, les dispenses d'âge accordées aux conseillers et autres magistrats.
3. Un édit de décembre 1709 avait prescrit de payer à chaque mutation un droit de *survivance* et de produire, pour obtenir les provisions, la quittance de ce droit délivré par le trésorier des parties casuelles. Louis-Eugène-Marie de Beaufort paya le 28 juillet 1748 au contrôleur général des finances le huitième denier de l'office, 162 livres pour le droit de marc d'or et 32 livres 8 sols pour les 4 sols pour livre du dit droit, au contrôleur général du marc d'or à Paris. *Arch. de Saint-Omer*, AB VIII, 36.

ne pourrait avoir voix délibérative avant qu'il eût atteint l'âge de vingt-cinq ans. Il n'était pas non plus alors gradué en droit. Aussi, sur la demande des officiers du bailliage de Saint-Omer, on ne procéda point à sa réception purement et simplement car on pouvait craindre qu'il profitât plus tard de cette circonstance pour avoir, à vingt-cinq ans, voix délibérative sans être gradué. On eut donc soin d'insérer dans l'arrêt de réception ces mots : « A charge « toutefois qu'il ne pourrait avoir voix délibérative, « après vingt-cinq ans, qu'en se conformant aux « ordonnances concernant les études de droit »[1]. Il prêta serment entre les mains du premier président du Conseil d'Artois le 17 octobre.

Louis de Beaufort vendit son office par acte du 5 janvier 1760 à Jean-Jacques-Dominique de Lencquesaing, sr de la Prée, qui reçut des lettres de provision en date du 15 février et prêta également serment au Conseil d'Artois le 6 mars.

Louis-Dominique-Eustache de Lencquesaing hérita de l'office de son père qui en avait disposé en sa faveur par testament du 21 septembre 1776, il obtint des lettres de provision le 29 janvier 1777[2] et fut reçu le 2 décembre suivant au Conseil d'Artois qui commit Benoît-Joseph-Elzéart Maumant, sr du Maretz, conseiller, pour l'installer. Mais il ne fut reçu et installé au bailliage que le 4 mars 1779. Ce fut le dernier grand bailli de Saint-Omer.

---

1. Lecesne, *Législation coutumière de l'Artois*, p. 393.
2. *Arch. nat., sect. judic.*, V¹, 484. — Il avait payé le 8e denier et 2 s. pour livre soit 270 livres, le droit de marc d'or avec le 1/3 en sus, soit 486 livres, le droit de sceau 90 livres plus 50 livres.

CHAPITRE II

Installation des 18 derniers baillis à l'échevinage. — Serment de respecter les libertés communales. Quelques baillis ne le prêtent pas. — La formalité consistant à accorder les franchises de la Chambre échevinale disparaît au XVIIe siècle. — Les sergents à verge nommés par les intendants à partir de 1733, puis en 1764 choisis dans une assemblée de notables et nommés en 1773 par le corps échevinal. — Les escarvettes sont nommés par la ville depuis 1728.

Nous avons vu dans la première partie de ce travail que pendant trois siècles les baillis, à leur entrée en charge, juraient sur le dossal, « ès mains « de nos seigneurs maieur et échevins », qu'ils respecteraient les droits de la ville et les franchises de la Chambre échevinale [1]; et d'autre part, que les échevins, après avoir obtenu en 1374, lors de l'installation du sieur de Sangatte, que les sergents à verge jurassent de ne point arrêter des bourgeois sans certaines formalités [2], avaient enfin imposé au bailli lui-même, en 1499, la reconnaissance précise, dans son serment, de la liberté individuelle de ceux-ci [3]. Mais au

---

1. Livre I, chap. IV, p. 40 à 42.
2.   id.   id.   p. 45.
3.   id.   chap. VII, p. 151.

commencement du xvi⁰ siècle, des ordonnances spéciales ou les commissions mêmes des baillis devinrent plus explicites, et on y trouva des restrictions aux libertés et privilèges de la ville. Aussi est-ce avec un soin jaloux que le Magistrat examina alors les lettres d'investiture que lui présentait le bailli. Et chaque fois que dans ses commissions se trouvait mentionné quelque nouveau droit pouvant porter atteinte aux anciennes coutumes et libertés, l'échevinage protestait, retardait ou refusait même quelquefois le serment. Il est donc très intéressant de relever ces formules. De même que dans les lettres d'investiture nous avons signalé les droits successifs que les souverains attribuèrent à leurs baillis, de même on trouvera dans la série des serments après le xv⁰ siècle, en quelque sorte le résumé des efforts du Magistrat pour résister aux empiètements du pouvoir central, ainsi que la marche de celui-ci vers la suppression des privilèges locaux et vers l'autorité absolue. Toutefois, comme les contestations auxquelles donnèrent lieu ces prestations de serment eurent le plus souvent pour cause des conflits d'attributions, c'est dans le détail de celles-ci, qui vont être retracées dans l'ordre déjà suivi pour le livre I, que l'on trouvera le récit de ces difficultés ; nous nous bornerons à mentionner ici sommairement ces serments eux-mêmes et les causes qui retardèrent la prestation de quelques-uns d'entre eux.

Denis de Morbecque, qui le premier avait consenti en 1499 à prêter le serment reconnaissant la liberté individuelle des bourgeois et l'inviolabilité de leur domicile, était encore bailli quand parut une ordonnance du 8 février 1500, rendue par Philippe-le-

Beau, modifiant la Loy échevinale. A la mort de ce bailli, en 1506, le Magistrat obtint l'annulation de l'ordonnance de 1500, mais les lettres de nomination du nouveau bailli Ferry de Croy, seigneur du Rœulx, le désignant comme capitaine de la ville, montrèrent que les anciens privilèges étaient encore atteints sur un nouveau point. Il prêta néanmoins serment le 22 mai 1507 sans que l'échevinage osât protester.

Il en fut de même avec son successeur nommé le 22 mai 1516 et muni de pouvoirs militaires et du droit d'intervenir dans les élections échevinales. Adrien de Croy, sieur de Beaurains, vint en halle le 5 juin, et en présence de Messieurs, de Jean de Bersaques, sous-bailli, et autres personnages, et de M⁻ Jacques Wallart « print comme chatelain », il fit au dossal, la main sur la croix, le serment suivant : « Vous jurez que vous garderez et aiderez à
« garder les droix de Sᵗᵉ Eglise, les droix de Mon-
« sieur l'Archiduc, comte d'Artois, les droix du
« Châtelain, les droix, franchises, libertés, privilèges
« et bonnes coutumes, et la paix de le ville, aux
« vefves et orphelins leurs droix, et à chacun son
« droit, et que vous maintiendrez et gouvernerez en
« l'Office de votre Bailliage comme bon et léal Bailly
« doit faire, et ne laires pour amour, faveur, haine,
« envie, ne pour don, promesse ne autre chose
« quelconques, si vous aide Dieu et tous ses Saints
« du Paradis »[1].

La clause ajoutée au serment des baillis du temps de Denis de Morbecque, en 1499, ne figure plus dans ce serment, mais nous la retrouverons dans d'autres, et c'est avec raison que la ville la fit figurer, en 1739, dans la formule « du serment que le Grand

1. *Reg. au renouvellement de la Loy* H, f° CII.

« Bailli de Saint-Omer prête en se faisant recevoir à
« l'Hôtel de ville »[1].

L'échevinage n'avait point protesté contre les
pouvoirs donnés à ces deux derniers baillis. Mais
comme leurs successeurs furent nommés dans les
mêmes conditions, la lutte commença entre le
Magistrat et le bailli ; et le premier, en admettant l'officier royal au serment, ne cessa de protester
contre les pouvoirs que lui donnaient ses lettres
d'investiture.

Le successeur d'Adrien de Croy, Jehan de Sainte-Aldegonde, seigneur de Noircarme, fit à son tour le
serment accoutumé par un procureur Adolphe de
Prandt, seigneur de Blasvoelt, le 19 septembre 1533,
mais sous certaines réserves qui furent en partie
abandonnées lorsque le bailli vint lui-même un mois
après prendre possession de son office[2].

Jacques de Recourt, baron de Licques, nommé le
30 mars 1539[3], rencontra dès son arrivée, le 9 juin
suivant, relativement aux droits que lui conféraient
ses lettres patentes, de telles difficultés qu'il ne prêta
jamais le serment à la ville, pas plus que son
successeur Robert de Montmorency, seigneur de
Wismes.

Ce ne fut pas sans difficulté que les échevins
obtinrent le 5 janvier 1555 celui de Philippe de
Sainte-Aldegonde, seigneur de Noircarme, nommé
en 1554.

Eustache de Croy, seigneur de Ruminghem, abandonna plus facilement l'exercice de ses droits et il
jura sans difficulté en 1573. Voici le texte de son ser-

---

1. *Recueil imprimé des Chartres de la ville*, p. 117.
2. *Ms. Des Lyons de Noircarme.*
3. *Ordonnances royaux du Bailliage de Saint-Omer*, p. 6.

ment : « Vous jurez que vous garderez et aiderez à
« garder les droits de Sainte Eglise, les droits du
« roy (d'Espagne) notre Seigneur, comte d'Artois,
« les droits du châtelain, les droits, franchises,
« libertés, privilèges, bonnes coutumes et la paix
« de la ville et communauté, aux veufves et orphe-
« lins leur droit, à chacun son droit, et que vous
« ne ferez ne souffrirez être fait entrée ès maison
« des bourgeois et habitants de ladite ville, pour y
« faire exploit de justice sans être assisté d'un offi-
« cier de cette ville, et vous maintiendrez et gouver-
« nerez en l'office de votre bailliage comme bon et
« léal bailli peust et doibt faire ; ce ne lairez pour
« amour, faveur, envie ni pour don, promesse, ne
« autre chose quelconque. Puisse Dieu vous aider et
« tous les Saints du Paradis » [1].

On doit signaler une modification au serment lorsqu'en 1600 Charles de Bonnière, seigneur de Souastre, prit possession de son office. L'hérésie avait
divisé l'église : Philippe II, pour ramener l'unité de
croyances, avait défendu par un placard du 3 mai 1559
à tous ses sujets, de suivre les cours d'universités
étrangères. Un autre placard du 1ᵉʳ juin 1587 avait
obligé tous officiers, gens de lois, baillis, prévôts,
conseillers, procureurs, greffiers, de faire profession
de leur foi en touchant des doigts la croix ou les
saints évangiles et en jurant sur la damnation de
leur âme qu'ils croyaient tout ce que croit l'Eglise
catholique, apostolique et romaine... avec cette
invocation : « Ainsi m'aide Dieu et tous ses saints ».
Docile à l'influence des idées religieuses qui inspi-
raient cette législation, l'échevinage se fut d'ailleurs

---

1. *Ms. Des Lyons de Noircarme.*

refusé à recevoir un magistrat qui professât des opinions hétérodoxes. Aussi lorsque le 25 janvier 1600 messire de Bonnières monta sur le dossal, accompagné du s' de Baraffle son lieutenant général, le mayeur, en présence de Jacques Desmons, petit bailli, et d'Antoine Lhoste, châtelain ou bourgrave, fit lire par Mathieu de Vargelot, greffier principal, le serment suivant : « Vous jurez, par le Dieu tout-
« puissant et sur la damnation de votre âme que vous
« croiez tout ce que croit l'Eglise catholique, apos-
« tolique et romaine, et que tenez la doctrine qu'elle
« a tenue et tient sous l'obéissance de notre Saint
« Père le Pape, détestant toutes doctrines contraires
« à icelle si comme des Lutériens, des Calvinistes,
« des Anabaptistes et de tous autres hérétiques et
« sectaires, et qu'en tant qu'en vous sera, vous vous
« opposerez et contrarierez à icelles. Ainsy vous aide
« Dieu et tous ses Saints »[1]; le surplus comme à l'ordinaire. Et le bailli jura.

Messire de Rubempré, seigneur d'Obigny, ne fut admis au serment le 30 avril 1632 que lorsqu'il eût déclaré qu'il n'entendait en user en rien autrement que ses prédécesseurs.

Les lettres de Gilles de Lières étaient conformes à celles des baillis antérieurs, mais il ne prétendit point lors de son installation discuter les prérogatives de l'échevinage ; il vint en halle le 30 août 1633 accompagné de ses futurs lieutenants de la Bucaille et Campion et accomplit la formalité du serment en présence du petit bailli Charles de Vargelot et de Charles Pierleu, châtelain ou bourgrave.

Son fils, Maximilien de Lières, seigneur de Saint-

---

1. *Arch. de Saint-Omer*, AB VIII, 43.

Venant, obtempéra également aux vœux du Magistrat et prêta le serment le 22 juillet 1653 devant le petit bailli et le bourgrave après avoir été reçu à l'entrée de la halle par les deux premiers échevins et le conseiller principal [1].

En 1677, époque de la réunion de Saint-Omer à la France, la charge de bailli fut momentanément supprimée. Après l'édit de 1692 qui l'avait rendu vénale, Renom-François de Beaufort nommé en 1694 se présenta à l'échevinage, mais il ne put y être reconnu parce qu'il ne voulut point prêter le serment en la forme ancienne qu'on exigeait de lui ; aussi les échevins à leur tour refusèrent-ils de remplir cette même formalité entre ses mains.

Christophe-Louis de Beaufort rencontra les mêmes difficultés en 1702 ; et en 1710 il fallut que l'intendant nomma un commissaire spécial pour recevoir les serments qu'on s'obstinait à refuser de part et d'autre.

L'installation de Louis-Eugène-Marie de Beaufort, nommé en 1748 bien qu'il n'eut que vingt ans [2], fut plus facile. Le 20 novembre, peu après son arrivée à Saint-Omer, cinq échevins avec le conseiller second allèrent le complimenter et lui présentèrent trente flacons de vin de champagne. Il vint le même jour en la Chambre échevinale « où, ayant pris la séance que
« feu M. le comte de Beauffort et de Croix, son père,
« prenoit quand il se rendoit à l'hôtel de ville en
« cette qualité, savoir : la première en retour de
« l'angle qui est demeuré vacant, M. le Mayeur
« siégeant à la tête des Echevins en retour du même
« angle du côté gauche, il a demandé que ses provi-

1. *Ms. d'Haffrenghes*, t. II (n° 879 à la Bibl. de Saint-Omer).
2. Voir ci-dessus son installation au bailliage, p. 227 et 228.

« sions fussent enregistrées pour jouir par lui de
« l'estat d'icelles ; sur quoi, lecture ayant été faicte
« et le serment ordinaire par lui presté, l'enregistre-
« ment des dites provisions a été ordonné ». Ce
serment était le même que l'ancien et conforme à la
formule du Recueil des Chartres de la ville[1]. Le 21,
Messieurs du Magistrat, avec les officiers du bureau
et le trésorier assistèrent à un repas que le grand
bailli donna chez lui, et auquel se trouvaient aussi
les officiers du bailliage.

Lorsque Jean-Jacques-Dominique de Lencquesaing,
s^r de la Prée, nommé à son tour le 15 février 1760,
eût prêté serment au Conseil d'Artois, cette cour,
par un arrêt du 6 mars, désigna le lieutenant-général
du Bailliage pour installer le nouveau titulaire à
l'échevinage. C'était là une innovation contre laquelle
protesta le Magistrat dans le procès-verbal suivant
qui contient de curieux détails :

« L'an mil sept cent soixante le deux may, dix heures
« du matin. Messieurs du Magistrat étant assemblés dans
« leur chambre échevinalle pour délibérer sur les affaires
« publiques, Jean Jacques Dominique de Lencquesaing,
« écuier, seigneur de la Prée, pourvu de l'office de grand
« bailli des ville et bailliage de St Omer, s'est présenté à
« la porte de la chambre accompagné des lieutenant
« général, procureur du roy, greffier[2], et d'un sergent
« à cheval dudit Bailliage, et aiant demandé à entrer
« dans ladite chambre avec les personnes cy dessus,
« Mesdits sieurs l'ont fait introduire dans la chambre
« ditte de l'argenterie dudit hôtel de ville, et ont député
« maîtres Jean François Annocque et François Joseph

---

1. *Recueil des Chartres de la ville*, p. 117.
2. Le lieutenant-général était Louis-Joseph Le Vasseur de la Thieuloy, le procureur du roi : Louis-Eugène-Joseph Petit du Cocquel, le greffier : Libert-Guillaume Delattre.

« Crépin avocats et échevins de cette ville avec le procu-
« reur du roy syndic¹, pour demander de leur part quel
« étoit le sujet de sa venue, et lesdits députés étans ren-
« trés en la chambre échevinalle ont rapportés que le
« lieutenant général leur avoit déclaré qu'il étoit venu
« pour installer à l'Echevinage ledit sieur de Lencque-
« saing en qualité de Grand-Bailly, que le procureur du
« roy y étoit pour requérir l'enregistrement de ses lettres
« de provision, et le greffier dudit Bailliage pour tenir le
« procès-verbal de son installation et prestation de ser-
« ment, et que le sergeant à cheval y étoit pour le déco-
« rum. Sur quoi Mesdits sieurs du Magistrat aiant déli-
« béré, après avoir mûrement examiné leur registre con-
« cernant ce qui s'étoit pratiqué lors de la prestation de
« serment des grands baillis à l'Echevinage, ont résolu
« de lui faire répondre par leurs dits députés qu'ils étoient
« prêts et disposés à recevoir le serment dudit sieur de
« Lencquesaing en qualité de grand-bailly en la forme et
« manière pratiquées à l'égard de ses prédécesseurs audit
« office, et en particulier à l'égard de Messire Louis
« Eugène Marie de Beauffort, chevalier, comte de Beauf-
« fort et de Croix, son résignant, et de lui donner la
« séance qu'avoient occupée ses dits prédécesseurs dans
« laditte chambre échevinalle, lesquels s'y étoient pré-
« sentés et y avoient paru seuls et sans être accompa-
« gnés d'aucun autre officier, attendu qu'il ne s'agissoit
« que de la simple prestation du serment à la ville.
« Laquelle réponse aiant été portée par lesdits sieurs
« députés aud. sʳ de Lencquesaing, présens le lieutenant
« général, procureur du roy et autres, le dit sieur lieute-
« nant général répliqua qu'il entendoit exécuter la com-
« mission du Conseil d'Artois pour installer ledit sieur
« de Lencquesaing, et persista dans cette prétention,
« malgré ce que lui ont observé lesdits sieurs députés,
« que jamais aucun commissaire du Conseil d'Artois
« n'étoit venu installer à l'Echevinage aucun grand bailly ;
« et sur la déclaration dudit lieutenant général qu'il
« alloit tenir son procès-verbal, lesdits sieurs députés se
« sont retirés et sont rentrés dans lad. chambre échevi-

1. Cuvelier.

« nale et sur le champ le présent acte a été dressé et
« couché sur le registre. Ainsi fait les jour, mois et an
« que dessus.
    « Signé : Crépin le jeune, Annocque, Cuvelier »[1].

Le lieutenant général rédigea de suite son procès-verbal dans l'argenterie, et le même jour les Mayeur et Echevins faisaient signifier le leur à M. de Lencquesaing par un huissier immatriculé au Conseil d'Artois de la résidence de Saint-Omer.

Le 19 mai, ils adressèrent au Conseil d'Artois une requête dans laquelle, après avoir relaté les faits, ils s'attachèrent à discuter le texte d'un arrêt du Conseil d'Etat suivi de lettres patentes du 13 décembre 1728, qui prescrivait que les commissions de l'espèce eussent leur exécution au siège des bailliages, ce qui ne pouvait être étendu aux échevinages, et conclurent à ce que le Conseil voulût bien commettre l'un des conseillers de sa compagnie, ou le mayeur de Saint-Omer, ou en son absence le premier échevin, pour l'installation du grand-bailli. Cette requête fut communiquée au procureur général Bataille, il donna le 20 mai des conclusions qui furent suivies d'un jugement conforme du 21. La Cour ordonnait par provision que « par le conseiller Bec-
« quet, le sr de Lencquesaing sera installé à l'éche-
« vinage de Saint-Omer en qualité de grand bailli »[2].

Cette installation eut lieu enfin, « sans préjudice
« aux droits des parties », le 29 mai, ainsi que le constate le procès-verbal suivant :

« Le vingt-neuf mai mil sept cent soixante, les Mayeur
« et Echevins étant assemblés en leur chambre d'audience

---

1. *Arch. de Saint-Omer, Reg. aux délibérations du Magistrat,*
1750 à 1765, f. 84.
2. *Arch. de Saint-Omer,* AB VIII, 38.

« Monsieur Becquet, conseiller au Conseil d'Artois[1],
« s'étant fait annoncer, cinq Echevins, avec le second
« conseiller pensionnaire, sont allés le recevoir à la porte
« de la Halle, ledit s[r] Becquet étoit en robbe rouge, ame-
« noit avec lui M. de Lanquesaing en manteau de velours
« noir, et étoit suivi de deux huissiers dud. Conseil. Ces
« deux messieurs ont été introduits dans le parquet de
« lad. chambre échevinale, les deux huissiers restans à
« la barre, M. Becquet s'est assis sur le banc dans l'angle
« avant M. de Laurétan, mayeur et les autres Echevins
« à sa gauche ; il a fait prendre séance à M. de Lencque-
« saing à sa droite. Après quoi il a ordonné à Philippe
« Joseph Geoffroy, commis au greffe principal de cette
« ville, qu'il avoit pris pour greffier de la commission,
« de faire lecture des provisions de grand bailly de mond.
« s[r] de Lenquesaing ; à quoi aiant été satisfait, led.
« s[r] grand Bailly a presté le serment ordinaire que les
« autres grands Baillis, ses prédécesseurs, avoient prêté
« aiant la main sur le crucifix : De tout quoy led. s[r] Bec-
« quet a tenu procès-verbal, dans lequel la clause de non
« préjudice aux droits respectifs des parties a été insérée.
« Et enfin led. s[r] Becquet a fait un petit discours par
« lequel il a témoigné à MM. du Magistrat les bonnes
« dispositions dans lesquelles étoit sa Compagnie de
« conserver les droits de la ville. Cette cérémonie fut
« terminée par un repas que mesd. sieurs avoient fait
« préparer à la conciergerie de l'hôtel de ville pour
« mond. s[r] Becquet et M. de Lenquesaing grand bailly,
« qui y avoient été invités deux jours auparavant »[2].

Il n'est pas sans intérêt de dire qu'il avait été offert au conseiller Becquet vingt bouteilles et à M. de Lencquesaing trente flacons de champagne mousseux. Le repas coûta 194 l. 13 d. et la dépense totale, y compris les vins offerts, s'éleva à 217 livres.

1. Charles-Guislain Becquet, conseiller de 1750-1771 (Plouvain, *Notes historiques relatives aux offices et aux officiers du Conseil d'Artois*, Douai 1883, p. 10).
2. *Arch. de Saint-Omer, Reg. aux délibérations des Maieur et Echevins*, 1750 à 1765, f. 87 v°.

Le dernier grand bailli, Louis de Lencquesaing, nommé en 1777, n'ayant été installé au bailliage que le 4 mars 1779, ne fut reçu à la ville que le 5. Il fut invité aussi à un dîner offert par l'échevinage, et le 7 il convia à son tour les deux corps du Magistrat à dîner à la conciergerie.

On voit les baillis ou leurs lieutenants continuer pendant le xvi° siècle et une partie du xvii° à octroyer, en présence de l'officier châtelain, les franchises de la chambre échevinale, soit après leur installation, soit après l'élection annuelle du Magistrat. Mais ces franchises et libertés furent sans cesse amoindries, comme nous le verrons, et si la formalité paraît avoir été remplie jusqu'à la fin de la domination espagnole, il ne semble pas qu'après la conquête française on puisse encore en trouver trace. Les lettres patentes données aux baillis, investis désormais de charges vénales et héréditaires, ne parlent point de cette obligation. Les intendants qui succédèrent à presque tous leurs droits comme à presque tous leurs devoirs, s'étaient dispensés eux-mêmes de prêter à la ville le serment que faisait le bailli en nommant les quatre premiers échevins ; ils n'en prêtèrent pas davantage lorsqu'après 1733 ils eurent la faculté de nommer tous les officiers de l'échevinage. Il n'y a pas lieu de penser qu'ils reconnurent quelques franchises à la chambre échevinale. D'ailleurs le principe à cette époque était que tout pouvoir et toute justice découlaient du roi, de sorte que son représentant, en nommant le corps municipal, l'investissait de tous les droits nécessaires à son fonctionnement, et une délégation spéciale des droits de justice à l'échevinage, comme celle que lui avaient faite autrefois les comtes de Flandre, n'était pas nécessaire. Les édits de 1764, 1765, 1768 et 1773, en rendant certaines libertés municipales, ne restaurèrent pas cette formalité.

Quant aux sergents à masse, ils continuèrent à déposer leur masse sur le bureau, tant lors du renouvellement de la loi qu'au moment de l'installation des nouveaux baillis, et on les leur rendait lorsqu'on voulait les continuer.

Sous la domination française, quand les intendants reçurent, à la place du bailli, le serment des nouveaux échevins, ils confirmèrent encore les sergents dans leur charge sur le témoignage de leur bonne conduite. Nous ne savons toutefois si cet usage se perpétua après 1733, lorsque la ville perdit tous ses privilèges. Sous le régime de l'édit de 1764, les officiers subalternes nécessaires pour le service des villes, furent choisis dans une assemblée de notables qui réglait leur nombre et leurs gages (art. xxviii); en 1773, ils furent « choisis et congédiés « par les Maire et Echevins en exercice, à la plura- « lité des voix » (art. xxxviii de l'édit de 1773). Quant aux escarvettes, depuis 1728 la ville avait obtenu le droit de les nommer [1].

CHAPITRE III

Importance du lieutenant général. — Il reçoit des lettres patentes du bailli. — Ses serments au bailliage et à l'échevinage. — Le Magistrat lutte contre l'extension des pouvoirs de cet officier, notamment en 1654 quand on le choisit parmi les hommes de guerre. — Conquête française. — Le lieutenant général est nommé par le roi. — Vénalité des charges.
Le lieutenant particulier est aussi nommé par lettres patentes du bailli. — Sa charge est supprimée lors de la réunion de Saint-Omer à la France. — Le plus ancien conseiller remplace depuis cette époque le lieutenant général empêché.

Une des conséquences du choix que firent les princes de la maison de Bourgogne d'officiers de guerre pour remplir la place de grand bailli, fut de donner au lieutenant général une plus grande importance. A compter du xve siècle, du reste, l'institution acquiert un degré de stabilité et de permanence qu'elle n'avait pas jusque là, et le lieutenant général fut désormais, jusqu'à la conquête française, créé par lettres patentes émanées du bailli, lui donnant les mêmes pouvoirs qu'il avait reçus. Ces pouvoirs devaient expirer en même temps que ceux de qui ils émanaient, ainsi que l'échevinage l'avait fait reconnaître en 1385 [1]; cependant on vit plus tard confirmer, par les souverains même de l'Artois, le lieutenant général existant et même le lieutenant particulier. Jean de Guisnes, qui avait été nommé le 5 janvier 1534, lieutenant premier et général, par Jean de Sainte-Aldegonde, fut ainsi prorogé par lettres du 22 janvier 1538 après la mort de ce bailli, par la reine de Hongrie, gouvernante des Pays-Bas. Charles-Quint prit la même mesure le 9 avril 1554, en maintenant après « le trépas du feu s^r de Vismes « en son vivant grand bailli et capitaine de St Omer », François de Longueville, s^r d'Ostrove, lieutenant général et Jean Le Febvre, lieutenant particulier.

Les pouvoirs du lieutenant général, ainsi officiellement consacrés, étant les mêmes que ceux du bailli, nous verrons désormais son intervention continuelle, qu'il s'agisse des élections échevinales ou de l'exercice de la justice, et on ne peut plus traiter séparément des attributions de ces deux officiers. Nous les examinerons donc ensemble dans le même ordre que celui que nous avons suivi dans le livre I de cet ouvrage. Nous donnerons seulement ici, comme nous venons de le faire pour les baillis, des renseignements sur l'installation, le serment des lieutenants et sur la dernière transformation de leur charge qui devint un office.

Le lieutenant général continua à prêter, au moment de son installation, deux serments, l'un au bailliage, l'autre à l'échevinage. C'est ainsi qu'Antoine Boutry, s^r de Mélinghe, en fit un premier le

---

1. Livre I, chap. X, pp. 214, 215.

16 mars 1574, ès-mains du sʳ de Ruminghem, bailli, d'Adolphe de le Helle, conseiller et receveur du roi, Mᵉ Loys Théry, procureur du roi, Jean de Lianne, Hercule le Reverse, Nicaise de Bersaques et Joachim de Rogierville, tous quatre conseillers au bailliage ; et le 18 il en prêta un second publiquement au dossal. Au seizième siècle, sous les rois d'Espagne, le serment fait à l'échevinage par le lieutenant général était identique à celui du bailli :

Serment de lieutenant de grand Bailly

« Vous jurez que en l'estat de lieutenant premier
« et général de Monseigneur le grand Bailly vous
« conduirez et gouvernerez bien et léaulment et
« garderez les droits de Sᵗᵉ Eglise, les droits de Sa
« Majesté, les droits, franchises, libertés, privilèges,
« bonnes coustumes et la paix de cette ville et
« communauté, aux veuves et orphelins leurs droits,
« et à chacun son droit, que ne ferez entrée ès mai-
« sons des Bourgeois ou habitans de cette ville pour
« faire exploits de justice sans estre assisté d'un
« officier de cette ditte ville. Ainsy vous vœuille
« Dieu ayder »[1].

L'échevinage n'accepta pas l'extension des pouvoirs du lieutenant général plus facilement qu'il ne tolérait ceux du bailli, et les magistrats municipaux luttèrent contre ce second adversaire pour défendre leurs droits et privilèges. Nous trouverons les détails de cette lutte dans les chapitres suivants, relatifs aux diverses attributions des officiers du bailliage. Les difficultés que suscitait le Magistrat retardaient quelquefois la prestation du serment ; la plus importante

---

1. *Arch. de Saint-Omer*, AB. XXVII. — *Formulaire des serments.*

de celles qu'il souleva eut lieu lorsque le bailli présenta un homme de guerre pour exercer la lieutenance. Cela arriva en 1654. Par lettres du 12 février, Maximilien de Lières, chevalier, baron du Val, seigneur de Saint-Venant, Avion, Tourmigny, Malfiance, Fauquethun, Menca, mestre de camp au service de Sa Majesté, gouverneur, grand bailli et capitaine des ville et bailliage de Saint-Omer, s'avisa de nommer pour son lieutenant général Antoine Mœusnier, dit Marigna, s^r de Chavannes, sergent major entretenu au service du roi. Le nouveau lieutenant, ayant prêté serment le 17 du même mois entre les mains du grand bailli, en présence de Me Antoine de le Fosse, procureur général du bailliage, se présenta à l'échevinage le 23 pour y faire aussi le serment obligatoire. Les mayeur et échevins déclarèrent « qu'il « était sans exemple qu'un semblable officier de « guerre avoit exercé ledit estat en cette ville » et ils le requirent « d'entrer en chambre échevinale « pour l'entendre de plus prest par avant prendre « ultérieure résolution ». Mais le s^r de Chavannes avait prévu cette difficulté ; avant sa nomination, il avait adressé requête au gouverneur général des Pays-Bas, Léopold Guillaume, pour savoir si le choix du bailli pouvait sans difficulté se porter sur lui, et Son Altesse, par lettres du 30 janvier 1654, avait permis au suppliant d'accepter et de desservir la place de lieutenant de bailli. Au vu de cette pièce, les mayeur et échevins l'admirent au serment. Saint-Omer était alors la capitale de la petite province espagnole qu'on a appelée l'*Artois réservé*, la guerre régnait tout autour de ses murs, et c'était avec quelque raison que le grand bailli avait choisi un militaire pour le seconder.

Ce choix fut ratifié plus de vingt ans après par Louis XIV qui continua le s[r] de Chavannes dans ses fonctions par lettres patentes du 16 août 1677, enregistrées au Conseil d'Artois[1]. Il prêta serment devant cette juridiction, sa commission fut enregistrée à la ville, mais il ne paraît pas qu'il ait fait de nouveau à l'échevinage le serment d'usage. Et depuis cette époque, les lieutenants généraux se dispensèrent de cette cérémonie. Désormais le lieutenant général relevait directement, non du bailli, mais du souverain.

De 1677 à 1694, il n'y eut plus de grand bailli. Mais le roi qui s'était réservé la nomination du lieutenant général, désigna messire Antoine-Joseph de Lens, baron d'Hallines, comme successeur de M. de Chavannes ; il fut nommé par lettres royales délivrées à Versailles le 5 décembre 1689.

La vénalité des charges rendit les lieutenants généraux nommés par le roi, propriétaires de leurs offices, avec le droit de les transmettre à leurs héritiers, ou d'en disposer en faveur de telle personne que le roi jugeait digne d'en être pourvue. Outre la finance et les conditions ordinaires relatives aux bonne vie et mœurs, à l'exercice de la religion catholique, apostolique et romaine, on exigea que ceux qui sollicitaient l'office justifiassent qu'ils avaient atteint l'âge de 27 ans[2] et qu'ils n'avaient au bailliage aucun parent ni allié au degré prohibé par les ordonnances. Le nouveau titulaire versait 200 livres aux revenus casuels pour « droit de mutation et par « forme de reconnoissance de l'hérédité ».

Le 25 septembre 1694, le s[r] Jean-Jacques Petit fut

---

1. *Recueil des ordonnances royaux du bailliage*, déjà cité, p. 35.
2. Nous avons vu qu'on n'exigeait du bailli que l'âge de 25 ans.

nommé lieutenant général intérimaire, et ce ne fut qu'en 1701 que Louis de Laben, sr de Bréhour, avocat, qui n'avait que 41 ans, fut investi de l'office à titre définitif, par lettres patentes données à Versailles le 17 avril, moyennant une finance de 6000 livres.

Dans la suite la finance s'éleva à 10.000 livres, plus deux sous pour livre. Le dernier possesseur, M. Lemaire de Bellerive, paya sa charge 18.000 livres. Depuis 1701 les titulaires furent tous des gens de robe, reçus au Conseil d'Artois, et installés par un commissaire délégué de cette Cour, assisté des gens du roi.

Quant au lieutenant particulier, il continua au XVIe et pendant la plus grande partie du XVIIe siècle à représenter le lieutenant général et à le remplacer pendant son absence, sa maladie, ou autres empêchements quelconques. Nommé, paraît-il, aussi à partir de 1499, par lettres du grand bailli, et renouvelé à chaque changement de celui-ci, il continua à être présenté, soit par lui, soit par le lieutenant général, pour prêter à l'échevinage le même serment que ces officiers. L'un d'eux, Simon de Fromentel, étant venu en halle en 1523 avec des lettres du gouverneur général d'Artois qui, en l'absence de son fils, Adrien de Croy, seigneur de Beaurains, bailli, alors retenu en Espagne, avait cru pouvoir faire cette nomination, l'échevinage fit quelque difficulté pour l'admettre, et ne le reçut qu'après qu'il eût promis qu'il se munirait d'un pouvoir régulier dans les six mois [1].

A partir de 1552, la lieutenance particulière

---

1. *Ms. des Lyons de Noircarme.*

n'exista plus d'une manière absolue, car elle fut confiée à des conseillers au bailliage qui l'occupèrent presque constamment. Ce furent en 1553 Jehan Le Febvre, lieutenant particulier depuis 1549, qui fut maintenu quoique nommé conseiller ; puis en 1566 Joachim de Rogierville, en 1577 Nicaise de Bersaques, en 1615 Antoine Campion, en 1642 Henri Hellemans, en 1660 Jehan de Coppehem et en 1665 François Ogier ; deux lieutenants seulement, pendant cette période de 1553 à 1665, n'étaient pas en même temps conseillers au bailliage ; c'étaient Antoine Hanon, licencié ès-lois, et Pierre Taffin, qui occupèrent la lieutenance en 1599 et en 1658 [1].

La lieutenance particulière fut supprimée lors de la conquête française, et il fut de règle alors que le lieutenant général empêché fût remplacé à partir de cette époque par le plus ancien des conseillers.

---

1. Voir livre III le chapitre où nous traitons des *Incompatibilités*.

CHAPITRE IV

ATTRIBUTIONS FINANCIÈRES

Le receveur du bailliage devient receveur des domaines. — Contrôle et juridiction de la Chambre des Comptes de Lille. — Bureau des finances créé à Lille en 1691. — Maîtrise des eaux et forêts établie à Saint-Omer en 1693. — Le receveur des domaines devient receveur des deniers royaux, contrôleur des domaines. — Droit d'imposition restant au bailli de Saint-Omer.

Nous avons vu comment les attributions financières du bailli étaient presque entièrement passées au receveur du bailliage [1] créé vers le XIVe siècle.

Il continua à avoir séance aux audiences de l'échevinage ; malgré l'opposition du Magistrat, il fut plusieurs fois maintenu dans ce droit, notamment par une décision du Conseil privé de Philippe II, roi d'Espagne, du 31 juillet 1556 [2]. Sa mission était de défendre à la ville, en toutes circonstances, les droits du souverain. Il signait aussi, avec le commissaire ou l'auditeur, les comptes de la ville, après les

---

1. Livre I, p. 62.
2. *Recueil des Chartres de la ville*, p. 104.

avoir ouïs, clos et arrêtés avec eux. Le dernier de ces comptes où apparaît sa signature est celui de 1675 rendu en mars 1677 au grand bailli[1].

Il fut qualifié de receveur du prince au quartier de Saint-Omer ou de receveur des domaines, et il continua à gérer le domaine, à en percevoir les revenus et les droits qui y étaient attachés de toute ancienneté.

Les eaux et forêts faisant partie du domaine du prince, un placard de Philippe IV, roi d'Espagne, du 17 septembre 1629, servait de règle pour la manutention des bois, les ventes, et les fonctions des officiers ; on y voit que les ventes s'effectuaient après la Saint-Michel (29 septembre) le samedi suivant cette fête, au château de Saint-Omer, par devant les officiers et conseillers du bailliage, en présence du receveur des domaines et du procureur du roi. D'autres règlements de 1630 et de 1659 concernaient les gages de ceux-ci[2] ; de plus une disposition particulière (art. 31) de ce dernier règlement ordonna au receveur des domaines de faire faire aux dépens du prince, aux adjudicataires des bois de la Montoire, Riboult et autres, « un festin honnête » auquel assisteraient ses officiers[3]. Cette administration des domaines fut distincte de celle des revenus publics, et resta néanmoins soumise au contrôle et à la juridiction de la Chambre des Comptes[4], de qui dépen-

---

1. Voir le chapitre V suivant où il est traité de la surveillance de la comptabilité communale.
2. Voir au livre III le chapitre relatif aux gages.
3. *Ms. 873 de la Bibliothèque de Saint-Omer*, p. 29 v°.
4. Quittance et état dressé par la veuve d'Allard de Brauwère, commis à la recette du domaine de Saint-Omer, pour l'audition de ses comptes, années 1616 et 1622. *Inv. som. du départ. du Nord, Ch. des C.*, t. VI, n°s 2889 et 2922.

daient tous les comptables, et qui représentait le gouvernement appliqué à la gestion des finances.

Cette Chambre cessa d'exister lors de la prise de Lille par Louis XIV en 1667. Après le traité d'Aix-la-Chapelle, elle fut transférée à Bruges sous l'autorité espagnole, et comme capitale de l'*Artois réservé*[1] la ville de Saint-Omer en dépendit jusqu'à sa réunion définitive à la France en 1677.

Au moment de la conquête, l'édit d'août 1669 qui avait supprimé dans le royaume les offices de receveurs particuliers, de quelque création qu'ils fussent, devint applicable à Saint-Omer, de sorte que le receveur des domaines du bailliage disparut. Un édit du mois d'avril 1685 créa et érigea en titre d'office héréditaire un conseiller du roi receveur général des domaines en chaque généralité et provinces du royaume, pour recevoir des fermiers des domaines les fonds des charges locales et autres assignées sur les domaines, et en faire le paiement sur les lieux suivant les états arrêtés au Conseil ; pour recevoir aussi les deniers provenant des différents droits féodaux et casuels appartenant au roi et réservés pour les baux des fermes, et pour faire les ensaisissements de propriété[2].

Saint-Omer fut rattachée à l'intendance de Picar-

---

1. Pagart d'Hermansart, *L'Artois réservé, son conseil, ses états, son élection à Saint-Omer de 1640 à 1677* (*Mém. de la Morinie*, t. XVIII).

2. Bosquet, *Dictionnaire des Domaines*, 1re édition, t. III, p. 242. — Nous ne pousserons pas plus loin cette étude financière qui nous mènerait à parler des receveurs généraux alternatifs, triennaux et mi-triennaux (édits de 1701 et de 1725) de la régie générale des domaines et droits du roi, établie à partir du 1er janvier 1775, en vertu de l'arrêt du conseil du 25 septembre 1774, et autres renseignements relatifs à la comptabilité générale.

die[1] et au bureau des finances qui fut établi à Lille en 1691 pour remplacer l'ancienne Chambre des Comptes, et qui fut chargé notamment de veiller à la conservation du domaine du roi et de ses revenus. En dernier lieu, il y avait à Saint-Omer un receveur des deniers royaux, contrôleur des domaines, amortissement et franc fief, qui avait aussi Aire et le pays de Bredenarde dans sa juridiction[2].

Lors de l'établissement à Saint-Omer d'une maîtrise des eaux et forêts en 1693, la perception des amendes, restitutions et confiscations en ces matières fut aussi confiée à un receveur spécial.

Nous n'avons point à nous occuper ici des impositions diverses en usage en Artois[3] qui étaient perçues par d'autres receveurs que celui du bailliage. Rappelons cependant que, bien que le bailli de Saint-Omer n'ait jamais eu le maniement des impôts, il avait néanmoins le droit d'imposer les justiciables par une taille ou cotisation pour subvenir aux frais communs, il devait se faire autoriser par le souverain ; c'est à l'aide d'une cotisation semblable qu'on put rebâtir l'hôtel du bailliage en 1661.

---

1. Jusqu'en 1754, et ensuite à l'intendance de Flandre.
2. *Almanach d'Artois* 1783, p. 139, et autres suivants.
3. On sait que l'Artois était un pays d'Etats, c'est-à-dire que cette province avait su conserver le droit d'ordonner dans l'assemblée de ses députés les contributions qu'elle devait payer au prince.

CHAPITRE V

ATTRIBUTIONS ADMINISTRATIVES

Comptes communaux. — Ordonnances de 1500. — Auditeurs de comptes à Saint-Omer de 1500 à 1676. — La ville rend ensuite ses comptes au bailli, aux 3 corps du Magistrat et à divers commissaires. — Après la conquête en 1677 elle les rend à l'intendant. — Bureau des finances de Lille en 1691, arrêt du Conseil du 29 avril 1692, les comptes de la ville sont signés et arrêtés par l'intendant. — Le bailli continue à jouir du droit d'audition des comptes. — Nouvelles règles de comptabilité introduites par les édits de 1764 et de 1765. — Le lieutenant général assiste à la reddition des comptes de 1766 à 1768. — Les officiers du bailliage finissent par être éliminés. — Edit de 1773, l'exercice financier va du 1er janvier au 31 décembre. — Inutile réclamation du bailli que l'édit ne mentionne même pas. — Observations de l'échevinage sur l'édit. — Vœux du Tiers-Etat relativement à la comptabilité communale dans le cahier des doléances de 1789.
Elections échevinales à Saint-Omer. — Ordonnance de 1500, nomination des quatre premiers échevins par le bailli, il donne sa voix à l'élection du mayeur

et assiste au renouvellement de la Loy. — L'ordonnance de 1506 rend le droit d'élection à la ville. — En 1516 rétablissement de l'ordonnance de 1500, protestation du Magistrat. — Ordonnance de 1540, droits et obligations du bailli, son serment avant de désigner les quatre premiers échevins, il reçoit le serment du corps échevinal. — Difficulté avec le lieutenant général au sujet de son droit de désigner les quatre échevins à la place du bailli. — Les officiers du bailliage prétendent nommer le corps électoral. — Ordonnance de 1556. — En 1587 le roi d'Espagne ordonne que le bailli informe le gouverneur général d'Artois du nom des quatre échevins qu'il entend désigner ; modification du corps électoral où entre l'évêque. — Continuation de la lutte entre l'échevinage et le bailli. — Prépondérance des corps de métiers annulée par le bailli. — Après la conquête française sa charge devient vénale, il est électeur né de la noblesse. — Ses droits passent à l'intendant. — Autorité absolue de celui-ci, suppression des élections échevinales. — Edit de 1764 qui rend aux villes d'Artois le droit d'élire leurs magistrats. — Modifications successives apportées par les édits de 1765, 1768 et 1773. — Les attributions du bailli en ce qui concerne la surveillance des officiers municipaux disparaissent complètement. — Cahier des doléances du Tiers-Etat en 1789.
La loy du pays de Langle continue à être renouvelée par le bailli de Saint-Omer.

Nous avons vu[1] comment le bailli reçut en 1305

---

1. Livre I, chap. VI.

la mission de surveiller la comptabilité communale, et comment son contrôle ayant été jugé plus tard insuffisant, on lui adjoignit des commissaires détachés des Chambres des Comptes d'Arras et de Lille ; et nous avons expliqué que la rapacité et l'oppression d'une petite féodalité bourgeoise qui gouvernait la ville avaient été les motifs qui avaient obligé les comtes d'Artois à intervenir pour mettre quelque ordre et quelque règlementation dans les finances communales.

Les princes de la Maison d'Autriche suivirent la même voie. En 1500 la situation des finances communales n'avait guère changé et le pouvoir souverain intervint encore par une ordonnance rendue le 8 février par l'archiduc Philippe-le-Beau. Il régla les gages du maieur, du lieutenant et des échevins (art. VIII), leur cire (art. IX), leur vin (art. X) et disposa à cet égard que le nombre de muids nécessaire (8 pour le mayeur et 4 pour chaque échevin), serait « des-
« pensé en leurs maisons sans les vendre ou en
« prendre argent ou aultre chose plus avant à la
« cherge de la dite ville ou d'autre ». Les gages de l'argentier furent fixés à 80 livres « pourveu qu'il
« ne tiendra aucun clercq à la cherge de la dite
« ville » (art. XI), ceux des sergents, réduits de 24 à 15 livres parisis (art. XII). « Quand aux gaiges d'au-
« tres officiers, tant de greffier, portier que autres,
« nous les avons remis, et remettons, porte l'art. XIII,
« à la discrétion et ordonnance de nosdits Bailli,
« maieur et eschevins de St Omer, pour par eulz être
« diminué et en ordonner selon qu'ilz verront être utile
« et prouffitable pour ladite ville ». Enfin, il était interdit aux mayeur et aux échevins de faire aucune dépense de cent livres pour quelque affaire que ce fût

sans le « sceu et consentement » du bailli... (art. XIV)[1]. Toutefois c'étaient des réductions considérables de gages, représentant : pour le mayeur 40 livres, 4 muids de boisson et 16 livres de cire ; pour chaque échevin 40 livres, 2 muids de boisson et 8 livres de cire ; pour le lieutenant mayeur 20 livres, et pour chaque sergent à verge cent sols[2]. Aussi, sur la demande du Magistrat, le prince consentit le 5 avril 1500 à réviser en partie sa première ordonnance et autorisa les suppliants à percevoir les anciens gages d'autrefois « affin de les rendre plus affectés et dili-« gens en la cure et soing des affaires » de la ville[3]. Les autres dispositions de l'ordonnance du 8 février furent seules maintenues.

En outre comme le bailli, à cette époque, tendait à devenir un officier de guerre qui ne pouvait surveiller suffisamment le maniement des finances municipales, que les commissaires du prince se bornaient à venir arrêter les comptes, et que les malversations et les exactions qui n'y figuraient point et dont se plaignaient les administrés leur échappaient, il fallut créer un fonctionnaire spécial résidant à Saint-Omer qui pût surveiller constamment les maieur et échevins. Aussi voit-on apparaître au commencement du XVIᵉ siècle, vers 1515, un auditeur des comptes[4]. Ce fut alors un officier

---

1. *Pièce justificative* X.
2. A raison de 40 gros, monnaie de Flandre, la livre.
3. *Correspondance du Magistrat*, aux *Arch. de Saint-Omer*.
4. Demay *(Sceaux d'Artois)* mentionne cependant en 1451 le sceau de Jean Bourset, auditeur à Saint-Omer; on trouve aussi en 1501, dans les *Chartes de Saint-Bertin*, t. IV, 3701, un acte passé devant deux « auditeurs royaux à Sᵗ Omer », mais il s'agit ici d'auditeurs nommés par le roi de France. — On ne trouve pas de trace des auditeurs que nous signalons ci-dessus, nommés par les comtes d'Artois, sur les registres des comptes de la ville avant 1515.

attaché au bailliage, qui tenait sa commission directement du souverain, il avait des gages payables sur les revenus du Domaine et prêtait serment entre les mains du bailli ou de son lieutenant. Ses fonctions consistaient à entendre, arrêter et clore avec lui les comptes de la ville, aussi les échevins ne pouvaient-ils engager aucune dépense sans son exprès consentement. Son pouvoir semble d'ailleurs avoir été assez considérable, car il réglait des points qu'avaient toujours décidés précédemment des chartes émanées du prince, tels que les gages des échevins[1]. Il n'avait pas cependant le droit de juger définitivement les questions de comptabilité, cette prérogative appartenait à la Chambre de Lille, à qui le compte était rendu et un double envoyé dans le mois de sa reddition.

La charge d'auditeur était très honorable, elle était occupée par des personnes appartenant aux plus illustres familles de Saint-Omer. Elles paraissent avoir cumulé cette fonction qui ne pouvait les occuper constamment, avec d'autres offices. C'est ainsi que Denis de Bersaques, auditeur de 1515 à 1522, était en même temps lieutenant général du bailliage (1515 à 1534) ; Nicaise de Bersaques,

---

1. Eustache de Croi, comte du Rœulx, grand bailli et Nicaise de Bersaques, s^r d'Arquingoult, auditeurs ordinaires des comptes de la ville, consentirent par lettres datées du château de Ruminghem, du 3 décembre 1584, à une augmentation de gages des échevins. (*Table des délibérations du Magistrat* aux *Arch. de Saint-Omer*, v°. Gages). — Cette fonction d'auditeur n'a pas encore été signalée, et la commission d'un de ces officiers en 1651 que nous reproduisons à la fin de l'ouvrage, d'après le Ms. des Lyons, est peu explicite sur ses attributions. Nous pensons que les auditeurs devaient aussi examiner les comptes du Domaine du prince, les actes de foi et hommage, les aveux et dénombrements faits au bailliage par les propriétaires de fiefs, etc.

lieutenant particulier de 1577 à 1600, fut auditeur de 1556 à 1600 ; et la charge de greffier que possédait Gaspard de Balinghem, de 1585 à 1614, ne l'empêcha pas de devenir auditeur en 1600 et de conserver ces deux fonctions jusqu'en 1614. D'autres devinrent ou étaient auparavant conseillers au bailliage, mayeurs ou argentiers de la ville [1].

Hubert de Moustier, le dernier titulaire, figure encore dans le compte de 1674, et le signe avec le bailli et le receveur des domaines, le 12 juin 1676 ; celui de 1675 n'est plus signé que du bailli et du receveur des domaines [2]. C'est donc à l'année 1676 qu'il faut fixer la disparition de l'auditeur des comptes. A partir de 1675 la ville rendit ses comptes au grand bailli, aux trois corps du Magistrat, à l'évêque, au chapitre et à l'abbé de Saint-Bertin, réunis dans une même assemblée. Mais cet usage subsista peu de temps. Saint-Omer fut prise par Louis XIV en avril 1677, et en septembre l'argentier soumettait à l'intendant [3] le compte de 1676 que les événements militaires avaient empêché de rendre au grand bailli comme le précédent. Il en fut ainsi à l'avenir. Peu de temps après on changea l'exercice financier ; le compte de 1681 commence encore à la Chandeleur de cette année, mais il s'étend jusqu'au premier août 1682, et depuis cette époque jusqu'à l'édit de novembre 1773, l'année financière alla du 1er août au 31 juillet.

Cependant, comme nous l'avons déjà dit, Louis XIV

---

1. Voir les listes à la fin de l'ouvrage.
2. Voir ci-dessus, livre II, chap. IV, p. 249, le rôle du receveur des domaines à la ville.
3. Nous avons dit déjà que la province d'Artois, après sa réunion à la France, dépendit de l'intendance d'Amiens, en 1754 elle passa à l'intendance de Lille.

créa à Lille, en septembre 1691, un bureau des finances pour remplacer la Chambre des Comptes ; le ressort de ce tribunal comprit toute la Flandre, l'Artois, le Hainaut, le Cambrésis et généralement toutes les parties des Pays-Bas qui appartenaient à la France. L'édit de création lui attribuait le pouvoir d'ouïr, examiner et clore les comptes des bourgs et villes dont les intendants n'étaient pas auditeurs. Malgré cette réserve, la nouvelle juridiction prétendit que les comptes de toutes les villes d'Artois devaient être portés devant elle[1]. Il intervint alors un arrêt du Conseil du 29 avril 1692[2], par lequel il fut ordonné notamment que les villes d'Arras, Saint-Omer, Béthune, Aire, Hesdin, Bapaume, Lens et Saint-Pol, rendraient leurs comptes en la forme ordinaire et accoutumée par devant les intendants[3], et que les autres villes de l'Artois seraient tenues de soumettre les leurs au bureau des finances. Dès lors les comptes de la ville furent rendus à l'intendant ainsi qu'aux trois corps du Magistrat, et clôturés publiquement en présence de ceux qui voulaient être auditeurs bénévoles et qui pouvaient faire leurs observations. Ils ne furent plus signés et arrêtés que par l'intendant.

L'arrêt de 1692 ne priva point les grands baillis de leur droit à l'audition des comptes[4] des villes qui

1. Bon du Chambge de Liessart, *Notes historiques relatives aux offices et aux officiers du Bureau des finances de la généralité de Lille*, Lille 1855.
2. *Arch. de Saint-Omer*, CCLXXXIV, 18.
3. Dans cette réserve étaient comprises aussi les villes de Dunkerque, Gravelines, Bourbourg et sa châtellenie, Bergues, Cassel, Bailleul, Maubeuge, Le Quesnoy, Avesnes, Landrecies, Chaumont et Givet, situées en Flandre, Hainaut et Cambrésis.
4. Par le mot « audition » il faut entendre l'action d'examiner et de régler un compte.

les rendaient auparavant devant eux, puisqu'il portait que ces comptes seraient rendus « en la manière « ordinaire et accoutumée », il donna seulement aux intendants la faculté d'intervenir avec les grands baillis dans ces sortes d'opérations. La présence de ces derniers leur rapportait cent livres annuellement. Mais, en 1708, sur la demande du Magistrat, M. de Bernage, intendant d'Artois, réduisit ce chiffre à quatre-vingt livres [1], bien que l'évaluation de ce produit eût été faite sur le pied de cent livres lors de la vente de l'office de bailli qui avait été consentie à M. de Beaufort. Un certificat du 23 juillet 1717 atteste cette réduction de gages.

Depuis la conquête française, les villes d'Artois avaient perdu leur indépendance municipale, et la plus grande partie des anciennes attributions des grands baillis avait été donnée à l'intendant. Une lettre de cachet en date à Versailles du 6 juin 1733, augmenta encore ses pouvoirs à l'égard de la ville de Saint-Omer, en ordonnant que l'état général de ses revenus et dépenses ordinaires lui serait présenté « pour être par lui visé et arrêté, sans qu'au« cun emprunt ou dépense, quelle qu'elle soit, « puisse être faite au nom de la ville, si elle n'est « sur ledit état général, ou préalablement autorisée « dudit s[r] commissaire départi »[2].

---

1. Copie d'une lettre écrite à MM. du Magistrat de Saint-Omer par Mgr de Bernage, intendant d'Artois, le 19 octobre 1708 (*Arch. de Saint-Omer*, CCLX, 19). Cette lettre constate qu'une réduction analogue fut appliquée au grand bailli d'Arras qui reçut 100 livres au lieu de 120.

2. Voir ci-après au paragraphe concernant les *élections échevinales* les autres dispositions de cette lettre et des édits qui suivent, dont nous ne parlons ici qu'au point de vue des attributions de surveillance du bailli sur la comptabilité communale.

Mais les édits d'août 1764 et mai 1765 vinrent heureusement rendre aux habitants de l'Artois le droit d'élire leurs magistrats, qu'ils avaient perdu depuis la réunion à la France, et tracèrent de nouvelles règles de comptabilité. On distingua à l'avenir le compte des deniers patrimoniaux de celui des deniers d'octroi. Les premiers composaient en quelque sorte le patrimoine de la ville, et provenaient des droits et des fonds lui appartenant en propre, tels que les cens, rentes, terres et maisons ; les deniers d'octroi consistaient en taxes qu'elle était autorisée à lever sur certaines denrées et sur certaines marchandises, on y fit rentrer les anciens comptes spéciaux des rivières, du guet, des casernes et de l'état major. Le receveur qui remplaça alors l'argentier était tenu de remettre aux officiers municipaux[1], dans le premier jour de chaque mois, un état sommaire de la recette et de la dépense à effectuer qui était visé par l'un d'eux, et de rendre tous les ans, au plus tard au mois de mars un compte en règle de toute l'année. Ce compte et les pièces justificatives étaient examinés dans une assemblée de notables, ils devaient être communiqués au procureur du roi et être rendus ensuite devant le bailli. Le procureur syndic de la ville en adressait l'extrait et l'arrêté à l'intendant qui les transmettait à son tour, avec ses observations, au contrôleur général des finances[2]. En outre les comptes d'octroi, après

1. L'édit de 1764 avait virtuellement supprimé les jurés au conseil et les dix jurés pour la communauté, il ne restait plus que le mayeur et les échevins de l'année. Voir ci-après.

2. En outre l'art. XLI de l'édit de 1764 portait : « Après la clôture « des dits comptes, il en sera envoyé par notre procureur au dit « siège une expédition à notre Procureur général pour être par lui « examinée à l'effet de se pourvoir en la grand Chambre de notre

avoir été arrêtés et vérifiés de la même manière, devaient être rendus tous les trois ans « par bref état », au bureau des finances [1].

A cette époque de la monarchie, quel que fût le pouvoir absolu de l'intendant ou des ministres, les Conseils dans les provinces, ou les villes elles-mêmes, pouvaient faire parvenir des réclamations relatives aux mesures qui atteignaient leurs privilèges ou leurs anciens usages. L'échevinage présenta donc, sur chacun de ces édits, de longues observations : quant au dernier point relatif à la compétence du bureau des finances, il la déclina en s'appuyant sur l'autorité de l'arrêt de 1692, et il parvint à soustraire cette partie de sa comptabilité à ce contrôle. Il fit observer, à propos de la reddition des comptes devant le bailli, que ce magistrat ainsi que le procureur du roi au bailliage faisaient partie de droit de l'assemblée des notables qui examinaient le compte et qu'il paraissait dès lors « inutile
« et fraieux de répéter la reddition pardevant les
« officiers du Bailliage, qui, ajoutait-il, n'avaient
« jamais eu aucune supériorité sur les Mayeur et
« Echevins » [2]. L'art. xxx de l'édit de 1765 avait donné la présidence des assemblées des notables au grand bailli ; le Magistrat déclarait aussi à ce propos,
« que les procès considérables actuellement pen-
« danfs entre le Bailliage et la ville de S¹ Omer, et
« qui ont commencé depuis plus d'un siècle, doivent
« écarter les officiers du Bailliage de toutes fonc-

« Parlement pour y être procédé à la réformation des articles qu'il
« trouverait n'être point en règle ».

1. Art. xxxii à xxxv, xxxviii et xl de l'édit de 1754, xxvi de l'édit de 1765.

2. *Arch. de Saint-Omer*, CXXI.

« tions dans le corps municipal, sauf celle de « notable », et il demandait que le Mayeur, ou en son absence le plus ancien échevin, présidât ces assemblées [1]. Ces observations furent accueillies, ou bien on laissa le corps échevinal éliminer les officiers du bailliage des séances où se rendaient les comptes, car les seuls qui furent arrêtés par le lieutenant général en présence du procureur du roi sont ceux de 1766-1767 et 1767-1768. A partir de 1768-1769 aucun officier du bailliage n'intervient, les comptes sont simplement arrêtés dans l'assemblée des notables. Ces contestations devaient entraîner la suppression de l'indemnité touchée par le grand bailli pour l'audition des comptes. En effet l'échevinage y arriva insensiblement. Dans le premier compte rendu en exécution des édits de 1764 et 1765 on avait porté en dépense l'article suivant : « A M. de Lencque-« saing de la Prée, grand bailli de la ville de « S¹ Omer, son droit d'audition des comptes : 80 li-« vres » ; et une apostille ainsi conçue accompagnait la mention de la dépense : « Vu le compte « précédent et quittance passée ». Le compte suivant relata la même dépense, mais l'apostille fut changée : « Vu le compte précédent, passé comme « ordinaire sous le bon plaisir de M. le controlleur « général » ; c'était déjà une contestation. Dans un troisième compte, les gages de 80 livres furent rayés « attendu que les édits n'accordent plus aux grands « baillis de présence à l'audition des comptes ».

D'autre part, deux déclarations du roi du 27 juillet 1766 et du 13 février 1768 avaient de nouveau modifié la comptabilité des deniers d'octroi et pa-

---

1. *Arch. de Saint-Omer*, CXXI.

trimoniaux des villes et bourgs du royaume, et un édit de 1771 révoqua ceux de 1764 et de 1765. Alors, ce fut la Chambre des Comptes de Paris qui éleva la prétention de faire compter devant elle, tous les trois ans, de ces divers revenus[1]. La ville résolut de ne pas répondre directement à ces demandes et de faire faire seulement des démarches auprès du contrôleur général. Bientôt d'ailleurs un arrêt du Conseil rendu au mois de septembre 1773 déclara que l'édit de 1771 ne serait pas applicable à l'Artois.

Enfin, en 1773, l'édit de novembre, qui donna aux Etats de la province la nomination des officiers municipaux, reproduisit les précédents édits de 1764 et 1765 en ce qui concernait les attributions du receveur de la ville et sa comptabilité ; mais il n'y avait plus d'assemblée de notables : les comptes furent examinés, clos et arrêtés dans une assemblée composée des Mayeur, Echevins et du Conseil de la ville (art. xxxii), et ils continuèrent à être transmis à l'intendant avec les pièces justificatives. Comme l'entrée en charge du Magistrat était fixée au 1ᵉʳ janvier, les exercices financiers allèrent du 1ᵉʳ janvier au 31 décembre de chaque année.

Les baillis n'avaient pas même été mentionnés dans l'édit. Aussi fut-il enregistré à Arras au Conseil d'Artois le 20 novembre 1773, « pour être exécuté « selon sa forme et teneur, sans préjudice aux droit « et possession des bailliages relativement à la red- « dition des comptes des villes. » Inutile réserve ! C'en était fait définitivement des anciens droits des

---

[1]. En vertu de l'art. xi de la décl. de 1766. *Arch. de Saint-Omer*, CCLXXXIV, 30.

baillis, et c'est en vain qu'en 1774, Dominique-Jean-Jacques de Lencquesaing, grand bailli de Saint-Omer, se plaignit au contrôleur général en lui signalant l'indépendance toujours croissante des échevins [1] ; il avait perdu tout droit de contrôle sur leur comptabilité, et tous les émoluments qui y avaient été attachés ; son successeur, qui fut le dernier bailli avant la Révolution, ne jouit pas davantage des anciennes prérogatives attachées à ses fonctions.

La ville s'était débarrassée de l'ingérence à peine sensible cependant et peu efficace du bailli dans sa comptabilité, mais l'autorité de l'intendant avait toujours été maintenue dans les édits contradictoires qui, à la fin de la monarchie, rendirent parfois l'examen des comptes au Magistrat. Ce n'est pas ce que désirait la ville de Saint-Omer. Attachée à l'ancienne organisation de l'Artois et à l'administration locale qui savait défendre les privilèges de la province, elle souhaitait que ses comptes fussent clos, arrêtés et jugés au Conseil d'Artois, à la charge d'en « envoyer une expédition à Mgr le Procureur « général de la Cour du Parlement, pour être par « lui examinée à l'effet de se pourvoir en la grande « Chambre pour la réformation des articles qu'il ne « trouverait pas en règle » [2] ; et le Tiers-Etat demandait, en 1789, par l'art. 29 de son cahier de doléances, « la suppression des intendants comme « inutiles et onéreux aux provinces », en même temps qu'il réclamait la publicité des comptes communaux par voie d'impression (art. 15) [3]. La Révo-

---

1. *Arch. de Saint-Omer,* AB VIII, 44.
2. *Arch. de Saint-Omer,* CXXI. — Observ. des Mayeur et échevins sur l'édit de 1773.
3. Pagart d'Hermansart, *Convocation du Tiers Etat de Saint-Omer*

lution devait détruire bientôt les restes de l'organisation provinciale, faire disparaître le Conseil d'Artois, et régler d'une manière générale la comptabilité des communes.

Certes la liberté des élections échevinales avait été pour la commune un précieux instrument pour conquérir et maintenir l'indépendance de la juridiction et les privilèges relatifs à la liberté individuelle et à la propriété, que nous avons mentionnés[1], mais nous avons déjà vu les souverains chercher à remédier aux inconvénients de ce pouvoir électif sans contrôle suffisant, soit en intervenant dans l'administration financière[2], soit en réglant le mode des élections[3]. Lorsque la ville de Saint-Omer passa entre les mains de princes dont l'autorité était plus affermie, l'autonomie communale, jusque là presque entière, commença à être atteinte.

En 1500, Denis de Morbecque, s^r de Hondecoustre, ce bailli qui en 1499 avait dû reconnaître dans son serment la liberté individuelle des bourgeois, remontra à l'archiduc Philippe-le-Beau « que luy ne « autres nos officiers, au moyen de la dite ordon- « nance (celle de 1447) et manière de faire, ne « avoient aucune auctorité ne telle obéissance qu'ils

aux Etats généraux de France ou des Pays-Bas en 1308, 1346, 1420, 1427, 1555 et 1789. (Mém. de la Morinie, t. XVIII, p. 212 et 209) et Saint-Omer en 1789 (D'Homont, petit in-8°). — Le cahier du bailliage faisait les mêmes demandes (Loriquet, *loc. cit.*, t. I, pp. 113 et 115).

1. Livre I, chap. VIII, p. 138 et suiv.
2. Livre I, chap. VI, p. 67 et suiv. — Livre II, chap. V, p. 255 et suiv.
3. Livre I, chap. VI, p. 76 et suiv.

« deussent en la dite ville »[1], et lui signala l'état d'appauvrissement de la cité. L'archiduc manda en conséquence le 8 février à Loys Dubacq, son maître des requêtes, qu'il était venu à sa connaissance « que nostre ville de S⁺ Omer, laquelle est une des « bonnes et principalles villes de nos païs bas de « par decà située en frontière, au moïen des guerres « et divisions qui ont regnez en nosdis païs, est « tellement appauvri, diminué et amoindrie tant de « peuples, marchandises et négotiations, comme « des biens et chevances, que ce par bon ordre, règle « et police, elle n'est aydié, secourue et addreschié, « fait à doubter que à travers le temps elle polra « tomber en grande ruyne et désolation... », et que : « désirant pourveoir au bien, relièfvement et res- « source de nostre dite ville, et éviter le mal, ruyne « et désolation d'icelle... », il avait décrété une nouvelle ordonnance qu'il le chargeait d'aller, pour la première fois, appliquer à Saint-Omer, avec l'aide du Bailli ou de son lieutenant. Aux échevins, l'archiduc écrivit en même temps qu'il voulait « pourveoir au bien et ressource de notre dite ville « de S⁺ Omer, laquelle par forme de bonne police « est fort diminué, appauvri... »

La nouvelle ordonnance[2] décida notamment que les quatre premiers échevins seraient nommés par le bailli, les huit autres élus suivant celle de 1447, que le maieur serait élu et choisi parmi

---

1. Préambule de l'ordonnance du 1ᵉʳ septembre 1506. *Pièce justificative* XI : « au pourchas de feu lors Bailly de nostre d. ville « messire de Morbeke », porte le texte. C'est donc bien le bailli qui provoqua cette importante ordonnance, point de départ de toutes les atteintes portées à l'ancienne liberté des élections échevinales.

2. *Pièce justificative* X.

les échevins « par l'advis toutefois de notre dit
« bailli » (art. ɪɪ et ɪɪɪ). Celui-ci, en recevant les serments des maieur et échevins, devait leur faire
« entre autres choses, solennellement jurer que
« pour parvenir à l'estat auquel chacun d'eulx sera
« promeu et ordonné, ils n'auront fais ou fais faire
« directement ou indirectement aulcunes requestes,
« poursuites, dons ou promesses en manière quel-
« conque » (art. ᴠɪɪ).

L'intervention du bailli dans les élections échevinales, qui se bornait jusque là à y assister et à recevoir le serment des élus, était donc singulièrement étendue. Le Magistrat, après avoir obéi, essaya toutefois la résistance, car en 1503, l'archiduc fut obligé d'envoyer à Saint-Omer Pierre Ancheman, « secrétaire en ordonnance de Monseigneur », afin de procéder avec le bailli au renouvellement de la Loy ; et en 1504 le comte du Rœulx, commissaire de Philippe-le-Beau devenu roi de Castille, reçut l'ordre de choisir le mayeur au nom du roi [1].

Les nouveaux droits de l'autorité centrale, un moment abandonnés en 1506 [2] par Philippe-le-Beau, furent rétablis sous Charles-Quint, roi d'Espagne, et mentionnés dans les lettres de nomination du bailli Adrien de Croy du 22 mai 1516. Mais celles-ci donnèrent lieu à une nouvelle difficulté, car elles autorisaient le lieutenant, en l'absence du bailli, à nommer lui-même, les quatre premiers échevins. Sur les résistances de l'échevinage formulées en halle

---

1. Lettres écrites de Bruxelles le pénultième jour de décembre 1504 aux échevins de Saint-Omer par le roi de Castille. *Original, Correspondance du Magistrat aux Arch. de Saint-Omer.*

2. Lettres de Philippe I, roi de Castille, datées de Malines du 1ᵉʳ septembre 1506. *Pièce justificative* XI.

lorsque le nouveau bailli y présenta, suivant l'usage, ses lettres d'investiture, Adrien de Croy fit, en son nom personnel, une espèce de transaction en déclarant le 5 juin : « comme son intention étoit que nuls « de ses lieutenants eussent cette prééminence, « mais seulement sa personne, néantmoins, quant « il ne polroit être présent à la ditte élection, « envoierait par escript soubs son signé, les noms « des quatre qu'il voldroit créer ». Et en effet, ce fut tantôt directement, tantôt par lettre remise à son lieutenant, qu'il désigna les quatre échevins, et cet usage fut suivi par tous ses successeurs, bien que leurs commissions mentionnassent toujours le droit du bailli « de nommer par lui-même, ou son lieute- « nant en cas d'absence, quatre échevins chacun « an ». Lorsque l'écrit n'arrivait pas en temps utile, les électeurs nommaient tous les échevins [1]. Du reste, M. de Croy ne gagna rien à l'acte de conciliation par lequel il avait inauguré son entrée en charge. Dès 1520, l'échevinage, continuant son opposition au régime électoral imposé en 1500 et en 1516, contesta à ce bailli le droit de créer lui-même les quatre échevins, et il fallut une lettre de Charles-Quint devenu empereur, datée de Worms le 20 décembre 1520, pour confirmer les droits du s^r de Croy [2].

Jehan de Sainte-Aldegonde reçut en 1532, des lettres patentes conformes à celles de son prédécesseur, ainsi que Jacques de Recourt, baron de Licques, nommé en 1539. Contre ce dernier l'échevinage soutint une nouvelle lutte, il prétendit l'empê-

---

1. C'est ce qui eut lieu en 1526, 1532 et 1533.
2. De Lauwereyns de Roosendaële, *Histoire d'une guerre échevinale de 177 ans,* Saint-Omer, Guermonprez, 1867, p. 30 et 31.

cher d'assister à l'élection des huit derniers échevins ; la querelle fut encore une fois portée devant l'empereur qui, le 18 novembre 1540 [1], donna de nouveau raison à son bailli ; et, pour vaincre définitivement ces continuelles résistances du Magistrat, ce prince confirma, en les résumant dans son ordonnance, les divers droits de son représentant de nommer quatre échevins directement ou par écrit, et de donner sa voix à l'élection du mayeur, d'assister à celle des huit autres échevins et d'engager les électeurs à choisir « les plus gens de bien » ; le bailli avait aussi ses obligations, il devait, avant de désigner les quatre échevins, prêter sur le doxal, au nom du roi, et avant tous les autres électeurs, le serment suivant : « Monseigneur, vous jurez d'eslire et dénomer
« quatre personnes gens de biens légitimes et de
« léal mariage des plus notables preudhomes de cette
« ville de l'âge de vingt huit ans et au dessus pour
« estre eschevins de cette dite ville, desquels avecq
« d'autres personnes que les électeurs esliront en
« vostre présence pour le parfait de douze esche-
« vins, donerez à l'un d'iceux voix et élection de
« maïeur, sy jurez qu'iceux ne vous ont requis ni
« fait requérir ou pourchasser leur dénomination,
« mais les dénomerez et eslirez justement et sans
« faveur autre que pour le bien public de la dite
« ville, et de tenir secret ce que sera dit et besoigné
« en ladite élection. Ainsi Dieu vous veuille aider » [2].
Après les élections, il recevait, au doxal, le serment des douze échevins, et en la chambre échevinale celui des dix jurés pour la communauté. Lorsqu'il y avait lieu de remplacer un échevin dans le

---

1. *Pièce justificative* XII.
2. *Arch. de Saint-Omer*, AB XXVII. — *Formulaire des serments.*

cours de l'année, un conseiller au bailliage pouvait recevoir le serment du nouveau titulaire, à défaut du bailli et de ses lieutenants empêchés[1].

Cependant l'ordonnance impériale de 1540 n'avait pas rappelé le droit du lieutenant de nommer, en cas d'absence du bailli, les quatre premiers échevins. Aussi, lorsque Robert de Montmorency, seigneur de Wismes, fut à son tour institué grand bailli en 1544, les mayeur et échevins se prévalurent immédiatement de cette lacune pour, malgré le texte des lettres de nomination, protester de nouveau contre toute immixtion de son suppléant dans les élections municipales, et sa seigneurie déclara « qu'elle n'irait pas plus avant sur cet article que « son prédécesseur ». Le lieutenant général se bornait donc à présenter le billet du bailli désignant les quatre échevins et donnant sa voix à l'élection du mayeur, puis il se retirait et ne reparaissait que pour recevoir les serments. Cependant en 1551 François de Longueville, appelé par suite de l'absence de son chef à présider aux élections, prétendit, après avoir désigné les quatre échevins indiqués dans la

---

1. En voici un exemple : « Le 26 novembre 1641, messire Charles « Garçon, maieur des dix jurés pour la Communauté a été choisi « eschevin en la place de Gilles van Oudshoorn, dit Vlaming, écuier, « sieur de Lassus, et en la place dudit Garçon a esté choisi pour « eschevin Jaques Calart, et pour maïeur des dix Hugues (Jacques ?) « Œillet (Œuillet ?) ; pour desquels recevoir les sermens, fut envoié « par monsieur le vicomte de Lières, grand bailli et capitaine de ceste « ville détenu au logis pour grand empeschemens, absent de la ville « son lieutenant général, et indisposition de son lieutenant particulier, maitre Henri Hellemans, conseiller du roi au bailliage, garni « de pouvoir par escrit, et rechut lesdits sermens : sçavoir celui « dudit Garçon au dossal, messieurs du Magistrat présens, et celui « dudit Calart en chambre eschevinalle ». (*Ms. d'Haffrenghes* n° 879, *Bibl. de Saint-Omer*, t. II, p. 105-106).

lettre du bailli, rester dans la chambre échevinale tandis que les électeurs nommeraient les huit autres échevins, mais après de longs débats il fut obligé de se retirer.

Philippe de Sainte-Aldegonde, seigneur de Noircarme, nommé au mois de mars 1554, ne prêta que le 5 janvier 1555 à l'échevinage le serment ordinaire, et les échevins avaient vainement sollicité qu'il ne permit pas que son lieutenant eût la même autorité que lui en son absence. Sous ce bailli en 1556, plusieurs questions municipales furent agitées, et troublèrent encore les relations existantes entre les deux autorités. Cette fois, les officiers du bailliage excèdaient leurs droits : ne se contentant plus de maintenir leurs attributions telles que les avait nettement définies l'empereur, ils prétendaient désigner le corps électoral lui-même. La résistance de l'échevinage était légitime, et le conseil privé de Philippe II, roi d'Espagne, le reconnut dans le règlement qu'il rendit le 31 juillet 1556, où on lisait : « Sur les III et IIIIme articles, Sa Majesté déclare que « lesdits officiers (du bailliage) ne sont fondez de « demander que ledit Bailly ait la nomination des « trois curés, des trois nobles et trois bourgeois « qui se évocquent au renouvellement de la Loy « dudit Saint-Omer, et semblablement des quatre « Jurez ; ains s'entretiendra l'anchienne ordonnance « de l'an XIII^c XLVII, et celle faicte au temps du s^r de « Licques en l'an XV^c quarante... » Le roi prescrivit cependant à ses officiers de veiller à ce que les échevins et mayeur élus eussent leur domicile dans la ville, à ce qu'il ne se passât aucune « indue pra« ticque » au renouvellement de la loi, et à ce que les prohibitions venant du degré de consanguinité fussent respectées. Le bailli devait donner sa voix à l'élection du mayeur et pouvait rester présent jusqu'à la fin de l'élection [1].

Quant au lieutenant du bailli, le successeur de François de Longueville, Wallerand de Tilly, se trouva dans la même situation que lui, lors des élections de 1563 et il se décida également à céder aux exigences de Messieurs. Les autres lieutenants généraux laissèrent périmer leur droit d'assister à l'élection des huit derniers échevins, en l'absence du bailli, droit contre lequel protestait le Magistrat à l'occasion de chaque installation de bailli ou quelquefois lors du renouvellement de la Loy.

En 1573, Eustache de Croy, seigneur de Ruminghem, fut nommé à son tour avec des pouvoirs encore plus étendus que Philippe de Sainte-Aldegonde : le mayeur de la ville devait être l'un des quatre échevins nommés par le bailli. L'échevinage ne toléra pas davantage cette nouvelle tentative d'usurpation sur ses anciens privilèges, il ne voulut pas que son chef devint un simple officier royal, et messire de Croy, lors de son installation, déclara « qu'il n'entendait se procurer autres prééminences « que les Grands Baillis avaient eue ». Le Magistrat obtint d'ailleurs gain de cause complet sur ce point, car les commissions des successeurs d'Eustache de Croy ne leur accordèrent plus aucun droit semblable, mais seulement celui de « donner leur voix, avec « autres électeurs, à l'élection du mayeur ».

Les efforts des ducs de Bourgogne et des rois d'Espagne avaient assurément amélioré l'administration de la ville, cependant ils n'avaient pas com-

---

1. *Recueil de Chartres de la ville* 1739, p. 97-98.

plètement réussi à enrayer les abus ; et en 1587, Philippe II remarquait encore que « ceux qui, en la « ville, avaient été faicts et créés Mayeur et échevins « demeuroient en office alternativement et an après « aultre leur vie durant ». Aussi prescrivit-il le 13 novembre[1] à son bailli de Saint-Omer de lui faire connaître, à lui ou au gouverneur général des Pays-Bas, chaque année quinze jours avant le renouvellement de la Loy, le nom des quatre personnes qu'il entendait désigner. Par ce moyen, le roi voulait aussi écarter les calvinistes des fonctions municipales : la désignation faite par le bailli devait en effet être accompagnée d'une lettre de l'évêque ou de son vicaire attestant que les quatre personnes choisies étaient « asseurées et zéleuses de la reli- « gion catholique romaine »[2]. C'était d'ailleurs le moment où des troubles religieux avaient pris de graves proportions en Flandre, et où plusieurs provinces des Pays-Bas cherchaient à secouer le joug de l'Espagne[3], et il fallait prendre des précautions contre les fauteurs de désordre qui à Saint-Omer même n'avaient pas manqué[4]. Comme un évêché

1. *Pièce justificative* XIV.
2. Nous avons mentionné, p. 233 et 234, la modification apportée dans le sens orthodoxe au serment du bailli en 1600 d'après le placard de juin 1587.
3. On sait que sept provinces du nord des Pays-Bas, persécutées pour leur foi, se rendirent indépendantes de 1566 à 1609, et formèrent la République des Provinces-Unies.
4. Quelques années auparavant, en 1577 et 1578, à Saint-Omer même avait eu lieu la révolte des sinoguets. La ville avait été divisée en *juanistes*, du nom de Don Juan, gouverneur des Pays-Bas pour le roi d'Espagne, en *orangistes*, *patrios* ou *sinoguets*, du nom du chef de la faction. Les premiers étaient catholiques, les seconds réformés ou soutenant les réformés. Un troisième parti était formé des catholiques hostiles aux Espagnols et détestant les deux premiers, c'étaient les *malcontents*.

venait d'être créé dans cette ville en 1559, la décision royale de 1587 fit en même temps entrer l'évêque dans le corps électoral où il remplaça l'un des trois curés.

Les commissions données successivement à Charles de Bonnière, seigneur de Sonastre, en 1600, à Antoine de Rubempré, seigneur d'Obigny en 1632, à Gilles de Lières en 1633, à Robert de Lens, bailli intérimaire en 1640, à Maximilien de Lières, baron du Val en 1653, contenaient toujours le droit de nommer quatre échevins chaque année et le souverain continua à exiger, comme du temps de Philippe II, d'être consulté à l'avance sur leur choix. La commission de Gilles de Lières du 5 août 1633 portait en effet, après les mots : « échevins »[1] « en nous en « consultant préalablement comme s'est fait depuis « quelques années en ce cas »[2]. Ce bailli, en 1637, ne permit même pas qu'il fût procédé à l'élection des mayeur et échevins qui continuait à se faire la veille des Rois, avant d'avoir reçu du gouverneur général des Pays-Bas la ratification de la nomination qu'il avait faite de quatre échevins, et l'élection fut retardée jusqu'au 9 janvier. Mais les lettres patentes de ces baillis autorisaient aussi, en leur absence, les lieutenants à désigner les quatre échevins. C'est sur ce point que la lutte continua avec le Magistrat;

---

1. L'ordonnance de 1500 mentionne bien le droit du bailli de désigner les *quatre premiers échevins,* en 1633 le roi ne parle plus que de *quatre échevins*. En effet ces échevins ne paraissent jamais avoir eu un rang à part ni une prééminence quelconque ; sur les registres au renouvellement de la Loy, ils figurent dans les listes mélangés à ceux élus par le corps électoral. Il semble plus exact de dire que le bailli les désignait *le premier,* c'est-à-dire avant que les élections des autres fussent commencées.

2. *Ordonnances royaux du bailliage,* déjà cités, p. 18.

cependant, sur les instances répétées de celui-ci au moment de chacune de leurs installations à l'hôtel de ville, ces baillis finirent par déclarer tous successivement ne pas vouloir agir autrement que leurs prédécesseurs, et ils n'usèrent point à cet égard de toutes leurs prérogatives ; de sorte que le lieutenant général n'eut d'autre rôle que de présenter la lettre du bailli absent désignant ces échevins.

L'intervention du bailli représentant du pouvoir central consista donc à nommer quatre échevins directement ou par écrit, à donner de même sa voix à l'élection du mayeur, à assister au renouvellement de la Loy et à recevoir le serment du corps échevinal.

Sous l'administration de Gilles de Lières l'influence d'une corporation de la ville, celle des brasseurs, était devenue si considérable qu'il s'en trouvait six ou sept tant parmi les échevins des douze que parmi les dix jurés, et ils obtenaient de laisser multiplier les cabarets au préjudice du bon ordre et de la police de la cité. Le bailli signala à Sa Majesté les conséquences d'un état de choses qui livrait le gouvernement de la ville à d'avides commerçants pouvant devenir assez puissants pour braver plus tard les ordonnances qu'il pourrait être nécessaire de faire pour les corps de métiers ; et par un règlement daté de Bruxelles le 2 décembre 1672, Charles II, après avoir pris l'avis du Conseil de l'Artois réservé séant à Saint-Omer[1], ordonna que désormais il ne pourrait plus y avoir dans le corps échevinal plus de trois brasseurs, un dans le corps des douze éche-

---

1. Pagart d'Hermansart, *L'Artois réservé, son Conseil, ses Etats, son Election à Saint-Omer de 1640 à 1677.* (*Mém. de la Morinie*, t. XVIII).

vius, et deux dans celui des dix jurés ; et cette décision, à l'exécution de laquelle le bailli fut chargé de tenir la main, fut étendue à tous les corps de métiers [1].

Telle fut, sous les ducs de Bourgogne, comtes d'Artois, et sous les rois d'Espagne, le rôle du bailli dans les élections échevinales. L'intervention du pouvoir central, contenue dans de justes limites par la vigilance des magistrats municipaux, avait assuré, mieux qu'une trop grande liberté qu'il avait fallu restreindre, le maintien de privilèges raisonnables ; l'autonomie communale n'était pas sensiblement atteinte par cette surveillance ; et s'il fallait chercher dans le passé des exemples ou des leçons pour les temps présents, on verrait plutôt dans le système de nomination du corps échevinal alors adopté, une certaine pondération de pouvoirs qu'on ne retrouve presque nulle part aujourd'hui dans le corps social.

Nous allons voir, sous la monarchie française, l'autorité royale absolue détruire d'abord toutes ces institutions, puis, au bout d'un siècle, revenir à un système plus libéral, et modifier incessamment la constitution des villes d'Artois, en y établissant des corps municipaux, tantôt élus dans des assemblées de notables, tantôt nommés par les députés ordinaires de la province.

Le 22 avril 1677, la ville de Saint-Omer se rendit au duc d'Orléans, frère de Louis XIV, et fut définiti-

---

1. Il paraît en effet que les brasseurs et les tanneurs, qui étaient alors les corporations les plus importantes, étaient appelés tour à tour à l'échevinage. *(Ms. Deschamps de Pas).*

vement réunie à la France par le traité de Nimègue en 1678. La charge de grand bailli resta vacante jusqu'à ce que par édit de février 1692 le roi l'eût réunie à son Domaine et l'eût créée héréditaire. Le s⁣ʳ François-Louis de Granchamp, chargé par Sa Majesté du recouvrement de la finance qui devait provenir des offices créés en Flandre, Artois et Hainaut, fit alors publier la vente de l'office de grand bailli de la ville et du bailliage de Saint-Omer, avec faculté de nommer son lieutenant et quatre échevins, de même qu'autrefois ; mais comme il reçut ensuite l'ordre de retrancher cette disposition du cahier des charges, ceux qui s'étaient présentés pour acquérir l'office se retirèrent et déclarèrent ne pouvoir l'exercer que sous la condition que le titulaire « auroit la qualité d'électeur né de la noblesse
« d'élection des échevins, ainsy que le sieur évesque
« de S⁣ᵗ Omer ou son grand-vicaire en son absence
« est électeur du clergé à la dite élection des eschevins ; qu'il assisteroit à l'audition des comptes et
« joüiroit de 375 livres de france et des mêmes
« honneurs, prérogatives, droits et émoluments que
« les anciens pourveus dudit office »[1]. Les conditions de l'adjudication furent modifiées dans ce sens, et le roi en son Conseil ordonna le 22 décembre 1693, qu'il serait procédé à l'adjudication de l'office qui ne comprendrait pas toutefois le droit de nommer le lieutenant ni quatre échevins. La mise à prix était de dix mille livres. L'office fut adjugé à Renom-François de Beaufort[2], qui reçut de Louis XIV une commission, en date au palais des Tuileries du

---

1. *Ordonnances royaux du bailliage*, p. 26 et 27.
2. Voir ci-dessus p. 227.

26 juin 1694, l'autorisant à jouir dudit état « avec la « qualité d'électeur né de la noblesse à la nomina- « tion des eschevins de ladite ville, à laquelle il « assistera en ladite qualité »[1].

Le grand bailli avait donc perdu, par le fait de la conquête, le pouvoir de nommer son lieutenant et quatre échevins. Ce fut à l'intendant que passèrent ses droits à l'égard de la désignation de ces derniers, le bailli coopéra seulement à l'élection comme l'un des trois électeurs de la noblesse. La ville n'avait d'ailleurs conservé elle-même son ancienne organisation et sauvé le principe électoral qui la régissait qu'en rachetant les charges de mayeur et échevins que l'édit de 1692 avait aussi transformées en offices.

Nous avons déjà rappelé les difficultés que rencontrèrent, en 1694 et en 1702, les deux premiers baillis nommés après la réunion de Saint-Omer à la France, à qui l'échevinage refusa de prêter serment[2]. A chaque renouvellement de la Loy, le nouveau corps échevinal faisait les mêmes difficultés pour le serment, de sorte qu'en 1715 des lettres de cachet durent attribuer à l'intendant le droit de le faire prêter aux mayeur et échevins. Le grand bailli perdit là encore une de ses attributions et il obtint seulement provisionnellement d'être présent à cette formalité.

Comme substitué aux droits des grands baillis du roi d'Espagne, l'intendant n'aurait dû nommer que quatre échevins, cependant l'échevinage ne fut plus renouvelé qu'aux époques fixées par ce haut fonc-

---

1. *Ordonnances royaux du bailliage*, p. 29.
2. Livre II, chap. II, p. 235.

tionnaire, et, tantôt la ville restait sans Magistrat comme en 1717, tantôt les mayeur et échevins étaient tous nommés par l'intendant en vertu de lettres de cachet, tantôt ils étaient simplement renouvelés ou continués pour une année. En 1733, par lettre du 6 juin, le roi ordonna que la nomination des échevins se ferait ainsi qu'il se pratiquait dans les villes d'Arras et autres de son pays d'Artois, et prescrivit que tous les membres qui composaient le corps du Magistrat de la ville de Saint-Omer seraient à l'avenir nommés par le commissaire départi pour l'exécution de ses ordres en Picardie et Artois [1].

En 1748, des lettres patentes du 27 juillet attribuèrent l'office à Louis-Eugène-Marie de Beaufort, et bientôt, un arrêt du Conseil de 1749 autorisa définitivement l'intendant à nommer le corps municipal entier. Ce n'était plus une tutelle et une surveillance utile comme du temps des ducs de Bourgogne et des rois d'Espagne, c'était un système de concentration poussé à l'excès, un mode de gouvernement autoritaire absolument contraire à la loi historique du passé de la ville. Les élections échevinales étant supprimées, le grand bailli n'eut plus aucune influence sur la nomination du Magistrat, et la surveillance de l'administration de la cité lui échappa de plus en plus. Saint-Omer subissait la loi commune

---

1. Lettre du 6 juin 1733. *Arch. de Saint-Omer, Registre au renouvellement de la Loy*, f. 138. « De par le Roy, Sa Majesté jugeant
« convenable au bien de son service et à l'avantage de sa ville de
« St Omer que la nomination du Magistrat sy fasse ainsi qu'il se
« pratique dans la ville d'Arras et autres villes de son pays d'Artois,
« Sa Majesté a ordonné et ordonne que tous les membres qui com-
« posent le corps du Magistrat de la dite ville de St Omer seront à
« l'avenir nommés par le sieur commissaire départi pour l'exécution
« de ses ordres en Picardie et Artois.... » Arrêt conforme du Conseil d'Etat du 16 juin 1733, imp.

qui, partout, réduisait à rien les anciennes franchises au profit du pouvoir central, et le plus souvent au détriment de l'intérêt des villes.

Cependant, dans la seconde moitié du XVIIIe siècle, l'esprit de réforme qui agitait la nation et qui commençait à discuter le pouvoir arbitraire imposa au gouvernement des mesures plus libérales. C'est à l'influence de ce mouvement que furent dues les dispositions de l'édit daté de Compiègne au mois d'août 1764, qui rendit aux habitants de la province d'Artois le droit d'élire leurs magistrats, et ordonna que, dans tout le royaume, les administrations municipales seraient élues par les notables des trois ordres de chaque commune. Cet édit général ne mentionna pas les deux corps : les jurés au conseil et les dix jurés pour la communauté, qui existaient à Saint-Omer, et qui furent ainsi virtuellement supprimés.

A cette époque M. Dominique-Jean-Jacques de Lencquesaing était bailli, il avait acheté l'office vacant par la démission volontaire de M. de Beaufort, et avait été nommé le 15 février 1760. Le nouvel édit de 1764 lui enlevait la qualité d'électeur né de la noblesse. Il figura au nombre des électeurs du tiers-état dans l'assemblée des notables qui se tint à Saint-Omer le 8 novembre 1764 et qui fut ainsi composée : 1° pour le clergé : des ecclésiastiques en dignité qui avaient entrée aux états de la province, des députés des corps qui avaient le même droit, et des curés, au nombre de 12 ; 2° pour la noblesse : de tous les nobles domiciliés dans l'étendue du bailliage, au nombre de 21 ; 3° pour le tiers-état : des officiers des bailliages, des mayeur et échevins en exercice, de leurs prédécesseurs, de quatre avocats, de deux gradués en médecine, de deux notaires, de deux procureurs, de deux négociants, tous choisis par leurs corps, au nombre de 30. Le lieutenant général, ou en son absence le premier officier était chargé de tenir le procès-verbal de l'élection. Conformément à l'édit et à une lettre du président du Conseil d'Artois du 6 novembre, le nouveau mayeur élu devait prêter serment entre les mains du grand bailli. Les élections se firent le 8 novembre et portèrent à l'échevinage quatre gentilshommes, quatre avocats et quatre bourgeois notables ; le comte de la Tour Saint-Quentin, mayeur élu et pris parmi les échevins nobles, fit constater qu'il était retenu chez lui par une maladie et ne prêta serment que par procuration, le bailli reçut celui des autres membres du corps municipal.

Au mois de mai 1765 parut, daté de Marly, un nouvel édit contenant « Règlement pour l'exécution « de celui du mois d'août 1764 ». Dans les villes de 4500 habitants et plus, les corps municipaux devaient être composés d'un maire nommé pour trois ans par le roi, et choisi sur une liste de trois personnes ayant déjà exercé les fonctions de maire ou d'échevin, de quatre échevins pris parmi les anciens conseillers de ville, élus pour deux ans mais « en telle sorte néanmoins qu'il y en ait deux « anciens et deux nouveaux, à l'effet de quoi il en « sera élu tous les ans, au jour accoutumé, deux « nouveaux à la place des deux anciens... » (art. XIV), de six conseillers choisis parmi les notables et devant exercer leurs fonctions pendant six ans, plus d'un syndic-receveur et d'un greffier nommés pour trois ans et pouvant être continués, mais n'ayant pas voix délibérative dans les assemblées. Les élections avaient lieu dans les assemblées des notables composées du maire, des échevins, des conseillers de ville et de quatorze notables, et qui devaient être présidées par le grand bailli ou par le lieutenant général en son absence. Le maire nouvellement élu ne pouvait « exercer ses fonctions qu'après avoir fait « enregistrer son brevet de nomination au siège « ordinaire de ladite ville ou bourg, et prêté serment « entre les mains du premier ou plus ancien officier « dudit siège » (art. xx).

M. de Choiseul décida, par deux lettres des 24 et 25 octobre, que le renouvellement du Magistrat de Saint-Omer se ferait le dernier jour d'octobre, et que le grand bailli ou le lieutenant général présiderait à l'élection. M. de Lencquesaing occupa lui-même la présidence dans l'assemblée tenue le 31 octobre 1765 en vertu du nouvel édit, qui procéda au renouvellement d'une partie des officiers municipaux, et il reçut leur serment, mais le mayeur le comte de la Tour Saint-Quentin, qui avait été réélu, puis nommé par le roi le 4 mai 1766, refusa de prêter serment entre les mains du grand bailli, et il le fit le 29 octobre suivant entre les mains de M. de Wanzin, seigneur de Wirquin, premier échevin.

Bien que les édits de 1764 et 1765 eussent été assez favorablement accueillis, on songea encore cette même année 1766 à modifier la constitution municipale des villes d'Artois, mais les circonstances ne permirent pas d'expédier à temps les lettres patentes établissant ces changements, et le 26 octobre M. de Choiseul régla d'une manière particulière l'élection qui devait avoir lieu le 31 du même mois, date qui avait été définitivement adoptée pour le renouvellement du Magistrat. L'échevinage, qui contestait à M. de Lencquesaing tous les droits que lui accordaient les nouveaux édits, ne voulut pas le reconnaître comme président de l'assemblée des notables qui se tint ce jour là. L'élection à laquelle il fut procédé fut d'ailleurs cassée par M. de Choiseul le 19 novembre suivant, parce qu'on ne s'était pas conformé à ses ordres, que, parmi les sujets choisis on n'avait désigné que deux notables, et que les autres échevins avaient été pris parmi des personnes qui n'avaient auparavant exercé aucune fonction à l'échevinage. Une nouvelle assemblée de notables fut nécessaire, elle se tint le 9 décembre, et cette fois le grand bailli reprit la présidence.

Le comte de la Tour ayant démissionné le 18 juillet 1767, une nouvelle assemblée se réunit et élut à sa place, pour trois ans, le 28 octobre suivant, M. Jean-Baptiste de Lieuray, s' d'Omonville. Le nouveau mayeur se conduisit vis-à-vis M. de Lencquesaing de la même manière que son prédécesseur, il prêta serment entre les mains du premier échevin pour ne point le prêter entre celles d'un officier quelconque du bailliage.

Lorsque, le 9 novembre suivant, une autre assemblée de notables se tint en vertu d'une lettre du 1er novembre de M. de Choiseul, mandant au Magistrat que l'intention de Sa Majesté était qu'on ne renouvelât que deux échevins à la place des deux plus jeunes qui sortaient de charge, l'hostilité de l'échevinage contre le bailliage se manifesta encore ; le mayeur affecta de ne convoquer aucun des officiers de ce siège, et après l'élection, le corps municipal écrivit au ministre pour lui demander que les officiers du bailliage fussent à l'avenir exclus des assemblées de notables, et que le procureur de ville, qu'il qualifia de procureur du roi, fit les fonctions de partie publique dans ces assemblées [1]. Mais M. de Choiseul, loin d'accueillir ces demandes, répondit par une lettre assez vive à MM. les mayeur et échevins.

Cependant une nouvelle forme d'élection, la quatrième depuis 1764 [2], fut encore décidée par un arrêt du Conseil d'Etat du 15 juillet 1768, qui régla provisionnellement la constitution des villes d'Artois. L'administration de la cité fut confiée à un mayeur et à dix échevins, savoir : deux nobles, quatre gradués en droit et quatre négociants (art. I) ; le mayeur continua à être nommé par le roi pour trois ans (art. IX). Quant aux échevins, ils étaient élus pour deux ans, dans une assemblée composée à cet effet des mayeur et échevins en exercice et de quatorze notables choisis dans les trois états de la ville, c'est-à-dire un membre du chapitre, un curé, un noble, un membre du bailliage, un juge des autres juridictions, et sept électeurs désignés parmi les gradués, bourgeois vivant noblement, notaires, procureurs, négociants, marchands ayant boutique ouverte, chirurgiens et autres exerçant les arts libéraux, laboureurs et artisans (art. X, XII et XIII). Ces notables étaient eux-mêmes choisis par le corps auquel ils appartenaient, huit jours avant l'élection de l'échevinage (art. XIV). L'arrêt statua aussi sur quelques difficultés pendantes entre l'échevinage et le bailliage en décidant (art. XVII) que le grand bailli,

---

1. Pagart d'Hermansart, *Les Procureurs de ville à Saint-Omer.* (*Mém. de la Morinie*, t. XXIII, p. 195).

2. Nous avons vu que la première fut déterminée par l'édit de 1764, la seconde par celui de 1765, la troisième par la lettre de M. de Choiseul du 26 octobre 1766.

ou à son défaut le lieutenant général, tiendrait les procès-verbaux des assemblées.

Le 31 octobre, jour désigné (art. x), il fut procédé à de nouvelles élections dans une assemblée de notables, que le grand bailli présida, et où le procureur du roi au bailliage fit les fonctions de partie publique. Tous les officiers furent renommés, sauf le mayeur qui n'était que dans la première année de son exercice, mais M. de Lieuray d'Omonville fut contraint de prêter serment le même jour, 31 octobre, avec toutes les formalités d'usage, un genou en terre et la main sur la croix, dans la chambre d'audience de la ville, entre les mains de M. de Lencquesaing.

Dans cette longue lutte avec les mayeur et échevins le grand bailli avait donc fini par triompher. A son tour, il combattit l'influence du Magistrat, et se joignit aux six autres grands baillis de la province, dans les instances qu'ils soutinrent contre les officiers municipaux de leurs résidences, à propos de questions de juridiction. Nous en reparlerons ailleurs [1].

Cependant l'organisation créée par les édits de 1764, 1765 et par l'arrêt du Conseil de 1768 dura peu de temps; au mois de novembre 1771, un édit supprima dans tout le royaume la forme élective du gouvernement municipal; la province d'Artois fut, il est vrai, dispensée de l'exécuter par arrêt du Conseil du 18 septembre 1773, mais un autre édit du mois de novembre de la même année, fixa de nouvelles règles pour les élections. Le corps de ville fut composé d'un mayeur et de dix échevins, savoir : deux nobles, quatre gradués en droit et quatre bourgeois vivant noblement. Ils ne pouvaient exercer leurs fonctions que pendant deux ans, et

1. Voir ci-après au chap. VII *Attributions judiciaires*.

chaque année il devait être procédé à une nomination de cinq échevins, de sorte qu'à partir de cette époque, on distingua les cinq échevins de la première élection et les cinq échevins de la seconde élection. La nomination en fut enlevée aux notables, elle appartint aux Députés ordinaires des Etats d'Artois en exercice[1], conjointement avec deux membres de ce corps, qui devaient être choisis tous les ans dans l'assemblée. Le corps des jurés au Conseil, qu'avait supprimé l'édit de 1764, fut à peu près rétabli dans son ancienne forme par l'article XXIV de la nouvelle décision royale, qui lui conféra diverses attributions financières. L'installation du Magistrat fut fixée au 1er janvier. C'en était fait du rôle du bailli dans les élections de l'échevinage, il n'y avait plus de notables, il n'y prenait donc plus aucune part. Le nouveau mayeur désigné en vertu de l'édit de novembre 1773, M. de Pan, sr de Wisques, ne prêta pas serment entre les mains de M. de Leucquesaing, il remplit cette formalité le 24 novembre entre celles de M. Defrance de Hélican, conseiller au bailliage.

Le grand bailli protesta contre tous ces changements ; et dans une lettre qu'il écrivit d'Aire le 14 mars 1774, au contrôleur général des finances[2], il critiquait particulièrement en détail l'édit de novembre 1773 et faisait ressortir combien les échevins se rendaient indépendants en toutes matières. Suivant lui, on pouvait considérer sous trois points

1. On sait que les Députés ordinaires aux Etats d'Artois étaient trois personnes désignées dans les trois corps des Etats qui résidaient à Arras et qui étaient chargés de l'administration de la province hors du temps des assemblées.
2. *Arch. de Saint-Omer*, AB VIII, 44.

de vue différents le fait d'avoir confié leur élection aux Etats de la province : le point de vue politique, les intérêts des peuples de l'Artois, et les anciens usages ainsi que les droits des anciens comtes de la province. Les échevins étant nommés, disait-il, par les députés ordinaires, c'est-à-dire par trois personnes désignées dans les trois corps ; deux ordres, en se réunissant, pouvaient ne faire entrer dans la composition de la municipalité que ceux qui leur seraient agréables ou dévoués, de là devait résulter « une union de dépendance et d'asservissement « entre le tiers-état et les deux autres ordres, union « désavantageuse aux peuples, au roi même, sur- « tout dans une province frontière ». Et il rappelait les époques où de sages dispositions donnaient au bailli, représentant du souverain, le droit de nommer un certain nombre d'échevins.

Ces réclamations n'aboutirent pas. Un nouveau bailli, Louis-Dominique-Eustache de Lencquesaing, fut nommé en 1777, il ne réussit à se faire installer qu'en 1779, et les choses restèrent dans le même état jusqu'à la révolution de 1789. Le dernier mayeur, le chevalier de Laurétan, nommé par le roi le 20 décembre 1787[1], pour trois ans, ne prêta même pas serment entre les mains du grand bailli, ce fut le lieutenant général qui le reçut le 14 janvier 1788.

Toutes les attributions du bailli en ce qui concernait la surveillance des officiers municipaux avaient successivement disparu.

Bailli et échevins étaient cependant d'accord pour demander la révocation de l'édit de 1773, et le rétablissement de la commune dans son droit primitif

---

1. Nous avons publié le brevet de sa nomination, p. 38 du t. II des *Communautés d'arts et métiers à Saint-Omer*.

d'élire ses juges et administrateurs, et l'article 57 du cahier des doléances du tiers-état de la ville de Saint-Omer du 31 mars 1789, demanda cette réforme[1]. Mais le premier souffle de la Révolution emporta le grand bailli et ce qui lui restait d'attributions administratives ou judiciaires, et transforma l'administration municipale, à la tête de laquelle le dernier mayeur fut placé sous le titre de maire le 27 janvier 1790.

Le bailli de Saint-Omer avait continué pendant la période que nous venons d'étudier, à se transporter dans le pays de Langle pour y renouveler la loy[2], après avoir assisté aux élections échevinales à Saint-Omer. Des officiers du bailliage : lieutenant général, procureur du roi ou conseiller étaient aussi délégués comme commissaires chargés de renouveler les échevinages dans la châtellenie de Tournehem[3], et dans le pays de Brédenarde lorsque celui-ci fut réuni à la France après le traité de Nimègue en 1678[4].

Quant aux autres affaires administratives de moindre importance, nous en traiterons plus loin lorsque nous parlerons de la compétence des officiers du bailliage.

---

1. Pagart d'Hermansart, *Convocation du Tiers-Etat de Saint-Omer aux Etats généraux de France ou des Pays-Bas en 1308, 1346, 1420, 1427, 1555 et 1789. (Mém. de la Morinie*, t. XVIII, p. 217).
2. Voir ci-dessus, livre I, p. 81. — En 1633 Gilles de Lières procéda à ce renouvellement *(Ms. Des Lyons)*. — *Coutumes du pays de Langle*, grand cout., t. I, p. 298.
3. *Archives de Tournehem*, compte de l'année 1578.
4. *Mém. des Antiq. de la Morinie*, t. XXIII, p. 153.

CHAPITRE VI

ATTRIBUTIONS MILITAIRES

A partir de 1500 le bailli devient un officier de guerre. — Il a sous ses ordres une compagnie de soldats levés dans la ville et la banlieue. — Le bailli capitaine de la ville en 1507. — Résistance de l'échevinage. — Contestations relatives à la garde de la ville, aux clefs des portes, au mot du guet. — Ordonnance de Charles-Quint de 1540. — La capitainerie urbaine n'appartient plus au mayeur qu'en temps de paix. — Ordonnance de la gouvernante des Pays-Bas en 1541. — Décision du Conseil privé de Philippe II, roi d'Espagne, en 1556. — Le bailli est qualifié du titre de gouverneur en 1638, nouvelles difficultés avec l'échevinage. — Le mayeur insulté par le bailli en 1654. — Hostilité de Maximilien de Lières. — Saint-Omer retourne à la France en 1677. — Résumé.

Effet de la conquête. — Un gouverneur militaire réside à Saint-Omer, il a dans ses attributions la direction des gens de guerre, l'entretien des fortifications et la défense de la place. — Insuffisance de l'hôtel du gouverneur, il n'y réside pas, indemnité de logement. — L'échevinage perd tous ses privilèges. — Le bailli n'a plus que le droit de convoquer le ban et l'arrière-ban.

Les archiducs d'Autriche et les rois d'Espagne suivirent la même tradition politique que leurs prédécesseurs les ducs de Bourgogne et s'appuyèrent sur l'aristocratie militaire. Leurs possessions d'Artois étaient d'ailleurs l'objet de débats et de guerres sans nombre, et il était naturel qu'ils entretinssent dans les villes des administrateurs qui fussent en même temps des gens d'épée. Aussi au XVe siècle les charges de bailli furent-elles confiées de préférence à des gentilshommes occupant un certain rang dans la hiérarchie militaire et puisant dans leur personne même la force morale nécessaire pour dominer les autorités locales avec lesquelles ils étaient en rapport ; les baillis ne perdirent point pour cela leurs autres fonctions judiciaires et administratives, cette réunion d'attributions étant conforme aux anciennes institutions féodales où le seigneur avait été juge et capitaine. Bien plus, dans le courant du XVIe siècle, on voit le bailli commander une compagnie d'ordonnance soldée par la commune comme celle du mayeur, et dont les soldats étaient levés dans la banlieue ou dans la ville même [1].

Le droit qu'avait le mayeur de garder la ville, de conserver les clefs des portes et de donner le mot du guet, n'avait pas été sans soulever des difficultés entre lui, le bailli et les capitaines qui venaient accidentellement en temps de guerre prendre le commandement de la place. L'ordonnance rendue en 1500 par Philippe-le-Beau, qui modifiait la loi électorale de Saint-Omer, contenait en effet un article

---

1. Abbé Bled, *La Garnison de Saint-Omer en 1597 et 1598* (*Mém. de la Morinie,* t. XXII, p. 253, 255).

qui fait allusion à un différent préexistant. « *Item*
« que doresenavant lesdits bailly, mayeur et esche-
« vins pourverront à la garde des clefs des portes,
« allencontre du capitaine d'icelle ville, de gens de
« biens soit en loy ou non, lesquelz arront pour
« leurs paines et labeurs tels gaiges que par notre
« dit capitaine et les dis de la Loy leur seront par
« ce tauxés et ordonnés » (art. xix). C'était déjà une
atteinte aux droits anciens du mayeur de garder seul
les clefs de la ville.

En 1506 les clefs de la place furent remises, avec
le sceau du bailliage, au lieutenant général Augustin
de Renty par Charles de Piennes, bailli de Cassel,
qui avait été commis par provision à l'office de
bailli momentanément vacant. Ce fut une mesure
provisoire contre laquelle le Magistrat eut à peine
le temps de protester, car bientôt après, en 1507,
les privilèges militaires de l'échevinage étaient absolument méconnus par la nomination de Ferry de
Croy, seigneur du Roeux, en qualité de bailli et
capitaine de la ville. C'était, ce semble, la première
fois que ces deux qualités se trouvaient réunies
dans les lettres de commission données au chef du
bailliage. Aussi, lorsque, suivant l'usage, il en fut
fait lecture aux échevins, lors de son installation,
ceux-ci s'émurent, ils invoquèrent l'ordonnance de
1500 qui réglait le partage d'attributions entre le
bailli et le mayeur, et ils firent de sérieuses difficultés
avant de reconnaître cette capitainerie urbaine, mais
enfin ils se décidèrent à remettre au nouveau bailli
les clefs des trois portes Boulenisienne, Sainte-
Croix et du Brûle, en conservant celles des quatre
autres.

Neuf ans plus tard, dans la commission donnée

par le roi d'Espagne le 22 mai 1516 à Adrien de Croy, seigneur de Beaurains, la fonction de capitaine de la ville fut précisée en ces termes qui furent à l'avenir presque textuellement reproduits, quelle que fut l'opposition du Magistrat, dans toutes les lettres patentes nommant les baillis jusqu'en 1677[1] : « Établissons par ces présentes esdits états et office « de bailli et capitaine... et donnons audit seigneur « de Beaurains plein pouvoir... vacquer et entendre « soigneusement et diligament à la garde, tiution « et défense de nos ville et chastel de St Omer, y « faire et faire faire bon guet et soigneuse garde « de jour et de nuict toutes et quantes foies que « besoin sera et selon que le cas le requerra, de « audit guet et garde contraindre et faire contraindre « tous ceux et celles que tenus y seront réellement « et de faict comme l'on est accoutumé faire en cas « semblable ». C'était bien la capitainerie urbaine du mayeur qui était en jeu. Le corps municipal protesta de nouveau. Toutefois dans une assemblée générale des échevins et des dix jurés, où furent convoqués les connétables de la milice urbaine, on décida d'accepter le bailli pour capitaine de la ville, et celui-ci prêta serment le 5 juin ; mais on envoya en même temps au roi d'Espagne des députés, pour rappeler les privilèges de la cité et en demander la confirmation[2]. La ville négocia aussi longtemps avec le bailli, et le 10 mars 1520, elle lui donnait une

---

1. Excepté celles données à Eustache de Croy, seigneur de Ruminghem, le 29 décembre 1573.
2. Les lettres de nomination de Ferry de Croy et le procès-verbal de la délibération échevinale du 5 juin 1516 ont été imprimées. Elles se trouvent à la fin du ms. 873 de la bibliothèque de la ville. Nous n'avons pas trouvé la suite qui fut donnée aux réclamations de l'échevinage.

« couppe d'argent doré pesant dix marcs » ; cependant, elle se vit forcée, en 1521, « de lui présenter « les clefs des trois portes d'en haut, Boulenisienne, « S¹ᵉ Croix et du Brûle, comme on avait fait à M. du « Rœulx, son père et prédécesseur »¹.

Les lettres patentes de Jean de Sainte-Aldegonde n'étaient point différentes sur ce point de celles du seigneur de Beaurains ; et l'échevinage fit les mêmes difficultés pour reconnaître la capitainerie urbaine du bailli, il résista même d'autant plus cette fois qu'il avait la secrète espérance que le nouveau titulaire de l'office, appartenant à une famille qui s'était toujours montrée dévouée à la ville, trouverait quelque compromis pour satisfaire les échevins. En effet, après une certaine résistance, comme on était en temps de paix, Jean de Sainte-Aldegonde jugea qu'on pouvait sans inconvénient laisser le mayeur donner le mot du guet et conserver les clefs de la place, et de 1533 à 1539 ce fut en effet le premier magistrat de la cité qui, de fait, fut réellement capitaine, bien que, dans cette intervalle la guerre se fut rallumée entre François Iᵉʳ et Charles-Quint. Une ordonnance de ce prince rendue le 17 décembre 1537 en suite d'un arrêt du Conseil de Malines, accorda même aux mayeur et échevins « que doresenavant « en matière de guet et garde... leurs sentences se « mectront à exécution selon leur forme et teneur, « nonobstant et sans préjudice des appeaulx « (appels) »². Cette tolérance du grand bailli fut invoquée par le Magistrat comme un titre contre Jacques de Recourt, baron de Licques, nommé le 30 mai 1539 ; mais celui-ci fut moins conciliant, et

1. *Registre aux délibérations du Magistrat* — 19 août 1521.
2. *Arch. de Saint-Omer, grand registre en parchemin*, f. 212.

lorsqu'il vint en halle le 16 juin suivant, pour prêter le serment d'usage, il déclara aux échevins qu'il avertirait Sa Majesté du refus de l'échevinage de le reconnaître pour capitaine de la ville[1]. L'empereur Charles-Quint dut intervenir en effet, et par son ordonnance du 18 novembre 1540, il décida : « Et « quand aux droiz de capitaine, ordonne qu'en temps « de paix, le mot du guet se donnera par le maieur « d'icelle ville qui ordonnera du guet et gardes des « portes selon l'ordonnance que Sa Majesté en fera, « sans que ledit capitaine s'en puist entremettre ou « en soit empesché plus avant que luy sera permis « par ladite ordonnance ; mais en temps de guerre « ou suspect, ou que Sa Majesté ou le gouverneur « d'Artois l'ordonne, le capitaine donnera le mot du « guet et l'envoyera par sergeant sermenté au « maieur d'icelle ville pour le distribuer comme il « appartient ; aura aussi ledit capitaine, principale- « ment en tel temps, regard sur le guet et garde de « ladite ville, des portes et clefz d'icelle, lesquelles « portes ne polront être ouvertes sans présence ou « consentement dudit capitaine ou de son lieutenant, « et se conduira ledit capitaine selon que par l'or- « donnance luy sera permit et mandé, le tout sans « préjudice de l'ordonnance de 1447 »[2]. Depuis que la lutte s'était engagée en 1507 sur cette question, le mayeur, qui avait failli perdre complètement l'exercice de ses anciennes attributions militaires, obtenait en définitive qu'elles lui seraient conser- vées en temps de paix, et qu'en temps de guerre elles seraient seulement partagées, et exercées sous l'autorité du grand bailli.

1. *Ordonnances royaux du bailliage de Saint-Omer*, p. 6 et 10.
2. *Pièce justificative* X.

Cependant le s^r de Licques présenta à la gouvernante des Pays-Bas une requête « tendante afin d'avoir partie « des clefs de la ville et avec ce déclaration et inter- « prétation comment il aura à se conduire à l'adve- « nir ». En conséquence une ordonnance de la reine de Hongrie, gouvernante des Pays-Bas, en date du 21 octobre 1541 [1], interpréta et confirma celle de 1540 ; elle prescrivit notamment que les clefs des portes seraient déposées dans un coffre à deux compartiments placé dans la maison échevinale ; dans l'un fermé à trois serrures seraient mises les clefs des portes du Brûle, Sainte-Croix, Boulenisienne et Arbostadt [2] ; dans l'autre qui ne devait avoir que deux serrures, les clefs des portes du Haut-Pont, de Lysel et de l'Abbé ; qu'aucun de ces compartiments ne pourrait être ouvert sans l'assistance de deux échevins ou jurés au conseil, et que dix personnes choisies parmi les mêmes magistrats assisteraient alternativement à l'ouverture des portes. « En temps « de guerre ou suspect, outre les fermetures que « dessus, sera mis audit coffre une barre de fer où « il y aura fermeture à chacun côté ; dont d'icelle « ledit capitaine et maieur auront chacun une clef « sans lesquelles lesdits eschevins ou jurés ayans les « autres clefs ne polront advenir audit coffre ». En aucun temps les portes ne pouvaient être ouvertes la nuit ou à des heures autres que celles ordinaires, sans « advertir et consentement dudit capitaine, s'il « est en ville ».

Les difficultés paraissaient définitivement réglées, l'exécution de ces diverses ordonnances et prescrip-

---

1. *Pièce justificative* XIII.
2. *Erbostade*, porte d'eau près de la porte qui fut établie en 1631 à l'extrémité de la rue des Bouchers, depuis rue de Calais.

tions amena cependant encore de longues contestations ; ainsi en 1544, le bailli se plaignait de ce qu'on ne venait plus lui demander le mot du guet, sous prétexte que la guerre avait cessé. En 1556, sur sa plainte, une décision du Conseil privé de Philippe II, roi d'Espagne, en date du 31 juillet[1], maintint les règlements précédents ; elle confirma la juridiction du Magistrat sur les bourgeois défaillans au guet, et pourvut à la sûreté de la ville en temps de foire, à la garde des portes et à la police militaire par les dispositions suivantes : « Sur le
« VIe article où icelluy Bailly requiert que à luy seul
« appartiengne le mot du ghuet, la garde des clefs
« de ladite ville, et pardessus ce que les hostelains
« luy soient tenus venir déclarer quelz hostes estran-
« giers sont venus en leur logis ; Sadite Majesté dict
« que aux deux premiers poincts concernant lesdits
« mots du ghuet et garde des clefs est souffissa-
« ment pourveu par les ordonnances faictes ès ans
« XVe XL et XLI, y adjoutant que quand ledit Mayeur
« aura donné le mot du ghuet, par sergeant baston-
« nier, en advertira icelluy bailly et en son absence
« son lieutenant.... Et touchant ce que concerne la
« dénonciation des estrangers, les noms d'iceulx se
« rapporteront à l'échevin qui aura la charge dudit
« guet pour la nuict, et au lieu où ledit guet sera
« arresté, lequel eschevin sera tenu d'en advertir
« le bailli estant en ladite ville, et luy absent, son
« lieutenant s'il le requiert ; et la correction de
« ceulx qui faulderont audit guet et garde des portes
« ou ny feront tel debvoir qui convient se fera par
« lesdits Mayeur et Eschevins, juges ordinaires de

---

1. *Recueil des Chartes de la ville*, p. 96 et suiv.

« leurs bourgeois submiz audit guet et garde, en
« quoy ils se conduiront selon le contenu du xxxiiii^e
« article desdites ordonnances de l'an xiiii^c xlvii ».
Le roi confirma (art. ix) une décision du 1er avril
avant Pâques 1551, relative aux soldats étrangers
dont la punition appartenait au bailli ; décida que la
connaissance des délits commis envers les bourgeois
par les gens de guerre n'appartiendrait ni à cet officier ni aux échevins mais au gouverneur d'Artois,
et prescrivit (art. vii et viii) au mayeur, qui entrait
en charge, de s'entendre avec le bailli pour visiter
ensemble les ouvrages de la ville.

Depuis cette époque aussi, on ne manqua point
de convoquer le bailli et le lieutenant général aux
assemblées des états généraux des trois corps qui
se tenaient pour la sûreté de la ville.

En 1578, pendant la révolte des sinoguets qui
voulaient livrer la ville aux partisans du prince
d'Orange, comme il y avait dans la place des forces
militaires assez importantes et que des conflits pouvaient être à redouter, l'archiduc Don Juan d'Autriche,
gouverneur des Pays-Bas, décida, sur la demande
du bailli lui-même le s^r de Rumingbem, que tout ce
qui concernait la police militaire et la sûreté de la
ville se ferait, jusqu'à plein apaisement des difficultés, d'une commune délibération entre le gouverneur de la ville, le Magistrat et le s^r de Masnuy,
lieutenant-colonel de trois compagnies du régiment
d'Egmont qui étaient venues tenir garnison à Saint-Omer, sans préjudice des droits de la ville[1]. Quelques jours après, M. de Rumingbem, qui avait tenu
tête aux factieux, ayant été appelé auprès de l'ar-

---

1. Abbé Bled. — *La Réforme à Saint-Omer et en Artois 1577 à 1579. Mém. de la Morinie*, t. XXI, p. 290.

chiduc, M. de Masnuy voulut, en l'absence du gouverneur, donner le mot du guet : le Magistrat protesta. « Après quelques pourparlers, dit M. l'abbé
« Bled[1], M. de Masnuy, qui était un homme de
« bonne composition, proposa que l'on mît les mots
« à prendre pour le guet dans une boîte et que le
« mayeur et le colonel tirassent à tour de rôle le
« mot du guet : ce qui fut accepté ».

Cependant la milice bourgeoise, bien que la plupart du temps vaillamment commandée par le mayeur, avait bien dégénéré, et à la fin du XVIe siècle on ne peut plus dissimuler sa maladresse et son peu de discipline. Le chroniqueur Hendricq, parlant de l'attaque des Français en 1594, nous décrit ainsi la confusion de cette milice : « Or donc les bourgeois
« coururent à leur place d'allarme, armés et munis
« de tout ce qu'il leur falloit pour se deffendre, certes
« bien pauvrement, car les uns ayant vestu une robe
« fourrée contre le froid avaient leurs hallebardes et
« espées bien enrveuilliez par une longue paix, les
« autres avaient-ils une harquebouze ou scopette
« sans balle, sans poudre, tel qui ont qu'il n'avoit
« tiré ni n'eut seut tirer son harquebouze, et puis
« qui estoit le plus si accoustumés à porter obéissance à leur chef ou capitaine que je crois chacun
« eut voulu estre maistre, tant la confusion estoit
« grande »[2]. Cet état de choses justifiait quelque peu les prétentions du bailli, et les difficultés renaissaient toujours ; en 1602, 1608[3] et 1609, le souverain

1. *La Réforme à Saint-Omer et en Artois 1577 à 1579. Mém. de la Morinie*, t. XXI, p. 297. — M. l'abbé Bled a retracé le rôle du bailli pendant ces troubles.

2. *Recueil historique de Jean Hendricq de 1594 à 1623*, Ms. 808 de la Bibl. de Saint-Omer, t. I, p. 13.

3. *Arch. de Saint-Omer, grand registre en parchemin*, f. 211.

dut confirmer tous les points déjà réglés précédemment par les ordonnances de 1540, 1541 et 1556.

En 1623, le bruit courait que le roi de France était à Amiens, se disposant à venir assiéger Saint-Omer, et le gouverneur de Gravelines, M. de Guernonval, avait averti l'échevinage et le grand bailli, qui était alors messire Charles de Bonnière, seigneur de Sonastre, des mouvements considérables de troupes qui avaient lieu en Picardie et en Hainaut. Dans les mesures qui furent prises alors pour la sûreté de la place, on peut voir d'une manière précise les devoirs de chacune de ces autorités. « Ces bruits donc aug-
« mentans, écrit Hendricq[1], Messieurs du Magistrat
« firent augmenter la garde de jour et de nuit, met-
« tre de bonnes sentinelles partout, disposer l'artil-
« lerie sur les rempars et lieux convenables et ceux
« qui avoient les afus vieux et pouris furent remon-
« tez sur nouveaux, les ramparts furent visités, et
« les lieux faibles réparez et fortifiez, si furent faittes
« des mandes[2] pour servir de gabions, aians esté
« commandez à tous les carpentiers de quitter leur
« ouvraige pour travailler aux choses nécessaires
« pour la ville.

« Monseig^r de Sonastre de son costé ne fut pas
« oisif, il envoia commander aux baillies des villages
« de son gouvernement de faire bonne garde sur les
« tours et aux avenues, et qu'au moindre bruit des
« troupes survenantes dans le pais de faire allarme,
« il fit aussi faire la montre et tenir notte des hom-
« mes de deffence qui se retrouvoient en chacun vil-
« lage afin de savoir combien de gens l'on poudroit

---

1. *Ms. 808*, t. III, p. 320 et 321. *Bibl. de Saint-Omer.*
2. Mannes en osier.

« avoir en un besoin, et quelles armes ils portoient,
« oultre ce il leur fit commandement de livrer toutes
« les nuits 36 hommes pour venir faire la garde dans
« et autour de la ville, si furent distribués aux portes
« du brulle, Ste Croix, boulisienne, à chacune 6 hom-
« mes avec 4 soldats du maïeur, pour coucher et
« faire la garde entre deux portes ; iceux estoient
« obligez de répondre lorsqu'ils étoient plusieurs
« fois la nuit escrié pour sçavoir s'ils ne dormoient
« pas, les autres 18 restans estoient logez en quelque
« corps de garde en lerse du Nard[1] avec quelques
« bourgeois forains dudit Nart, desquels le long de
« la nuit il en avoit aucuns qui alloient estradier le
« long du grand chemin de Calais, et en bruiers,
« escoutans s'ils n'entendoient nul bruit et en venir
« faire report à ceux qui faisoient la garde entre
« deux portes.

« Quant aux Hautponois[2], batteliers et mares-
« quiers[3], il leur fit commandement d'augmenter
« leurs gardes et livrer quelques-uns de leur dans
« le corps de garde de la porte du haut-pont, même
« disoit-on que l'on feroit venir une parti toute les
« nuits dans la ville faire la garde pour soulager les
« bourgeois plus travaillez que le long des guerres,
« car il falloit faire la garde en personne à paine de
« grande amende, ou bien livrer un homme au con-
« tentement du maïeur, qui estoit lors M. de Baven-
« cove, qui estoit si exacte que difficilement trou-
« voit-on homme à son gré, si bien que au lieu que
« du passé, l'on donnoit pour chacun homme faisant

---

1. *Le Nard*, nom sous lequel est encore communément désigné la commune de Saint-Martin-au-Laërt, canton nord de Saint-Omer.
2. Habitants du *Haut-Pont*, faubourg de la ville.
3. Maraîchers.

« la garde 6, 7 et 8 sols pour nuit et jour, ils en vou-
« loient avoir 10 et 12 sols ».

Comme toujours, on le voit, le mayeur commande dans la ville, et le bailli au dehors ; ils se prêtent un mutuel concours et il ne semble pas que les dissentiments entre eux aillent jusqu'à nuire aux préparatifs de défense lorsque la place est menacée. Mais les attributions de l'un et de l'autre dans la ville même ne pouvaient être assez distinctes pour que les luttes de prérogatives n'éclatassent pas à chaque instant. En 1630 surgirent de nouvelles difficultés bientôt apaisees par l'autorité suprème. Puis en 1631, le Magistrat, sans consulter le bailli, décida la destruction de la porte boulenisienne qui menaçait ruine et qui ne pouvait plus être réparée sans engager la ville dans des dépenses à renouveler sans cesse. Il prit l'avis de l'ingénieur du roi Pierre Cœultre et fit des démarches en cour pour obtenir qu'à la place de la porte boulenisienne on en ouvrît une nouvelle dans le rempart au bas de la rue des Bouchers[1]. Le plan de l'échevinage fut approuvé, mais le bailli et même le gouverneur d'Artois, qui n'avaient point été avertis, firent connaître leur mécontentement aux échevins, et la cérémonie de la pose de la première pierre fut longtemps retardée par leurs difficultés[2].

Lorsque messire Gilles de Lières, vicomte dudit lieu, fut nommé bailli le 5 août 1633, il ne fut reconnu par le Magistrat qu'après avoir déclaré qu'il n'entendait pas commander le guet et la garde. Mais en février 1636, comme on était en guerre avec la France, ce bailli pensa qu'il n'avait point,

---

1. Aujourd'hui rue de Calais.
2. Eudes, *Recherches étymologiques*. — La porte elle-même ne put être terminée qu'en 1655.

comme gouverneur de la ville, une autorité suffisante, et il rédigea en 21 paragraphes une note qui fut transmise à la cour par le s^r de Boisdinghem, son lieutenant général ; il signalait notamment l'insuffisance de la garde de la ville en déclarant qu'en l'absence du mayeur, c'était son lieutenant « homme de lettre sans aucune expérience aux armes », qui commandait à toute la garde « tant de nuict que de jour » ; qu'il n'y avait point de canoniers experts dans la ville, « faulte d'exercice ils ne sauroient
« adjuster ung canon à droict, ils ne tirent lesdits
« canons qu'une foys en l'an le jour de saint
« André », et il se plaignait du Magistrat, qui refusait de lui donner connaissance des ressources de la place en munitions de guerre, qui visait les passeports, recevait les parlementaires français, prétendait avoir juridiction sur tous les habitants du bailliage refugiés dans la ville, et entravait l'exécution des actes du gouverneur pour empêcher l'encombrement des paysans refugiés[1]. Les parties furent invitées, par lettres du gouverneur général d'Artois[2], à se conformer à la décision du 31 juillet 1556, qui avait ordonné « doresenavant quant quelque diffi-
« culté se trouvera entre elles, communiquier par
« ensemble et traicter les affaires par bonne et
« mutuelle intelligence et s'accorder sy avant que
« faire se pourra » ; on nomma des députés de part et d'autre pour rédiger un concordat. Antoine de la Houssoie, sieur de Boisdinghem, lieutenant général, qui avait déjà fait des représentations en cour contre les prétentions de l'échevinage, et Valentin Taffin,

---

1. Giry, *Mém. de la Morinie*, t. XV, p. 212, n° 368.
2. Lettres de Ferdinand d'Autriche, dit le cardinal infant, des 10 mars et 13 avril.

licencié ès-droit, procureur de Sa Majesté ès ville et bailliage de Saint-Omer, furent désignés par le bailli ; l'échevinage délégua de son côté Jean Le Borgne, licencié ès-droit, échevin, Pierre d'Haffringhes, licencié, échevin et lieutenant de maieur, Michel Roberti, sr d'Ocoche, échevin, Jean Richebé, conseiller principal, Antoine d'Haffringhes, conseiller second, tous deux licenciés, Louis Hourdel, licencié et procureur de la ville, qui, tous se réunirent le 16 avril dans l'argenterie. Les députés de la ville déclarèrent accepter l'ordonnance de 1540, mais ils obtinrent notamment que la police des portes fût refusée aux soldats de la compagnie du bailli, qui ne pourraient empêcher les maîtres portiers de faire amener devant le mayeur les étrangers suspects qui se présenteraient, et que les passeports des soldats et gens de guerre étrangers, ainsi que ceux des recrues seraient signés, soit par le grand bailli, soit par le mayeur, ou son lieutenant en cas d'absence, conformément à une ancienne délibération prise en halle le 2 avril 1632. Le concordat fut approuvé le 17 mars 1636 par l'évêque de Saint-Omer, Christophe, qui avait offert sa médiation, et homologué par Son Altesse le 26 septembre de l'année suivante [1].

Les difficultés entre le bailli et l'échevinage n'avaient pas toujours cette importance, et ce dernier descendait quelquefois jusqu'aux chicanes et aux taquineries. C'est ainsi qu'en 1637, comme le vicomte de Lières avait fait construire devant sa demeure un appenti en bois à usage de corps de

---

1. *Arch. de Saint-Omer*, AB VIII, 41. — *Grand registre en parchemin*, f. 59 v° — et *Ms. 879 de la Bibl. de Saint-Omer*, t. I, p. 46 à 53.

garde, et y plaçait sept ou huit hommes de sa compagnie pour faire la garde nuit et jour, le Magistrat obtint du comte d'Issembourg, gouverneur général d'Artois, qu'il donnât l'ordre au bailli de faire démolir ce petit bâtiment [1], de sorte que le vicomte de Lières ne cessa pas de se faire garder, mais que ses hommes ne furent plus à l'abri de l'intempérie des saisons.

Cependant lorsque la place de Saint-Omer fut menacée d'un siège par les Français, des lettres du 27 février 1638 conférèrent au bailli le commandement des gens de guerre tant en cavalerie qu'en infanterie, hivernant en la ville. L'échevinage s'alarma et fit représenter au comte d'Issembourg que ces lettres pourraient porter préjudice au Magistrat. Ce ne fut qu'après la levée du siège que le gouverneur général répondit aux échevins le 1er août [2] en leur déclarant « que l'intention de Son Altesse n'avait « pas été de rien innover ni changer en la moindre « chose que ce soit les droictz et privilèges de la ville « de St Omer, ni les concordats et appointemens « qu'elle at avecq le dict visconte come grand bailly « et capitaine, sy que dit est, ains que le tout de- « meure comme auparavant la dite patente » [3]. Au surplus, dès que le siège avait commencé, le commandement en chef de toutes les troupes avait été remis provisoirement au lieutenant-colonel du régiment gallo-belge Bervoët [4], il fut ensuite donné par le prince de Carignan à Lancelot de Grobbendonck,

---

1. *Bibl. de Saint-Omer*, Ms. d'Haffringhes, n° 879, t. I, p. 231 v°.
2. Le siège de 1638 commença en mai et finit le 16 juillet.
3. *Arch. de Saint-Omer*, AB VIII, 41.
4. *Saint-Omer assiégé et délivré l'an 1638. Mém. de la Morinie*, t. XIV, p. 330.

baron de Wesemale [1] ; et le partage des attributions militaires entre celui-ci et le bailli qualifié pour la première fois de gouverneur, avait été réglé en juin 1638 de la manière suivante :

« du mardy xxix⁰ juing 1638.

« J'ay entendu que au conseil quy se fait en icelle
« ville y ait différence et aucune confusion pour la
« variété des advis, et pour prévenir les inconvé-
« niens que de ce poeult résulter d'icy en avant, en
« ce qui touche les fortifications de dehors et le sur-
« plus quy s'offira à disposer et à exécuter hors de
« la ville le fera seulement le baron de Wezemale ; et
« en ce que touche aux guardes de la ville, le fera le
« gouverneur seul avecque participation d'ung ou
« deux du Magistrat, et quand se offre aucun cas con-
« sidérable se fera conseil où se trouvera le baron
« de Wezemale, son sergeant major, le gouverneur,
« l'evesque, ung des capitaines de chevaux, les dépu-
« tez du Magistrat et ung ou nom de chacque nation
« de la gente de guerre, sans admectre autres per-
« sonnes. Nre Sgr soit en vos gardes. Du camp de
« Reminghem 26 juing 1638. Thomas ..... » [2]. Voilà à quoi se réduit le rôle militaire du bailli même en temps de guerre. Il ne commande pas en chef, dans l'intérieur de la ville ni au dehors, il continue seulement à partager avec le Magistrat certaines attributions relatives à la garde de la place, et le mayeur se préoccupe sans cesse de veiller à ce qu'il n'empiète sur aucun de ses droits ; le journal du siège de 1638 nous en fournit encore la preuve :

« Du v⁰ juillet 1638.

« At esté résolu que se députeroit vers M. le vi-

---

1. *Saint-Omer assiégé et délivré l'an 1638*, déjà cité, p. 352.
2. *Id.*, p. 477.

« comte de Lières pour luy dire que ceste nuict le
« mot at esté changé et joinct au premier mot, ce
« que pourroit engendir confusion, allant vers luy
« pour sçavoir sy at esté par son ordre, et cela se
« faisant M. le Mayeur en doibt estre à l'instant ad-
« verty et l'eschevin de guarde »[1].

Après la levée du siège, le vicomte de Lières, en allant rendre visite au gouverneur d'Aire, se laissa surprendre le 25 septembre 1640 par un détachement français qui battait la campagne et resta prisonnier jusqu'au 5 mai 1641[2]. Il fut remplacé provisoirement par Robert de Lens, mayeur de la ville, qui paraît n'avoir soulevé aucune difficulté par la raison qu'il réunissait en mains les pouvoirs du mayeur et du bailli pour la garde de la ville[3]. Lorsque M. de Lières revint, Arras ayant été enlevé aux Espagnols dès le mois d'août 1640, la ville de Saint-Omer était devenue capitale de l'*Artois réservé espagnol* ; un gouverneur général de la nouvelle province s'y établit et absorba en bien des points l'autorité du bailli.

Cependant le vicomte de Lières avait continué à prendre le titre de gouverneur de la ville au lieu de celui de capitaine, et les échevins n'avaient cessé de protester. Leurs doléances furent écoutées, car le 5 mars 1653 les membres du Conseil privé prescri-

---

1. *Saint-Omer assiégé et délivré l'an 1638*, déjà cité, p. 487.
2. *Capture d'un gouverneur de Saint-Omer (Variétés historiques sur la ville de Saint-Omer*, par Piers. p. 122). l'auteur dit que le vicomte de Lières « était sorti de St Omer dans l'intention de rendre « visite au gouverneur d'Aire, son ami ». — D'après Derheims (*Hist. de Saint-Omer*, p. 337) qui parle du « courageux dévouement » du gouverneur de la ville, ce serait dans une expédition militaire dirigée par lui qu'il aurait été capturé.
3. Il y avait incompatibilité entre la charge de mayeur et celle de bailli. C'est là une exception due aux circonstances et toute provisoire.

vaient au Conseil d'Artois établi à Saint-Omer de se faire exhiber les lettres patentes du vicomte pour voir s'il était qualifié de gouverneur, et de défendre de lui donner cette qualité s'il ne l'avait réellement pas [1].

Les choses restèrent dans l'état où les avait mises le concordat de 1636 jusqu'à la nomination faite le 2 juin 1653 de Maximilien de Lières, baron du Val, puis comte de Saint-Venant [2]. Il présenta le 22 juillet au Magistrat ses lettres patentes mentionnant, suivant l'usage invariable depuis 1516, ses pouvoirs relatifs à la défense de la ville. Le Mayeur refusa de faire aucune concession sur la capitainerie urbaine, et le nouveau bailli parut se laisser arracher tous ses droits lorsqu'il prêta serment à la ville. Toutefois il ne renonça point à son titre de capitaine, et prétendit même être gouverneur de la ville de préférence au mayeur, sans doute parce qu'il était mestre de camp d'une terce d'infanterie wallonne soldée par le roi d'Espagne.

Une anecdote recueillie par d'Haffringhes [3] montre jusqu'à quel point allaient les exigences de Maximilien de Lières. Le 24 mars 1654, messire Jacques de Croix, seigneur d'Ecoult, mayeur, fut appelé dans l'après-midi par le marquis de Trazegnies [4], qui commandait la place, comme gouverneur et capitaine général de l'Artois réservé, afin de l'accompagner dans l'examen qu'il allait faire des ouvrages à élever dans Lizel. Il se rencontra avec le bailli,

---

1. *Arch. de Saint-Omer, grand registre en parchemin*, f. 237.
2. La seigneurie de Saint-Venant fut érigée en comté le 17 décembre 1655.
3. *Bibl. de Saint-Omer, Ms. 879*, t. II, p. 387 à 395.
4. *Trazegnies*, baronnie de Brabant, érigée en marquisat par les archiducs Albert et Isabelle, le 8 février 1614, en faveur de Charles, baron de Trazegnies.

qui devait assister aussi à cette visite [1]. Arrivés près de la porte Saint-Sauveur, ils aperçurent un soldat de la compagnie de Messieurs qui avait arrêté un marchand français et qui se disposait à le conduire devant les échevins. Le baron du Val commanda au soldat de relâcher cet homme, prétendant, en dépit du concordat de 1636, que c'était aux soldats de sa compagnie à procéder à l'arrestation. Le mayeur prit fait et cause pour le militaire, et affirma que le poste d'avant-garde étant confié à l'échevinage, il avait agi régulièrement. Là-dessus le grand-bailli demanda au mayeur s'il ne le reconnaissait point pour gouverneur de la ville ; Messire de Croix lui répondit qu'il était assurément grand-bailli et capitaine comme lui-même était mayeur, mais pas davantage. Le baron donna un démenti à son interlocuteur, qui persista dans son affirmation, et reçut un coup de canne dans le cou. Aussitôt il mit la main sur la garde de son épée, mais il fut empêché de la tirer hors du fourreau par les cavaliers et gentilshommes qui formaient son escorte et l'étaient venu prendre en halle.

L'affaire était grave, l'injure faite au mayeur soulevait dans la ville l'indignation générale ; aussi, dès le lendemain matin, le Magistrat des deux années s'assembla avec les dix jurés, et on résolut d'envoyer au marquis de Trazegnies une députation pour se plaindre de cette offense, et pour le prier d'user de son autorité afin que la tranquillité publique ne fût pas troublée par cet incident. Le gouverneur accueillit les députés avec courtoisie et déclara que cette querelle ne regardait point les échevins aux droits de qui il ne voulait point préjudicier, qu'il se consi-

---

1. Conformément aux art. VII et VIII de la décision précitée de 1556.

dérait comme personnellement offensé d'un acte de violence qui avait été commis en sa présence et qu'il agirait en conséquence. Mais en sortant de l'audience, le conseiller second, qui s'en allait avec François Leprovost, l'un des échevins, fut assailli par un inconnu qui l'attendait et qui lui donna un grand coup de poing sur l'œil gauche, puis se retira en le menaçant de son épée. Cet attentat provoqua une nouvelle démarche auprès de M. de Trazegnies qui jura, foi de gentilhomme, de faire périr le coupable et fit mettre aux arrêts le bailli et le mayeur, causes de tous ces incidents, puis, pour connaître l'auteur de l'agression, il promit 30 patars à celui qui le lui dénoncerait [1].

Cependant le baron du Val ne donnait pas satisfaction à l'échevinage. Les échevins se décidèrent à députer en cour Antoine d'Haffringhes, conseiller principal et Jean de Latre de la Brique d'or, échevin, qui partirent le 6 avril. Ils obtinrent une audience de Léopold, archiduc d'Autriche, gouverneur général des Pays-Bas, et lui présentèrent la supplique suivante qui fut lue par le conseiller :

« Serenissime princeps, major et magistratus popu-
« lusque civitatis audomarensis, sui Cesaris humilimi
« obsequentissimi et obedientissimi famuli, sese ad ejus
« pedes, per hosce deputatos, prosternant, humilique et
« quam possunt obnixissime rogantes quatenus quærimonias et gravamina hoc libello supplici scriptis excusa
« ac munimentis eidem junctis comprobata adversus
« baronem Duval, ejusdem civitatis baillivum et capite-
« neum, ob atroces ab eo. tam verbo quem verberibus,
« publicas et ignominiosè illatas injurias, præfato majori,
« officium suum agenti, ac proinde urbi et magistratui,
« benigne suscipere, ac eis de justitiæ provideri mandare

[1]. Il ne paraît pas qu'on ait retrouvé le coupable.

« dignetur, ut, in posterum. præfati suplicantes, func-
« tiones sui magistratus, servitio regio et nostri Cœsaris
« securitati, et tranquillitati publicæ præfatæ civitatis,
« debitas et convenientes securius adimplere possent et
« valeant. »

Les députés firent visite à tous les membres du Conseil d'Etat et à tous les personnages qu'ils supposaient pouvoir leur être utiles, et ils obtinrent que Son Altesse écrirait au marquis de Trazegnies, à l'évêque de Saint-Omer et au premier conseiller d'Artois pour terminer le débat d'une manière conforme à la dignité de chacun. Ils revinrent à Saint-Omer le 1er mai.

Divers gentilshommes s'entremirent sur la prière du marquis : MM. les comtes de Bossu et de la Tour, les barons de Louvigny[1] et de Winterfelt[2] allèrent trouver le baron du Val, tandis que les s^{rs} d'Arquingoult et de Crévecœur, du Bois, lieutenant de mayeur, et l'échevin de Lattre, ainsi que le conseiller principal, se réunirent auprès du s^r d'Ecoult. Il fut convenu que le marquis « prononceroit en la personne
« dudit baron, s'addressant au s^r d'Ecoult, un acte
« satisfactoire rédigé par écrit, lequel, après la dite
« lecture, seroit supprimé en la présence des par-
« ties et des sus-nommés... » Une copie de ce document fut néanmoins conservé, car en voici le texte :

« Monsieur, comme dans les démêlés qu'il y at eu entre
« vous et moy touchant aussi en quelques points à Mes-
« sieurs du Magistrat, je vous ay frappé, je déclare avoir
« ce fait à croiance que me préviendriez, prendant mon
« advantage acompagné que j'étois d'aucuns de mes amis,
« cessant quoi n'aurois entrepris de ce faire, et dequoi
« avez entendu vous vanger à l'instant, j'en suis mari de

---

1. MM. de Bossu et de Louvigny étaient venus exprès à Saint-Omer.
2. Winterfelt d'Alberstad, gentilhomme allemand.

« tout mon cœur et vous en demande pardon, vous en
« donnant cette satisfaction que vous prie d'accepter et
« en estre content comme je serois d'une pareille si j'avois
« rechu l'affront, désirant de vivre avec vous et messieurs
« du magistrat en bonne et sincère amitié, intelligence et
« correspondance, je suis votre serviteur et le leur. »

Ces paroles furent prononcées par le marquis, en l'antichambre de son hôtel, en la présence des divers témoins déjà indiqués, et des capitaines de cavalerie Chostelet, Cambreni. Bland, de l'auditeur des gens de guerre Penaranda, du s[r] Copehem, capitaine d'infanterie et de plusieurs autres personnages. Puis le baron du Val et le s[gr] d'Ecoult s'embrassèrent et « sentresaluèrent d'un verre de vin », et le bailli emmena tout le monde chez lui, où l'on but à la bonne union.

Malgré cela, le baron du Val saisit l'occasion de dire au conseiller principal qu'il rencontra le 10 mai 1654 chez le mayeur, qu'il ne voudrait jamais l'employer à son service, qu'il était son ennemi, et que, malgré tout, il était bien gouverneur. Comme d'Haffringhes repartit que cela le touchait peu, le bailli le quitta brusquement sans saluer ses hôtes ni les personnes présentes qui étaient le comte de la Tour, le vicomte de Fruges, Louis Liot, Doresmieux et autres.

En effet, M. de Saint-Venant ne renonça point à sa prétention et il obtint le 11 juin suivant de don Juan d'Autriche, grand prieur de Castille, gouverneur général des Pays-Bas, le titre régulier de gouverneur de Saint-Omer; il ne daigna pas en avertir les échevins et ce ne fut qu'en 1656 qu'il leur remit les lettres qui lui avaient été adressées et qui les informaient de la décision. Ils résolurent aussitôt de protester. Ils examinèrent le texte des lettres patentes du 2 juin 1653 et les registres des délibérations depuis 1478, qui tous établissaient que les baillis successifs depuis cette époque n'avaient pas pris le titre de gouverneur, ils soutinrent que c'était donc là une nouveauté, que les lettres de l'archiduc étaient « *ob* et *sub*-reptices » et contraires aux concordats faits avec les baillis, et portèrent l'affaire devant le Conseil privé du roi pour faire révoquer le titre donné par l'archiduc. Le roi, par lettres du 19 décembre 1656, fit défense au comte de Saint-Venant de le prendre, mais mieux informé il déclara, par d'autres lettres du 3 janvier 1657, qu'il n'entendait point avoir touché quant à présent au titre de gouverneur de cette ville qu'avait accordé don Juan, jusqu'à ce qu'il en fût autrement ordonné [1].

L'échevinage recommença donc sa campagne qui avait échoué, il écrivit aux seigneurs des biens mouvans du château pour leur représenter les conséquences de la prétention du bailli et députa aussi vers le chapitre et le bailliage ; puis, dans une assemblée des trois corps, il résolut d'aller devant le Conseil d'Artois, où il ferait valoir, outre les titres déjà connus de la ville, la situation des villes voisines, telles qu'Ypres, Courtrai, Furnes, qui venaient d'être reconquises sur les Français, et qui n'avaient point de gouverneur, et cette circonstance que lorsque la ville de Saint-Omer fut reprise aussi en 1489 (n. s.), M. de Saveuse, bien qu'il eût contribué par sa valeur à sa réduction, n'avait été fait que bailli [2].

---

1. *Arch. de Saint-Omer*, AB VIII, 42. — *Ms. 879*, déjà cité, t. II, p. 432, 435, 436 — et *Registre aux délibérations du Magistrat*, BB, f. 161, 165, 176, 177.

2. *Registre aux délibérations du Magistrat*, CC, f. 23, 24.

Nous avons raconté tout à l'heure avec quelques détails une anecdote qui montre bien à quel point les esprits pouvaient se monter à propos de ces prérogatives militaires, mais nous ne saurions nous étendre autant sur la multitude de faits qui témoignent de l'hostilité acharnée du Magistrat et du bailli [1], car le comte de Saint-Venant fut le plus intraitable des adversaires du pouvoir militaire du mayeur, et il suscita à chaque instant des difficultés à propos de ses prétendus droits. Tantôt il veut avoir, contrairement à l'usage de ses prédécesseurs, des hallebardiers dans sa compagnie et finit par les obtenir du roi le 7 mars 1657 sans qu'il eut consulté le Magistrat [2]; tantôt il veut faire loger chez les bourgeois les gens de sa compagnie, et pour contraindre le Magistrat à les faire recevoir, il en envoie loger chez les échevins commis aux logements [3], de sorte qu'en 1657 la ville se décide à porter plainte au Conseil d'Artois contre les envahissements que ne cesse de faire le grand bailli depuis trois ans contre toutes ses prérogatives. Il fait rompre au mois de mai la digue de la pâture communale de Westhove, sans avertir l'échevinage, parce qu'il apprend que les Français approchent [4]. Il veut faire occuper par la garde bourgeoise quatre corps de garde situés sur les remparts qui doivent être pourvus de troupes régulières, et l'échevinage, obligé de céder, signale le 22 juin au gouverneur général d'Artois l'abandon

---

1. Voir aux *Arch. de Saint-Omer,* AB VIII : Procès sur une multitude de matières entre les grands baillis et le Magistrat de Saint-Omer depuis 1549, notamment à propos des clefs de la ville.
2. *Registre aux délibérations du Magistrat,* BB, f. 182 v° et 183 v°.
3.   Id.   CC, f. 19, 23, 29.
4.   Id.   CC, f. 32, 35, 38, 41, 45 et suiv.

des corps de garde par le grand bailli [1]. La ville, cependant, lors de la naissance d'un prince d'Espagne, témoigne de son désir d'entretenir de bonnes relations avec le comte de Saint-Venant et lui offre, le 31 décembre 1657, deux pièces de vin franches d'impôt [2]. Mais dès le 23 janvier 1658 la mésintelligence éclate de nouveau à propos d'une compagnie de cavalerie qui se mutine parce que l'échevinage refuse de la loger; les échevins ne veulent pas lui envoyer des députés à qui il prétend communiquer les ordres que lui a transmis la cour, et déclarent que c'est à lui à se rendre en halle où il sera reçu « avec « révérence » [3]. Les choses vont si loin que le 15 avril 1658 le gouverneur général d'Artois, M. de Trazegnies, cherche encore une fois à rétablir le bon accord en invoquant l'intérêt du roi [4]; la ville proteste de son bon vouloir, mais elle n'a garde de laisser échapper l'occasion de maintenir ses droits : dans une lettre du gouverneur des Pays-Bas au Magistrat, il était dit qu'il devait se concerter avec le gouverneur de la place « pour l'assurance de la ville », l'échevinage s'empressa de protester et de répondre qu'il n'y a jamais eu de gouverneur à Saint-Omer, mais seulement un grand bailli capitaine [5]. Enfin le comte de Saint-Venant prête ses bons offices à la ville en donnant en juillet 1658 son consentement à la prolongation de certains impôts, et celle-ci reconnaissante lui offre alors, et plus tard encore le 30 décembre, deux pièces de vin [6].

1. *Registre aux délibérations du Magistrat*, CC, f. 53, 55, 61.
2.   *Id.*   CC, f. 113.
3.   *Id.*   CC, f. 137, 141.
4.   *Id.*   CC, f. 160.
5.   *Id.*   CC, f. 205.
6.   *Id.*   CC, f. 188 et 222.

L'animosité semblait donc s'apaiser peu à peu. Les échevins s'étaient agités en pure perte d'ailleurs, car le grand bailli conserva son titre de gouverneur et en prit même ostensiblement et sans réclamation la qualité dans un accord passé en 1660 entre les trois états de Saint-Omer. Les relations entre les deux puissances rivales s'améliorèrent même si bien qu'en 1673 le Magistrat députa le mayeur et les cinq premiers échevins pour, à la demande du comte de St-Venant, tenir sur les fonts baptismaux à l'église Ste-Aldegonde, la fille dont la comtesse était accouchée, et ils lui remirent, au nom de la ville, un bassin et une aiguière d'argent aux armes de Saint-Omer, de la valeur de 340 florins [1].

Cependant en 1674 le gouverneur des Pays-Bas envoya dans la place un gouverneur militaire, le prince de Robecq, qui se fit donner le mot du guet dès son arrivée le 29 avril. Le grand bailli ne voulut point le recevoir du gouverneur, et de son côté l'échevinage rappela encore son privilège de le donner en temps de paix ; ce corps présenta même une requête au gouverneur général d'Artois pour faire reconnaître de nouveau cette prérogative. Après diverses démarches, le Magistrat, vu l'imminence de la guerre, consentit à abandonner un droit qu'il déclarait tenir et exercer depuis 1489, après la reprise de la place sur le maréchal d'Esquerdes, mais à condition que cette concession ne lui porterait point préjudice pour l'avenir, et il écrivit dans ce sens au gouverneur des Pays-Bas et aux princes. Provisoirement il demanda à donner le mot

---

1. *Registre aux délibérations du Magistrat*, FF, f 26. — 5 et 20 novembre 1673.

du guet à la garde bourgeoise sur les remparts[1].

Les Français mirent le siège devant Saint-Omer en 1677, le prince de Robecq fut chargé de la défense à laquelle le grand bailli ne prit qu'une part restreinte[2] ; et cette même année la ville passa sous la domination française.

Si l'on jette un coup d'œil en arrière, la raison de cette lutte d'influence entre le mayeur et le bailli apparaît nettement. Quoique les échevins fussent chargés tout spécialement de l'organisation du service du guet, de l'entretien des fortifications intérieures et de la garde de la ville, nous avons vu que les comtes d'Artois, jaloux de s'en assurer la possession, se réservèrent d'abord le droit d'y établir temporairement un capitaine qui leur fût dévoué[3]. Plus tard il leur paraît de moins en moins prudent de laisser la garde de la place uniquement au mayeur et à la milice. Celle-ci, en effet, a bien perdu de son ancienne valeur, et à la fin du XVIe siècle on est bien obligé de reconnaître son incapacité[4]. De sorte qu'à une époque de guerres incessantes, il y a lieu de craindre que la vigilance du Magistrat ne soit insuffisante et que des conspirations ou d'heureux coups de mains ne livrent la ville à des partis ennemis. Aussi, dès le commencement de ce siècle, les comtes d'Artois investissent du titre et des fonctions permanentes de capitaine le bailli qui représente leur autorité dans la ville ; c'est alors un

---

1. *Registre aux délibérations du Magistrat*, FF, f. 44 et suiv.
2. Pagart d'Hermansart, *Le siège de Saint-Omer en 1677* (*Mém. de la Morinie*, t. XXI).
3. Livre I, p. 105 et suiv.
4. Voir ci-dessus, p. 299.

homme de guerre qui a, à la fois, « l'exercice et la « déservitude de nostre bailliage et capitainerie de « S¹ Omer »¹. Le bailli capitaine doit suppléer le mayeur en un jour de défaillance, assurer au prince la conservation de la place et l'avertir des dangers qu'elle peut courir. L'échevinage a quelque peine à recevoir des ordres du bailli et à se dessaisir en sa faveur de ses prérogatives militaires, et quand il le voit prendre enfin le titre de gouverneur, il refuse de le reconnaître en cette qualité. Cependant le bailli, dès qu'il y a menace de siège, n'est pas plus qu'auparavant nécessairement considéré comme commandant, on envoie le plus fréquemment un gouverneur qui le remplace, et son rôle s'efface alors presque complètement. Quant à la ville, elle doit prêter son concours à l'officier chargé de la défense, quel qu'il soit. Ces baillis sont en général des officiers d'un grade assez élevé², mais ils ne sont que temporairement gouverneurs, ils quittent ces fonctions pour continuer leur carrière, comme Adrien de Croy, comte du Rœulx, qui devint gouverneur général d'Artois, fut l'un des plus brillants généraux de Charles-Quint, et qui mourut en 1553 au château d'Upen, devant Térouanne qu'il assiégeait ; comme Jacques de Recourt qui fut fait gouverneur de Landrecies ; Philippe de Sainte-Aldegonde, qui devint général et combattit le prince d'Orange en 1567. Au surplus, si les baillis prétendent au gouvernement militaire intérieur de la cité, ils font

1. Commission de Robert de Montmorency, sʳ de Wismes, du 4 janvier 1544 (Ms. Des Lyons de Noircarme).
2. Adrien de Croy, comte du Rœulx, commandait un régiment d'infanterie en 1597. — Abbé Bled, *La garnison de Saint-Omer en 1597 et 1598* (Mém. de la Morinie, t. XXII, p. 257).

leur devoir et rendent de réels services ; en 1558, Philippe de Sainte-Aldegonde déjoue la conspiration qui a pour objet de livrer la ville aux Français ; Eustache de Croy, s^r de Ruminghem, en 1578, résiste à la révolte armée des sinoguets[1], et repousse en 1594 les Français qui avaient essayé une surprise.

Il est vrai que le souverain, en concédant ce pouvoir permanent de surveillance à son représentant, se heurte contre d'anciens privilèges mal justifiés et devenus inutiles, mais que le Magistrat met une fière résistance à défendre. Aussi le prince croit-il pouvoir maintenir certaines prérogatives au profit des échevins, toutefois ce sont celles qui ne peuvent compromettre la sûreté de la place. C'est là un des traits de la politique constante des princes des maisons de Bourgogne et d'Espagne ; nous les avons vus de même, pour l'élection annuelle du corps municipal, laisser subsister les anciennes formes et se borner à se réserver une influence raisonnable dans le conseil de la commune par le choix d'un certain nombre d'échevins.

La monarchie de Louis XIV n'eut pas ces égards pour les vieilles libertés communales : tous les privilèges militaires en discussion sur lesquels baillis, échevins et gouverneurs n'avaient pu se mettre d'accord disparurent avec la conquête française ; ni le bailli, momentanément supprimé d'ailleurs, ni le mayeur n'eurent le mandat de gouverner la ville ou d'en être capitaines, il y eut à l'avenir un gouverneur militaire. Le premier fut le marquis de Saint-

---

1. Derheims, *Histoire de Saint-Omer*, p. 314 et 327.

Geniès nommé le 22 avril, jour même de la capitulation de la place en 1677[1].

Lorsqu'en 1678, le Magistrat eut été continué, l'intendant déclara qu'il convenait que la ville payât au gouverneur pour étrennes, cent pistoles, au lieutenant du roi soixante, au major quarante, et au commissaire trente. L'échevinage donna aussi au secrétaire de l'intendant 15 patacons, autant à ses domestiques, et le secrétaire du gouverneur en reçut soixante. L'usage de donner des étrennes persista et on en voit le montant figurer dans les comptes de l'état-major[2].

La direction des gens de guerre, l'entretien des fortifications et la défense de la place furent dévolues au gouverneur, chef de l'état-major. Il eut sous ses ordres un lieutenant du roi au gouvernement de la ville et du château, nommé pour trois ans, et dont les attributions furent précisées dans des lettres données par le roi le 9 août 1712 à Fontainebleau, au s[r] de Varennes, major de la ville, qui succéda à M. de Clérac, « pour en l'absence et sous l'authorité
« du gouverneur, y commander pendant le temps de
« trois années tant aux habitants qu'aux gens de
« guerre qui y sont et seront cy après en garnison,
« et dans ledit chateau... veiller à la garde et à la
« seureté de ladite place »[3]. Il y eut aussi un com-

1. La liste des gouverneurs de Saint-Omer depuis 1677 n'a pas encore été donnée. On peut citer au XVIIIe siècle, le marquis du Cayla 1735, le comte de Beuil 1738, Pierre du Buisson, comte de Beauteville, lieutenant général des armées du roi, grand'croix de St Louis, ambassadeur en Suisse, de 1770 à 1789.
2. *Arch. de Saint-Omer. Etat major.* — Nous avons donné cette organisation militaire dans notre *Statistique de Saint-Omer en 1730*, p. 17. Fleury-Lemaire, Saint-Omer 1880.
3. *Registre au renouvellement de la Loy*, L. 1590 à 1717, p. 284, aux *Arch. de Saint-Omer.* — Citons parmi les lieutenants du roi au

mandant au château [1]. Pendant la malheureuse campagne de Flandre en 1710, lorsque Saint-Omer fut menacée par le prince Eugène et Malborough, on ne voit pas que le bailli ait joué aucun rôle pour la défense de la place confiée au lieutenant du roi M. de Clérac [2].

Le gouverneur avait longtemps résidé dans une maison appelée hôtel du Gouvernement, que le prince de Robecq, gouverneur pour le roi d'Espagne, avait achetée le 11 décembre 1658, moyennant 3050 florins, suivant adjudication par décret au Conseil de l'Artois réservé. Le prince y avait ajouté une maison attenante rue du Commandant, et deux autres par derrière dans la rue du Plomb. M. de Saint-Geniès s'y installa après avoir logé d'abord à l'abbaye de Saint-Bertin. Le 3 septembre 1680, la ville acquit cet hôtel et ses dépendances moyennant 14,500 livres afin d'y loger le gouverneur [3]. A la fin du XVIIIe siècle il exigeait de fréquentes réparations, quelques parties menaçaient ruine, les bâtiments anciens étaient mal disposés, et les notables, qui avaient déjà fait relever l'hôtel du lieutenant du roi, ce qui avait coûté 40,000 écus [4], craignaient de s'engager dans une dé-

XVIIIe siècle : MM. de Clérac, de Varennes 1712, de Puget 1735, de Barberay 1738, puis le chevalier de Mortières, MM. de Cugnac du Bourdet 1772, de Lamotte de Geffrard 1776, Charrier de Mortières 1777, de Saint-Cernin 1777 à 1790.

1. Commandants du château : Portal de Silve, de Saint-Vincent 1738, de Blondel 1758, Varlet du Brule 1781 à 1789 (AB X, 7, aux Arch. de Saint-Omer).

2. *Le Ravitaillement de Saint-Omer en 1710 (Mém. de la Morinie*, t. XX, p. 10).

3. La ville emprunta à l'hôpital de la Maladrerie 2780 florins pour payer de suite un premier acompte de 4000 livres *(Arch. de Saint-Omer*, reg. GG, f. 130). La maison du suisse du gouverneur près de son hôtel, rue du Commandant, fut aussi rebâtie aux frais de la ville.

4. Ce lieutenant du roi était le véritable commandant de la place

pense considérable, qui serait peut-être inutile, car le gouverneur ne résidait presque jamais dans la place, et, s'il voulait y rester, il pourrait ne pas se contenter de cet hôtel, quelques changements qu'on aurait pu y faire, et exiger qu'on lui en construisît un autre. On convint alors qu'on donnerait au chevalier de Beauteville une indemnité annuelle de 800 livres : « tant et aussi longtemps que mondit
« seigneur chevalier de Beauteville ou ses succes-
« seurs ne seront pas tenus de résider en leur gou-
« vernement, mais qu'arrivant le cas qu'ils seroient
« obligés à ladite résidence, en remettant à la ville,
« et du jour de leur résidence, ladite somme de
« 800 livres accordée pour leur tenir lieu de loge-
« ment, la ville serait obligée d'en fournir un en
« nature décent et convenable à leurs grades et qua-
« lités ». Cet arrangement, souscrit par le lieutenant du roi au nom du gouverneur, fut approuvé par arrêt du Conseil et lettres patentes du 23 septembre 1769 [1]. L'ancien hôtel du Gouvernement fut vendu par la ville le 8 novembre 1773 moyennant 20,260 livres à M. de Pan de Wisques. Plus tard, les notables délibérèrent d'acheter l'hôtel du comte d'Houchain pour le cas où il serait nécessaire de loger le gouverneur [2], mais ce projet ne paraît pas avoir eu de suite [3].

où le gouverneur, pourvu d'un titre plutôt honorifique, ne résidait pas. Il logeait dans la rue du Gouvernement qui prit alors le nom de rue du *Commandant* qu'elle porta très longtemps.

1. Ces lettres devinrent surannées parce que l'année de leur date expira sans qu'elles aient été adressées aux échevins qui auraient pu en refuser l'enregistrement ; des lettres patentes de relief d'adresse et de surannation furent rendues le 8 avril 1772 *(Arch. de Saint-Omer*, AB X, 7).

2. *Registre des notables*, 1766, p. 94. *Arch. de Saint-Omer.*

3. Ce fut le comte de Hoston qui acheta l'hôtel.

Quant à la garde des portes de la ville qui avait fait pendant des siècles l'objet de tant de compétitions, elle fut, sous la domination française, confiée à un aide-major et à un capitaine dépendant de l'état-major [1]. Ils avaient en 1730 des appointements montant à 700 livres, plus les ustensiles et le logement évalués 247 livres dix sous, soit en tout 947 livres dix sous.

Les grands baillis ne conservèrent donc plus, depuis la conquête, que le droit de convoquer le ban et l'arrière-ban, mais comme depuis 1688 on renonça à ce mode de se procurer des soldats [2], il ne leur resta aucune de leurs attributions militaires. Cependant les conclusions du procureur général de 1748 lors du procès de juridiction entre le bailliage et l'échevinage dont nous parlerons plus loin, maintenaient encore le droit de « convoquer le ban et l'arrière-ban (art. II » [3]. On les qualifia toutefois de *baillis d'épée,* mais ce fut pour les distinguer de leurs lieutenants lorsque ceux-ci furent investis à leur détriment de la judicature [4]. Les lieutenants cependant ne prirent jamais le titre de baillis de robe longue.

1. *Abrégé de la carte générale du militaire, de novembre 1737 à décembre 1738.* — On trouve, aux *Arch. de Saint-Omer,* un brevet de capitaine des portes de Saint-Omer signé du roi et de M. de Breteuil, donné le 25 août 1742 à Versailles au sr Castelain, lieutenant des grenadiers du régiment de Brie, pour trois ans, et il est mentionné qu'il occupera la charge vacante par le décès du sr Dupuis (CL XXIX, 12). Le 4 novembre suivant, le titulaire fut élevé au grade d'aide-major.

2. Louis XIV, par édit du 9 décembre 1688, sous la menace d'une invasion de la France, avait créé un corps de milice, véritable armée ou réserve territoriale, destiné à remplacer le ban et l'arrière-ban dont l'insuffisance avait été reconnue ; la levée fut alors de 25000 hommes.

3. *Pièce justificative* n° XVII.

4. La qualification de *bailli d'épée* ne se trouve cependant dans aucune des commissions délivrées depuis 1677.

CHAPITRE VII

ATTRIBUTIONS JUDICIAIRES

Depuis la création des conseillers au bailliage le bailli reste chargé de la conjure et les hommes de fiefs continuent d'abord à juger. — Les fonctions de ministère public passent au procureur du roi. — Après la conquête française les conseillers ont exclusivement le droit de juger, à condition d'être hommes de fiefs. Arrêt du Parlement du 16 mai 1687. — La création du bureau des finances de Lille en 1691 restreint leur compétence en matière féodale et domaniale. — Les affaires concernant les eaux et forêts sont attribuées à la maîtrise établie en 1693.
Devant le tribunal des échevins le bailli continue à exercer la conjure, mais les fonctions de ministère public sont attribuées au procureur du roi ou au petit bailli.
Continuation de la lutte entre le bailli et le Magistrat à propos des privilèges des bourgeois. — Juridiction des mayeur et échevins sur la ville et la banlieue. — Liberté individuelle, lèse-majesté, confiscation, coutumes de l'échevinage. — En 1680, les officiers du bailliage contestent tous les droits de juridiction du Magistrat.
Rôle important du lieutenant général en matière judi-

ciaire. — Sa charge devient vénale en 1692, il tient ses provisions du roi. — Il doit être homme de fief, peut présider la cour du bailliage ou y figurer comme juge. — Les lieutenants généraux de la province plaident contre les grands baillis. Arrêts du Conseil du 2 novembre 1700 et 15 juillet 1768. — Transaction de 1746 avec les conseillers au bailliage.

La création des conseillers au bailliage à la fin du xive siècle n'avait point modifié alors, comme nous l'avons dit, le mode d'administration de la justice dans le bailliage de Saint-Omer. La première coutume de ce bailliage rédigée le 24 juin 1531, constata dans son article II l'étendue de la juridiction féodale du prince de la manière suivante : Là où le vassal avait haute, moyenne et basse justice, le comte d'Artois ou son représentant le bailli n'avait que le droit de souveraineté et de suprématie ; si le vassal n'avait que la seigneurie vicomtière, le comte joignait à la souveraineté les droits de la haute justice, et si enfin le vassal n'avait que la justice foncière, le comte, avec la souveraineté, avait la justice haute et moyenne. La totalité de la justice appartenait au comte lorsque le vassal n'avait aucune justice attachée à son fief.

L'article IV précise aussi le droit persistant du bailli de conjurer des hommes de sa cour pour leur faire rendre les jugements. Ces hommes de fiefs continuèrent également à juger, avec l'assistance des conseillers, tant au civil qu'au criminel et à décider des questions de droit comme des questions de fait. Plus tard, un placard de Charles-Quint du

14 décembre 1546, rendu pour la gouvernance d'Arras et déclaré applicable au bailliage de Saint-Omer par les archiducs souverains des Pays-Bas et du comté d'Artois le 12 mai 1607[1], ordonna encore, par son article xx, que les procès conclus en droit se mettraient ès-mains du gouverneur, son lieutenant et *hommes,* pour voir s'ils étaient bien instruits avant de les distribuer, et que le rapport en serait fait « *par devant les dits hommes de fiefs, auxquels seuls compète et appartient la judicature tant en matière criminelle que civile, à la conjure de notre dit gouverneur ou lieutenant* ». Les conseillers étaient appelés aux audiences comme juges en leur qualité d'hommes de fiefs, à tour de rôle avec les francs-hommes, quand il ne s'agissait pas toutefois d'affaires relatives aux domaines[2].

Quant aux fonctions de ministère public[3], lorsqu'il y eut au bailliage un procureur du roi à la fin du xve siècle, ce fut lui qui remplit le rôle de partie publique[4].

Lors de la conquête de Saint-Omer en 1677, Louis XIV trouva encore debout le mode de rendre la justice par hommes de fiefs, qui était depuis longtemps aboli en France.

Les cinq conseillers au bailliage voulurent alors absorber à leur profit toute la justice et la faire administrer par eux seuls, comme elle l'était géné-

---

1. *Recueil des ordonnances royaux du bailliage,* p. 118 et 189.
2. Voir ce que nous avons dit, p. 130 et 131, à propos du domaine et de la justice d'hommage.
3. Voir la distinction que nous avons établie, p. 117 et 118, entre la *conjure* et les *conclusions.*
4. Nous verrons avec les détails convenables, au livre III, les attributions de ce magistrat que nous ne faisons qu'indiquer sommairement ici.

ralement en France dans les présidiaux et bailliages, et ils soulevèrent, à propos de cette ancienne organisation judiciaire, des difficultés qui furent portées par « les hommes féodaux ou desservans fiefs audit « Bailliage et par le procureur du roi » devant le Conseil d'Artois. Ce tribunal, gardien des vieux usages de la province, n'accueillit pas la prétention des conseillers, et par jugement du 20 octobre 1682, il décida : « Et sur la demande desdits conseillers
« afin d'assister en leurs dites qualitez à tous actes
« qui se font audit Bailliage... ordonnant néanmoins
« audit Lieutenant général *de les convoquer à leur*
« *tour en leur qualité d'hommes de fief* ou desser-
« vans fief, *avec les autres hommes de fiefs ou de*
« *servans graduez, préférablement aux non graduez*,
« pour administser la justice, assister aux actes qui
« se font audit Bailliage et juger les procez et diffé-
« rends y estans ; Deffenses à luy de renforcer le
« Conseil après la visite et examen d'iceux, si ce
« n'est en cas de grande difficulté et de l'avis desdits
« hommes de fief conjointement avec luy, ny
« d'exclure aucuns de ceux ayant commencé d'y
« travailler, et en évoquer d'autres en leur place,
« si ce n'est en cas de récusation valable » [1].

Les conseillers appelèrent de cette sentence devant le Parlement de Paris, mais devant cette juridiction le procureur du roi au bailliage de Saint-Omer déclara, dans une requête présentée le 3 mars 1687, qu'il n'entendait point reprendre la contestation formée par son prédécesseur, et de leur côté, dans une requête du même jour, les sieurs : Thomas Sergent, chanoine de la cathédrale de Saint-

---

1. *Recueil des ordonnances royaux du bailliage*, p. 196-197.

Omer ; Guillaume le Coingne, substitut du procureur général de Tournehem ; Joseph Ogier, sieur du Bray, gradué ès-lois ; Jacques Legrand, bailli du seigneur de Champagne ; François Dubois, sieur de Percheval, avocat au Conseil d'Artois ; Nicolas Decrocq, sergent du bailliage de Saint-Omer ; Louis de Remetz, secrétaire de l'abbaye de Saint-Bertin ; Loüis Kikens, s^r de Brouque ; Me Cuvelier, avocat au Conseil d'Artois ; Jean-Jacques Vanderstrate, échevin de la ville de Saint-Omer ; Condrat Petit, marchand de Saint-Omer ; Jean-François Carlier, bailli et agent du seigneur de Disque ; Jacques Robin, bourgeois de Saint-Omer et le s^r Vanhoult-Sort, écuier, tous propriétaires et vassaux du bailliage, demandèrent qu'il leur fut donné « acte de la déclaration qu'ils faisoient de ce qu'ils « se rapportoient à nostre dite Cour de faire tel « réglement qu'elle jugeroit à propos pour les juge- « ments des procez et contestations qui se présente- « roient audit Bailliage de Saint-Omer, et pour cela « de considérer qu'il estoit plus avantageux pour le « public que les jugemens et décisions se fissent « par des juges fixez, ainsi que les Conseillers « estoient audit Bailliage de St Omer qu'indifférem- « ment par les hommes de fiefs ». Les francs hommes renonçaient à leurs anciens privilèges de rendre la justice. Abandonnaient-ils d'eux-mêmes une charge qui les obligeait à siéger pour prononcer des jugements rédigés par les conseillers, et qu'ils se bornaient la plupart du temps à approuver, ou bien le pouvoir royal, qui désirait détruire cet ancien usage, suggéra-t-il cette déclaration aux deux parties ? On ne sait. Le Parlement toutefois ne renversa pas complètement cette antique institution, il en laissa subsister le principe. L'arrêt qui intervint le 16 mai 1687, décida en effet que les lieutenant général et conseillers du roi au bailliage jugeraient les procès civils et criminels, *pourvu qu'ils fussent hommes de fiefs ou desservans fiefs du roi, à l'exclusion des autres hommes de fiefs, gradués ou non*[1]. Or comme les conseillers étaient nommés par le roi, on les choisit toujours parmi les gradués et les hommes de fiefs du bailliage, de sorte qu'en fait, ceux-ci ne siégèrent plus, ne jugèrent plus qu'exceptionnellement pour compléter le nombre de juges nécessaire à la validité des jugements, ou dans les cas de vacance des sièges des conseillers.

A partir de cette époque, les hommes féodaux et les conseillers sont donc une seule et même institution, et sur les registres des sentences du bailliage, ces derniers s'intitulent aussi hommes de fiefs[2]. De cette façon les conseillers tinrent leur droit de justice à la fois de cette dernière qualité et de l'autorité du souverain qui les nommait; si les coutumes de la province que le roi avait juré de respecter étaient modifiées, c'était avec le consentement des juges eux-mêmes, et elles n'étaient pas violées d'une manière formelle puisque la justice restait entre les mains des féodaux. Quoiqu'il en soit, elle fut désormais réellement rendue par de véritables magistrats, plus éclairés et plus instruits que leurs prédécesseurs, hommes de fiefs eux-mêmes, gradués, choisis par le souverain dans une classe d'hommes honorables et dont la garantie d'indépendance fut la nomination à vie.

Les fiefs possédés par le lieutenant général et les

---

1. *Recueil des ordonnances royaux du bailliage*, p. 198 à 207.
2. *Arch. du Pas-de-Calais, reg. aux sentences du bailliage*, au nombre de 8.

conseillers, et en vertu desquels ils exerçaient la justice dans la Cour du bailliage, fief dominant, devaient relever du château, ou bien ces magistrats étaient obligés d'en desservir un par commission d'un autre propriétaire *reconnu à homme*[1]. Nous voyons cependant que plusieurs conseillers joignaient à leurs noms patronymiques ceux de fiefs situés hors du bailliage ; c'était un usage alors de réunir à son nom de famille celui du fief le plus important qu'on possédait et ils s'y conformaient ; mais nous ne pensons pas qu'ils fussent dispensés de justifier de la possession d'un fief quelconque relevant du château.

Toutefois ces changements dans le mode d'administration de la justice n'atteignirent que la constitution de la cour du bailliage. Dans les fiefs en relevant, la juridiction y resta un droit coutumier, féodal, patrimonial, inviolable, et les hommes de la terre continuèrent à juger, à la conjure des seigneurs ou des officiers les représentant.

La coutume du bailliage réformée en 1739 et rédigée avec le concours des mayeur et échevins, homologuée et enregistrée en la Cour du Parlement en 1743, ne changea rien à l'ancienne coutume de 1531 en ce qui concerne les droits de justice du prince et le mode de son administration au bailliage. Il faut remarquer que ces deux documents ne mentionnent comme officiers du bailliage que le bailli, son procureur et des sergents ; dans le dernier même on ne voit plus figurer qu'un seul sergent. La raison en est que dans ces coutumes on ne parle

---

1. Lecesne, *Législation coutumière de l'Artois*, p. 384.

que du droit du roi comme comte d'Artois de faire rendre la justice, or en réalité il n'avait pour cela, comme tous les seigneurs particuliers de la province pour leurs justices, que trois officiers dans son bailliage et sa châtellenie : un bailli pour la conjure, un procureur pour conclure et soutenir ses droits et ceux des incapables, et le sergent pour exploiter. Ces trois officiers étaient ses hommes, les autres membres de sa cour étaient les hommes féodaux, ceux de la terre ; les premiers, nommés par le seigneur et destituables à volonté, les seconds, hommes de fiefs ou conseillers, juges naturels et inamovibles. La coutume se borne donc à reconnaître les anciens droits du comte, et n'expose pas l'organisation de la cour du bailliage ; c'est seulement dans le procès-verbal de l'assemblée devant laquelle a lieu la revision en 1739, qu'on voit la présence du lieutenant général, des cinq conseillers, de six sergents à cheval et d'un huissier audiencier.

Nous avons parlé de la justice d'hommage qui avait passé aux mains des conseillers au bailliage peu après leur création[1]. La Chambre des Comptes de Lille prenait plutôt connaissance de l'administration des biens du prince que de la juridiction. La foi et l'hommage, l'aveu et le dénombrement, le relief, tous les profits de fiefs, la saisie féodale, les saisines et dessaisines, les hypothèques qui ne s'acquéraient que par œuvres de loi, toutes ces matières étaient de la compétence des hommes féodaux du bailliage à l'égard des fiefs qui étaient tenus et mouvaient immédiatement du château de Saint-Omer. Mais en créant le bureau des finances de Lille en 1691,

1. Page 130.

Louis XIV lui attribua toute la connaissance qui appartenait à pareils sièges établis en France par l'édit d'août 1627, ce qui enleva aux officiers du bailliage presque tout ce qui était propre à la seigneurie ; ils ne conservèrent que le droit de donner la possession et investiture des fiefs, de vérifier les aveux et dénombrements, de connaître et juger les contestations qui naissaient au sujet des blâmes, des combats de fiefs, d'exercer la saisie féodale concurremment avec les officiers des finances, et d'accorder la maintenue par main souveraine. C'est ce qui résulte du texte de l'édit qui porte que ces nouveaux officiers auront le pouvoir de recevoir les foi et hommages, aveux et dénombrements, « après
« néanmoins que les dits aveux et dénombremens
« auront été blâmés par nos procureurs ès Bail-
« liages, ou Baillis et semonceurs ès lieux où il n'y
« a pas de procureur pour nous, et les blâmes jugés
« en la manière accoutumée par les hommes de fiefs
« et autres juges auxquels le renvoi en aura été
« fait par les dits trésoriers de France. Voulons que
« les saisies des fiefs relevans de nous faute d'hom-
« mage, droits et devoirs, soient faites à la diligence
« de notre procureur audit bureau, ou des Baillis
« semonceurs dans les lieux où il n'y en a pas de
« procureur pour nous, sans qu'il puisse être
« accordé aucune main-levée des dites saisies
« qu'après l'hommage.... le tout sans préjudice des
« droits appartenant à nos baillifs, prévots, leurs
« lieutenants et hommes de fiefs, pour la saisine
« des fiefs mouvant de nous, dont les reliefs seront
« faits par devant eux, à la charge... »

Le domaine du souverain, nous l'avons dit[1], était

---

1. Page 60.

autrefois administré par les officiers du bailliage ; et les contestations en matière domaniale étaient de la compétence des conseillers [1]. La connaissance des affaires concernant le domaine du roi fut aussi attribué au bureau des finances de Lille dont les officiers décidèrent en première instance et « priva-
« tivement à nos baillis, prévots, lieutenants,
« hommes de fiefs et autres juges, de tous les
« procès et différents qui se pourront mouvoir et
« intenter pour raison de notre domaine, cens,
« surcens, rentes et autres droits, circonstances et
« dépendances, ensemble de toute matière d'aubeine,
« espave, bâtardise, deshérences, et de toutes les
« entreprises et usurpations faites sur nos domaines
« et droits dans toute l'étendue de ladite géné-
« ralité » [2].

Quant aux affaires concernant les eaux et forêts faisant partie du domaine, les conseillers en connaissaient aussi à l'origine [3] et ils devaient décider de toutes les contraventions et délits commis dans les bois, comme aussi de toutes les affaires survenant entre le receveur des domaines et les marchands de bois [4] ; et ils tenaient leurs audiences le vendredi pour juger de ces matières. Le bailliage cessa de connaître de ce genre d'affaires domaniales, lors de la création en 1692 et 1693 des maîtrises des eaux et forêts en Artois. Par ces deux édits, le roi créa

1. Page 131.
2. Edit de 1691.
3. Voir ce que nous avons dit, livre II, chap. IV, p. 250, au sujet de l'administration des eaux et forêts du prince.
4. Règlements du 17 septembre 1629 et 11 mai 1630, déjà cités *(Ms. 873* à la *Bibl. de Saint-Omer,* p. 29 v°).

notamment celles de Saint-Omer et de Tournehem[1]. Si le projet de supprimer les maîtrises, qui étaient très onéreuses, avait reçu exécution à la fin du xviiie siècle, on aurait sans doute rendu aux officiers du bailliage leurs anciens droits.

Devant le tribunal des échevins, le bailli conserva la conjure en matière criminelle[2]. Quant aux fonctions de ministère public près de l'échevinage, le procureur du roi les exerça comme il le faisait au bailliage[3], à la place du bailli ; et à défaut du procureur du roi, le petit bailli put le remplacer à l'échevinage[4]. Cette substitution d'officiers n'avait pas lieu seulement en matière criminelle, mais aussi dans tous les cas où le bailli avait le droit de siéger à la Chambre des échevins pour intervenir soit dans les règlements de police, soit dans toutes les causes où le prince pouvait avoir intérêt.

Il n'y eut pas que les questions d'élections des échevins et de capitainerie urbaine, que nous avons examinées aux chapitres V et VI, qui créèrent entre la ville et le bailli des difficultés. Le droit de juri-

---

1. Les archives de la maîtrise des eaux et forêts de Saint-Omer sont à Arras *(Inv. som. des Arch. du Pas-de-Calais*, série B, liasses 924 à 946). On sait que les maîtrises des eaux et forêts étaient sans juridiction, dans les anciens Pays-Bas, relativement aux biens des particuliers ou des communautés (Déclaration du 6 novembre 1706 et arrêt du Conseil du 26 août 1727). — Voir les *Anciennes communautés d'arts et métiers à Saint-Omer*, p. 408.
2. Ainsi que nous l'avons dit, p. 136 et 137.
3. Voir ci-dessus, p. 326.
4. Voir les détails sur les fonctions du petit bailli que nous ne faisons qu'indiquer ici, au livre III.

diction sur la ville et la banlieue, que le Magistrat n'avait cessé de revendiquer et de maintenir pendant plus de trois siècles [1], continua à être contesté et à être plusieurs fois violé encore.

En 1503, un bourgeois du nom de Michel Houé avait été arrêté par les officiers du bailliage, et le Magistrat demanda au Parlement qu'il fut renvoyé devant ses juges naturels [2].

On trouve un peu plus tard, en 1510, une commission obtenue le 24 novembre, en la prévôté de Montreuil, par les mayeur et échevins, à l'effet de faire assigner le lieutenant du bailli et le receveur du bailliage en restitution d'amendes qu'ils avaient reçues par contraintes de divers bourgeois, et contre un sergent du bailliage qui avait arrêté un bourgeois, mais il intervint une transaction entre les parties [3].

La ville obtint encore le 14 juin 1593 une sentence du Conseil privé du roi renvoyant au jugement de l'échevinage un procès jugé à tort par les hommes de fiefs du bailliage de Saint-Omer, relatif à des draps d'Angleterre, dont l'entrée était interdite, et qui avaient été pris et confisqués dans la banlieue [4].

Enfin les coutumes de la ville et échevinage rédigées successivement en 1509, 1531 et 1612, confirmèrent d'une manière précise ces droits généraux de juridiction.

Mais lors de la révision de 1739, les articles des

---

1. Voir p. 138 à 145.
2. *Arch. de Saint-Omer*, AB XXIII, 6. — Il paraît qu'il intervint un arrangement du 11 octobre en vertu duquel on devait porter la question au Conseil de Malines et s'en rapporter à sa décision.
3. *Arch. de Saint-Omer*, AB XXIII, 7.
4. *Arch. de Saint-Omer*, reg. en parchemin, f. 245 v°.

précédentes coutumes ne furent pas reproduites et demeurèrent « en suspens »[1], parce que le droit de juridiction de la ville était contesté d'une manière générale depuis 1680 par les officiers du bailliage, et qu'un procès considérable était engagé devant le Parlement de Paris. Toutes les libertés des bourgeois étaient donc remises en question ! Toutefois le Conseil d'Artois, en attendant la décision du Parlement, prescrivait toujours aux officiers du bailliage de « ne pas prendre connaissance des causes, ques« tions et procès criminels des bourgeois et habi« tants de St Omer ». Le procès spécial engagé entre le bailliage et l'échevinage de Saint-Omer ne fut pas terminé avant la Révolution. Cependant les édits de municipalité de 1764 et de 1765 que nous avons analysés[2], n'ayant pas mentionné le droit de juridiction des échevinages d'Artois, furent pour les baillis et pour les ordres du clergé et de la noblesse l'occasion d'attaquer les officiers municipaux, de contester leurs attributions judiciaires et de police sur certains points, et de prétendre que les hôtels de ville n'étaient que des bureaux économiques, c'est-à-dire chargés de l'administration, mais non des juridictions. Mais le préambule de l'édit de 1773 qui réorganisa les municipalités portait : « les Etats « et les différents corps des villes de notre province « d'Artois nous ayant représenté que les officiers « municipaux de cette province n'avaient pas seule« ment l'administration des biens patrimoniaux, « mais qu'ils étaient en même temps chargés de « rendre la justice en notre nom et à notre dé-

---

1. *Procès-verbal de rédaction des coutumes des bailliage et ville de Saint-Omer*, imp. p. 77.
2. P. 281 et suiv.

« charge, tant au civil qu'au criminel à tous les
« habitants desdites villes et banlieues, les offices
« ne pouvoient pas être possédés par toutes sortes
« de personnes indifféremment... ». Et c'est pour cette
raison qu'il prescrivit, comme l'avaient déjà décidé
les édits précédents[1] et l'arrêt du Conseil de 1768,
de faire entrer quatre gradués en droit dans la composition du corps échevinal. Par cette déclaration,
le roi reconnaissait d'une manière générale les
droits de juridiction des municipalités, et elle mit fin
aux instances que les grands baillis de la province
s'étaient réunis pour engager contre les officiers
municipaux.

Quant à la liberté individuelle des bourgeois,
qu'une lutte de plusieurs siècles avait paru aussi
assurer, nous avons dit qu'après le xve siècle elle
ne fut plus sérieusement contestée[2]. Cependant quelques baillis, oubliant ou violant la clause spéciale
de leur serment à cet égard[3], méconnurent encore
cet important privilège. Dès la fin du xve siècle, une
modification à la sentence de l'échevinage du
20 septembre 1374[4] avait été admise : un arrêt du
Conseil de Malines du 26 juillet 1495 maintint bien
l'obligation imposée aux officiers du bailliage de
requérir l'assistance des mayeur et échevins pour

---

1. L'édit de 1764 avait ordonné de prendre quatre échevins parmi les anciens conseillers de ville, qui étaient toujours licenciés en droit ou avocats, mais le Magistrat avait décidé la suppression des conseillers premier et second en 1764 (*Les Conseillers pensionnaires de la ville de Saint-Omer*, p. 28).

2. Page 152.

3. Serment de 1499, p. 151. — Serment de 1573, p. 233 — et *Recueil des Chartres de la ville*, p. 117.

4. Voir p. 149.

mettre à exécution dans la ville et la banlieue les commissions du bailli, du mayeur des francs alleux et de leurs lieutenants, mais il les dispensa de la nécessité d'insérer dans ces commissions la clause requérant cette assistance, et reconnut qu'après l'avoir requise, les sergents ou autres officiers chargés d'exécuter ou de saisir pouvaient agir, soit que celle-ci eut été accordée ou refusée.

Cette décision n'avait été rendue que par provision, aussi son exécution rencontra-t-elle plus tard des difficultés de la part de l'échevinage[1]. C'est ainsi qu'en 1525 trois sergents du bailliage furent accusés d'avoir exploité dans la ville et d'avoir assigné des bourgeois sans « avoir requis, obtenu et eu adsis-« tence » d'un officier de l'échevinage. Sur la complainte adressée par le Magistrat au grand conseil de Malines, l'empereur Charles-Quint ordonna au premier huissier ou sergeant d'armes, de faire commandement aux contrevenants « que incontinent et « sans délay ils révocquent et rappellent les trou-« bles et empêchements jà par eulx faits, et qu'ils « se gardent de plus faire le semblable », et il prescrivit de les assigner, en cas de refus de leur part, devant le grand conseil. Pour accomplir sa mission, le sergeant d'armes de l'empereur eut soin lui-même de requérir l'assistance de Jehan Robert, sergent à verge de l'échevinage. L'affaire se termina amiablement : l'un des sergents reconnut « qu'il ne « poeult exploictier en la dite ville sans demander « adsistence, que ce ne soit en commettant amende « de soixante sols parisis », et il déclara avoir

---

[1]. Quoiqu'il en soit, on peut penser qu'elle put décider le bailli à faire le fameux serment de 1499 garantissant la liberté individuelle des bourgeois, que nous avons cité p. 151.

encouru l'amende. Un autre sergent attesta qu'il n'avait fait aucun exploit et qu'il « estoit seullement « en la compagnie » de son collègue. Mais la déclaration du troisième sergent est importante à signaler. Il « dit avoir demandé assistence, laquelle « assistence refusée ou accordée lors poeult l'offi- « cier exécuter sa commission »[1]. C'était la confirmation de l'arrêt de 1495, et de l'usage généralement suivi depuis cette époque.

Mais les sergents du bailliage se dispensaient même quelquefois de requérir l'assistance exigée. En 1634, le sergent Ruffin avait saisi dans la banlieue, à Etrehem, trois chevaux chez un sr de Mol, sans avoir demandé préalablement aucune autorisation d'exploiter au Magistrat. Sur la plainte de la femme du saisi, l'échevinage fit comparaître le sergent et exigea la production de la commission de prise de corps qui lui avait été donnée contre le sr de Mol ; il constata qu'elle ne contenait point la clause de réquisition obligatoire, et que de plus elle ne l'autorisait qu'à apposer le séquestre sur les biens de ce bourgeois, sans pouvoir les déplacer ; en conséquence il résolut de garder le sergent comme prisonnier, afin d'obtenir de lui l'amende de 60 sols parisis qu'il avait encourue[2].

Une difficulté plus grave éclata en 1640. Antoine de la Houssaye, sr de Boidinghem, lieutenant du bailliage, entra lui-même le 27 août dans l'hôtellerie de l'Aigle d'Or à Saint-Omer, et y arrêta sans aucune assistance le sr Vaast Delft, écuyer, bourgeois forain de la ville, puis le conduisit dans la prison du bailliage. L'échevinage obtint le 20 juillet une sentence

---

1. *Recueil des Chartres de la ville*, p. 59.
2. *Ms. d'Haffrenghes*, t. I, p. 391 vo.

du Conseil de Malines maintenant ses franchises et sa juridiction que reconnut le lieutenant général devant l'huissier chargé de l'exécution de la sentence [1].

Les anciennes coutumes de 1509, 1531 et 1612 n'indiquaient pas d'une manière expresse ce droit de liberté individuelle; le procès soulevé par les officiers du bailliage, qui obligea à ne pas mentionner dans la coutume révisée de 1739 le droit de juridiction du mayeur et échevins [2], attaqua par conséquent aussi ce principe de la liberté individuelle implicitement contenu dans le droit de justice sur les bourgeois.

Le cahier de doléances du tiers-état de la ville de Saint-Omer rédigé le 31 mars 1789, demanda « d'assurer la liberté individuelle comme étant « le premier des biens comme le plus inviolable des « droits », et la suppression des lettres de cachet et autres actes arbitraires qui, à la fin de l'ancienne monarchie, n'y avaient que trop souvent porté atteinte, « en sorte que personne ne puisse être « arrêté si ce n'est en vertu d'un décret de juge « ordinaire, sauf les cas expressément prévus par « les lois » [3]. Le cahier du bailliage reproduisit servilement ces doléances [4].

Nous avons indiqué que l'assistance des échevins n'était pas nécessaire pour arrêter un bourgeois convaincu de lèse-majesté divine et humaine. Le

1. *Recueil des Chartres de la ville*, p. 109 — et *Grand registre en parchemin*, f. 243 aux *Arch. de Saint-Omer*.
2. V. ci-dessus p. 336.
3. Art. 4 et 5 du cahier de doléances (*Mém. de la Morinie*, t. XVIII, p. 208).
4. Loriquet, *Cahier de doléances de 1789 dans le département du Pas-de-Calais*, Arras 1891, t. I, p. LXXXV et 112.

Magistrat cependant s'était élevé contre cette exception, et comme depuis la Réforme le premier de ces crimes était plus fréquent, la décision du Conseil privé de Philippe II, roi d'Espagne, du 31 juillet 1556, qui statuait sur un grand nombre de points, déclara que, pour ces crimes, le bailli, s'il avait le droit d'arrestation, était tenu, du moins, de communiquer l'information aux mayeur et échevins [1].

Le privilège de non-confiscation fut maintenu par les art. 25 à 27 des coutumes locales du 30 juillet 1509 et 26 juin 1531, qui reconnurent que les biens des habitants n'étaient pas sujets à confiscation, sauf pour les cas d'hérésie et de lèse-majesté ; celle de 1612, art. 20 à 22, reproduisit les dispositions des précédentes coutumes, mais en 1739, lors du procès-verbal de révision, on objecta que ce droit méritait d'être examiné, « vu qu'il peut faire tort aux sei-« gneurs qui ont droit de confiscation dans leurs « terres », et le commissaire ordonna qu'il serait « pourvu par la Cour sur les titres qui y seront « rapportés par les Mayeur et Echevins à ce sujet ». De sorte que la nouvelle coutume homologuée en 1744 ne reproduisit pas ce privilège.

Nous nous occuperons spécialement dans divers chapitres du tome II du grand procès de juridiction qui s'éleva en 1680 entre les deux justices rivales de l'échevinage et du bailliage, et que mentionne le procès-verbal de la coutume révisée que nous avons cité.

---

1. *Recueil des Chartres de la ville*, p. 99 — 3ᵉ décision sur le 5ᵉ article.

Cependant ce rôle du bailli en matière judiciaire, quelque réduit qu'il fût, n'avait pas tardé à être encore amoindri, et il passa insensiblement presque en entier au lieutenant général. Ce fut en effet bientôt une de ses plus importantes fonctions que celle de présider les hommes de fiefs ou les conseillers, ou de prendre part lui-même au jugement lorsque le bailli exerçait la conjure en personne.

C'est en 1515 que l'on trouve bien précisés pour la première fois les pouvoirs du lieutenant en matière judiciaire. On lit en effet dans les lettres adressées d'Hesdin le 18 décembre de cette année, par le bailli Ferry de Croy, sieur du Roeulx, à Guillaume d'Hellefaut, s^r de Cormettes, mayeur de Saint-Omer, et instituant Denis de Persaques en qualité de lieutenant général. « Commettons, ordon-
« nons et instituons notre lieutenant premier et
« général en notre bailliage de St Omer, et lui avons
« donné et donnons pouvoir de pour nous, en notre
« absence, exercer office de judicature en notre dit
« bailliage et en toutes les mettes d'icelui, octroier
« en jugement, conjurer les hommes dud. bailliage,
« et à leur conjurement donner et rendre toutes
« sentences interlocutoires et définitives, appointe-
« mens et actes judiciaires, soy instituer de nom de
« notre premier lieutenant et général dudit bailliage
« de St Omer, et en ce nom donner et délivrer toutes
« commissions licites et raisonnables, faire et faire
« faire toutes instructions criminelles et civiles, et
« généralement autre et semblable pouvoir qu'à
« lieutenant ainsi par nous commis peut être
« ordonné et donné, et comme nous-même ou faict
« et exercice de justice ferions sy présent y

« étions »[1]. Le mayeur réunit le Magistrat le 21 décembre pour lui donner lecture de ces lettres. Ces pouvoirs judiciaires, dans lesquels il n'était point question de compétence ni de juridiction, ne pouvaient être contestés par l'échevinage qui avait toujours reconnu que le bailliage avait sa justice propre et spéciale. Aussi après que le sr de Bersaques eût prêté serment entre les mains de Guillaume d'Hellefaut, les échevins admirent le nouveau titulaire.

Les termes de cette nomination, ainsi que cette suppléance du lieutenant général, étaient d'ailleurs conformes aux coutumes locales. L'article 3 de celle du Bailliage et de la Chastellenie du 24 juin 1531 rappela plus tard en effet que « la congnoissance « des exécutions et appréhensions... assavoir de « celles faites audit Bailliage... en appartient aux « Hommes de la Court dudit Bailliage dont ledict « Bailly *ou son lieutenant* est leur conjureur ou « callengeur... » Et la coutume de 1739 répéta les mêmes termes.

En 1554, quand Charles-Quint confirma, après la mort du grand bailli, le lieutenant général et le lieutenant particulier, ce fut surtout par le motif que le cours de la justice ne pouvait être suspendu : « Comme depuis le trépas du feu sr de Wismes, « vivant Grand Bailli et capitaine de St Omer, por-« tent les lettres patentes du 9 avril, Nous a remon-« tré de la part de nos Officiers et Conseillers audit « St Omer, que pour le bien et advencement de la « Justice, laquelle y cesse présentement, au préju-« dice de la chose publique, soit requis et nécessaire « de continuer François de Longueville, sieur d'Os-

1. *Ms. Des Lyons de Noircarme.*

« trove, lieutenant général, et Jean Le Febvre, lieu-
« tenant particulier dudit feu sieur de Wismes :
« scavoir faisons, que les choses desusdites consi-
« dérées... Nous... avons iceulx... continué et conti-
« nuons ». Cette commission trace aussi les devoirs
des lieutenants en ces termes : « Commettons et
« autorisons par ces présentes pour vaquer et
« entendre à l'exercice et administration de la Jus-
« tice au Bailliage de St Omer, d'y garder et deffen-
« dre nos droits, aulteur et seigneurie, de faire droit,
« Loy, raison et Justice à ceux et celles qui les en
« requéreront »[1]. Les provisions des autres lieutenants généraux s'expriment de la même manière.
On peut citer encore les lettres patentes identiques
données successivement en 1636, 1643 et 1659 aux
trois derniers lieutenants généraux nommés avant
la réunion à la France, chacun d'eux : « A plein
« pouvoir et autorité d'exercer iceluy estat, seoir en
« jugement, y représenter notre personne, conjurer
« les hommes de fief, être présent à toutes expédi-
« tions et délibérations, reddition des sentences tant
« interlocutoires que définitives... »[2]. La substitution de ces officiers au bailli fut donc complète en
matière judiciaire. On les choisit en général dans la
classe des hommes de fiefs du bailliage de Saint-
Omer comme étant plus portée d'en connaître les
usages, c'est ce qui leur permettait en outre de
siéger comme juges quand le grand bailli assistait
à l'audience ; s'ils le représentaient en son absence,
ils n'avaient au contraire, comme lui, que leur
conjure, car on ne pouvait être à la fois semonceur
et semoncé.

1. *Ordonnances royaux du bailliage*, p. 33.
2. *Ms. Des Lyons de Noircarme.*

Devant le tribunal de l'échevinage, le lieutenant général put aussi suppléer le bailli et y exercer la conjure à sa place en matière criminelle.

Tandis qu'après la réunion de Saint-Omer à la France en 1677, le lieutenant particulier fut définitivement supprimé comme inutile, les fonctions du lieutenant général devinrent plus importantes, et il fut nommé par le roi[1]. Des arrêts du Conseil d'Etat du 17 février 1697, 2 novembre 1700 et 2 août 1702[2], exigèrent qu'il fut pourvu de la qualité d'homme de fief, comme les conseillers. A défaut du grand bailli, il convoquait les conseillers ou les hommes de fiefs, présidait les audiences, recueillait les voix, prononçait les arrêts, signait le plumitif, distribuait les procès et rapports. Ses droits et fonctions furent déterminés dans les arrêts du Conseil de 1700 et de 1702 que nous venons de citer. Il pouvait siéger comme juge. Il porta désormais le titre de lieutenant civil et criminel et fut le commissaire né pour toutes les procédures criminelles.

Comme le lieutenant général de Saint-Omer, les lieutenants généraux des autres bailliages d'Artois tinrent alors leurs provisions du roi, et dès lors ils suscitèrent dans toute la province des difficultés aux autres officiers des bailliages. Ils se réunirent pour enlever aux baillis les séances, honneurs et prérogatives auxquels ceux-ci avaient droit. Ils soutinrent qu'en matière judiciaire les fonctions des baillis n'avaient aucune raison d'être puisqu'ils n'étaient point juges, mais de simples officiers d'épée ou de robe courte, et que leur con-

---

1. Voir p. 246. — *Ordonnances royaux du bailliage de Saint-Omer*, 35 et 38.
2. *Arch. de Saint-Omer*, CCXC, 11.

jure, seul droit qui leur fût attribué et qui était un ancien usage considéré en Flandre et en Artois comme essentiel, était absolument inutile ; à quoi servait d'avertir le juge de remplir son devoir, disaient-ils, et n'était-il pas ridicule de voir siéger le bailli qui n'avait rien à dire dès qu'il avait mis les juges en demeure d'examiner l'affaire ? Ils ajoutaient que d'ailleurs en réalité, depuis plus de trois siècles on ne conjurait plus, puisque les ordonnances concernant la justice avaient pourvu au mode d'assembler les magistrats et fixé les jours et heures des audiences ; que les offices de bailli et de lieutenant étaient dans une mutuelle indépendance, les uns ayant été créés pour être des titres d'honneur dispensés de rendre la justice, les autres pour être des titres d'honneur chargés de la rendre, les baillis pour être chefs des bailliages, les lieutenants généraux pour en être les premiers juges[1]. Un arrêt du Conseil d'Etat intervint le 2 novembre 1700 et laissa la conjure aux grands baillis, sans leur attribuer de fonctions appartenant essentiellement aux juges[2], qui furent laissées aux lieutenants généraux.

Tous s'unirent encore pour exclure les grands baillis des fonctions que les anciens titres attribuaient à ces officiers dans les échevinages. Un arrêt du Conseil du 15 juillet 1768, rendu par provision, régla en partie leurs droits respectifs à l'égard de ces juridictions, mais seulement par provision, et en attendant que, d'après les mémoires qui lui seraient présentés, le roi eût fait connaître ses

---

1. *Mémoires pour les lieutenants généraux des bailliages d'Artois contre les grands baillis.*
2. Nous étudierons les autres dispositions de cet arrêt au livre III, dans le chapitre II concernant l'*Administration de la justice.*

intentions définitives. La contestation ne fut jamais décidée.

A Saint-Omer même, le lieutenant général entama contre les conseillers un procès dans lequel il prit des conclusions sur trente-sept chefs différents, et qui se termina en 1746 par un concordat[1].

Enfin une contestation s'était encore élevée en 1762 entre le bailli et le lieutenant général : Un arrêt célèbre rendu le 6 août par le Parlement de Paris, avait banni les Jésuites de France, et le roi avait ordonné que les bureaux d'administration des collèges autrefois dirigés par les membres de cette congrégation fussent composés d'un évêque, président, et du premier officier de justice royale ou seigneuriale à qui appartiendrait la présidence en l'absence de l'évêque. Le lieutenant général se prétendit désigné, à l'exclusion du grand bailli que paraissaient cependant viser les instructions royales. La municipalité elle-même, qui soutint être administrateur né de toute espèce de fondations, entra en campagne, et de nombreux mémoires furent échangés. Ces débats se terminèrent par la nomination que fit le roi, des pères de la doctrine chrétienne, auxquels l'ancien collège des Jésuites wallons fut confié en 1777, tant pour l'enseignement que pour l'administration, et qui furent substitués aux prêtres séculiers qui avaient d'abord remplacé les pères de la Compagnie de Jésus.

Nous ne parlerons pas ici de la lutte entre les officiers du bailliage et les établissements ecclésiastiques, en matière judiciaire. L'évêché de Térouanne

---

1. Voir plus loin, livre III : *Administration de la justice*.

ayant disparu après la ruine de cette ville en 1553, c'est avec l'évêque de Saint-Omer qu'éclatèrent les conflits [1], mais à partir du xvi⁰ siècle ces difficultés, comme celles qui eurent lieu avec le chapitre ou l'abbaye de Saint-Bertin, ne furent le plus souvent que des questions de juridiction ou de ressort que nous étudierons avec les autres en traitant de la juridiction des officiers du bailliage.

---

1. Nous avons déjà dit, p. 275, que l'évêché de Saint-Omer fut créé en 1559; mais le premier évêque ne fut nommé qu'en 1563.

CONCLUSION

Sous les derniers archiducs d'Autriche et sous les rois d'Espagne, le bailli devient surtout un personnage politique en même temps qu'il est officier de guerre.

Aussi n'a-t-il plus d'autres attributions financières dans le bailliage que le droit d'imposer les justiciables par des tailles ou cotisations pour subvenir aux frais communs de l'administration ; le receveur des domaines l'a remplacé complètement dans la gestion des biens et terres du prince. Les recettes et dépenses du bailliage sont soumises à la Chambre des Comptes de Lille, puis en 1667 à celle de Bruges.

La comptabilité communale, dont un bailli provoque la réforme par une ordonnance assez sévère rendue en 1500 et bientôt abolie, est surveillée par des agents spéciaux qui le remplacent ainsi que les anciens commissaires du prince : ce sont des auditeurs de comptes qui résident à Saint-Omer et y exercent leurs fonctions de 1515 à 1676 et sont ensuite supprimés ; les comptes sont rendus au bailli, aux trois corps du Magistrat, à l'évêque, au chapitre et à l'abbé de Saint-Bertin.

Débarrassés ainsi presque complètement des attributions financières, les baillis continuent à se faire installer à l'échevinage et à jurer de respecter les libertés communales, mais la juridiction des mayeur et échevins est assez bien établie pour que la formalité consistant à leur accorder les franchises de la Chambre semble tomber en désuétude. Les baillis alors emploient toute leur influence à remédier aux inconvénients du pouvoir électif sans contrôle de l'aristocratie bourgeoise qui est maîtresse des élections, et à défendre leurs prérogatives militaires augmentées par le souverain.

L'ordonnance de 1500 n'avait pas seulement statué sur les finances, elle octroyait encore au bailli le droit de nommer les quatre premiers échevins, de donner sa voix à l'élection du mayeur, d'assister au renouvellement de la Loy et de partager avec le mayeur la capitainerie urbaine. Une ordonnance de 1506 abolit, il est vrai celle de 1500, mais celle-ci est bientôt rétablie en 1516. Dès lors il s'engage une lutte incessante entre le Magistrat et le représentant du pouvoir, ou son lieutenant général dont l'importance a aussi grandi. Elle éclate à propos de la garde de la ville, des clefs des portes, du mot du guet, du droit du lieutenant général de désigner les quatre premiers échevins à la place du bailli, du choix du mayeur et d'une foule d'autres points. En 1540, Charles-Quint confirme toutes les prétentions de son représentant, mais admet que la capitainerie urbaine appartiendra au mayeur en temps de paix. La gouvernante des Pays-Bas règle spécialement en 1541 ces questions militaires. Cependant le Conseil privé de Philippe II, roi d'Espagne, est obligé d'examiner et de décider en 1551 jusqu'à quarante-cinq griefs argués « de la part des baillis et officiers de Sa « Majesté ». En 1587, de nouveaux abus dans les élections obligent le pouvoir central à une surveillance plus sérieuse, et Philippe II ordonne que le bailli informera le gouverneur général d'Artois du nom des quatre échevins qu'il entend désigner, il écarte ainsi en même temps les calvinistes des fonctions échevinales, et comme l'évêché de Saint-Omer vient d'être récemment créé, il fait entrer l'évêque dans le corps électoral où il remplace l'un des trois curés de la ville. La prépondérance de certains corps de métiers qui envahissaient les charges échevinales est également annulée. Quelques baillis n'insistent pas sur leur pouvoir militaire, mais en 1638 l'un d'eux est qualifié de gouverneur, et dès lors les échevins ne cessent de protester, de s'agiter : les démêlés avec Maximilien de Lières sont notamment très âpres, le mayeur est insulté et reçoit les excuses du bailli en 1654 ; et jusqu'à la réunion à la France ces querelles continuent.

En matière judiciaire le bailli reste le chef de la cour du bailliage, mais il partage le droit de conjure avec le lieutenant général à qui l'exercice de la justice passe insensiblement, car le bailli est surtout homme d'épée. Son droit de conjure devant le tribunal des échevins subsiste également en matière criminelle, mais les fonctions de ministère public sont attribuées au procureur du roi et à son défaut au petit bailli, qui peuvent, ainsi que le lieutenant général, siéger à la Chambre échevinale. Des difficultés s'élèvent encore, mais moins nombreuses que précédemment, à propos de la juridiction des échevins dans la ville et la banlieue, que les coutumes de 1509, 1531 et 1612 confirment successivement ; et la lutte avec les établissements religieux a perdu tout caractère politique.

En 1677, la ville de Saint-Omer passe sous la domination française, et dès lors tout change. Les charges du bailliage ne tardent pas à devenir toutes vénales et héréditaires en 1692 et 1693, et les titulaires en sont nommés par le roi.

En matière financière, le bureau des finances créé à Lille en 1691 veille à la conservation des domaines du prince et de ses revenus, et le bailliage est dépossédé d'une partie de ses attributions à cet égard ; la création d'une maîtrise des eaux et forêts en 1693 lui enlève en outre l'administration de cette partie des domaines du prince ; le receveur des domaines disparaît et on ne trouve plus en dernier lieu à Saint-Omer qu'un receveur des deniers royaux contrôleur des domaines et d'autres receveurs spéciaux.

Les droits militaires du bailli comme ceux du mayeur disparaissent, le roi établit un gouverneur, qui ne réside d'ailleurs presque jamais à Saint-Omer, et le véritable commandant de la place est le lieutenant du roi. Le grand bailli n'a plus que le droit absolument fictif de convoquer le ban et l'arrière-ban qu'on n'utilise plus depuis 1655[1].

La conquête française en 1677 rend les mayeur et échevins sujets au contrôle de l'intendant en matière financière. Il ne reste au grand bailli que le droit d'assister à l'audition des comptes. En 1764 et 1765 de nouvelles règles de comptabilité sont adoptées, un receveur remplace l'ancien argentier, les comptes communaux sont de nouveau rendus par devant le bailliage, mais transmis à l'intendant puis au contrô-

---

1. Voir ci-dessus, p. 95, note 3.

leur général des finances ; le lieutenant général assiste pendant deux ans à la reddition des comptes, puis les officiers du bailliage sont définitivement écartés de toute ingérence dans l'administration de la ville à partir de 1768-1769 et le bailli perd son droit d'audition aux comptes. En 1773, ceux-ci sont transmis à l'intendant, l'année financière commence au 1er janvier, et c'est en vain que la ville, qui s'est débarrassé du contrôle à peine sensible du bailli, se plaint alors de l'intendant et réclame la juridiction du Conseil d'Artois.

D'autre part, le bailli perd le droit de désigner son lieutenant désormais nommé par le roi ; les quatre échevins qu'il choisissait sont à la nomination de l'intendant, et le bailli ne coopère à l'élection échevinale que comme l'un des trois électeurs de la noblesse. A chaque renouvellement de la loi, dont l'époque est changée, l'échevinage refuse de prêter entre ses mains le serment habituel, de sorte qu'en 1715 le droit de le recevoir est attribué à l'intendant par des lettres de cachet. Plusieurs fois, la ville reste sans Magistrat, ou bien le corps municipal est nommé par ce haut fonctionnaire à qui ce droit est définitivement donné en 1733. L'influence du bailli dans l'administration de la ville devient absolument nulle ; il n'a même plus la faculté de nommer et de révoquer les sergents à masse ni les escarvettes. Cependant les édits de 1764 et 1765 rendent aux villes d'Artois le droit d'élection de leurs Magistrats, réglé de différentes manières par ceux de 1768 et de 1773 ; mais le bailli, après avoir présidé les assemblées du corps électoral des notables, ne prend plus aucune part aux élections lorsque les notables sont supprimés, et depuis 1764 les mayeurs refusent de prêter serment entre ses mains, à l'exception d'un seul qui y est contraint en 1768.

Les attributions judiciaires du bailli, déjà bien amoindries avant la conquête française puisqu'elles étaient passées dans les mains du lieutenant général, diminuent encore d'importance, car ce magistrat nommé par le roi dispute au bailli ses droits, honneurs et prérogatives. La connaissance des affaires domaniales et la plupart de celles concernant les fiefs passent au bureau des finances et à la maîtrise des eaux et forêts. La cour du bailliage est transformée et le droit de juger est accordé aux conseillers, à condition qu'ils soient hommes de fiefs. Enfin dès 1680, un procès considérable de juridiction s'engage entre le bailliage et l'échevinage, et toutes les libertés conquises par ce dernier sont contestées ; la coutume qu'on révise en 1739 constate cet état de choses en réservant beaucoup de points sans les élucider.

Ainsi donc depuis le retour de Saint-Omer à la couronne, le bailli, qui avait autrefois réuni dans ses mains les pouvoirs financier, administratif, militaire et judiciaire, a perdu la plupart de ses attributions, et, comme tous les baillis de France, il est réduit à un rôle presque insignifiant : déjà antérieurement il n'avait plus le maniement des finances ; désormais le commandement des troupes de la garnison appartient au gouverneur ; il n'a plus aucune influence sur l'administration échevinale ; dans son propre tribunal, la justice, qui continue à s'y rendre en son nom, s'exerce en fait par le lieutenant général sans que lui-même y ait voix délibérative ; placé à la tête de la noblesse de son bailliage, il ne peut cependant s'en dire le chef.

Mais le bailliage comprenait d'autres officiers dont

nous allons indiquer les attributions. Nous verrons ainsi comment était composée la cour du bailliage, et nous étudierons ensuite sa juridiction et sa compétence que nous n'avons fait qu'indiquer précédemment.

LIVRE III

Les officiers du Bailliage. — La cour du Bailliage et l'administration de la justice.

CHAPITRE I

LES OFFICIERS DU BAILLIAGE

Les conseillers. — Le procureur du roi et son substitut. — Le conseiller rapporteur du point d'honneur. — Le sous-bailli ou petit bailli. — Le greffier. — Le receveur des amendes et épices. — Le tiers référendaire taxateur de dépens. — Les rapporteurs vérificateurs de saisies réelles. — Les procureurs ad lites. — Les avocats. — Les notaires. — Les sergents. — Les huissiers audienciers. — Le maître des hautes œuvres. — Le geôlier.

Le bailliage de Saint-Omer était composé de deux espèces d'officiers, les uns qui étaient du corps même du bailliage et jouissaient du privilège de ne pouvoir être cités devant les tribunaux ordinaires et de n'être justiciables que du bailliage lui-même, c'étaient le grand bailli, le lieutenant général, les cinq conseillers, le procureur du roi et son substitut, puis le conseiller rapporteur du point d'honneur quand sa charge fut créée en 1787[1]. Le petit bailli jusqu'en 1759, les greffier, receveur des amendes et épices, tiers référendaire taxateur de dépens, rapporteurs vérificateurs de saisies réelles, procureurs *ad lites,* notaires, sergents, huissiers audienciers, quoique reçus et immatriculés en la cour, n'étaient que membres et non du corps du bailliage. Il faut y ajouter les avocats bien qu'ils ne fussent pas pourvus d'offices, et d'autres officiers d'un rang inférieur tels que le maître des hautes œuvres, le cepier ou garde des prisons du château.

Nous avons traité des attributions du bailli et de ses lieutenants[2], nous avons à parler maintenant des autres officiers.

Les conseillers. — Il nous reste peu de chose à dire sur les conseillers, nous avons indiqué leur origine, leurs fonctions et comment ils se substituèrent, après la conquête française, aux premiers juges du bailliage qui étaient les hommes de fiefs, à charge d'avoir eux-mêmes cette qualité. A cette époque d'autres modifications furent encore apportées à leur état : leurs charges, comme toutes les autres, devinrent vénales et héréditaires par l'effet des édits de 1692 et de 1693 et de la déclaration du roi du 30 mars 1693[3]. Elles ne trouvèrent pas

1. Il y avait aussi autrefois un auditeur des comptes dont nous avons rappelé les fonctions (p. 256) et un receveur des domaines dont nous avons parlé (p. 58 et 250).
2. Et aussi de l'auditeur des comptes, et du receveur des domaines dont les charges furent supprimées.
3. *Arch. de Saint-Omer,* AB-A et B.

d'acquéreurs immédiats, et le roi dut nommer deux conseillers intérimaires les 25 septembre et 18 octobre 1694 ; ce furent : Simon Marissal qui remplit sa fonction jusqu'au 28 mai 1702, époque à laquelle il acheta la charge de procureur du roi ; et Joseph-Ignace Eulart [1]. En 1703 et en 1704, il n'y eut même plus de titulaires et la justice dut être rendue comme autrefois par des hommes de fiefs. Enfin en 1705, Jean-Albert-Dominique Caucheteur fut pourvu le 20 mars du quatrième office, moyennant une finance de 4000 livres, plus 2 sous pour livre. Le 8 mars 1706, Grégoire-Justin d'Haffringhes acheta le cinquième office ; Jacques-François Pelletier acquit le premier le 13 juin 1706 ; à cette même date, Denis-François Drincqbier fut pourvu du second, et ce ne fut que le 6 février 1707, par l'achat qu'en fit du troisième Jacques-François Macau, que la cour du bailliage fut complètement rétablie et pourvue du même nombre de conseillers qu'autrefois. Les quatre derniers avaient payé leurs offices 3000 livres seulement plus 2 sous pour livre. Au surplus, tandis que dans la suite les charges de grand bailli et de lieutenant général se vendirent à des prix de plus en plus élevés, la valeur des charges de conseillers, payés plutôt en honneur qu'en argent [2], diminua toujours et on en vit plusieurs rester vacantes pendant quelques années faute d'acquéreurs.

Pour obtenir leurs lettres de provision de la chan-

1. Deux arrêts du Conseil du 2 novembre 1700 et du 1er août 1702 confirmèrent l'arrêt du Parlement du 16 mai 1687 (cité p. 329) en ce qui concerne la qualité d'hommes de fiefs nécessaire au lieutenant général et aux conseillers pour exercer leurs droits de justice (*Arch. de Saint-Omer*, CCXC. 11).

2. Voir ci-après chap. V, les gages et épices.

cellerie, les conseillers devaient justifier qu'ils avaient atteint l'âge de vingt-cinq ans ; toutefois on octroyait en général assez facilement des dispenses d'âge pour exercer les divers offices de judicature, à une époque surtout où les charges devinrent dans les familles de robe une espèce de patrimoine[1] ; dans ce cas, le magistrat qui n'était pas âgé de vingt-cinq ans n'avait pas voix délibérative, à moins qu'il n'eût été rapporteur de l'affaire. Les autres conditions à remplir par les postulants à l'office consistaient à établir qu'ils n'avaient, parmi les officiers du bailliage, aucun parent ou allié au degré prohibé par les ordonnances, qu'ils étaient licenciés en droit et avaient prêté le serment d'avocat, et qu'ils professaient la religion catholique, apostolique et romaine. Leur réception était précédée d'une information sur leurs vie et mœurs dans laquelle on entendait le curé de leur paroisse ou tout autre prêtre et au moins deux autres témoins[2]. Enfin depuis la vénalité des charges, il fallait avoir traité du prix de l'office avec le titulaire ou ses ayants droit. Après ces diverses justifications, des lettres de provisions étaient données par le roi, et le nouveau magistrat était installé par un conseiller du Conseil d'Artois qui recevait son serment.

Le conseiller qui avait résigné son office pouvait

1. Nous avons cité déjà, p. 227, Louis-Eugène-Marie de Beaufort, bailli qui obtint en 1748 des lettres de dispense d'âge.
2. Ces diverses justifications se faisaient ainsi : pour l'âge, on produisait un extrait baptistaire ; pour la prohibition résultant de la parenté, un certificat émané des officiers de la Cour ; pour le grade de licencié et le serment d'avocat, le diplôme et l'expédition du serment ; quant à la justification de l'exercice de la religion catholique, une déclaration du 13 décembre 1698, registrée au Parlement le 20 du même mois, avait exigé du récipiendaire une attestation du curé de sa paroisse ou des vicaires, mais plus tard on préféra l'information sur vie et mœurs.

obtenir l'honorariat. Il sollicitait d'abord du roi des lettres patentes de *conseiller honoraire,* qui étaient adressées au Conseil d'Artois ; cette cour les enregistrait, et rendait un jugement en ordonnant l'exécution. Puis le postulant adressait une requête aux grand bailli, lieutenant général et conseillers du bailliage, et après l'avis du procureur du roi auquel la requête et les pièces jointes étaient communiquées, le lieutenant général et les conseillers ordonnaient leur enregistrement et leur exécution. C'est ainsi que François-Joseph Deffosse, qui avait cédé son office à Charles-Guillaume Bontemps, fut reçu conseiller honoraire au bailliage le 30 décembre 1744 [1].

Le procureur du roi. — Il existait en Artois un procureur général du comté, dont la création remontait à une époque assez éloignée, puisque une quittance de ses gages datée de 1397 existe dans les archives de la Chambre des Comptes de Lille [2]. L'un de ces magistrats Jehan Mancel, conseiller au Conseil de Philippe-le-Bon, figure en 1447 parmi les commissaires envoyés à Saint-Omer par l'ordre de ce prince pour procéder à la réformation de la Loy [3]. Il avait soin des intérêts du roi et des particuliers dans l'étendue de l'Artois et il était chargé de tenir

1. François-Joseph Deffosses, sr de Coyecques, était conseiller au bailliage depuis le 13 septembre 1719. Il avait donc plus de 20 années d'exercice, condition exigée pour obtenir des lettres de vétérance. (V. sur les conditions générales de l'honorariat Guyot, *Répert. de jurisprudence* v° *Honoraire.*)

2. 4 février 1397-31 janvier 1398. Quittance pour gages de Tassart le Jouene, procureur général de la comté d'Artois *(Inv. som. des Arch. du Nord,* B, t. IV, 1861).

3. Lettres patentes de Philippe-le-Bon du 9 décembre 1447, *imprimées.*

la main à ce que les ordonnances et règlements généraux fussent observés. Lors de la création du Conseil d'Artois en 1530, il devint procureur général de ce Conseil et y exerça les fonctions de ministère public avec l'avocat général [1].

On rencontre diverses commissions de procureur du prince au bailliage de Saint-Omer et à d'autres bailliages à une époque assez ancienne. Le comte d'Artois désigna ainsi en 1356 Pierre le Bourgeois, clerc, comme son procureur dans les baillies de Saint-Omer, Tournehem, Eperlecques et la Montoire [2]; en 1360 le gouverneur d'Artois donna une commission de procureur du comte pour les baillies de Saint-Omer, Aire, Tournehem, La Montoire et Eperlecques à Caizin ou Nicaise Cuvelier, clerc de la baillie de Saint-Omer, avec 12 livres de pension annuelle [3]; en 1380, Alart d'Aire, receveur de Saint-Omer, obtenait le titre de procureur et de substitut du procureur général d'Artois dans les baillies de Saint-Omer, Tournehem et Eperlecques [4]. A la même époque, Hue le Gressier était « procureur du bailliage de « St Omer en la prévôté et assise de Montreuil » [5]. On trouve aussi en 1385 Ricart Darlen procureur à Montreuil-sur-Mer pour les bailliages de Saint-Omer et d'Hesdin [6].

---

1. Voir dans le *Rapport sur le concours d'histoire de 1857 à l'Académie d'Arras*, Mém., t. XXX, p. 86, 90, 91 et 92, les attributions du procureur général et de l'avocat général près le Conseil d'Artois expliquées par M. Laroche.

2. *Inv. som. du Pas-de-Calais*, A. 681. Quittance du 23 juin 1356.

3. *Inv. som. du Pas-de-Calais*, A. 89. 12 avril 1360. et — Demay, *Sceaux d'Artois*, p. 165. — Il exerce encore ces fonctions en 1365.

4. *Inv. som. du Pas-de-Calais*, A. 102. Commission du 24 mai 1680.

5. *Inv. som. du Pas-de-Calais*, A, 693. Commission du 1er juin 1380.

6. *Inv. som. des Arch. du Nord*, Ch. des C., t. I, 4034. Juin-juillet 1389. Commission du comte de Flandre.

Le ressort judiciaire ou la circonscription du bailliage de Saint-Omer était à peine constitué alors [1], mais lorsque les premiers conseillers y furent créés, on trouve une commission spéciale de procureur général de la ville, bailliage, châtellenie, ressort et enclavement, accordée le 18 février 1467 à Hugues Quiefdeber, par Charles, duc de Bourgogne, comte de Flandre et d'Artois. C'est une espèce de procuration générale conçue en ces termes : « Par ces pré-
« sentes, faisons, constituons, ordonnons et esta-
« blissons notre Procureur Général et certain Mes-
« sage espécial, nostre bien-amé Hugues Quiefdeber
« en toutes nos causes, besongnes et affaires meus
« et à mouvoir, tant en demandant comme en def-
« fendant contre toutes personnes et par devant tous
« juges, tant d'Eglise comme séculiers de quelques
« pouvoir et auctorité qu'ils usent ou soyent fondés ;
« auquel nostre Procureur dessus nommé avons
« donné et donnons plein pouvoir, auctorité et man-
« dement spécial de comparoir pour Nous en juge-
« mens et dehors ; Nous, nos causes et droit concer-
« nans et dépendans de nos Ville, Bailliage et Chas-
« tellenie de St Omer, et les ressorts et enclave-
« mens garder, poursuivre, soustenir et deffendre ;
« de soy opposer à toutes fins de Plaids et causes
« entamer et advoüer et desadvoüer et prendre
« guarantie ; de requerre garand et veüe des Lieux ;
« de affermer Articles et respondre à ceux de partie
« adverse, et de jurer en l'âme de Nous, et faire
« tous sermens requis de droit, de produire témoing
« et Lettres en forme de preuve ; de contredire et
« reprocher ceux de partie adverse ; de oyr Droits,

---

1. La constitution du bailliage remonte à environ 1350 comme nous l'avons déjà dit.

« Arrests et Sentences interlocutoires et définitives,
« et appeler et poursuir son appel ou appeaulx, et y
« renonchier se mestier est ; de demander despens,
« les recepvoir, soldre et jurer sur iceulx, de dé-
« cliner court et juge ; de Nous en sommer, de
« substituer aultres Procureurs un ou plusieurs, en
« leur donnant ce mesme pouvoir et les revoquer
« quand bon lui semblera, et généralement de faire
« es choses dessusdites et leurs dépendances... »[1].
La création de cet office eut pour résultat d'enlever au grand bailli quelques-unes de ses attributions, celles de veiller à ce que rien ne se passât
dans sa juridiction contre l'intérêt du prince et du
public ; les circonstances tendaient en effet à faire
de lui le président et le chef de la justice plutôt
qu'à lui faire jouer le rôle de ministère public, et
ses attributions judiciaires diminuaient à mesure
que grandissait son importance politique.

C'était du reste le bailli ou son lieutenant qui procédait à l'installation du procureur du roi nommé
par le prince, et qui le plus souvent recevait son
serment. Cependant Hugues Quiefdeber le prêta
en 1467 aux mains du chancelier du duc. Jacques
Wallart, son successeur, fut tenu « de faire le ser-
« ment ès mains de notre amé et féal cousin le
« lieutenant général d'Artois, le s[r] de Besvres, et de
« nostre Bailly de St Omer, que nous commettons »[2].
Celui de Jean de Honvault, nommé par Charles-
Quint le 1er février 1532, fut reçu le 19 par Denis
de Bersaques, lieutenant général, commissaire de

---

1. *Ordonnances royaux du bailliage de Saint-Omer*, p. 42 et 43.
— En France le ministère public près des baillis avait été créé par Philippe-le-Bel (Glasson, *loc. cit.*, p. 298).

2. *Bibl. de Saint-Omer*, Ms. 873, p. 24 v°.

l'empereur, en présence de quinze francs-hommes desservant la justice au château de Saint-Omer et de plusieurs habitants de la ville[1]. Lorsque Jean de Honvault eut résigné ses fonctions au profit de Jean Hourdel en 1539, celui-ci fit serment « ès-mains « du chambellan de l'empereur Charles-Quint, en « présence du maieur de St Omer et divers gens du « Conseil de Sa Majesté »[2].

Les provisions de ce magistrat devaient être présentées par lui aux maieur et échevins[3], par la raison qu'il avait le droit de siéger à leur tribunal. En 1592, il ne fut pas convoqué à l'adjudication des fermes de la ville parce qu'il ne s'était pas soumis à cette formalité[4].

Il fut qualifié successivement de « procureur « général de nos Ville, Bailliage et Chastellenie de « St Omer »[5], de « notre procureur d'Artois es metz « de nos Ville, Banlieue et Bailliage de St Omer »[6], de « Procureur de l'Empereur au quartier de « St Omer »[7], de « Procureur fiscal d'Artois en « nostre Bailliage de St Omer »[8], et plus généralement seulement de Procureur général au Bailliage. Il était essentiellement amovible.

---

1. *Bibl. de Saint-Omer, Ms. 873*, p. 29 r° et — *Ordonnances royaux du bailliage*, p. 48.
2. *Bibl. de Saint-Omer, Ms. 873*, p. 24.
3. *Bibl. de Saint-Omer, Ms. 873*, p. 24 v°.
4. *Arch. de Saint-Omer, registre aux délibérations du Magistrat* M, f° 18.
5. Commission imprimée du 18 février 1467. — *Ordonnances royaux*, p. 42.
6. Commission imprimée du 1er février 1532. — *Ordonnances royaux*, p. 44.
7. En 1533. *Ordonnances royaux*, p. 65.
8. Lettres patentes pour les audiences du Bailliage de Saint-Omer du 26 avril 1540. — *Ordonnances royaux*, p. 51.

Mais après la création du Conseil d'Artois en 1530, il devint le substitut du procureur général établi dans cette juridiction royale et fut appelé simplement procureur du roi pour le distinguer du procureur de ville. Il fit les fonctions de ministère public et remplaça définitivement le grand bailli en sa qualité de poursuivant d'office. Il dut porter au bailliage toutes les causes dans lesquelles le souverain figurait comme demandeur, tant à raison de son domaine particulier qu'à raison de son fisc, il défendait ses intérêts dans les affaires où il était assigné, intervenait dans les procédures qui pouvaient intéresser le domaine, l'église, les mineurs, et dans les causes criminelles, et il faisait le rapport des causes qui, concernant moins directement l'Etat ou le prince, méritaient cependant une considération particulière. On rencontrait au XVIIe siècle un magistrat semblable dans toutes les justices royales, et ses fonctions avaient été rappelées dans l'édit du mois de juin 1661 rendu pour le procureur du roi du Châtelet de Paris et dans l'ordonnance de 1670. Le procureur général du Conseil d'Artois était aussi chargé de faire toutes informations au sujet des crimes et délits commis dans la province, mais il ne devait jamais entreprendre sur les juridictions des gouverneurs, baillis et échevins des villes ; aussi le procureur du roi de Saint-Omer était-il en lutte contre son autorité et lui contestait-il le droit de lui donner des ordres [1].

Lorsque le procureur du roi ne pouvait ou ne voulait pas exercer ses fonctions de ministère public

---

1. *Mémoires de l'Académie d'Arras*, t. XXX, p. 86, 90, 91 et 92, déjà cité.

en matière criminelle à l'échevinage, le petit bailli le suppléait[1].

Cet officier siégeait aussi à l'échevinage comme nous l'avons dit plus haut, quand la cause intéressait le roi. Il occupait une place immédiatement en dessous du grand bailli ou du lieutenant général[2]. Dans les audiences ordinaires du vendredi, le conseiller principal avait cependant rang avant lui. Il pouvait assister aux audiences de la scelle ou petit auditoire. Mais on sait les difficultés que l'échevinage avait suscitées à ce magistrat dès sa création[3]; au dix-septième siècle les échevins en vinrent à soutenir qu'il devait demander et obtenir audience avant de siéger à leur tribunal. Le 27 septembre 1632 un de ces procureurs, Valentin Taffin, négligea cette formalité, et il « s'était re-
« trouvé près de Messieurs du Magistrat et ingeré
« de jointement à iceux entrer en chambre prendre
« séance et porter premier la parole touchant ce
« qu'il avoit à proposer de la dénonciation d'un
« contravention aux monnoies ». Le conseiller Richebé lui reprocha ce manquement à des usages pratiqués, disait-il, « en tous collèges de Magistrat ». Taffin, lorsqu'il eut fait sa callenge, « se retira gran-
« dement indigné » des termes assez vifs employés par le conseiller et se présenta en halle pour en référer à Messieurs, déclarant au surplus que si Richebé consentait à se soumettre à leur décision, il n'insisterait pas, à raison du grand âge de ce dernier, sur la réparation qu'il croyait lui être due.

1. *Les Procureurs de ville à Saint-Omer 1302-1790*, p. 33 et 34 — et plus loin, le paragraphe spécial au *Petit bailli*.
2. Art. pénultième de la décision de 1556 *(Recueil des Chartes de la ville*, p. 104).
3. *Les Procureurs de ville*, p. 31 et suiv.

L'échevinage décida « qu'il n'entendoit que ledit
« procureur ait oncques de son autorité privée pu
« entrer en l'assemblée de mesdits sieurs, soit
« qu'elle fut formée ou qu'elle s'alloit formant sans
« en préalable avoir demandé ou obtenu audience de
« mesdits sieurs », et donna raison à son conseiller
pensionnaire[1]. Quoiqu'il en soit, jusqu'en 1680, les
officiers du bailliage siégèrent sans interruption aux
plaids de l'échevinage.

Le procureur du roi était aussi l'officier fiscal du
prince[2]. La décision du Conseil privé du roi d'Espagne du 31 juillet 1556 déclarait que si les criminels ou délinquants ajournés devant les échevins
voulaient venir à composition, ils n'y pouvaient être
reçus « sans appeler les officiers de Sadite Majesté
« sy avant qu'elle ayt part ès dites amendes », et
que lorsque les mayeur et échevins auraient quelque
procès civils auxquels « vraysemblablement peut
« tomber quelque amende ils ordonnent le mectre
« ès mains du Procureur de Sad. Majesté pour y
« garder son droit »[3].

Au surplus, les échevins contestaient déjà que cet
officier royal pût être procureur du roi à la fois au
bailliage et à l'échevinage, et soutenaient que le
procureur de ville remplissait le même office devant
leur tribunal. Ils parvinrent, à partir de 1694, à lui
arracher les fonctions de partie publique à l'échevinage en matière civile et avaient tenté aussi de
s'emparer de ces fonctions en matière criminelle.

1. *Bibl. de Saint-Omer, Ms. 879,* p. 342 v° et 343.
2. Nous venons de voir qu'il était désigné sous le nom de procureur fiscal en 1540, après la création du Conseil d'Artois. Les provisions accordées en 1675 par le roi d'Espagne au s^r Werbier mentionnaient aussi cette qualification.
3. *Recueil des Chartres de la ville,* p. 101 et 104.

Nous avons raconté ailleurs[1] cette lutte poursuivie avec âpreté par le Magistrat, malgré la décision du Conseil privé de Philippe II du 31 juillet 1556, les procès-verbaux de révision de la coutume de 1739 et les divers édits qui reconstituèrent les municipalités d'Artois à la fin du xviiie siècle. Le dernier pourvu de l'office de procureur du roi fut celui que les procureurs syndics de la ville cherchèrent le plus à accabler. Désigné dans ses lettres de provision en date du 19 novembre 1788 comme « Conseiller-« procureur pour Nous au bailliage de St Omer »[2], M. Masse de Bouret avait été reçu au bailliage le 4 décembre suivant avec toutes les solennités en usage, il devait être installé le lendemain à l'échevinage, les mayeur et échevins avaient consenti à le recevoir et avaient même accepté le dîner qu'il devait donner aux deux corps, lorsque le jour même où le repas devait avoir lieu, le nouveau titulaire reçut de leur part la signification d'une opposition « à l'exécution du « jugement de sa réception et à l'installation qui « devait en être la suite ». On lui contestait le droit d'exercer les fonctions de ministère public à la ville non seulement au civil, mais au criminel, son droit de siéger à l'échevinage, ses diverses prééminences, etc. Il s'ensuivit un procès qui ne put être jugé avant la Révolution.

Nous avons expliqué aussi comment les échevins avaient voulu éloigner le procureur du roi de l'assemblée des notables qui se tenait en vertu des édits de 1764 et de 1765[3].

---

1. *Les Procureurs de ville à Saint-Omer*, *Mém. de la Morinie*, t. XXIII, p. 30.
2. Provisions imprimées.
3. *Mém. de la Morinie*, t. XXIII, p. 195.

Depuis l'édit de 1692 la charge de procureur du roi était vénale et avait été déclarée héréditaire par l'édit de février 1693. Elle était restée vacante pendant plusieurs années après la promulgation de l'édit jusqu'à ce qu'en 1702 Simon Marissal, abandonnant l'office de conseiller qu'il exerçait par intérim, eût acquis la charge moyennant une finance de 6000 livres plus 2 sous pour livres, soit 6600 livres.

Le substitut du procureur du roi. — Bien que la commission de procureur donnée à Hugues Quiefdeber en 1467, mentionne ses substituts ou l'un d'eux[1], on ne voit pas que les procureurs du roi aient usé de la faculté de se désigner des suppléants, et ce ne fut que par l'édit d'avril 1696 que la charge de substitut fut créée à Saint-Omer[2]. Elle fut vénale et fut ensuite rendue héréditaire par édit de 1709 et l'arrêt de règlement rendu en conséquence le 21 novembre 1719.

Cet officier royal remplaçait le procureur du roi en certains cas et faisait quelques-unes de ses fonctions en cas d'absence ou d'un empêchement légitime. Il n'était pas nécessaire qu'il eût été reçu avocat, et il pouvait faire les fonctions de procureur dans les affaires où le ministère public n'était pas intéressé. Les édits de novembre et décembre 1689, d'avril 1691, de décembre 1693 et d'avril 1694,

---

1. « Promettans de bonne foy en parole de Prince... avoir et tenir « ferme, estable et agréable à tousjours tout ce que par nostre dit « Procureur, ses substituts ou substitut, ou l'ung d'eulx sera fait... » *Ordonnances royaux du bailliage de Saint-Omer*, p. 43 et 44.

2. Elle existait en France depuis un édit de mai 1586 enregistré au parlement le 6 juin suivant, qui avait créé dans tous les bailliages des substituts du procureur du roi.

avaient déterminé les fonctions des substituts. Lorsqu'ils étaient gradués, ils pouvaient rester couverts en portant la parole aux audiences ; ils donnaient leurs conclusions par écrit ou verbalement, et ils avaient rang et séance après le procureur du roi dans les cérémonies publiques.

Le premier office créé à Saint-Omer fut acheté par Jean-Baptiste Marissal, moyennant une finance de 500 livres plus 2 sous pour livre, il reçut des lettres de provisions datées de Versailles du 25 février 1702.

Le titre réel de cet office était celui de Conseiller substitut des avocat et procureur du roi. Celui qui désirait en être pourvu obtenait d'abord des lettres patentes du roi, puis adressait une requête aux membres du bailliage, qui après l'information de bonne vie, mœurs et religion, et la production des pièces d'usage, mandaient l'impétrant « en la Cham-
« bre pour répondre aux questions qui lui seraient
« faites sur les ordonnances civiles et criminelles »[1], et prononçaient ensuite le jugement d'admission. Le nouveau titulaire prêtait de suite serment et était installé à l'audience suivante.

En 1718, Jean-Jacques Petit se qualifiait de Conseiller du roi substitut de Monsieur le procureur général du bailliage de Saint-Omer, et ses successeurs prirent les mêmes qualités.

En 1770, après la mort du s^r Maugrez, la charge resta vacante, et par l'édit de 1771 elle fut réunie au Domaine à compter du premier janvier 1772. Par arrêt du Conseil du 25 avril 1775, le roi déclara accorder l'office de substitut au s^r Jean-François-Louis Buffin, employé dans les domaines, pour en jouir sa

---

1. Réception de Jean-Philippe Maugrez en 1745 *(Archives du bailliage).*

vie durant ; après sa mort l'office devait être éteint et supprimé ; Buffin obtint des lettres de provision le 17 mars 1775, fut reçu au bailliage le 13 juillet, et était encore en fonctions à la Révolution.

Le conseiller rapporteur du point d'honneur[1]. — Une ordonnance rendue à Moulins en 1566, dans le but d'empêcher les duels dans le royaume de France, obligeait le gentilhomme qui avait été injustement offensé par un démenti ou toute autre injure, « à « se retirer devers messieurs les Connétable et « Maréchaux de France », ou le gouverneur de la province, afin d'obtenir une légitime satisfaction. Henri IV, en 1602, renouvela les défenses contre le duel, il ordonna aux mêmes officiers de faire comparaître les parties qui, par respect pour son édit, consentaient à ne pas demander au duel la satisfaction à laquelle ils avaient droit, et « d'ordonner par « jugement souverain, sur la réparation de l'injure, « ce qu'en leurs loyautez et consciences ils juge- « raient être raisonnable ». C'est ainsi que s'établit la juridiction du point d'honneur, que Louis XIV organisa d'une manière complète par son édit du 22 août 1679. Le tribunal des maréchaux devait agir dès qu'il était saisi d'une façon quelconque de l'existence d'un différend, ou qu'il en avait connaissance, et il avait juridiction sur tous les gentils-hommes et tous les militaires, même étrangers.

1. Sur le point d'honneur, voir : Denisart, *Coll. de jurisprudence.* — Guyot, *Répert. de jurisprudence* — et Dalloz, *Répert de jurisprudence*, v° Duel, etc. — Et sur le tribunal des maréchaux de France : *Recueil concernant le tribunal de Nosseigneurs les Maréchaux de France*, par M. de Beaufort. Paris MDCCLXXXIV, 2 vol. in-8° carrés, où se trouvent tous les édits, déclarations et règlements intervenus sur la matière.

Dans les provinces, les maréchaux étaient suppléés par les gouverneurs. Leur compétence s'étendait à toutes injures, voies de fait, offenses, contestations auxquelles pouvaient donner lieu des engagements contractés sur parole, et aux difficultés survenant à propos de la chasse, des droits honorifiques dans les églises, et d'autres prééminences des fiefs et seigneuries, lorsqu'elles se trouvaient mêlées avec le point d'honneur.

Puis, les édits de mars 1693, d'octobre 1702 et 1704, et de novembre 1707 établirent dans chaque bailliage, sénéchaussée et autre justice du royaume, des lieutenants pour juger ces différents, et comme ces officiers n'avaient personne pour faire l'instruction ou le rapport de ces sortes d'affaires, l'édit de 1704 avait créé, dans les localités où il y avait déjà un lieutenant, un office de conseiller-rapporteur pour instruire sur toutes les difficultés qui survenaient entre les gentilshommes ou autres faisant profession des armes, à propos du point d'honneur, et en faire le rapport avec voix consultative par devant le lieutenant des maréchaux de France. Dans les villes où les lieutenants n'étaient point établis, les conseillers-rapporteurs en faisaient les fonctions. Les lieutenants étaient propriétaires de leurs charges, mais d'après la déclaration du roi du 13 janvier 1771 [1], il ne fut plus pourvu qu'à vie à cet office, et nul, s'il n'était gentilhomme, ne pouvait être admis à payer aux revenus casuels la finance fixée à 4500 livres.

Ces édits ne paraissent pas avoir été strictement

---

1. Cette déclaration avait ordonné d'une manière générale qu'il serait pourvu au remboursement des offices de lieutenant, conseillers rapporteurs et secrétaires greffiers du point d'honneur, et que dorénavant il ne serait pourvu qu'à vie à tous ces offices.

exécutés, et on ne créa point de suite de lieutenant dans chaque bailliage, parce qu'on ne trouva point partout d'acquéreur pour la charge. En 1765 il y avait à Arras un lieutenant du roi dont la juridiction s'étendait aussi sur le bailliage de Saint-Omer. Mais à partir de 1773 cette fonction fut remplie dans cette ville même par divers anciens officiers : le comte de Harchies de 1773 à 1784, M. le Sergeant d'Isbergue de 1784 à 1788, puis M. Pelet du Windal[1].

En 1787 seulement fut érigée une charge de conseiller-rapporteur. Le titulaire était nommé par le roi dont il recevait des lettres de provisions, puis il présentait requête au siège général de la Connétablie et maréchaussée de France, à la table de marbre du Palais à Paris, à l'effet d'obtenir un jugement l'instituant en possession de l'office. Ce jugement, en agréant le requérant, lui imposait les conditions suivantes :

1° Subir un examen sur les matières du point d'honneur, ordonnances et règlements y relatifs, afin de prouver sa capacité.

2° Prêter serment de bien et fidèlement servir le roi et le public, garder et observer les ordonnances royaux, mandemens de MM. les Maréchaux de France et règlements dud. siège, et d'y subir toute cour et jurisdiction, tant en matière civile que criminelle, en ce qui concernait les fonctions de l'office.

Cet examen et ce serment devaient être précédés d'une information établissant les bonne vie et mœurs,

---

1. *Almanachs d'Artois.* — Le comte de Harchies, capitaine au régiment royal Wallon réformé. — M. le Sergent d'Isbergue, ancien chevau-léger de la garde du roi, capitaine de cavalerie, gouverneur de Lens en Artois. — Pelet du Windal, ancien page du roi et capitaine au régiment de Bresse infanterie.

la religion catholique et l'affection au service du roi et du public du postulant ; dans cette enquête étaient entendus un prêtre séculier et deux témoins laïques, assignés par le procureur du roi au bailliage.

Le jugement commettait le lieutenant général pour faire remplir ces diverses conditions ; les pièces devaient être communiquées au procureur du roi, qui donnait ses conclusions définitives, dont il était fait mention dans la prestation de serment. Les expéditions étaient adressées, dans le délai de deux mois, au greffe du siège de la connétablie, le titulaire prêtait serment par devant les officiers de cette juridiction ; il avait rang immédiatement après les conseillers au bailliage [1].

Les conseillers-rapporteurs, s'ils étaient gradués, pouvaient porter alternativement et à leur choix dans l'exercice de leurs fonctions, dans les assemblées et cérémonies publiques où ils avaient rang et séance, et en toute autre circonstance, soit l'habit de leur état, qui consistait dans l'habit noir, le manteau et la cravate, « soit un surtout uniforme de drap bleu-de-roi, « avec une petite baguette de broderie en or de la « largeur d'un demi-doigt et les boutons gravés de « deux épées croisées avec le bâton de Maréchal de « France, ainsi que la veste écarlate brodée de « même » ; s'ils n'étaient pas gradués, ces officiers ne pouvaient « porter que le même surtout uniforme « seulement » [2].

Nous avons retrouvé dans les papiers qui restent des archives du Bailliage, le texte de l'examen que le lieutenant général faisait subir au conseiller-

---

1. *Almanach d'Artois de 1789*, p. 156.
2. *Ordonnance du roi du 15 juin 1771*, p. 133.

rapporteur du point d'honneur avant son admission. Voici cette pièce curieuse :

10 décembre 1787
EXAMEN
*sur les matières du point d'honneur
ordonnances et règlements y relatifs,
subi devant le Lieutenant général
du Bailliage de St Omer.*

RÉPONSES	DEMANDES
C'est ce en quoi on fait consister l'honneur : il se dit à l'occasion des différends qui surviennent entre les gentilshommes et militaires, soit pour les engagements qu'ils ont contractés sur leur seule parole, soit relativement aux insultes, propos injurieux, voies de fait et autres cas qui peuvent intéresser leur honneur, état et réputation[1].	Qu'est-ce que le point d'honneur ?
C'est le lieutenant des Maréchaux de France.	Quel est l'officier compétent pour juger le point d'honneur ?
Non, les appels des jugements des Lieutenant des Maréchaux de France doivent, suivant l'édit du mois de mars 1693, être portés au tribunal de MM. les Maréchaux de France.	Le jugement de cet officier est-il sans appel ?
Ils peuvent prononcer, outre la satisfaction due à la partie offensée, la pri-	Quelles sont les peines que ces officiers peuvent infliger ?

1. C'est précisément le texte de Denisart, v° : *Point d'honneur.*

son, le bannissement et les amendes.

Suivant le règlement de MM. les Maréchaux de France du 22 aoust 1653, il devroit être condamné à un mois de prison ; mais par une déclaration de Louis quinze du 12 avril 1723, ce terme a été prolongé et fixé à six mois.

Suivant le même règlement il devra déclarer à l'offensé en présence d'un certain nombre d'amis, que mal à propos et impertinemment il l'a offensé par des paroles outrageuses, qu'il reconnoit être fausses, et lui en demande pardon ; et ces excuses, d'après la susdite déclaration de 1723, doivent se faire avant l'entrée en prison.

Le Lieutenant des Maréchaux pourra le contraindre à remplir cette formalité, soit par garnison qui sera posée dans sa maison, ou par emprisonnement.

Il sera puni avec rigueur, et ne sera reçu à l'accommodement sur le point d'honneur qu'il n'ait tenu prison tout le temps qu'il lui sera ordonné.

Quelle est la peine que mériteroit un gentilhomme qui, sans sujet, aurait traité un autre de *sot, lâche ;* à laquelle injure on n'aurait pas répondu ?

A la sortie de prison ne devroit-il pas faire quelque excuse ?

Si un gentilhomme refusoit ou différoit, sans aucune cause légitime, d'obéir aux ordres du Lieutenant des Maréchaux, comme de comparoitre par devant lui lorsqu'il aura été assigné ; quelle est la marche à prendre ?

Et si ce gentilhomme se soustrait à la vigilance des gardes et prend la fuite ?

Sous-bailli ou petit bailli. — Le grand bailli n'avait pas seulement des représentants chargés d'attributions politiques et judiciaires, qui étaient les lieutenants généraux et particuliers ; il avait encore sous ses ordres un officier à qui il déléguait le droit d'arrêter les délinquants et les malfaiteurs pour les traduire devant l'échevinage, et qui l'y remplaçait comme ministère public en matière criminelle. Le soin de la police était aussi entre les mains de cet agent. C'était le *sous-bailli,* appelé plus tard *petit bailli.*

L'origine de cette fonction est inconnue ; on voit mentionné, dès le xiv⁵ siècle, dans le *Cartulaire de l'église de Térouanne,* Guillaume Ycetz, soubz-bailli de Saint-Omer, dans une pièce dont la date semble fixée entre 1302 et 1329[1], mais c'est plus probablement d'un lieutenant de bailli qu'il s'agit, ainsi que l'a pensé M. Giry[2]. Lorsqu'en 1448 la Loy fut renouvelée, ce fut en présence du châtelain et d'un petit bailli, que les échevins nouvellement élus prêtèrent serment. Vers 1478, un nommé Loys Frutier desservait l'office on ne sait pour quel titulaire. En 1480, des lettres de provisions de l'office de sous-bailli furent données le 24 décembre par les archiducs d'Autriche Maximilien et Marie, à Jehan de Nortquelmes, dit le Borgne, écuyer[3], qui resta assez longtemps propriétaire de l'office[4] et le fit desservir

---

1. Duché et Giry, *Cartulaires de Térouanne*, p. 215. n° 242.
2. *Hist. de Saint-Omer*, p. 127.
3. *Ms. Des Lyons de Noircarme.* — Voir le texte entier de ces lettres, à la fin de l'ouvrage, avec la liste des sous-baillis.
4. On voit en effet, dans les commissions données à ses successeurs : « l'office de souls-bailly... que a tenu et tient encore Jehan « de Ste Aldegonde, dit le borgne (nᵒⁿ de Julien de Guiboval) ;

encore en 1493 ; ces lettres ne contiennent pas d'indication sur les attributions de cet officier, mais l'installation de ce sous-bailli ayant souffert des difficultés parce que le bailli Robert de Manneville, conseiller et chambellan de l'archiduc d'Autriche, avait refusé de recevoir son serment, une nouvelle lettre des archiducs du 10 février 1480 expliqua que le sous-bailli exerçait ses fonctions en l'absence du bailli, que c'était un office à part, car il avait avec le châtelain, certains droits et amendes que n'avait point le bailli ; et ils donnèrent l'ordre à leur chancelier de recevoir le serment, qui fut prêté le 21 du même mois[1]. Le bailli avait jugé sans doute qu'il avait des lieutenants pour le remplacer et qu'il n'avait pas besoin de cet officier qui était en exercice, il est vrai, dans les villes de Flandre. Il est donc à penser que si cet office existait antérieurement à Saint-Omer, il n'y avait pas été pourvu d'une manière régulière jusqu'alors.

La commission octroyée à Jehan Clinqueboult par le roi et l'archiduc le 8 mars 1507, portait qu'il avait
« pouvoir d'exercer et deservir ledit office de soubs-
« bailli, ou par personne idoine et souffisante son
« commis adce à ses péril et fortune faire exercer
« et deservir ; garder les drois de nosdits roy et
« archiducq, faire et administrer raison et justice à
« tous ceux et celles qui le requerront, et es cas
« qu'il appartient, et dont il doit avoir la cognois-
« sance, et au surplus faire bien et deuement toutes

« M⁰ Jehan Leborgne auquel appartient l'office de souls-bailli de « cette ville » (nᵒⁿ de Williame Rawels en 1493) et c'est lui qui présente à l'échevinage Laurens Clinquebout qui fut admis le 17 novembre 1493. Le fils de celui-ci, Jehan Clinquebout, nommé le 8 mars 1507, fut titulaire réel.

1. *Arch. de Saint-Omer*, CXIV, 18. Lettres datées de Gand.

« et singulières les choses que y appartient et appar-
« tiennent, aux drois, honneurs, sallaires, libertez,
« franchises, proufis et esmolumens y accoutumés
« et appartenans, tant que il plaira à nosdits sei-
« gneurs roy et archiducq ». Les pouvoirs donnés
à Jehan Tartar par Charles-Quint le dernier juillet
1520, sont moins vagues ; il doit « deservir, garder
« nos drois, hauteur, seigneurie et justice, prendre,
« appréhender et arrêter tous malfaicteurs, délin-
« quans et en faire et faire faire raison, pugnition
« et justice selon leurs démérites, et au surplus
« faire bien et deuement toutes et singulières les
« choses que bon et léal soubz-bailli dessus dit peult
« et doit faire »[1]. Plus tard en 1543 le sous-bailli
peut « faire toutes calenges et autres exploicts »[2].

Les fonctions du sous-bailli devenaient plus précises et plus étendues, et l'échevinage commença à en prendre ombrage. Aussi, quand il reçut Jehan Loisel, le 19 mai 1553[3], ce fut « soubs condition
« expresse qu'il sera tenu exercer et deservir le dit
« état en propre personne ; sans pouvoir commettre
« lieutenant ou autres soubs lui, et aussi à la charge
« qu'il ne pourra exercer aucun état d'aman[4] avant
« cette ville et banlieue, ne jurer ne semonder
« messieurs maieur et eschevins, ne faire aucune
« entrée en maison de bourgeois sans escarwette[5],

---

1. *Bull. de la Morinie*, t. IV, p. 79.
2. Lettres patentes de Charles-Quint données à Bruxelles le 20 avril 1543 à Wallerand de Houdicque (*Ms. Des Lyons de Noircarme*).
3. Voir plus loin l'obligation où était le petit bailli de prêter serment à l'échevinage.
4. Voir au t. II, le chapitre consacré au siège des Vierschaires.
5. C'était une obligation identique à celle imposée aux sergents à masse de la ville et du bailliage (voir ci-dessus p. 45) et aux baillis eux-mêmes dès 1373 et 1499 (v. p. 148, 149 et 151).

« sinon après la cloche sonnée que l'on nomme la
« gardienne »[1].

Lorsqu'en 1593 Antoine Lhoste, vieux et infirme, voulut résigner son office au profit de Jaques Demons, moyennant la somme de 600 florins, le Magistrat, à qui la requête du titulaire au roi d'Espagne avait été communiquée, profita de cette circonstance, en donnant le 9 juillet un avis favorable, pour préciser lui-même les devoirs du sous-bailli, qu'il qualifie de petit bailli : « L'état et office de petit bailli se consiste en la
« capture des criminels et délinquans sur l'ordon-
« nance et décret du magistrat à la poursuite duquel
« s'instruisent tous procès criminels qui se termi-
« nent par conclusion prinse par le petit bailly, sy a
« le regard à faire observer et exécuter les placards
« de Sa Majesté et toutes ordonnances politiques
« (de police) du magistrat ès mettes de leur juridic-
« tion, étant aussi de la charge dudit office d'assister
« et être présent à tous escauwages qui se font par
« la ville et la banlieue, et aux plaids de chacun
« vendredy que l'on appelle les plaids du seigneur,
« pour y garder le droit du roy notre seigneur et
« conclure contre les délinquans et contrevenans
« auxdits placcards, ordonnances et statuts poli-
« tiques... »[2].

Mais l'échevinage ne put empêcher que le nouveau titulaire ne fût autorisé à faire desservir l'office, les lettres patentes accordées au s^r Desmons le

---

1. *Ms. Des Lyons de Noircarme.* — La cloche gardienne était la cloche du guet.
2. *Ms. Des Lyons de Noircarme.* — La supplique d'Antoine Lhoste analysée dans les lettres datées de Bruxelles du 13 juillet 1593 par lesquelles le roi d'Espagne nomme Jacques Desmons, constate « que
« le dit état ne consiste en judicature ». — Voir aussi *Registre aux délibérations du Magistrat* M, f. 135 aux *Arch. de Saint-Omer.*

13 juillet lui donnaient formellement cette faculté. C'était d'ailleurs un ancien usage, car les sous-baillis, choisis jusqu'au xve siècle dans la plus haute noblesse [1], n'exerçaient pas par eux-mêmes et avaient eu le droit de se faire représenter.

Il résulte des différents textes que nous venons de citer que les attributions du petit bailli étaient doubles, et qu'il était à la fois un agent d'exécution du bailliage et de l'échevinage. Il semble que quand il représentait le bailliage on l'appelait sous-bailli, tandis qu'on le désignait plus spécialement à l'échevinage sous le titre de petit bailli.

La création du procureur du roi, vers 1467, n'avait guère modifié les attributions anciennes du sous-bailli en ce qui concernait ses fonctions de ministère public à l'échevinage, car si le nouveau magistrat avait le droit de donner devant ce tribunal des conclusions dans les procès criminels, en général il continua à laisser ce soin au sous-bailli. C'est ce qui résulte de la décision du Conseil privé de Philippe II, roi d'Espagne, donnée à Bruxelles le 31 juillet 1556, déclarant que « les procès criminels
« qui se conduiront par devant lesdits mayeur et
« échevins, esquels le soubz-bailli sera accusateur,
« seront communiquez audit Procureur du roy,
« quand le requerrera, pour assister ledit soubs-
« bailly à l'instruction et expédition d'iceux, sans
« retardement et sans prendre par ledit Procureur
« autres sallaires que les accoutumez ».

D'autre part, comme officier de police, le sous-bailli était particulièrement chargé de faire observer les ordonnances de police générale. A ce dernier titre,

---

1. Voir les listes à la fin de l'ouvrage.

il faisait notamment avec le burgrave et un sergent à masse l'écauwage annuel des rues, flégarts, flots, rivières [1] et chemins, il commençait cette visite le premier jeudi après le Quasimodo, et la continuait les mardi et jeudi de chaque semaine. Il assistait aussi aux escauwages qui avaient lieu accidentellement pour reconnaître l'état d'un blessé, d'un cadavre, d'une maison, et, suivant les cas, il était accompagné de deux échevins, du greffier de la ville, du maître des eaux ou du maître charpentier [2]. Il faisait aussi exécuter les jugements du petit auditoire ou scelle [3]. Il était présent aux serments prêtés à la ville, comme représentant les bourgeois dont il devait être le protecteur ; il avait à la fois séance au bailliage et à l'échevinage. Il tenait ses provisions du souverain et donnait caution à la chambre des comptes de Lille. Comme officier attaché au bailliage, il prêtait serment entre les mains du grand bailli ou du lieutenant général qui l'installait ensuite à la ville et l'échevinage n'admettait pas qu'un simple mandataire de ces deux magistrats pût le présenter, il fallait que l'un d'eux l'amenât en halle [4] ; là le sous-bailli, comme chef de police, prêtait un autre serment dont la formule au XVe siècle était la suivante :

« Vous jurez que en l'estat de petit bailly de cette ville
« vous conduirez bien et léallement, garderez les droits
« de S¹ᵉ Eglise, les droits de Sa Majesté, les droits, fran-
« chises, libertés, privilèges, bonne coutume et la paix de

1. Divers procès-verbaux d'escauwage signalés par M. Giry, *Mém. de la Morinie,* t. XV.
2. Registre A, f. 62, année 1418, aux *Arch. de Saint-Omer.*
3. *Les anciennes communautés d'arts et métiers à Saint-Omer,* p. 67 et 68.
4. Procès-verbal d'installation de Guillaume Rawels le 7 décembre 1493.

« la ville et communauté, aux veuves et orphelins leurs
« droits et à chacun son droit et que ne ferez entrée es
« maisons de bourgeois ou habitans de cette ville pour
« faire exploit de justice sans estre assisté d'un officier de
« cette ville. Ainsy vous veuille Dieu ayder »[1].

Ces officiers ne jouirent pas longtemps en paix de leur pouvoir judiciaire, ni de leur juridiction de police générale, car à mesure que la puissance municipale s'étendit, elle s'attaqua aux sous-baillis pour diminuer leur importance et s'approprier les lambeaux arrachés à leur autorité. Les mayeur et échevins désiraient que les fonctions de ministère public à leur tribunal fussent attribuées, non à des membres du bailliage : bailli, lieutenant, procureur ou petit bailli, mais bien à leur propre procureur[2], et d'autre part, comme ils exerçaient la haute justice sur la ville et la banlieue, ils n'entendaient pas qu'un officier de ce corps pût entraver leur action, même en matière de police.

Après la conquête française ils cherchèrent à se débarrasser de cet incommode magistrat et lui suscitèrent des difficultés sans nombre. Lorsque l'édit de 1692 eut réuni au domaine royal les charges de judicature et qu'elles furent devenues vénales, l'office fut acheté par le s^r François Chevreul, qui fut nommé suivant lettres de provisions du 9 mai adressées au grand bailli ; il fut reçu au bailliage après information de vie et mœurs, mais il ne fut installé à la ville par le lieutenant général qu'après de nombreuses protestations de la part des mayeur et échevins. Ces

---

1. *Arch. de Saint-Omer*, AB. XXVII. Rapprocher du serment des sergents à masse de la ville et du bailliage et de celui du bailli (cités p. 45, 148, 149 et 151).

2. Pagart d'Hermansart, *Les procureurs de ville à Saint-Omer* (*Mém. de la Morinie*, t. XXIII, p. 190 et suiv.).

difficultés se renouvelèrent lors de l'installation de son successeur Jean-François Chevreul; nommé le 1ᵉʳ juillet 1726, il ne fut admis qu'en 1728 sur l'ordre du Conseil d'Artois, qui commit le baron d'Hallines, mayeur de la ville, pour le recevoir.

En 1752, le 31 mars, après la mort du sʳ Chevreul, son neveu adressa une requête à l'intendant afin d'être pourvu de l'office devenu vacant, et pour se plaindre de ce que les mayeur et échevins ne lui accordaient aucune indemnité pour les fonctions intérimaires qu'il remplissait en attendant une adjudication. Le Magistrat, à qui ces réclamations furent communiquées, répondit le 10 avril qu'il n'avait pas le pouvoir de donner une commission pour cet office, et qu'il avait chargé le plus ancien des quatre sergents de veiller à l'exécution de la police jusqu'à nomination d'un nouveau titulaire. Il ajouta que les fonctions de sous-bailli n'étaient pas sans importance, que Chevreul les avait assez mal remplies, et que c'est parce qu'on le voyait dépérir chaque jour qu'on n'avait pas pris des mesures pour faire passer l'office en d'autres mains ; son neveu Thomas ne présentait pas non plus de garanties de capacité, et il serait peut-être avantageux que la ville pût se rendre adjudicataire par le ministère d'une personne interposée ; de la sorte elle pourrait faire le choix de quelqu'un qui serait propre à cet emploi[1]. L'intendant répondit le 2 août, par l'intermédiaire de son subdélégué, au sʳ Thomas, qu'il n'avait rien à réclamer à l'échevinage, et au Magistrat, qu'il n'était pas dans ses intentions de réunir cet office à la ville[2].

1. *Arch. de Saint-Omer*, CXIV, 23.
2. *Arch. de Saint-Omer*, CXIV, 18.

Celle-ci ne se tint pas pour battue. Le 31 mars 1753, le sr Pillet, homme énergique, ancien militaire, âgé de 44 ans, obtint à son tour des provisions pour cet office, il l'avait acheté d'ailleurs dans un but de spéculation et comptait en tirer tout ce qu'il pouvait honorablement produire. Dès que les échevins apprirent qu'il avait été reçu au bailliage, y avait prêté serment le 3 mai et qu'il devait se faire installer le lendemain à l'échevinage, ils s'assemblèrent immédiatement. Le résultat de leur délibération fut soigneusement gardé, et lorsque le lieutenant du bailliage se présenta avec le sr Pillet, le greffier, le procureur du roi, un huissier, etc., il put pénétrer dans les halles qui étaient toujours ouvertes, mais il trouva la porte de l'antichambre de la chambre d'audience fermée[1]. Les officiers du bailliage ne jugèrent pas que la chose fût plaisante, ils firent frapper à coups redoublés à la porte, mais personne ne se présenta pour la leur ouvrir, ils dressèrent alors procès-verbal de ce qui venait de se passer et se retirèrent. Aussitôt après leur départ les portes furent ouvertes, mais deux sergens de la ville y furent apostés pour les garder. Le récit de cette scène, colporté dans Saint-Omer, attira nombre de curieux et occasionna un rassemblement considérable dans les halles. Mais bientôt les officiers du bailliage revinrent accompagnés de la force armée ; on ne s'attendait pas à cette seconde visite et les sergens en vedette n'eurent que le temps de fermer la porte de la chambre échevinale qu'ils

---

1. On nommait cette chambre : chambre d'audience ou grande chambre du conseil, et auparavant : chambre échevinale ou du Magistrat. — Voir le plan de l'ancien hôtel de ville de Saint-Omer, 1er étage, par M. Deschamps de Pas et la notice qui l'accompagne, *Mém. de la Morinie*, t. IV, page 327 et planche II.

continuèrent à garder. Après y avoir fait frapper deux fois, les magistrats leur ordonnèrent d'ouvrir au nom du roi, et comme on ne se mettait pas en devoir d'obéir, une troisième sommation fut faite, avec menace d'enfoncer la porte. Les deux sergents intimidés prièrent le lieutenant général de permettre à l'un d'eux d'aller prendre les ordres des mayeur et échevins. On lui accorda un délai de trois minutes, il revint un instant après ; l'échevinage avait cédé, mais pas complètement, car on n'ouvrit qu'un des battants de la porte ! Le lieutenant général ordonna qu'on ouvrît les deux battants, et il fut obéi ; puis il entra avec ceux qui l'accompagnaient, et fit refermer la porte, que la force armée garda au dehors [1].

Que se passa-t-il alors dans l'intérieur de la salle d'audience ? Il est facile de supposer que le lieutenant général semonça énergiquement Messieurs; il ne voulut recevoir aucune protestation ; il déclara qu'il aurait pu en accueillir s'ils s'étaient comportés plus décemment à son égard, mais qu'actuellement s'ils avaient à en présenter, ils n'avaient qu'à les consigner dans tel procès-verbal qu'ils jugeraient bon de dresser. Il fit ensuite installer le s^r Pillet et enregistrer sa commission. Ces divers incidents ne furent d'ailleurs pas mentionnés dans le procès-verbal qui fut rédigé le 4 mai par le lieutenant général [2].

Force était restée à l'autorité royale. L'échevinage, cependant, obligé de renoncer à une lutte ouverte, ne se résigna pas à la défaite. Il attaqua le s^r Pillet sur toutes les questions et voulut lui rendre l'exercice de sa charge impossible. Mais celui-ci n'était

---

1. N'a-t-on pas vu de nos jours le Conseil municipal de Paris refuser de laisser installer à l'hôtel de ville le Préfet de la Seine ?
2. Original aux *Arch. du bailliage*.

pas homme à se laisser intimider. Dès la première audience où il parut et où on lui contesta le droit d'assister, il déclara qu'il ferait son devoir rigidement, et qu'il espérait que, de son côté, le Magistrat ferait le sien ; son discours prouva à Messieurs qu'ils avaient affaire à un homme qu'ils ne pourraient gouverner, comme ils avaient réussi à gagner ses prédécesseurs. Et le s^r Pillet tint parole. Il commença par faire un recueil de tous les statuts et ordonnances de police en vigueur, et en demanda rigoureusement l'exécution et l'application aux délits dont les bourgeois se rendaient coupables. Les échevins cependant étaient en possession du droit de faire grâce ou de réduire les amendes, Pillet soutint que les ordonnances étaient faites pour être exécutées, il contesta qu'il fût au pouvoir des échevins de les modifier, ni d'absoudre les coupables, et chaque fois qu'un jugement n'était pas conforme à ses conclusions il interjetait appel. La plupart du temps les jugements étaient infirmés, et la lutte ne tournait pas à l'avantage des échevins.

Ceux-ci ne négligeaient en outre aucun moyen de le molester personnellement, cherchant à l'exclure des cérémonies publiques où il avait le droit de figurer, et affectant de ne point l'inviter aux repas officiels que donnait la municipalité et auxquels il avait toujours été d'usage de convier ses prédécesseurs. Pillet ne manquait point les occasions de maintenir tous ses droits, et il assista même à un de ces repas, sans y avoir été prié, et malgré l'opposition du chevalier de Harchies, mayeur, qui le présidait [1].

1. Ce repas, dont le ms. Deschamps de Pas ne donne pas la date, eut lieu avant 1759, époque à laquelle M. de Harchies quitta la mairie.

Cependant cette lutte constante contre un homme aussi ferme fatiguait les échevins, qui cherchèrent à s'en défaire. Ils ne pouvaient espérer l'adoucir en changeant de tactique et en employant de bonnes paroles et de bons procédés, la situation était trop envenimée ; le corrompre à prix d'argent, il n'y fallait pas songer ; ils imaginèrent alors de revenir à leur ancien projet, de réunir l'office de petit bailli à la ville. C'était là un moyen, aisé peut-être, de supprimer toute résistance, mais assurément coûteux pour les finances municipales. A force de démarches[1] ils parvinrent à obtenir, le 29 juin 1759, un arrêt du Conseil d'Etat qui ordonna la réunion, à la charge de rembourser au sʳ Pillet le prix de son acquisition et les frais, ou de lui en payer l'intérêt sur le pied du denier 20 jusqu'au remboursement. L'arrêt portait en outre qu'à l'avenir il serait pourvu à l'office par l'intendant, suivant le mode suivi pour les autres offices municipaux. En effet, par commission du 27 octobre suivant, l'intendant nomma le sʳ Vallour pour exercer l'office.

Mais l'affaire n'en resta pas là, le sʳ Pillet forma opposition à l'arrêt du 29 juin 1759, et le procès qu'il souleva devant le Conseil d'Etat ne fut terminé que par une transaction passée devant notaires le 17 février 1762, suivant laquelle le prix de l'office et les frais divers avancés par lui furent liquidés à 11,465 livres 13 sous 4 deniers. Cet acte lui-même donna lieu à des difficultés, car le sʳ Pillet étant venu à mourir avant le paiement intégral de la somme, ses héritiers assignèrent l'échevinage devant le Conseil d'Artois pour être payés de ce qu'ils

---

1. Dans les requêtes adressées par la ville, elle prétexte notamment que le petit bailli néglige ses fonctions.

prétendaient rester dû, et une autre transaction du 10 mars 1784 liquida toutes leurs prétentions à 750 livres qui leur furent versées[1]. La ville n'était cependant pas au bout de ses dépenses : elle fut obligée encore de faire une pension de 800 livres à celui qu'elle avait proposé pour exercer la charge, et de lui payer en outre des émoluments, gratifications, etc.[2].

Tels sont les motifs pour lesquels, depuis 1759, le petit bailli était devenu un officier de la ville.

Ce n'est pas seulement avec l'échevinage du reste qu'il avait rencontré des difficultés. Le procès-verbal de la rédaction de la coutume des bailliage et ville de Saint-Omer, tenu le 28 septembre 1739, montre que le grand bailli et le procureur du roi avaient contesté au petit bailli diverses attributions. Le s[r] Jean-François Chevreul y déclare « qu'à juste raison il s'est qua-
« lifié petit bailli de la ville et banlieue, puisque ces
« qualités lui sont attribuées par ses provisions ;
« que son office est séparé de celui de grand Bailly ;
« qu'au surplus il ne conteste point au grand Bailly
« les appréhensions des criminels et le droit de
« donner des conclusions dans les procès crimi-
« nels, s'il le juge à propos ; ne conteste pas non
« plus au Procureur du Roy les fonctions de minis-
« tère public en matières criminelles ; et que ledit
« petit Bailly ne prétend les exercer qu'autant que
« ledit Procureur du Roy ne juge pas à propos de les
« remplir par lui-même ». Cependant le jurisconsulte Maillard, dans son commentaire imprimé de la coutume d'Artois qui parut peu de temps après, donna la liste de l'échevinage « fournie par M. le procu-
« reur syndic en 1741 », et on lit p. 31. « Outre ces

1. *Arch. de Saint-Omer*, AB. XLI, 2.
2. Extrait d'un mémoire imprimé de 1767.

« officiers, il y a le petit bailly pourvu en titre d'of-
« fice par le Roy, qui fait audit échevinage les fonc-
« tions de partie publique en matière criminelle et
« d'exécution de la police, quoique le procureur du
« roi au bailliage de S¹-Omer puisse également faire
« les fonctions de partie publique en matière crimi-
« nelle audit échevinage et y poursuivre les condam-
« nations d'amendes dans les cas où elles doivent
« être adjugées à Sa Majesté ». La situation semblait
un peu changée, le procureur syndic faisait soutenir à
Maillard que le petit bailli et le procureur du roi au
bailliage exerçaient concurremment les fonctions de
ministère public en matière criminelle, tandis que
dans le procès-verbal de la coutume de 1739 le petit
bailli avait déclaré n'avoir que celles qu'il plaisait
au procureur du roi de lui laisser.

Si, quand il faisait partie du bailliage, le petit bailli
avait déjà rencontré l'opposition du procureur du
roi, à plus forte raison cette hostilité dut-elle se
manifester quand il fut devenu officier de ville ; ses
attributions avaient toujours été mal définies et elles
continuèrent à être la source de nouveaux conflits.

Le petit bailli exerçait encore les fonctions d'aman [1]
dans les seigneuries de la banlieue dont les seigneurs
n'avaient point d'officier de justice spécial, il faisait
exécuter les sentences et procédait aux saisies et
exécutions de meubles et aux saisies réelles. Les
sergents à masse qui lui étaient subordonnés l'ai-
daient notamment pour capturer les délinquants et
pour contraindre les condamnés au paiement des
amendes et forfaitures adjugées par les mayeur et
échevins.

---

1. Voir plus loin ce que nous disons sur le siège des Vierschaires.

Depuis la réunion de l'office à la ville, l'importance de ce magistrat avait beaucoup diminué, il faisait partie des officiers subalternes de l'échevinage nommés ou révoqués par lui à la pluralité des voix[1], il ne participait plus aux droits et honneurs de ses devanciers, et il fut chargé par les échevins d'une foule d'attributions qu'ils se partageaient autrefois chaque semaine. En 1790, le dernier petit bailli devint secrétaire greffier de la municipalité.

Le greffier. — Le greffe du bailliage de Saint-Omer fut de bonne heure un office domanial affermé à divers particuliers qui exerçaient en vertu de baux[2] passés devant le receveur des domaines. Deux membres de la famille de Balinghem en furent titulaires de 1585 à 1660. A cette époque, Michel de Balinghem n'ayant offert que 250 francs de rendage à cause de la guerre qui entravait toutes les affaires et le double lorsque la paix serait signée, cette famille fut évincée et l'office fut livré à François Girardot qui donna un loyer de 600 florins, mais le prix de location fut successivement réduit par la Chambre des comptes de Lille.

Après l'édit de 1692, l'office devenu vénal fut acheté par Claude-François Chanvreux, écuyer, sieur de Vandarau, commissaire des guerres à Saint-Omer, moyennant 24,000 livres. Il fut nommé par lettres données à Versailles le 8 janvier 1696, mais il n'exerça pas lui-même ; et du consentement du bailliage il confia la charge au s[r] Liévin Beudin.

---

1. Art. 27 de l'édit de Marly du mois de mai 1765 qui ne désigne pas ces officiers subalternes.

2. La liste des greffiers ne remonte pas au-delà de 1500 ; mais il y avait bien auparavant des scribes, des notaires, des clercs chargés du service du greffe.

Jusqu'en 1721 la charge fut ainsi affermée ; à partir de cette date elle fut exercée par le propriétaire. Le Conseil d'Artois avait fait divers règlements sur les greffiers des différentes juridictions de la province, et il fut obligé de sévir le 11 janvier 1748 contre celui du bailliage de Saint-Omer qui avait traité irrévérencieusement dans ses écritures le lieutenant général [1].

Les fonctions et droits des greffiers du bailliage étaient les mêmes que ceux des greffiers des juridictions royales. Ils étaient de plus à Saint-Omer greffier du siège des francs alleux.

Avec le produit du greffe ils devaient payer deux commis et divers frais de papier, parchemin, plume, encre, feu, chandelle, et autres.

Le receveur des amendes et épices. — La charge de receveur des amendes et épices fut créée par l'édit de février 1693, confirmé par celui de décembre 1743. Le bailliage procédait à l'admission de ceux qui en étaient pourvus par lettres patentes, leur faisait prêter serment après information de vie et mœurs et exigeait d'eux une caution. C'étaient des officiers de robe longue portant le titre de conseillers du roi, et ayant droit de siéger en robes et en rabats ; cependant Pierre-François Verdevoye, nommé le 10 mars 1751, porta toujours l'épée, probablement parce qu'il était en même temps commandant d'une des compagnies bourgeoises formées vers 1749. Il défendit même plus d'une fois énergiquement sa prérogative et fit voir qu'il savait tenir une épée [2].

Ces officiers recevaient les amendes et épices, mais

---

1. *Législation coutumière de l'Artois*, par Lecesne, p. 368, note 6.
2. *Ms. Deschamps de Pas.*

non les vacations. Ils comptaient des amendes au roi, et des épices aux membres du bailliage [1], ils touchaient 2 sous pour livre du montant des recettes. Ils jouissaient de tous les droits et exemptions attachés à la qualité d'officier royal et participaient aux honneurs et prérogatives des officiers du bailliage. Le receveur des amendes et épices avait le pas sur le greffier dans les cérémonies publiques.

Tiers référendaire. — Un édit du 19 novembre 1689 avait créé des offices de tiers référendaires taxateurs des dépens, mais il n'avait pas été envoyé, publié ni enregistré dans les juridictions du pays d'Artois [2]. Cependant le sʳ Joseph Marquant s'était rendu adjudicataire et s'était fait pourvoir de l'un de ces offices à Saint-Omer et prétendait y remplir les attributions de sa charge, c'est-à-dire taxer et calculer tous les dépens tant au civil qu'au criminel adjugés par les diverses juridictions locales, toucher un sol six deniers par chaque article de déclaration de dépens, et en outre postuler comme les procureurs. Les mayeur et échevins, à titre de propriétaires du greffe civil et criminel de la ville, et le sʳ Chanvreux, comme possédant celui du bailliage, qu'ils avaient acquis en conséquence de l'édit de 1693, présentèrent au roi une requête pour lui exposer que la taxe des dépens avait été de tout temps attachée à leurs greffes ; que pour le bailliage, elle consistait en 18 deniers, dont les deux tiers étaient alloués aux deux commissaires

---

1. Pour les épices allouées aux magistrats, voir le chap. *des gages*.
2. Cet édit portait confirmation de celui de décembre 1635 qui avait créé en titre d'office trente tiers référendaires taxateurs de dépens, et révocation de celui de mai 1639 par lequel ces charges avaient été réunies à celles des procureurs postulants au parlement de Paris (*Arch. de Saint-Omer*, CXXXVII, 35).

nommés et l'autre tiers au greffier, et que pour l'échevinage, la taxe fixée à 12 deniers était partagée dans les mêmes proportions ; que par conséquent la création de l'office de tiers référendaire causait aux greffiers un préjudice qu'ils seraient d'ailleurs les seuls de l'Artois à supporter. Ils ajoutaient que l'édit de 1693, postérieur à celui de 1689, paraissait justifier leurs réclamations, mais que cependant si le roi voulait tirer finance de l'office existant en fait, ils offraient de rembourser le sʳ Marquant de la finance qu'il avait payée et des frais par lui exposés. Un arrêt du Conseil d'Etat du 13 janvier 1699 accueillit cette requête et réunit en conséquence l'office de tiers référendaire taxateur des dépens à ceux des greffiers de la ville et du bailliage ; et le 24 juillet 1700 le sʳ Marquant reçut de la ville 425 livres et du sʳ Chanvreux pareille somme, pour restitution de la finance de la charge et les frais et débours arrêtés par l'intendant. Quant à la faculté de postuler ainsi que les procureurs, qui avait été attachée aussi à l'office supprimé, on permit aux maire et échevins et au sʳ Chanvreux d'en disposer à vie, mais une fois seulement, ce qui équivalait à la vente d'une charge de procureur ; et il fut fait défense aux autres procureurs de la juridiction de troubler celui qui l'acquerrerait[1]. Mais un arrêt du 3 juin 1699 réunit définitivement l'office de tiers référendaire à la communauté des procureurs « pour en faire les fonctions et jouir
« des droits attribués par le dit édit du 19 novem-
« bre 1689, sans que néanmoins ceux-ci puissent
« percevoir les droits qui y étoient attribués, les-
« quels demeuront esteints et supprimés », et les

1. *Arch. de Saint-Omer*, AB. XL, 7. — *Recueil des Ordonnances royaux du bailliage de Saint-Omer* (avis au lecteur, p. 4).

procureurs durent rembourser à Joseph Marquant une somme de 600 livres et les 2 sous pour livre qu'il avait payées. Ce fut un des procureurs, ordinairement un des plus anciens, qui remplit alors les fonctions de tiers référendaire taxateur des dépens.

Les deux rapporteurs vérificateurs de saisies réelles. — Les rapporteurs vérificateurs et certificateurs de saisies réelles[1], criées, subhastations, étaient des officiers sur le rapport desquels les juges rendaient des sentences par lesquelles les saisies, criées et autres poursuites étaient tenues pour bien faites et certifiées. Ils avaient été créés au nombre de deux par l'édit d'octobre 1694 pour exercer devant le bailliage et l'échevinage, leurs commissions étaient adressées simultanément à ces deux corps et se terminaient ainsi : « Si donnons en mandement à notre « grand bailli ou son lieutenant et mayeur et éche- « vins de S‍t Omer que leur étant apparu etc. » ; elles étaient enregistrées dans les deux greffes ainsi que les jugements de réception et les prestations de serment. Ces officiers avaient faculté de postuler. La première charge fut vendue le 18 mars 1695, la seconde le 8 octobre 1697. C'étaient des espèces de procureurs.

---

1. On nomme *saisie réelle*, dit Denisart, *Coll. de jurisp.*, un exploit par lequel un créancier fait mettre les biens immeubles de son débiteur sous la main de la justice, pour être vendus par décret au plus offrant et dernier enchérisseur. — Une déclaration du roi du 17 octobre 1708 avait décidé que les saisies réelles et décrets (adjudications) de biens, seraient poursuivis devant le juge de la situation des biens dans la province d'Artois ; cette décision motiva entre la ville et le bailliage de nombreuses difficultés *(Arch. de Saint-Omer,* AB, B. L'article VIII des conclusions de 1748 en proposa une solution *(Pièce justificative* n° XVII).

Les procureurs ad lites. — Dès le commencement du xiv° siècle, il y avait à Saint-Omer des procureurs *ad lites* chargés d'agir en justice au nom des plaideurs, ils exerçaient non seulement au siège du bailliage mais encore à l'échevinage et aux autres sièges dépendant du bailliage. C'est parmi eux que les échevins choisissaient celui qui se chargeait des affaires de la ville spécialement[1]. Des lettres patentes de Charles-Quint du 26 avril 1540, portant règlement pour les audiences du bailliage, prescrivait aux procureurs et praticiens y postulant de faire enregistrer leurs causes à peine d'une amende de 5 sous parisis[2]. Leurs fonctions furent détaillées, comme celles de tous les officiers de justice, dans le règlement fait par l'empereur Charles-Quint le 14 décembre 1546, pour la gouvernance d'Arras et rendu applicable au bailliage de Saint-Omer par les archiducs le 12 mai 1607. Une délibération du Magistrat du 13 novembre 1684 ordonna qu'il n'y aurait à l'avenir que 12 procureurs, car leur nombre était devenu exagéré[3].

Huit charges seulement furent érigées en titre d'offices en 1692[4], et elles furent achetées de suite; les procureurs devaient avoir 25 ans, faire enregistrer leurs provisions au greffe du bailliage, subir un examen, recevoir et prêter serment après information de vie et mœurs; ils ne pouvaient être avocats. En fait, ils plaidaient toutes les causes, sauf celles d'appel, bien qu'ils ne dussent plaider que les causes sommaires. Leurs salaires, réglés par les pla-

---

1. *Les Procureurs de ville à Saint-Omer 1302 à 1790*, ouvrage déjà cité.
2. *Ordonnances royaux du bailliage*, p. 54.
3. Arch. de Saint-Omer, CXXXVII, 34.
4. Arch. de Saint-Omer, AB. XXXVII, 8.

cards de 1540 et 1549, furent modifiés par le règlement du 28 mars 1692 fait par le Parlement de Paris et enregistré au Conseil d'Artois.

Ils portèrent d'abord la robe de palais avec rabat, plus tard ils eurent la toque et la robe avec une grande cravate de batiste. Ils étaient en communauté et avaient pour patron saint Yves dont ils célébraient la fête dans la chapelle de N.-D. des Miracles, sur le grand marché.

Le procès-verbal de rédaction des coutumes du 28 août 1739 mentionne les discussions qu'ils eurent avec les notaires au sujet de la préséance à laquelle ils prétendaient comme ayant des provisions du roi, tandis que les notaires n'en avaient point, et n'étaient la plupart du temps que locataires de leurs offices ; ce à quoi les notaires répondaient qu'en qualité de fieffés [1] ils devaient précéder les procureurs. Dans ce même procès-verbal, ces derniers durent désavouer la prétention qu'ils avaient émise de passer avant les mayeur et échevins, ou tout au moins avant les dix jurés.

Avocats. — A l'origine, chaque partie plaidait devant le juge sa propre cause, et celui-ci constituait un défenseur en cas d'incapacité d'une des parties [2]. Plus tard, l'usage de se faire représenter prévalut et

---

1. Voir l'article relatif aux notaires. — C'était dans la France entière que les procureurs et les notaires étaient divisés sur le point de savoir auquel des deux corps appartenait la préséance. Il semble que la question devait être tranchée en faveur des notaires, car ces deux corps ne pouvaient se rencontrer que dans une assemblée ou cérémonie publique et s'y trouver réunis avec le corps municipal, or les notaires étaient admis aux charges municipales, les procureurs ne l'étaient pas.

2. Capitulaire de 802.

le défenseur dut être agréé par le juge et fournir caution de demeurer jusqu'à la fin de la cause.

Au XIIIe siècle, il existait auprès des cours ecclésiastiques des compagnies d'avocats chargés de conseiller les plaideurs, de les assister de leur parole ou de leur plume pour la défense de leurs droits. Philippe le Hardi introduisit cette institution dans les tribunaux du royaume par l'ordonnance du 23 octobre 1274[1]. On exigea des candidats la justification d'études suffisantes et la prestation d'un serment professionnel.

A Saint-Omer on ne trouve presque aucun renseignement sur la profession d'avocat. Les articles 18, 22 et 23 d'une ordonnance promulguée en 1524 par l'échevinage de Saint-Omer, « adfin que le peuple « soit maintenu en bonne justice, etc. » contiennent cependant sur les conditions pour exercer l'office d'avocat les prescriptions suivantes :

« Item chascune partie sera reçue à dire son fait en
« personne ou par conseil ainsi que lui plaira, et se le
« dire le vouloit sans conseil et elle estoit trop simple, ou
« mal avisée à lesgard deschevins ordonner lui deveront
« a parler par conseil et sera cascun receu à parler franchoiz ou flameng tel langage quil sara et à proposer
« ses faiz et raisons pertinentes à se cause (art. 18).

. . . .

« Item nulz ne sera receu à plaidier pour autruy sil
« nest expert et souffisant et que il soit passé et receu
« par balle la ou il fera serement de bien et loiament
« conseiller ses maistres et de non soustenir mauvaises
« causes à son ensient (art. 22).

« Item, se par deffauste ou négligence de procureur ou
« d'avocat ou tableman partie pert se cause, cellui deulx
« par qui couppe ou négligence ce sera avenu sera tenu

---

1. Boucher d'Argis, *Histoire abrégée de l'ordre des avocats*, Paris 1778. — R. Delachenal, *Histoire des avocats au parlement de Paris 1300 à 1600*, Paris 1885.

« de restituer à son maistre ses dommages et intérestz et
« seront tenus les eschevins, sils le treuvent par le
« procès, de le dire en faisant leur sentence sur le
« procez (art. 23) »[1].

Et ce n'est que dans le règlement général de Charles-Quint fait en 1546, que nous avons cité à propos des procureurs, que l'on trouve les devoirs des avocats.

Il semble que jusqu'à l'érection des charges de procureurs en titre d'office, les avocats pouvaient être en même temps procureurs. Le règlement fait en 1597 à propos de Jean Bonvoisin, avocat, qui fut nommé procureur de ville, porte en effet qu'il « ne « polra advocasser adce dit siège ou subalternes »[2].

Le grade de licencié en droit était généralement requis pour jouir des privilèges du barreau, cependant on toléra que des praticiens dépourvus de grades présentassent des considérations à l'appui des conclusions des parties, mais en 1617 une réforme introduite par un placard de Brabant interdit la profession d'avocat dans les palais et conseils du roi à quiconque n'était pas licencié en droit et n'avait pas, antérieurement à sa licence, étudié le droit pendant quatre ans.

Les avocats devaient se faire recevoir au Conseil d'Artois afin de pouvoir exercer leur profession à ce Conseil et dans les sièges de son ressort. Ils exerçaient à la fois au bailliage et à l'échevinage.

Les règlements de 1540, 1546 et 1607 dont nous avons déjà parlé à propos des procureurs *ad lites,* parlaient aussi des fonctions des avocats. Leurs

1. *Arch. de Saint-Omer, grand registre en parchemin,* f. 155 v°.
2. *Les Procureurs de ville à Saint-Omer,* déjà cité, (art. 3 du règlement de 1597. — *Pièces justificatives* II-3).

obligations et la discipline des avocats de la province avaient fait l'objet d'autres règlements rendus par le Conseil d'Artois.

Le maître des hautes œuvres ou bourreau. — On a sur cet officier des renseignements depuis 1363, et il était au service de la justice du bailliage aussi bien que de celle de l'échevinage. Nous lui avons consacré une assez longue étude dans le Bulletin des Antiquaires de la Morinie, t. VIII, p. 727 à 751, nous n'y reviendrons pas ici[1].

Cepier ou geôlier. — Nous n'avons rien à dire ici du geôlier des prisons du château dont nous indiquerons plus loin les gages ; nous parlerons des prisons en traitant de la compétence en matière criminelle.

Notaires. — Les notaires d'Artois étaient un démembrement des bailliages, puisqu'avant leur établissement les contrats se passaient devant les baillis. En effet, dans les Pays-Bas, comme dans la plupart des pays de droit coutumier étrangers à la tradition des tabellions romains, on ne rencontre pas, au moyen âge, de notaires proprement dits dont le seing donnât l'authenticité aux contrats. Les actes qui faisaient alors pleine foi étaient scellés d'un sceau authentique assez répandu pour être facilement reconnu, et trois classes de personnes avaient seules l'usage de ces sceaux : les gentilshommes, l'ordinaire ecclésiastique et les juges civils[2]. Les notaires qu'on voit alors près des tribu-

---

1. Voir *Revue historique*, t. 50, sept.-oct. 1892, p. 26. — *Revue de la Société des études historiques*, année 1892, p. 511 à 514.

2. Hermant et Deschamps de Pas, *Histoire sigillaire de St-Omer*.

naux civils ou des officialités, ne sont donc que de simples écrivains ou secrétaires. C'est ce rôle que remplit le *notarius* mentionné dans la première association marchande créée à Saint-Omer vers le xi° siècle et connue sous le nom de *gilda mercatoria*, il se borne à enregistrer les noms des associés [1].

Les officiers du bailliage de Saint-Omer jouirent donc du droit de recevoir les contrats, que les greffiers rédigeaient sous leur dictée, et auxquels l'apposition du sceau du prince conférait l'authenticité. « Par la dicte coustume, porte l'article 14 de la Coutume du Bailliage du 24 juin 1531, audict Bailly ou son lieutenant appartient recevoir tous contracts, convenances, marchiés et obligations, qui sont tesmoingniez du seing du greffe dudict Bailliage, et du seau autenticque dudict Bailliage de Sainct-Omer, auquel seau sont imprimées les pleines Armes de ladicte comté d'Arthois » [2].

Cependant le 2 janvier 1521, Charles-Quint avait déjà ordonné : « que tous contrats, obligations, marchés et autres reconnaissances se feront et passeront doresnavant par devant les Notaires qui seront à ce créés, et commis de par nous en chacun desdits Gouvernances et Bailliages » [3] et les premiers offices de notaires d'Artois, faisant partie du domaine

---

1. « Si quis gildam emerit juvenis vel senex, *priusquam in cartula ponatur*, II notario, decanis vero duos denarios » *(Anciennes communautés d'arts et métiers à Saint-Omer*, t. II, p. 10).

2. Voir la description des différents sceaux du bailliage au chapitre ci-après : *Administration de la justice.* — Les échevins avaient le même droit pour les terres tenues de l'échevinage. Voir dans le P. V. *de révision de la coutume de 1739*, p. 89, sur l'art. 25 de la coutume de 1612 qui fut maintenu, tandis que l'art. 26 (p. 233) fut supprimé : « les Echevins ne recevant plus de contrats ». mention qui constate bien leur ancien droit.

3. *Ordonnances royaux du bailliage de Saint-Omer*, p. 62.

du souverain, furent affermés à son profit. Une ordonnance rendue par le même prince le 14 octobre 1531, touchant les notaires du comté d'Artois, remédia à divers abus, et fut publiée dans les gouvernances et bailliages de ce pays.

En 1614, les offices furent inféodés par les archiducs Albert et Isabelle, moyennant une certaine somme, un droit de relief de cinq livres tournois de quarante gros, et le cinquième denier en cas de vente, cession ou autre aliénation, sans charge d'aucun autre service de vassalité. Ce furent des fiefs relevant du château. Les archiducs vendirent à Saint-Omer six offices. Ces notaires n'avaient pas besoin de recevoir de lettres de provision, il suffisait, pour qu'ils pussent exercer, que l'office érigé en fief eût été relevé envers le domaine du prince, et que foi et hommage aient été rendus régulièrement. Presque toutes les charges furent louées par les acquéreurs. On les appelait charges d'*ancienne création*, et elles se maintinrent à peu près toutes dans ces conditions jusqu'à la Révolution.

Mais on en distinguait d'autres de *nouvelle création*, qui avaient été établies par Louis XIV, en vertu de l'édit de février 1692 [1], et qui étaient vénales et héréditaires ; les titulaires, bien que propriétaires, étaient tenus d'obtenir des lettres royales de provision avant d'exercer.

Les notaires de ces deux créations, ou leurs locataires, devaient, les uns et les autres, se faire recevoir au Conseil d'Artois, et leur réception était précédée d'un examen de capacité. Eux seuls purent

---

1. Deux cents charges furent créées dans l'étendue du parlement de Tournay : il y en eut huit pour Saint-Omer *(Arch. de Saint-Omer,* AB. XXXVII, 8).

donner l'authenticité aux actes. Deux arrêts du Conseil d'Artois de 1693 et 1694 ordonnaient en effet que tous les contrats et actes publics qui seraient passés dans l'étendue de la province d'Artois seraient reçus et signés par deux notaires, les testaments exceptés, et firent défense à tous baillis, hommes de fiefs, échevins, etc., de recevoir aucun contrat ni acte public à peine de 500 livres d'amende. De sorte que lors de la révision de la coutume du Bailliage en 1739, on ne reproduisit plus l'article 14 de celle de 1531, qui permettait au bailli ou à son lieutenant de recevoir des contrats.

Les notaires avaient la préséance sur les procureurs dans toutes les assemblées et cérémonies publiques [1].

Ce n'est pas ici le lieu de parler des devoirs des notaires [2]; mais il est d'un grand intérêt de rappeler que ceux d'Artois n'étaient point *garde-notes*. Il leur était défendu de conserver les actes et contrats qu'ils ne pouvaient pas remettre en minutes ou brevet aux parties, et il leur était enjoint de les transcrire sur des registres appelés *Protocoles*, et d'en porter ensuite les originaux au dépôt principal, ou aux autres dépendant du *Greffe du gros*, dans le temps fixé [3] et aux peines portées par les édits, ordonnances et règlements rendus à ce sujet [4]. Le gros d'Artois était

---

1. Le procès-verbal de révision de la coutume de la ville de Saint-Omer en 1739, mentionne les prétentions des procureurs et les droits des notaires page 28.

2. Lecesne, *Législation coutumière de l'Artois*, p. 234 et suiv. — *Almanach d'Artois de 1790*.

3. Un mois, d'après un acte de notoriété du Conseil d'Artois du 27 février 1682.

4. *Notice de l'état ancien et moderne de la province d'Artois*, Paris 1748, p. 279.

un office domanial, qui, jusqu'à la fin du XVIIe siècle, fut affermé devant la Chambre des comptes de Lille, il devint vénal en 1693, et fut érigé en titre d'office. Le titulaire était le greffier général du gros d'Artois, à Arras, qui avait un commis greffier principal sous ses ordres, et d'autres commis greffiers à St-Omer, Béthune, Aire, Lens, Bapaume, Hesdin, Saint-Pol et Dunkerque [1]. Ceux-ci étaient reçus par le Conseil d'Artois, et prêtaient serment devant les Magistrats des villes de leur résidence, ils avaient seuls le droit de délivrer des expéditions authentiques des minutes qu'ils étaient chargés de conserver, elles étaient écrites sur parchemin et revêtues d'un grand et d'un petit sceaux.

Chaque année, se tenait à Arras une assemblée générale de tous les notaires d'Artois, qu'on appelait *synode* ; d'après une ordonnance du 14 octobre 1541, elle avait lieu le premier mardi après la Quasimodo, c'est-à-dire le premier mardi suivant les vacances de Pâques, où il y avait séance au Conseil d'Artois. Les notaires, présidés par le conseiller commissaire de semaine, assisté du procureur général du roi près le Conseil, étaient tenus de se rendre tous à ce synode, et ceux contre lesquels des plaintes avaient été formulées, devaient y répondre [2]. Ces mesures, qui maintenaient le bon ordre dans l'administration des affaires, avaient été complétées par un autre rè-

---

1. Dunkerque, Bourbourg et Gravelines, bien qu'en Flandre, dépendaient du Conseil d'Artois pour le ressort, et les notaires de ces villes étaient sujets au gros d'Artois (Bultel, p. 281). — *Les salaires du gros des lettres passées par devant notaires impériaux* ont été imprimées, en vertu de lettres patentes du 16 février 1546, par Jean Bourgeois, libraire à Arras.

2. Voir dans la *Notice de l'état ancien et moderne de la province d'Artois*, p. 405 à 407, le règlement de ce synode.

glement du 30 avril 1680, qui prescrivait aux notaires d'apporter à cette assemblée leurs protocoles.

Lorsque les notaires d'Arras eurent été érigés en communauté, et eurent reçus des statuts datés de Fontainebleau du mois de novembre 1750, ils eurent le droit d'examiner tous les aspirants au notariat, tant pour la ville d'Arras que pour les autres villes de la province.

Il y avait à Saint-Omer dix notaires avant la Révolution. Ils avaient le même patron que les procureurs, saint Yves, mais ils l'honoraient séparément dans le couvent des Pères Récollets.

L'ancien notariat disparut en vertu de la loi des 29 septembre-6 octobre 1791, titre III, § 9, qui permit aux gardiens des minutes de continuer à en délivrer des expéditions. La loi du 25 ventose an XI reconstitua le notariat. Quelques-uns des greffes du gros de la province, déposés la plupart aux greffes des tribunaux d'arrondissement, ont passé insensiblement aux archives du département du Pas-de-Calais [1].

Sergents à cheval. — On appelait autrefois ser-

1. Celui de Saint-Omer existe encore dans les combles du Palais de Justice de cette ville. Longtemps abandonné, ce précieux dépôt d'archives locales, qui commence en 1550 et contient environ 650 liasses était menacé d'une destruction complète, lorsqu'il y a quelques années, un membre de la Société des Antiquaires de la Morinie, M. Xavier d'Argœuves, s'est dévoué au classement de cette masse considérable de papiers, et a obtenu les réparations et les installations nécessaires pour leur conservation. — Voir pour l'organisation des greffes du gros : Roger, *Bibliothèque historique, etc. de Picardie et d'Artois*, Amiens 1844, p. 208. — *Le greffe du gros et du scel dans l'ancienne province d'Artois*, d'après un rapport de M. H. Loriquet, archiviste du Pas-de-Calais, par M. Tranchant *(Bull. du Comité des travaux historiques et scientifiques — Sciences économiques et sociales,* année 1892, p. 199).

gents, du mot latin *serviens,* tous ceux qui étaient tenus à quelque service, et on qualifiait notamment de *servientes* les nobles qui servaient à la guerre sous les chevaliers.

Les baillis de Saint-Omer, qui étaient presque tous pris dans la classe des chevaliers, avaient aussi des sergents qu'ils choisissaient eux-mêmes et qui remplissaient auprès de leurs personnes les mêmes devoirs que les sergents du roi auprès du souverain ; en temps de paix ils gardaient les places et châteaux du bailliage, en cas de guerre ils étaient chargés de leur défense [1] et ils allaient signifier aux châtelains, écuyers et autres d'avoir à s'armer et à armer leurs hommes [2]. Mais les baillis rendaient aussi la justice, et ils employaient leurs écuyers ou sergents pour signifier leurs mandements. Plus tard on distingua le service des armes de celui de la justice, et le rang des sergents devint moindre.

En temps qu'officiers de justice, leur rôle consista à sergenter dans toute l'étendue du bailliage, c'est-à-dire à signifier et dénoncer les actes de procédure et les jugements rendus, à faire les exécutions, contraintes et saisies, à arrêter ceux contre lesquels était rendu un décret ou un mandat d'amener.

Comme ils faisaient ces divers services surtout dans les campagnes, ils avaient besoin d'un cheval, aussi les appela-t-on sergents à cheval, par opposition aux sergents à masse qui, n'opérant que dans l'enceinte de la ville ou dans la banlieue, étaient à pied [3]. Les sergents à cheval étaient armés d'un

---

1. Voir p. 86 et suiv.
2. *Inv. som. des Arch. du Nord, Ch. des C. de Lille,* année 1544, n° 1540.
3. Ces sergents à masse, dont nous avons souvent parlé, étaient au

sabre suspendu à leur baudrier ; après l'invention de la poudre à canon, ils garnirent leur selle d'une paire de pistolets. Ils ne pouvaient exploiter sans être revêtus de leurs robes ou de leurs manteaux aux couleurs de l'écu du souverain par lequel ils étaient commis, ni sans avoir à la main un bâton armorié des armes du prince, dont ils touchaient légèrement ceux contre lesquels ils faisaient quelque exploit. Ils avaient une solde comme les militaires[1] et des gratifications[2].

Les abus si nombreux qui étaient reprochés partout aux sergents se produisaient aussi dans le bailliage de Saint-Omer, et ces agents étaient étroitement surveillés. En 1309, la comtesse d'Artois fit faire par Mgr de Liskes, M. de Coukove et Mᵉ Jehan de Houplines une enquête « sour les exceps, les
« injures et les outrages ke on dist ke li serjant de
« Sᵗ Omer ont fait en le baillie de Sᵗ Omer et ès
« ressors u tans ke ils furent serjant de Sᵗ Omer,
« appelés lesdis serjans et présens et tous chiaux
« qui sunt à appeler », et l'enquête dura plusieurs jours[3].

Les souverains enlevèrent au bailli le droit de

---

service de l'échevinage et du bailliage. Dans les comptes du Domaine, on voit qu'ils touchent des gages comme sergents de ces deux juridictions. Voir plus loin le chapitre *gages*.

1. Attestation par Henri le Maisier, sʳ de Biausart, bailli de Saint-Omer, du paiement des gages aux sergents du bailliage — 6 mai 1375.

2. ... aux sergents à cheval du bailliage de Saint-Omer qui reçoivent vingt francs d'or pour être allés « en enqueste des acquets que
« les non nobles avoient fait au nobles oudit bailliage de Sᵗ Omer, et
« des usuriers qui estoient et demouroient oudit bailliage » *(Arch. du Nord, Ch. des C. de Lille,* années 1392-1393, n° 1852 et nᵒˢ 1264 et 1540).

3. *Inv. som. du Pas-de-Calais,* A, 935. — Le détail des plaintes est indiqué.

nommer ces officiers et donnèrent leurs charges à bail comme dépendantes de leur domaine. Pour atténuer cependant l'inconvénient des locations qui auraient entravé l'action disciplinaire du bailli, le locataire resta placé sous son obéissance et sous son autorité, et il pouvait le révoquer et faire passer le bail à un autre titulaire. Cette charge se louait 85 livres au xviie siècle.

Ces sergents étaient au nombre de six exerçant concurremment[1]. Les archiducs Albert et Claire-Eugénie, par lettres patentes données à Bruxelles le 20 août 1613, inféodèrent ces six charges pour relever du château de Saint-Omer. Ces fiefs de sergenterie[2] durent cinq livres parisis de relief, le cinquième denier en cas de vente et d'autres aliénations, et leurs titulaires furent assujettis aux autres devoirs ordinaires de vassalité[3]. Mais ils n'exercèrent pas eux-mêmes les fonctions de sergents, ils les louèrent à des tierces personnes inférieures. Cinq charges furent inféodées de suite à MM. Denis de la Fosse, Nicolas Titelouze, Pierre du Crocq, Nicolas Lay et Marc Dreuvard, et les titulaires furent reçus le 20 août 1613 ; la dernière ne fut inféodée que le 15 ou le 22 janvier 1615 à Pierre Villeron.

Louis XIV confirma ces aliénations du domaine,

---

1. Gratification accordée par le duc de Bourgogne *aux six sergents à cheval du bailliage de Saint-Omer* de 12 écus par tête pour les aider à relever leurs hôtels détruits en temps de guerre (novembre 1396). *Arch. du Nord, Ch. des C. de Lille*, 1264.

2. On entendait généralement dans l'ancien droit par *fief de sergenterie* « un fief qui donne le droit à celui qui le possède de com« mettre un ou plusieurs sergens pour faire les fonctions dépendantes « de ces sortes d'offices dans l'étendue d'un certain territoire rele« vant ou mouvant d'un fief » (Denisart).

3. *Registre aux fiefs de Valentin Taffin 1631*, f. 176, 177 et 178 *(Arch. de Saint-Omer*, AB. XII, 5).

et, moyennant finance, il accorda l'hérédité aux possesseurs de ces six fiefs par un édit de juillet 1690.

Les sergents à cheval étaient reçus après information de vie et mœurs et installés par la cour ; ils prêtaient serment entre les mains du bailli et donnaient caution pour sûreté de leur gestion. Chacun d'eux faisait le service une semaine à tour de rôle, suivant l'ordre porté à un tableau qui se renouvelait chaque année. Tous les jours, celui qui était de service devait se rendre chez le Président (grand bailli, lieutenant général ou conseiller) pour prendre ses ordres. Les sergents assistaient aux cérémonies publiques pour y faire régner le bon ordre et veiller au respect dû aux magistrats qu'ils accompagnaient. Leurs salaires pour les ajournements se payaient par journées et non par exploits. Ils étaient responsables des actes accomplis dans leur ministère et justiciables du siège dont ils dépendaient ; ils étaient tenus en outre de se présenter tous les mois au synode. C'était une audience publique spéciale, qui se tenait le premier mardi[1] de chaque mois, dans laquelle le procureur du roi, ainsi que les autres procureurs postulants, énonçaient les plaintes qu'ils avaient à porter contre chacun des sergents relativement à ses fonctions. Ceux-ci, au commencement de l'audience, déposaient sur le bureau de la cour le bâton, insigne de leurs pouvoirs ; les réclamations étaient jugées sommairement et sans appel, les pénalités variaient depuis une amende plus ou moins élevée jusqu'à l'interdiction pour quelques mois ; à la fin de l'audience les magistrats remet-

---

1. Ou le premier lundi.

taient leurs bâtons à ceux à qui ils n'imposaient pas l'obligation de cesser leurs fonctions[1]. Ce bâton dont la longueur avait successivement diminué était, au siècle dernier, environ d'un pied, et il y était adapté un cachet aux armes du roi.

Leurs devoirs ont été tracés d'une manière générale par une ordonnance des archiducs du 12 mai 1607, qui déclarait applicable au bailliage de Saint-Omer un règlement fait pour la gouvernance d'Arras en 1546[2], par un règlement du Conseil d'Artois du 10 novembre 1687, une ordonnance du 13 janvier 1705 et deux règlements du Conseil d'Artois relatifs à leurs salaires en date des 2 septembre 1681 et 11 janvier 1720.

Un arrêt du parlement du 22 juin 1744 fit défense aux mayeur et échevins de Saint-Omer de prononcer des peines ou amendes contre les sergents du bailliage pour « prétendue distraction de jurisdiction ».

Au XVIIe siècle, comme l'usage était passé depuis longtemps de porter des robes aux couleurs du roi, les sergents avaient revêtu une robe noire semblable à celle des magistrats, il fallut régulariser cette espèce d'usurpation, et une délibération du bailliage du 25 juin 1688 les autorisa à porter la robe de palais avec le rabat ordinaire, mais celui-ci dut être « plus court de trois tailles que celui des conseil-« lers »[3].

Huissier audiencier. — Un édit du mois de dé-

---

1. C'est en vertu d'ordonnances des 20 juin 1538, 8 juillet et 14 octobre 1531 et 14 décembre 1546, que les grands bailliages de l'Artois tenaient des synodes ou assises où devaient se rendre les *suppôts de justice* qui en dépendaient.
2. *Ordonnances royaux du bailliage de Saint-Omer*, p. 118.
3. *Ms. Deschamps de Pas.*

cembre 1693 établit à titre héréditaire une charge d'huissier audiencier dans les cours supérieures où il n'y en avait pas[1]. Cet office fut acheté à Saint-Omer le 1ᵉʳ mai 1697 par le sʳ Antoine Donjon, qui le donna à loyer à un sʳ Ondart Goulart. Les fonctions de cet officier consistaient à être assidu aux audiences pour y recevoir les ordres des juges, y faire observer le silence, ouvrir et fermer les portes de l'auditoire et faire, à l'exclusion de tout autre officier, l'appel de toutes les causes des audiences de la juridiction et les significations de procureur à procureur. Les fonctions des sergents à cheval furent diminuées des attributions ainsi concédées à l'huissier audiencier, qui put aussi, concurremment avec eux, signifier tous les actes extrajudiciaires. Aussi en 1779 ce fut un sergent à cheval, Antoine-Dominique Vallé, qui obtint du roi des lettres de provisions de cet office, où on lisait : « les significations « des actes, requêtes et procédures concernant « l'instruction des procès jusqu'à la taxe et exécu- « toire des dépens étant attribués aud. office priva- « tivement à tous huissiers, sergens et autres... » Il fut admis au bailliage le 25 février 1779 et demanda à établir son bureau à son domicile.

---

1. On distinguait auparavant : des huissiers dans les cours souveraines, et des sergents à cheval dans les autres sièges royaux.

CHAPITRE II

ADMINISTRATION DE LA JUSTICE

Plaids et audiences. — D'abord irréguliers les plaids se tiennent de quinzaine en quinzaine depuis 1509. — Puis en 1540 les mardi et jeudi de quinzaine en quinzaine. — Police des audiences. — Ordre dans lequel siègent les magistrats. — Règlement sur l'administration de la justice à la gouvernance d'Arras du 14 décembre 1546 applicable au bailliage de Saint-Omer. — Arrêts du Conseil de 1700 et 1702. — Concordat entre les officiers du bailliage en 1746. — Les audiences se tiennent le jeudi. — Travaux des magistrats. — Vacances. — Sceau.

Le bailliage de Saint-Omer, en tant qu'administrant la justice, était qualifié de cour. Les commissions des baillis que nous avons citées, les articles des coutumes particulières des bailliage et châtellenie de Saint-Omer en 1531 et 1739, mentionnent toujours la « Court » ou « les hommes de la Court ». Ce mot signifiait anciennement un tribunal composé de plusieurs pairs ou vassaux, et on disait la cour de tel seigneur; plus tard on se servit du même terme pour désigner toutes les justices royales.

Nous avons vu[1] que les premiers plaids ordinaires de la cour du bailliage, qui remplacèrent ceux présidés autrefois par le châtelain, se tinrent d'abord assez irrégulièrement ; les convocations avaient lieu sans doute lorsque le nombre des affaires à juger devenait assez considérable pour qu'il y eût lieu de réunir la cour[2], et la durée des plaids était également variable. Il semble que dans leur ordonnance du 5 février 1509, l'empereur Maximilien et l'archiduc Charles, comte de Flandre et d'Artois, visent cette manière de procéder, par ces mots : « Pour ce qu'il « est venu à nostre connoissance que, à l'occasion « de la longue continuation des plaids ordinaires de « nostre bailliage aud. S¹ Omer, si comme de 15, 20 « ou 30 jours ou aultres longtems... » ; et les princes, sur l'avis de l'archiduchesse Marguerite d'Autriche, gouvernante des Pays-Bas, ordonnèrent que ces plaids se tiendraient de quinzaine en quinzaine : « que d'oresnavant les plaids ordinaires de « nostre bailliage, au temps que l'on est accoustumé « les tenir, soyent tenus ès jours de toute ancien« neté : A ce ordonne de quinzaine à aultre, sans « plus long délais, et qu'en cas d'écheute es jours « desdits plaids ordinaires de quelque feste, solem« nité ou aultre légitime empeschement, tels que les « plaids ne se doivent ou puissent bonnement tenir, « que audit cas lesd. plaids soyent tenus le lende« main prochainement ensuivant, et ou les dits pro-

---

1. Pages 120 et 121.
2. Nous croyons cependant que ces plaids se tenaient trois fois par an : l'échevinage des francs-alleux dépendant de la châtellenie, siégeait ainsi à trois époques de l'année (voir au tome II). En France une ordonnance de 1331 avait prescrit la tenue des assises de deux en deux mois.

« chains jours ne seroyent à ce qualifié, qu'ils
« soient tenus à l'autre plaid, plus prochain jour
« qualifié, sans aultre plus long délay »[1].

Toutefois ces plaids, qui se tenaient de quinzaine à autre le mardi matin de huit heures à midi, étaient insuffisants, les affaires qui s'y présentaient étaient trop nombreuses, et obligeaient le bailli, son lieutenant et les hommes de fiefs à siéger souvent jusqu'à trois heures de l'après-midi, sans qu'ils pussent même éviter l'inconvénient de renvoyer un grand nombre de causes à l'audience suivante. Le procureur du roi au bailliage, Jean Hourdel, saisit en 1540 l'empereur Charles-Quint de ces difficultés, le prince renvoya la supplique au Conseil d'Artois qu'il venait de créer, celui-ci fit une enquête où il appela les officiers du bailliage et de l'échevinage et l'affaire fut examinée au Conseil privé. L'empereur rendit alors, le 26 avril 1540, une ordonnance par laquelle il accorda que « d'oresnavant les plaids de nostre
« bailliage et siège à S¹ Omer seront tenus ordinai-
« rement par nos susdits officiers de quinzaine en
« quinzaine, jours de mardy et jeudi, aux heures et
« en la manière accoustumée ». Quand le jour d'audience était férié, ou que les causes présentées n'avaient pu être expédiées pendant le plaid, on les remettait au mardi et jeudi de la semaine suivante. L'époque où les causes devaient être enregistrées au greffe, et la police des audiences furent aussi réglées par les dispositions suivantes :

« Affin que toutes lesdites causes dudit siège et ressort
« de Saint-Omer, se puissent et plus promptement expé-
« dier ausdits jours de Plaids : Ordonnons que tous Pro-
« cureurs et Practiciens y postulans seront tenus de

[1]. *Ordonnances royaux du bailliage de Saint-Omer*, p. 49 à 51.

« endedans le Lundy midy précédent le jour ordinaire
« desdits Plaids présenter et faire enregistrer au Greffe
« de nostred. Bailliage touttes les causes escheans et
« qu'ils auront à expédier ausdits Plaids ordinaires, et
« nuls autres, et après l'heure de midy audit jour de
« Lundi passé, nostre Greffier audit Bailliage ne polra et
« luy interdisons de recevoir aucune présentation de
« cause, à peine de cincq sols de nostre monnoye de
« Flandre, à commettre par luy et applicable à nostre
« prouffit, et d'autres semblables cincq sols pour le Pro-
« cureur postulant, pour chacune fois que respective-
« ment ils feront le contraire. Ne seroit toutesfois que
« pour cause spéciale, urgente ou privilégiée, en fust
« aultrement ordonnée par nosdits Officiers de Saint-
« Omer, lesquels en tenant lesdits Plaids et durant iceulx
« feront et leur ordonnons de garder l'ordre requis et
« imposer silence aux Avocats, Procureurs Postulans et
« autres qu'il appartiendra, ausquels Nous interdisons de
« soy injurier l'un l'aultre en leurs Plaidoyeis ni escrip-
« tures, à peine d'amende arbitraire à commettre par
« celuy, ou ceulx qui feront du contraire, applicable à
« nostre prouffit »[1].

A cette époque la cour du bailliage était au complet, et voici l'ordre dans lequel siégeaient les magistrats : Le grand bailli présidait les plaids, après lui venait le lieutenant général qui recueillait les voix. Le lieutenant particulier n'avait de rang au-dessus des conseillers que lorsque le bailli et le premier lieutenant étaient absents ; il siégeait habituellement, s'il était conseiller, parmi ses collègues, suivant son rang d'ancienneté. Puis venaient les hommes de fiefs ou les conseillers par rang d'ancienneté, l'auditeur de compte tant qu'il y en eut, et le procureur du roi ; le receveur tenait le dernier rang. Quant au greffier, il avait un bureau particulier et ne siégeait pas avec les autres offi-

---

1. *Ordonnances royaux*, p. 51 à 55.

ciers, quoiqu'il assistât aux cérémonies publiques avec le corps.

Comme la tenue des audiences, la procédure fut aussi réglée par le souverain. Charles-Quint, après avoir institué en 1530 une Chambre de Conseil provincial en son pays d'Artois, avait modifié une ancienne ordonnance du 21 juillet 1528[1], en 90 articles, rendue pour l'administration de la justice à la gouvernance d'Arras, par une autre ordonnance en date à Bruxelles du 14 décembre 1546[2] et beaucoup plus étendue puisqu'elle contenait 229 articles; une déclaration des archiducs du 12 mai 1607 prescrivit aux officiers du bailliage de Saint-Omer de se conformer à l'ordonnance faite pour la gouvernance d'Arras[3]; et le 22 mai, la déclaration de 1607 fut publiée « ès plaids » au siège de la justice royale de Saint-Omer[4]. Nous ne nous étendrons pas sur le mode d'administrer la justice au bailliage, cette procédure offre peu d'intérêt aujourd'hui ; nous en avons extrait déjà, au cours de cet ouvrage, divers renseignements, de plus les longs règlements que nous venons de citer ont été imprimés, et on peut, en les consultant, trouver les détails que l'on désirerait connaître. Voici au surplus comment l'ordonnance de 1546 est divisée : les articles 1 à 18 indiquent tout ce qui concerne les devoirs des divers magistrats, hommes de fiefs, avocats, procureurs, greffier, la manière de saisir le tribunal, la tenue des audiences ; les articles 18 à 50 traitent des sergents ; puis les titres des autres chapitres sont les suivants : en matière réelle,

---

1. *Ordonnances royaux du bailliage de Saint-Omer*, p. 80.
2.   *Id.*   p. 118.
3. *Ordonnances royaux*, p. 189.
4. *Arch. du Bailliage.*

personnelle, sur despens, en matière de nouvelleté, de simple saisie, d'exécution, de domaine, d'exécution contre un héritier, d'appel, de tutelle, pour bénéfice d'inventaire, en matière d'exécution testamentaire, pour adjournemens personnels, en matière de criées et subhastations, d'hipotèque, de purges, d'asseurance, des parties formées et emprisonnemens, salaires des lieutenans d'icelle gouvernance hommes de fiefs, advocats et procureurs fiscaux, des salaires du greffier, salaires des sergens, procureurs. Après la réunion de Saint-Omer à la France, des difficultés surgirent entre les hommes de fiefs du bailliage et le lieutenant général le s‍ʳ de Marigna, au sujet de diverses attributions du lieutenant général ; et pour obvier à toutes difficultés et contestations qui pourraient naître encore, le Conseil d'Artois, par jugement du 20 octobre 1682, ordonna aux officiers du bailliage de se conformer à ce qui se pratiquait à la gouvernance d'Arras et au bailliage d'Hesdin [1].

A partir de cette époque aussi, le lieutenant particulier ayant été supprimé, ce fut le plus ancien des conseillers en exercice qui fit les fonctions du lieutenant général en cas d'absence ou d'empêchement de celui-ci.

Nous avons dit déjà [2] que les lieutenants généraux s'étaient alors emparés de la justice et avaient disputé aux baillis la plupart de leurs prérogatives, qu'un arrêt du Conseil du 2 novembre 1700 était intervenu pour fixer les droits de chacun de ces magistrats [3], et qu'il avait conservé aux baillis leur

1. *Ordonnances royaux*, p. 193 et suiv. — Nous avons mentionné déjà ce jugement qui contient une autre disposition plus importante relative aux jugements par hommes de fiefs (voir p. 327).
2. Pages 345 et 346.
3. L'arrêt fut rendu contradictoirement entre les grands baillis,

droit de conjure ; il reconnut aussi que les divers officiers royaux ne pouvaient juger en Artois que s'ils étaient hommes de fiefs, et décida qu'en matière civile le jugement devait être rendu à la conjure du bailli par trois juges (art. 2), en matière criminelle il fallait cinq juges (art. 3). Le dispositif était : « Le lieutenant général et autres hommes de fiefs « jugeant à la conjure du grand bailli ont ordonné » et, en l'absence du grand bailli : « Les hommes de « fiefs jugeant à la conjure du lieutenant général ont « ordonné » (art. 5). Il attribua en outre aux baillis spécialement l'affirmation et le serment des parties, la distribution des procès, le scel, la convocation extraordinaire des officiers du bailliage et la première place aux cérémonies publiques.

Cependant l'organisation du bailliage de Saint-Omer différait de ceux d'Artois en ce qu'il y avait cinq conseillers et qu'il n'y avait point de lieutenant particulier, aussi fallut-il un autre arrêt du 1er août 1702 pour déclarer applicable à Saint-Omer les dispositions générales de celui de 1700.

Pour rendre la justice, les conseillers étaient appelés à tour de rôle et suivant un tableau de distribution des procès. Le concordat du 10 février 1746 intervenu dans le procès entre le lieutenant général et les conseillers, que nous avons déjà signalé[1], rendit applicable les arrêts du 2 novembre 1700 et du 1er août 1702 et indiqua très exactement les fonctions des magistrats en donnant en outre le détail des formes employées ; nous y renvoyons[2].

---

les officiers titulaires des bailliages, les propriétaires de fiefs et les Etats d'Artois.

1. Page 347.
2. *Pièce justificative* XVI.

En 1776 les audiences du bailliage se tenaient tous les jeudis à neuf heures [1].

Il est assez difficile de savoir aujourd'hui combien d'affaires on jugeait au bailliage dans le cours d'une année ; mais nous avons retrouvé un tableau pour l'année 1769, des travaux des magistrats, en dehors des jugements qu'ils rendaient. Ces travaux se répartissaient ainsi :

Faits et articles.	9
Réception de caution.	8
Rapports d'experts	8
Licitation	2
Location.	1
Assemblée de paroissiens.	1
Avis de voisins et amis.	1
Avis de parents.	8
Interdiction	4
Curateur.	6
Réception de procureurs — de commissaires aux saisies. — d'aman.	4
Ouverture de livre journal de marchand de vin.	1
Procès-verbal du livre des maîtres perruquiers.	1
Serment pour les bélandriers.	1
Procès-verbal relatif aux fabriques des paroisses.	1
Essai de fayence à la manufacture du Haut Pont.	1
Partage d'immeubles.	1

---

1. *Almanachs d'Artois 1776, 1780.*

Affirmation des états de régie et adm^on de biens et marchandises. 1

Comptes divers de curateur : interdiction, ss^on vacante, syndic de faillitte. 7

Distribution de deniers, reliquat de comptes 3

Il existait en outre un registre pour les contrats, quittances d'amortissements, testaments, et autres actes[1].

Les magistrats jouissaient de vacances qui paraissent avoir été réglées comme celles du Conseil d'Artois ; en 1788 elles commençaient le 25 août et finissaient le 5 novembre, outre celles de la Pentecôte et un assez grand nombre de jours fériés[2] pendant lesquels la cour ne s'assemblait pas.

Dans l'étendue du bailliage le bailli tenait aussi chaque année, dans les justices inférieures, des assises connues sous le nom de *vérités,* et tous les sept ans une vérité générale dans un château voisin de Saint-Omer. Ces assemblées jugeaient des cas spéciaux et sans appel. Nous en traiterons en parlant de la compétence des officiers du bailliage.

A l'origine, les baillis employaient leur sceau personnel pour leurs actes publics. La substitution du sceau de leur juridiction remonte au milieu du XIIIe siècle. Le sceau du bailliage à Saint-Omer était en 1298, l'écu d'Artois dans une rose ; le contre-sceau une fleur de lys. En 1333, c'était l'écu d'Artois, timbré

---

1. Certificat du greffier du bailliage Ducrocq, déclarant l'extrait ci-dessus conforme aux originaux des minutes reposant au greffe du gros *(Arch. du Bailliage).*

2. Voir Lecesne, *Législation coutumière de l'Artois,* p. 363 et 364.

d'une fleur de lys dans une rose, avec le même contre-sceau. L'écu d'Artois surmonté d'une fleur de lys et supporté par deux lions était en usage en 1422[1]. Vers 1530, le lambel de l'écu n'est plus qu'à trois pendants non chargés de tours. Au xviii° siècle on voit l'écusson d'Artois au lambel à trois pendants surmonté d'une couronne de comte, puis vers 1779, cet écu est supporté par deux lions. Dans les premiers temps, le sceau du bailliage était attaché à tous les actes émanant de cette juridiction, et quand il s'agissait d'un jugement on y joignait ceux des hommes de fiefs. Quand ceux-ci, remplacés par les conseillers, n'apposèrent plus leurs sceaux, celui du bailliage demeura seul au bas des actes[2].

---

1. Hermand et Deschamps de Pas, *Histoire sigillaire de St-Omer*, p. 32 à 36 et planche XI. — Demay, *Inventaire des Sceaux de l'Artois et de la Picardie*, p. 149. Voir plus loin p. 425 la description des armoiries des comtes d'Artois.

2. *Histoire sigillaire de St-Omer*, p. 149.

CHAPITRE III

HÔTEL DU BAILLIAGE

Le château. — La maison royale. — Les armes de France. — L'hôtel du bailliage.

A l'origine, le grand bailli tint sans doute sa cour féodale dans le château du comte d'Artois où il résidait. Plus tard le siège de sa juridiction fut établi dans une maison sise sur la place du Grand Marché, appelée *maison royale* et consistant en deux places, l'une au rez-de-chaussée dite *la chambre basse* et l'autre au premier dite *la chambre haute*. C'était là que les officiers du bailliage, assistés des hommes de fiefs ou francs hommes « administraient la police « et justice à un chacun tant pour le fait du « domaine que des particuliers et inhabitans de la « dicte ville et bailliage »[1]. De la chambre haute s'avançait, en saillie sur la façade, une espèce de tribune d'où se publiaient « les placards et édits des « souverains et se prononchaient les sentences des « criminels et condamnés »[2].

---

1. Requête précédent les lettres patentes du 20 mai 1661 *(Ordonnances royaux du bailliage*, p. 234).
2. *Id.*

Le bailliage siégeait depuis un temps immémorial en cette maison de chétive apparence et tout à fait insuffisante qui avait déjà été rebâtie en 1321[1], lorsqu'en 1661, les lieutenant général, officiers, conseillers et hommes de fiefs se pourvurent devant le roi Philippe IV, lui représentèrent qu'elle menaçait ruine et lui demandèrent la permission d'en acheter une autre, à usage d'hôtellerie, connue sous le nom de l'*Anne Royez*[2], « dont le prix ne pourra « monter qu'à 4000 florins ou environ ». Par lettres patentes données à Bruxelles le 20 mai 1661, le roi, voulant traiter favorablement ces officiers, les autorisa à aliéner la maison royale « pour employer les « deniers à en provenir, à l'acquisition et achapt de « celle du dit Anne Royez, la subrogeant en la place « de la dite première, et que pour parfurnir le prix « du dit achapt, ils puissent et pourront lever argent « à cours de rente et pratiquer une taille sur tout « le dit bailliage, pour rembourser tant le capital « qu'intérez en dedans deux ans prochain... »[3].

Une ordonnance rendue le 3 novembre suivant par le Conseil d'Artois, en confirmant un règlement précédent des Etats de la province, ordonna l'exécution de « l'assiette » imposée par le bailliage de Saint-Omer sur les habitants de son ressort hors la ville et la banlieue[4]. Les échevins furent néanmoins compris dans le rôle à raison des six fiefs et seigneuries que la ville possédait dans la cité et la banlieue. Mais ils firent tant de difficultés que ce

---

1. *Compte de recettes et despenses des baillis de St Omer 1321*, Ms. 870 Bibl. de Saint-Omer.
2. Ce nom venait à cette hôtellerie de son enseigne : un âne rayé ou zèbre.
3. *Ordonnances royaux du bailliage*, p. 235.
4. *Arch. de Saint-Omer*, CCXII, 15.

n'est que sous le gouvernement de la France qu'ils furent enfin contraints d'acquitter leur part dans les frais de la construction. Les autres féodaux du bailliage et de la châtellenie furent taxés et payèrent au prorata de la valeur de leurs fiefs.

L'ancienne hôtellerie de « l'Anne royez » fut démolie et la nouvelle maison fut construite somptueusement. Ce fut un hôtel bâti dans le goût espagnol présentant un grand pignon à double étage en pierres blanches sculptées ; on y voyait plusieurs médaillons extérieurs représentant les comtes et comtesses d'Artois. Au milieu du pignon se trouvaient placées les armes d'Espagne avec tous leurs ornements, et plus bas les anciennes armoiries des comtes d'Artois : d'azur semé de fleurs de lys d'or au lambel à cinq pendants de gueules chargés chacun de trois châteaux d'or. Le peuple y voyant les fleurs de lys, sans tenir compte de la brisure, crut y voir les anciennes armes de France et appela l'hôtel : *les Armes de France,* nom qui lui resta. La construction avait eu lieu rapidement, car les officiers du bailliage prirent possession du bâtiment le 18 août 1662. On y installa aussi le siège des francs-alleux.

Le mobilier qui y fut alors placé subsista très longtemps ; sous la domination française, des chaises et des fauteuils aux armes d'Espagne sur cuir de Russie servaient encore aux magistrats. Ils tombaient de vétusté lorsque le lieutenant général Macau, probablement lors de la prise de possession de son office en 1742, dressa, avec le grand bailli et les conseillers, « une déclaration des meubles et « effets qui manquent en la chambre du roy au « bailliage de S¹ Omer ». Voici du reste cette pièce qui n'est point datée et qui indique quel était le mobilier absolument indispensable que demandaient les magistrats :

« Deux fauteuilles
« dix chaises

« Les chaises et fauteuilles y
« existans sont encore aux armes
« d'espagne sur cuir de Russie
« et tombent tous de vetusté.

« Un tapis pour mettre sur le bureau de quattre aulnes
« et demie de france de longeur, sur deux aulnes et
« demie de largeur ».

« Quattre cousins pour mettre aux quattres croisées
« lors de la publication des traité de paix et autres ordon-
« nances de Sa majesté et lecture des sentences aux
« criminels ».

« Un christ en relief pour placer en la chambre d'au-
« dience ainsy que le portrait de Sa majesté,

« Il faut encore un feu, pincette et porte-feu ».

« Dans cette chambre il ny a aucune tapisserie, il
« conviendroit cependant d'en mettre une de sept aulnes
« de longeur sur deux aulnes d'hauteur.

« Dans la Chambre d'Enqueste

« Il ny a ny table ny chaise ny feu ny pincettes ny
« tapisserie ny lambris à la cheminé, enfin il ny a que les
« quattres murailles.

« Signé : MACAU »[1].

Cet édifice, où fut installée aussi la maîtrise des eaux et forêts, ne fut pas entretenu et ne dura guère qu'un siècle ; dès 1758 il menaçait ruine et les experts, avec lesquels l'intendant vint le visiter alors, déclarèrent qu'il n'était plus habitable.

Il fut question de transférer le bailliage à l'ancien château, mais M. Eulart, subdélégué de l'intendance, expliqua qu'il était impossible d'y loger les officiers de cette cour de justice en attendant la reconstruction de leur hôtel ; et comme ils ne pouvaient pas

---

1. *Arch. du bailliage.*

non plus tenir leurs séances à l'hôtel de ville, le couvent des pères Dominicains fut désigné pour leur servir de résidence provisoire.

Le bailliage fut donc établi le 13 mars 1760 dans ce couvent, où il resta vingt-six ans. Déjà ce bâtiment avait donné asile au Conseil provincial de l'*Artois réservé* de 1640 en 1677 [1]. Le local consista en trois pièces de moyenne grandeur, l'une fut la salle d'audience, l'autre servit de chambre du conseil, la troisième fut affectée au greffe, il y avait en outre un petit cabinet. Ces pièces donnaient sur le flégard [2], elles avaient des fenêtres très hautes et grillées par de gros barreaux de fer ; c'était un séjour des plus tristes. Les baux étaient successivement approuvés par le Conseil d'Etat, mais le loyer dû aux Dominicains était payé assez irrégulièrement, car un arrêt du 13 septembre 1772, homologuant un de ces baux, ordonnait en même temps le paiement d'une somme de 1200 livres due aux religieux pour le loyer de ces salles pendant six années. Cela représentait deux cents livres par an. D'autres baux furent confirmés le 4 décembre 1777, en 1780 et en 1784.

Pendant ce temps, un arrêt du Conseil d'Etat du 6 juillet 1760 avait ordonné la démolition de l'ancien bâtiment des Armes de France, on en loua le terrain à un sieur Louis-Joseph Demarthe, cabaretier par bail du 27 juin 1766, et l'adjudication des matériaux fut confirmée suivant un arrêt du Conseil du 23 août 1769.

Enfin on décida la construction d'un nouvel hôtel

---

1. Pagart d'Hermansart, *L'Artois réservé etc. (Mém. de la Morinie,* t. XVIII, p. 468.)

2. *Flégard* ou *Flégart :* terme de coutume qui signifie place commune et grand chemin : area, via publica *(Dict. de Trévoux).* — Ici il s'agit d'une petite place.

convenable, elle fut adjugée aux frères Wallenx pour la somme de 37,000 livres, et M. de Lencquesaing, dernier grand bailli, posa le 12 mai 1785 la première pierre du nouveau bâtiment avec tous les officiers du Bailliage dont les noms furent inscrits sur des pierres collatérales. L'hôtel ne fut habitable qu'en 1786 ; le 26 octobre, le Bailliage y tint son audience de rentrée. Il y avait dans la chambre du conseil une belle glace, une petite bibliothèque assez jolie, un beau feu, et le plafond de la chambre d'audience reproduisait les armes du roi avec ses ornements et accessoires. Le greffe et l'habitation du concierge occupaient le rez-de-chaussée, le tribunal du bailliage était au premier; on avait installé au second la maîtrise des eaux et forêts [1]. A l'extérieur, ce bâtiment, qui existe encore, était couronné d'une balustrade ornée de quatre statues aujourd'hui disparues [2], en dessous de laquelle se trouvait l'inscription suivante en chronogramme actuellement à demi-effacée :

LVDoVICI XVI MVnIfICentIA [3].

Sa façade présente deux étages de cinq fenêtres et un rez-de-chaussée de quatre fenêtres, avec une porte d'entrée à deux battants sur le côté, on y accède par un perron de deux marches. Les fenêtres sont hautes. Celles du milieu forment un avant-corps décoré au premier étage d'un balcon en fer forgé.

1. Les audiences de la maîtrise des eaux et forêts se tenaient tous les lundis.
2. Nous croyons que ces quatre statues étaient celles des quatre vertus cardinales : justice, prudence, tempérance et force. La Bretêche de Montreuil-sur-Mer portait ainsi autrefois dans des niches les trois vertus théologales et les quatre vertus cardinales.
3. Soit 1786. Une bonne lithographie du commencement du siècle montre une vue de la grande place, et à gauche on voit une partie de l'hôtel du bailliage orné de statues.

Cet édifice servit plus tard au tribunal de district, dont l'installation eut lieu le 10 novembre 1790[1]. Les lys badigeonnés firent place au bonnet de la liberté; le tribunal de commerce y fut ensuite établi[2].

En exécution du décret du 8 avril 1811, les bâtiments de l'ancien Bailliage, devenus propriété nationale par l'effet des lois de 1790, furent concédés au département du Pas-de-Calais, à qui la remise en fut faite par l'administration des domaines le 9 août 1811.

Le département conserva la possession paisible de l'hôtel jusqu'en 1845, époque à laquelle le siège du tribunal de commerce fut transféré dans les bâtiments occupés par le tribunal civil[3]. Alors le Conseil général décida l'aliénation de l'ancien Bailliage, mais la ville de Saint-Omer éleva des prétentions à la propriété de cet édifice qui devait faire retour à la commune du moment où il cessait d'être affecté à un service public départemental.

Des propositions d'arrangement furent échangées entre le Conseil général et le Conseil municipal. Le premier, dans sa séance du 30 août de la session de 1844, autorisa la cession, à titre de transaction, du bailliage à la ville de Saint-Omer, moyennant une somme de 16,000 francs, et le Conseil municipal, par une délibération du 30 octobre suivant, accepta la cession aux conditions déterminées par le Conseil général. Un acte de transaction entre le Préfet représentant le département, et le maire représentant la ville, fut signé à Arras et à Saint-Omer les 24 et 30 avril 1844, et l'acte de cession fût passé le 3 juillet 1846 entre le Sous-Préfet, agissant au nom du dépar-

---

1. Les tribunaux de district ont fonctionné de 1790 à l'an VIII.
2. Le tribunal de commerce avait été créé le 5 janvier 1791.
3. Ancien évêché.

tement en vertu de la délégation à lui donnée par le Préfet aux termes d'un arrêté du 3 juin précédent, et le Maire de Saint-Omer, qui était alors M. le baron Le Sergeant de Monnecove.

On sait que la ville y a établi le Musée. Des réparations ont été faites en 1893 et 1894 à ce bâtiment dont la façade a été remise à neuf; la galerie supérieure a été rétablie, mais elle attend encore son couronnement, c'est-à-dire les quatre statues qui existaient autrefois. Les armes de la ville y figurent.

CHAPITRE IV

INCOMPATIBILITÉS

Incompatibilité entre les fonctions d'officier au bailliage et celles de membre de l'échevinage, de subdélégué de l'intendant et autres.

On peut penser qu'il y avait incompatibilité entre les fonctions d'officier du bailliage et celles de membre du Magistrat. Il n'y eut cependant pas de législation précise à cet égard. A l'origine toutefois, quelques officiers attachés à la première de ces justices furent aussi conseillers pensionnaires de la ville : on peut citer Jean de France en 1422[1], Antoine de Wissocq en 1425 et peut-être Gérard Diclebecque[2] ; mais l'état de conseiller pensionnaire des villes d'Artois n'était point de l'essence des municipalités, de sorte que ces cumuls ne portaient point atteinte au principe d'incompatibilité.

Les fonctions à l'échevinage même ne paraissent au contraire avoir été accessibles aux officiers du

---

1. Giry, *Mém. de la Morinie*, t. XV, p. 153 — acte du 23 juin 1422.
2. *Les Conseillers pensionnaires de la ville de Saint-Omer*, liste à comparer avec celles des conseillers au bailliage publiée à la fin de cet ouvrage.

bailliage qu'au xvi° siècle, quand l'ancien droit électoral avait déjà été entamé.

Lorsque Charles-Quint, par une lettre du 20 décembre 1520[1], eut maintenu à son grand bailli de Saint-Omer le droit de nommer quatre échevins, Jehan de Sainte-Aldegonde s'avisa, en 1535, de désigner, entre autres : Jehan Costart, Jehan Lefebvre, lieutenant particulier, et Jehan de Lianne, conseiller au bailliage. Grande rumeur à l'échevinage! Jehan Costart était bailli du chapitre, il allait en cette qualité à la procession du Saint-Sacrement après les chanoines, et Messieurs ne pouvaient tolérer qu'il portât alors la robe échevinale et les précédât ; Costart fut maintenu, mais à la condition de ne pas la revêtir dans les cérémonies publiques. Quant aux deux autres personnages nommés, la ville soutint hautement qu'il y avait incompatibilité absolue entre les fonctions exercées dans les deux tribunaux. Une transaction intervint cependant : il fut convenu alors qu'en cas de différend entre la ville et le bailliage, les deux nouveaux échevins pourraient se retirer, et qu'en cas de mésintelligence, ils s'entremettraient pour apaiser toute discorde ; sous ces conditions l'échevinage les admit. Mais en 1522 ce furent les officiers du bailliage qui refusèrent d'installer dans ses fonctions Laurent Lambrecht, nommé lieutenant particulier le 27 janvier, parce qu'il avait accepté auparavant celles d'échevin, auxquelles il avait été élu le 6 janvier précédent. Toutefois, jusqu'en 1550, on vit des officiers du bailliage siéger à la ville, sans contestation apparente[2]. A cette époque,

1. Voir ci-dessus, p. 269.
2. Conseillers qui furent en même temps échevins de 1535 à 1550 : Jehan du Tertre, échevin en 1540, 42, 44 et 46, conseiller au bailliage

le grand bailli, en délicatesse avec les officiers de son siège, ne voulut pas choisir d'échevins parmi eux, et même il chercha à empêcher les électeurs d'en désigner. Mais ceux-ci, en procédant à l'élection des huit échevins qu'ils avaient le droit de nommer, élurent néanmoins Jean de Bersaques l'aîné, qui était conseiller au bailliage. Plus tard, en 1555, Jean de Lianne fut de nouveau élu, ainsi que Jean du Tertre, également conseiller, et ce dernier remplit même l'office de lieutenant mayeur. En 1559 Hercule le Reversc, Robert Reymalcre et encore Jean de Lianne, en 1560 Jacques du Val, tous quatre conseillers, furent également élus échevins et la charge de lieutenant mayeur fut aussi dévolue au dernier d'entre eux. Le grand bailli, reprenant à son tour en 1561 la tradition un moment interrompue de ses prédécesseurs, choisit les conseillers Robert Reymalcre et Hercule Le Reversc, désignés deux ans auparavant par le Magistrat lui-même [1].

L'opposition de l'échevinage à l'intrusion d'un magistrat étranger dans son conseil, avait si bien cessé qu'il imposa en 1564 à Jehan de Lianne, conseiller, l'obligation d'accepter la charge d'échevin. Celui-ci invoquait, pour justifier son refus, l'opinion de la Chambre des comptes de Lille, dont les président et conseillers, qu'il avait consultés, lui avaient écrit qu'un officier du bailliage ne pouvait être échevin.

vers 1532 jusqu'en 1558 ; — Jehan de Lianne, échevin en 1541-1547, fut conseiller au bailliage de 1537 à 1581 ; — Jehan Lefebure, échevin en 1536-1539, 1541, 43, 45, 48.

1. En 1562, le bailli avait désigné Jacques Duval, bailli général de Saint-Bertin pour échevin ; la ville représenta qu'il n'était pas convenable qu'il fît partie du corps municipal à cause des difficultés qu'elle avait avec l'abbaye, mais il fallut passer outre et accepter le sr Duval. Et depuis cette époque, d'autres baillis de Saint-Bertin furent admis à l'échevinage.

Mais le Magistrat ne voulut pas s'arrêter à cette opinion, il déclara qu'à raison de son défaut d'acceptation, le sʳ de Lianne encourrait l'amende prononcée dans ce cas contre ceux qui refusaient ces fonctions[1]; et afin que pareil fait ne se produisît plus, il décida que les officiers du bailliage figureraient sur le rôle des bourgeois susceptibles d'être élus, et qu'ils ne pourraient pas plus présenter d'excuses que les autres bourgeois sans être passibles d'amendes. Le roi d'Espagne, par l'article 6 de l'ordonnance du 13 novembre 1587, trancha la question dans le même sens en déclarant qu'il n'y avait pas d'incompatibilité entre les fonctions de membres de l'échevinage et celles d'officier du bailliage[2]. Malgré cette décision, Jacques Decroix, investi de la charge de lieutenant général par le sʳ de Souastre le 9 mai 1601, dut abandonner son état de juré au conseil, le bailliage ayant refusé de le recevoir parce qu'il était attaché au corps municipal.

Ce ne fut pas seulement à propos de la nomination à l'échevinage d'un membre du bailliage ou de la réciproque, que des difficultés se produisirent entre les deux cours de justice. La première soutint aussi qu'aucun officier de la seconde ne pouvait faire partie des neuf personnes appartenant aux trois états désignées suivant l'ordonnance de 1447 pour compléter le corps chargé d'élire le Magistrat chaque année. La question fut soulevée en 1648 à propos de la désignation comme électeur du sʳ Jacques de Wallehey, sʳ d'Arquingout, qui était lieutenant général. Cette qualité, en vertu de laquelle il pouvait sup-

1. L'amende était de 60 l. (art. 9, charte de 1447).
2. *Arch. de Saint-Omer*, CXXI.

pléer le bailli et le représenter pendant l'élection, semblait en effet devoir l'écarter des bancs des échevins. On décida cependant qu'il n'y aurait pas incompatibilité, que quand il serait électeur, il recevrait les serments et qu'il prêterait le sien entre les mains du lieutenant particulier ou de tout autre officier ; et ce fut cette fois le procureur du roi, Antoine de la Fosse, qui fut désigné par le bailli pour recevoir ce serment.

Le mayeur enfin pouvait-il lui-même être en même temps officier du bailliage ? On n'alla point jusque là. Déjà en 1640, quand le s^r de Blandecques, fut nommé bailli pendant la captivité du vicomte de Lières, il avait dû « quitter son estat de maieur »[1] ; et quelques années après, lorsque le s^r d'Arquingoult fut mis à son tour à la tête de l'échevinage le 31 octobre 1658, ce fut à condition qu'il se démettrait de sa charge de lieutenant général.

Les idées de conciliation avaient prévalu, mais il n'en fut plus de même à la fin du xviie siècle. On sait qu'alors le bailliage prétendit à la juridiction complète sur la ville et la banlieue, l'échevinage mit donc tout en œuvre pour empêcher qu'un magistrat de cette cour fît partie du conseil de la commune. L'occasion se présenta en 1690 lorsque le s^r Denis, échevin depuis le 30 juillet[2], fut nommé le 17 août

---

1. Commission du 25 novembre 1640 de Philippe II, *Arch. de Saint-Omer*, AB. VIII, 43.
2. On sait qu'après la réunion à la France, l'échevinage de Saint-Omer fut renouvelé aux époques fixées par l'intendant (voir p. 279). Ce renouvellement eut lieu en :
1678 le 1er janvier.
1679 le 14 décembre.

suivant par Louis XIV conseiller au bailliage. Dans la crainte de déplaire à Messieurs de l'hôtel de ville, il voulut attendre qu'il ne fût plus en exercice à l'échevinage pour se faire recevoir au bailliage. Mais l'intendant de Chauvelin lui demanda par lettre du 25 janvier 1691 [1] pourquoi il différait son installation, et par une autre missive du 5 mars lui déclara que la raison qu'il invoquait n'était pas admissible, qu'il n'y avait aucune incompatibilité entre les deux offices et lui donna l'ordre de se faire recevoir incessamment. Il ajoutait que si Messieurs du Magistrat formaient quelque opposition, il y pourvoirait.

Les prévisions de M. de Chauvelin étaient justes : le s^r Denis se fit recevoir au bailliage le 14 mars 1691, le même jour il se présenta à l'audience de l'hôtel de ville, muni des ordres écrits de l'intendant et Messieurs voulurent lui refuser le droit de siéger comme échevin, mais il tint bon, déclara qu'il ne sortirait que lorsque la séance serait levée, et demanda acte de sa

1680 le 22 juin.
1681 le 16 janvier, échevinage continué.
1682 le 11 juin.
1683 le 4 juillet, échevinage continué.
1684 le 6 juillet.
1685 le 7 juillet.
1686 le 7 juillet.
1687 le 30 juin.
1688 le 11 juillet.
1689 le 6 juillet.
1690 le 30 juillet.
1691 le 19 juillet.

1. « J'ai été surpris d'apprendre, Monsieur, qu'après avoir été
« qualifié par le Roy d'une charge de Conseiller au Bailliage de
« St Omer et en avoir reçu les provisions depuis plus de cincq mois,
« vous ayez différé à vous y faire installer. Si vous avez quelques
« raisons légitimes pour vous y refuser, il serait bien de m'en infor-
« mer pour que je puisse donner le remède qui pourrait dépendre
« de moi pour les intérêts de justice » *(Ms. Deschamps de Pas).*

présence. Le vendredi suivant, 16 mars, jour d'assemblée et d'audience, il se présenta de nouveau, il fut plus mal reçu encore, et le mayeur lui-même lui intima l'ordre de se retirer. Le sʳ Denis s'y refusa avec une grande énergie, déclarant qu'il ne céderait qu'à la force, puis il chercha à apaiser les esprits, en démontrant son droit fondé sur des exemples tirés du passé et sur une discussion approfondie. On le laissa parler, puis on le pria de se retirer dans l'argenterie afin que le Magistrat pût délibérer sur la question. Il obtempéra à ce désir, et après avoir attendu assez longtemps, il commençait à s'impatienter, lorsqu'il vit arriver le greffier, qui le prévint qu'il pouvait entrer. Mais il trouva la salle d'audience vide, le Magistrat s'était retiré par une porte secrète [1]. Le sʳ Denis, indigné de la façon dont le corps de ville s'était joué de lui, se rendit au bailliage pour faire dresser un procès-verbal de ce qui s'était passé, il en prit une copie et la porta lui-même à Arras où se trouvait l'intendant à qui il fit part de la conduite des échevins.

M. de Chauvelin ne cacha pas son irritation du peu d'égards que ceux-ci avaient eu pour ses ordres, il leur écrivit sévèrement et les menaça d'avertir la cour s'ils persistaient dans leur désobéissance. Le Magistrat ne se décida pas encore à céder, il représenta par lettre à l'intendant que les deux corps de justice étaient en continuelle difficulté

1. Déjà en 1677, après la prise de la ville, Messieurs du Magistrat avaient cru pouvoir traiter avec le même sans-gêne le lieutenant d'artillerie français qui réclamait le paiement arriéré d'une contribution de 18,000 livres, imposée par la capitulation, mais l'autorité militaire ne s'était pas plus laissé jouer alors que l'intendant ne toléra en 1691 un pareil procédé du Magistrat *(Le Siège de St-Omer en 1677, Mém. de la Morinie,* t. XXI, p. 62).

touchant la juridiction, les honneurs, préséances, etc., et supplia monseigneur, par d'humbles représentations, de ne pas imposer aux échevins l'obligation de recevoir dans leur tribunal un magistrat étranger, au moins tant que ces difficultés ne seraient pas aplanies. L'intendant fut inexorable, et le 24 mars, il répondit en des termes si énergiques qu'il fallut lui obéir. En même temps il adressait au s^r Denis la lettre suivante qui indique d'une manière bien précise que, pour le gouvernement royal, l'incompatibilité n'existait pas : « J'ay mar-
« qué, Monsieur, à Messieurs de St Omer que les
« nouvelles raisons qu'ils m'ont écrit n'ont pu me
« faire changer de sentiments. C'est à vous à accom-
« moder les jours et les heures des deux jurisdic-
« tions pour vous y trouver autant qu'il sera pos-
« sible, et s'il survient quelques contestations entre
« les deux jurisdictions, alors vous vous abstènerez
« des délibérations de l'un et l'autre corps suivant
« que sera la matière de la contestation. Je suis,
« Monsieur, etc... Signé : CHAUVELIN » [1].

Toutefois, malgré l'appui de l'intendant et ses ordres précis, le s^r Denis ne voulut pas s'exposer encore à quelqu'affront de la part de Messieurs ; il alla trouver M. Girardot, avocat et procureur de la commune, le pria de communiquer à l'échevinage la lettre de M. de Chauvelin, et de l'informer ensuite des intentions du Magistrat. M. Girardot était un homme de tact et de bon conseil, il calma les esprits surexcités et obtint qu'on le chargeât de dire au s^r Denis de reprendre ses séances et fonctions. En conséquence, le vendredi suivant le conseiller-échevin se rendit en la chambre où les mayeur et

1. *Ms. Deschamps de Pas.*

échevins étaient assemblés. On l'engagea à prendre séance et à oublier ce qui s'était passé, attendu qu'on n'avait eu en vue, dans cette affaire, que les intérêts de la ville, et qu'on n'avait voulu l'offenser en quoi que ce fût. Le s^r Denis siégea donc à l'échevinage une année, mais lorsqu'on lui proposa de le nommer de nouveau échevin, il eut soin de décliner l'honneur qu'on voulait lui faire [1], et préféra occuper seulement son siège de conseiller.

Depuis cette époque aucun magistrat du bailliage n'exerça en même temps les fonctions d'échevin. L'exemple du s^r Denis, placé entre l'hostilité du Conseil et l'autorité absolue de l'intendant comme entre l'enclume et le marteau, ne séduisit personne ; et lorsque plus tard, l'intendant nomma encore le 1er novembre 1738 procureur de ville un conseiller au bailliage, le s^r Antoine-Joseph Crépin, ce dernier résigna ses fonctions de conseiller. L'échevinage avait donc, en définitive, obtenu gain de cause. Aujourd'hui que le droit moderne a nettement séparé et hiérarchisé les juridictions, nous devons donner raison à la Chambre des Comptes de Lille [2], et aux échevins dans leur lutte avec les officiers du bailliage sur cette question.

Il y avait aussi incompatibilité entre les fonctions d'officiers des bailliages, sénéchaussées et toutes autres justices royales, et celles des subdélégués des commissaires départis, même des gouverneurs et commandants en chef des provinces [3].

---

1. *Ms. Deschamps de Pas.*
2. Avis de 1564 ci-dessus p. 433.
3. Lecesne, *Législation coutumière de l'Artois*, p. 382, note C.

CHAPITRE V

GAGES ET ÉPICES

Gages du bailli, du lieutenant général, des cinq conseillers, du procureur du roi, du conseiller rapporteur du point d'honneur, du petit bailli. — Etat général des gages payés en 1609. — Autre état pour les exercices 1769 et 1770. — Salaires variés. — Vacations. — Epices. — Revenu d'une charge de conseiller de 1776 à 1790.

Il est assez difficile de donner des renseignements précis sur les traitements des magistrats. Le chiffre des gages fixes consigné dans certains documents de différentes époques ne suffit pas à les déterminer, car il faut y ajouter les exemptions d'impôts et celles de certaines charges non appréciables en argent, les attributions plus ou moins régulières sur divers budgets, les salaires pour certains actes, les épices, les droits en nature, les dons ou « courtoisies », etc.

En général, les officiers du bailliage étaient exemptés des tailles, des ustensiles, du guet et de la garde, ils étaient dispensés des tutelles, curatelles et autres charges publiques ; quant au logement des gens de guerre, les chefs de justice seuls et les avocats et procureurs du roi en avaient été exemptés par l'ordonnance du 1er mars 1678[1].

Les gages fixes et annuels étaient payés par le receveur des domaines, après avoir été alloués par les officiers de la Chambre des Comptes de Lille, et plus tard par ceux du bureau des finances qui remplaça cette Chambre en 1691. Les autres émoluments étaient imputés sur le budget communal, ou étaient payés par les particuliers ou par les vassaux.

A l'origine, le *bailli* touchait des gages fixes qui ne sont pas indiqués dans les premières commissions[2]. Pendant le XIVe siècle ils étaient fixés à 20 livres pour chaque terme de son administration, dont les comptes étaient rendus trois fois l'an[3], ce qui faisait 60 livres. Comme les baillis exercèrent, au moins à partir de 1347, l'office de châtelain, leurs gages furent alors augmentés, et ceux de Bauduin, sire de Sangatte, s'élevèrent en 1365-1366 à « cent livres « par an : 60 pour bailli et 40 pour chatelain »[4]. Jean Hanièré n'eut pas en 1390[5] un traitement plus élevé, bien qu'il ait réuni les bailliages d'Aire, Saint-Omer et Tournehem. Lorsque ces bailliages furent séparés, les gages du bailli de Saint-Omer restèrent aussi fixés à cent livres. Sous les rois d'Espagne, quand les baillis furent capitaines de la

---

1. *Arch. de Saint-Omer*, CCXXXV-5, CCXXXVI-3 et 29.
2. Nomination de Jean de Biaukaisne le 3 mars 1298 « aux gages « accoutumés » *(Inv. som. du Pas-de-Calais* A, t. II, *introd.* p. XI). — Nomination d'Arnoud de Créquy, le 18 décembre 1361 : « au « recevpeur de la dite baillie... qu'il lui paie les gages qui paravant « li ont été ordené aux termes en le manière accoutumée... » *(Arch. de Saint-Omer,* AB. VIII.)
3. Voir livre I, p. 51 et 53.
4. *Inv. som. du Pas-de-Calais* A, 719.
5. *Arch. de Saint-Omer*, AB. VIII, 33. — *Lettre de Philippe fils du roi de France du 8 décembre 1390.*

ville, au xvi⁰ siècle, il semble qu'ils touchaient, du moins en cette dernière qualité, 180 livres[1]. Au siècle suivant ils avaient 300 livres. Après la vénalité des charges, Renom de Beaufort, qui avait payé celle de bailli 14,175 livres, eut droit à 375 livres[2], mais Louis-Eugène de Beaufort, son petit-fils, n'eut plus en 1778 que 270 livres, et les gages furent maintenus à ce taux.

Cependant le bailli avait en outre le bénéfice de diverses taxes. Il jouissait du droit de scel pour l'expédition des jugements et des actes passés devant lui.

Le budget municipal était grevé aussi de plusieurs charges à son profit particulier. Il avait un salaire au renouvellement de la loi[3]. Nous avons vu que l'audition des comptes lui rapporta d'abord 20 sous par jour en 1416, 16 sous en 1417, puis de nouveau 20 sous en 1420[4], cette indemnité était portée dans les comptes communaux au chapitre de la dépense sous le titre : « Despense pour la visitation des « comptes ». Plus tard elle s'éleva à cent livres, en 1708 elle fut réduite à 80 livres et disparut dans le dernier compte de la ville de 1767-1768[5].

Tant que furent en usage les réconciliations ou paix conclues à la suite d'homicide, appelées *zoeningues*, c'est-à-dire jusqu'en 1589, le bailli recevait un salaire pour y assister, il consistait en 1378 en quatre cannes de vin[6].

Les autres actes de justice qu'il accomplissait à l'échevinage, ceux auxquels il prenait part, tel

---

1. *Inv. som. du Nord, Ch. des C.*, t. V, 2691 au 31 décembre 1584.
2. *Ordonnances royaux du bailliage de Saint-Omer*, p. 29.
3. Voir p. 70 et 71.
4. Ordonnance de la comtesse Marguerite du 3 décembre 1378.
5. Voir p. 263.
6. Ordonnance de la comtesse Marguerite du 3 décembre 1378.

l'arsin des maisons des étrangers contumaces ou rebelles à la justice de l'échevinage qui étaient coupables de voies de fait contre des bourgeois, les chevauchées[1], etc., rapportaient également quelque somme au bailli.

On voit dans un compte de la ville de 1436-1437 la dépense suivante : « A Guilbert le Chevalier pour « neuf draps noirs chascun de vint aunes à luy « prins pour les robes de Mess. *bailli,* maieur, esche- « vins et le conseil xxxv s. pour aune valant iii^c et « xv lib. ». Ce qui ferait penser que la robe noire que le bailli revêtait aux audiences de l'échevinage était payée alors sur les fonds alloués pour les dépenses de ce tribunal.

Le budget d'autres communes pouvait aussi être appelé à rétribuer les baillis. Pour le renouvellement de la Loy du pays de Langle, ils n'exigeaient encore aucun salaire du temps de Robert II, mais il paraît que plus tard on offrit à Jehan de Floreke « pour courtoisie » dix livres au lieu de « iii hens « ou vi ou dis d'avene » qu'on donnait à ses prédécesseurs « selonc chou que on veoit que ils « estoient pourfitable au pais ». Ses successeurs exigèrent cette somme comme si elle était réellement due en droit ; Pierre de Beaucaurroy le premier la perçut à ce titre, mais il est probable qu'après l'enquête faite en 1321 par ordre de la comtesse d'Artois[2], cet abus ne se perpétua pas.

---

1. « A M. le grand bailli du bailliage de St Omer lui revient à « chaque chevauchée quatre cannes de vin au prix de 32 sols 6 de- « niers faisant ensemble 13 livres » *(Compte onzième que fait et rend Jacques Hubert Hémart argentier de la ville de St Omer à M. Lefebvre de Caumartin intendant de Flandre et d'Artois 1755-1756. Inv. som. du Pas-de-Calais C, t. I. Intendance,* n° 484).

2. *Inv. som. du Pas-de-Calais* A, 944.

Nous ignorons ce qui lui était alloué pour renouveler les échevinages de la châtellenie de Tournehem et du pays de Bredenarde.

Nous ne parlons point ici des dons et cadeaux en argenterie ou en vins faits par la ville, dans différentes circonstances, nous en avons mentionné quelques-uns [1].

Nous ne connaissons pas le montant des gages fixes touchés anciennement par le *lieutenant général*. Lorsqu'il remplaçait le bailli dans certains actes, les émoluments qui étaient spécialement affectés pour leur accomplissement lui étaient naturellement payés. Après la vénalité des charges il recevait 100 livres, il en obtint 200 à partir de 1701. Il partageait en outre avec les conseillers certaines sommes et certaines taxes.

Les *conseillers* avaient aussi des gages fixes et annuels indiqués quelquefois dans leurs lettres de provision, et qui n'étaient pas toujours les mêmes pour toutes les charges. Jehan de Nyelles recevait en 1384 30 livres par an [2]. Guy Ponthe en 1393 avait une pension de 24 livres parisis, celle de Jehan Coquillan pourvu de la 1re charge en 1445 n'était que de dix livres ; en 1504, Martin de Wissocq recevait 12 livres [3]. Sous Charles-Quint ils étaient tous pensionnés de dix florins [4].

Dès 1538, Charles, roi de Castille, par décision du 17 décembre, les avait déchargé de l'obligation d'acquitter les maltôtes de vin, cervoises et autres

1. P. 235, 239, 294, 315, 316.
2. *Inv. som. du Pas-de-Calais* A, 106.
3. Commissions à la fin de l'ouvrage.
4. Courtois, *Mém. de la Morinie*, t. IX, p. 216.

breuvages nécessaires pour leur table, celle de leur famille et la dépense de leurs serviteurs, avec défense toutefois de distribuer ces boissons [1].

D'après l'édit du 1ᵉʳ août 1702, le lieutenant général et les cinq conseillers au bailliage devaient jouir des anciens gages et gratifications employés à leur profit dans les états des charges assignées sur le domaine d'Artois, comme aussi de 375 livres de nouveaux gages pour chacun à répartir entre eux, restant de 6000 livres accordées par l'édit du mois de février 1693 [2]. En 1705, Jean-Albert-Dominique Caucheteur, pourvu le 20 mars du 4ᵉ office de conseiller, avait pour gages annuels 75 livres 10 sous ; les autres conseillers nommés en 1706 et 1707 n'avaient que 62 livres 10 sous.

Le lieutenant général et les conseillers avaient eu aussi autrefois un droit de chauffage en nature qui leur avait été accordé pour leur surveillance sur les bois et forêts du souverain. Par le placard du 11 mai 1630, le lieutenant général eut droit à un arpent, et chacun des officiers à un demi-arpent de bois à choisir dans les forêts, et en 1659 le roi d'Espagne, par un règlement du 17 février, confirma ces avantages. A une époque inconnue, le prince racheta ce droit et attribua à sa place au lieutenant général une somme fixe et à chaque conseiller 42 florins [3], soit environ 52 livres 10 sous; dans la suite l'indemnité fut élevée à 100 livres pour le lieutenant général et à 62 livres 10 sous pour les conseillers.

Les gages du *procureur du roi* qui, en 1457,

---

1. *Arch. de Saint-Omer,* CCL, 2.
2. *Arch. de Saint-Omer,* CCXC, 11.
3. Le florin valait vingt-cinq sols argent de France.

n'étaient que de dix livres par an avaient été successivement augmentés, en 1702 il touchait 60 livres.

Les gages du *conseiller rapporteur du point d'honneur* créé en 1787 étaient fixés à raison de neuf pour cent du montant de sa finance, soit 405 livres déclarés insaisissables, mais il ne recevait que 300 livres ; les 105 autres étaient retenus pour former des pensions dont disposaient les maréchaux de France. Il n'était point sujet à la milice et jouissait de diverses exemptions d'impôts.

Le *petit bailli* n'avait pas de gages fixes à l'origine ni au XVIe siècle, c'est ce qu'atteste l'avis favorable donné par l'échevinage le 9 juillet 1593, à la nomination de Jacques Desmons[1] : « Ouquel office ny a
« gaiges à charge de Sa Majesté ni de la ditte ville,
« que simplement consiste le proufit dudit estat en
« choses casuels et droit et ès amendes non excè-
« dans dix florins, tel que de quatre patard au florin,
« pour être celles excèdant dix florins au profit seul
« de Sa Majesté et d'icelle ville sauf celle des plac-
« cards selon la teneur desquels on se règle... »[2].

Mais comme pour la police il dépendait du Magistrat et était chargé de faire exécuter ses ordonnances, il avait divers émoluments en argent ou en nature pour certains actes qu'il accomplissait en cette matière au nom de la ville. Les escauwages notamment lui rapportaient chacun une certaine somme : en 1663 on lui alloua pour ces opérations 3 florins par jour, qui étaient prélevés sur les deux tiers revenant à la ville dans les amendes qu'il prononçait contre les contrevenants. Chaque année il

---

1. Voir p. 381.
2. *Ms. Des Lyons de Noircarme.*

devait surveiller la coupe des foins dans les pâtures de la ville, et la veille du fauchage général, à condition d'y être présent, il pouvait faire faucher un homme à son profit [1]. Il finit par obtenir de l'échevinage des gages fixes, car en 1639 Antoine Wicart avait 120 florins par an, et en 1641 il obtenait l'exemption du guet et garde, et même du logement des gens de guerre [2]. Après la réunion à la France en 1677, ce petit bailli se plaignit à M. le Boistel de Chantignonville, intendant des places du côté de la mer, de ce que depuis deux ans ses gages ne lui avaient plus été payés. Sa requête fut communiquée aux échevins le 16 septembre, ceux-ci consentirent à lui verser le montant d'une année, mais déclarèrent le 12 octobre qu'aucun traitement fixe n'était attaché à cet office. Quoi qu'il en soit, il obtint à l'avenir 150 livres [3], et plus tard, quand le petit bailli passa complètement au service de la ville, il vit ses gages augmentés de dix livres par jour de voyages qu'il faisait au dehors [4].

On trouve un tableau général des gages de tous ces officiers, à l'exception du lieutenant, dans le « Rolle des noms, gages et pensions des conseillers, « ministres et autres officiers de leurs Altesses « Sérénissimes les ducs de Bourgogne, etc., tant de « la cour que de Flandres, d'Artois, de Haynau, de « Namur, de Malines, du Cambrésis et du Tournésis

1. *Arch. de Saint-Omer, registre aux délibérations du Magistrat* P, p. 222, année 1618. — *Id.* Q, f. 16 v°, année 1621.
2. *Arch. de Saint-Omer*, CXIV, 18. — A moins toutefois que le Magistrat lui-même fût obligé de loger.
3. *Arch. de Saint-Omer*. — Délibération de l'échevinage du 12 octobre 1677 approuvée par l'intendant le 18.
4. *Registre aux délibérations du Magistrat*, 1765 à 1768, p. 389.

« fait en l'an 1609[1] avec une déclaration des officiers
« payans rendage de leurs offices »[2], à la Chambre
des Comptes de Lille. En voici des extraits en ce
qui concerne Saint-Omer[3] :

« CONSEIL DES FINANCES
« PENSIONS

. . . . florins   sous

« A Messire Charles de Bonnières, che-
« valier, seigneur de Soastre (Souastre),
« bailly et capitaine de la ville de
« S' Omer pour ses gages dudit état,
« outre ceux qu'il tire sur la recepte de
« la dite ville...................... 300[4].

« Gages passez es comptes de la tré-
« sorie des guerres, au s' de Soastre,
« bailly et capitaine de la ville de
« S' Omer, ci...................... 300[5]

« ARTOIS

« Au compte de la recepte de S' Omer :
« A Messire Charles de Bonnières,
« chevalier, seigneur de Soastre, gou-
« verneur, grand bailly et capitaine des
« ville et chateau de S' Omer pour ses
« gages de grand bailiy 60 livres pari-
« sis, dont les 8 font 9 florins........   60

« A lui pour l'état de capitaine et
« châtelain   30

« A Simon de Lorme, sergeant des

---

1. Sous Philippe III roi d'Espagne.
2. *La Flandre illustrée par l'institution de la Chambre du roi à Lille en l'an 1385*, par Jean Le Seur. Lille 1712, in-12, p. 122.
3. On y voit figurer les traitements des agents des forêts parce qu'à cette époque la maîtrise des eaux et forêts de Saint-Omer n'existait pas, et que cette partie du domaine du prince était administrée par les officiers du bailliage (v. p. 252 et page précédente).
4. *La Flandre illustrée* p. 130.
5. *Id.*, p. 134.

« bois de Rehoult........................... 9 — 14· — 8ᵈ
« A Jacques Boutville, sergeant et
« garde desdits bois..................... 9 — 14 — 8
« A Jean Le Clerc, sergeant des bois
« d'Artois et Haye de Monteque pour
« six deniers par jour................... 7 — 6
« A Jacques Crépieu, maitre des
« hautes œuvres des ville et bailliage.. 4 — 16
« A Pierre Villeron, sergeant dudit
« bailliage.................................. 3 — 1 — 1
« A Marc Devonart, sergeant à cheval 3 — 1 — 1
« A François le Precq,   id. 3 — 1 — 1
« A Nicolas Titelouze,   id. 3 — 1 — 1
« A Nicolas Lay,   id. 3 — 1 — 1
« A Denis de la Fosse,   id. 3 — 1 — 1
« A Jean Hennegier, sergeant à masse
    de la ville et bailliage de Sᵗ O. 3 — 1 — 1
« A Hubert Cuvelier,   id. 3 — 1 — 1
« A Jean Laisné,   id. 3 — 1 — 1
« A Julien Henneghier,   id. 3 — 1 — 1
« A Thomas Quaday, sergeant des
« bois de la Montoire................... 9 — 14 — 8
« A Robert de Hu, commis garde et
« cepier des prisons du château de
« Sᵗ Omer................................. 50
« A Philippe Cœulre, géographe et
« mesureur sermenté des bois de Sᵗ Omer
« et Tournehem 100

« CONSEIL DU BAILLIAGE

« A Messire Wallerand de Théry, pro-
« cureur de leurs Altesses au quartier
« de Sᵗ Omer............................. 10
« A Messire Guillaume Van Dolre,
« conseiller aud. bailliage de Sᵗ Omer.. 10
« A Mess. Flour Doremieux, aussi
                           conseiller. 10
« A Messire Jose Carré,   id. 10
« A Louis Bernier,   id. 10
« A Messire Aubron, premier conseil-
« ler ordinaire........................... 12

« Audit Messire Charles de Bonnières,
« seigneur de Soastre, pour gages extra-
« ordinaires de capitaine de S' Omer...   120

« Audit procureur fiscal, au lieu du
« chatelain de Rehoult, pour son droit
« de Laye..............................   6

« Aux deux sergeants des bois de
« Rehoult..............................   6

« A Jean Le Clerc, sergeant des bois
« d'Artois et Haye de Menteque, pour la
« fouille et récompense desdites Layes.   4

« Au sergeant des bois de la Montoire
« pour son droit de Laye..............   3

. . . .

« A Charles de Blois, receveur dudit
« S' Omer, ou à son commis exerçant
« la recepte d'Alard de Brauwer, pour
« son vingtième de l'an 1607..........   461 — 19 - 3 [1]

. . . .

« ROLLE DES OFFICIERS FERMIERS

. . . .

« Au compte de la recepte de S' Omer :

. . . .

« de Jean Aertsone, pour le comté de
« Clarcques ou ammanie du marché...   20

« de François Caudron, bourgrave de
« la châtellenie de S' Omer..........   25 livres »[2].

A une époque plus éloignée, à la fin du XVIIIe siècle, on a également un « extrait de l'Etat du « Roi des Domaines et Bois de Flandres et Artois « pour le bailliage de St Omer »[3], qui donne pour les exercices 1769 et 1770 le détail des gages de ces officiers, à l'exception de ceux du bailli[4].

---

1. *La Flandre illustrée* p. 162, 163 et 164.
2. *Id.*, p. 207.
3. *Arch. du Bailliage.*
4. Ses gages étaient de 375 livres.

Le lieutenant général.	100 liv.	retenir le Xe reste	90
Le procureur du roi..	72	id.	64.16
Le conseiller Deschamps de Pas.........	75.10	id.	67.19
Les autres conseillers chacun	50.10	id.	45.09
Le lieutenant général pour le chauffage......	100	id.	90
Les conseillers pour le chauffage chacun......	62.10	id.	55.15
Les 6 sergents à cheval ensemble	26.10[1]	id.	23.49
Le geôlier des prisons du château.............	62.10	sans retenue	
Les rapport^{ts} et vérific^{ons} des saisies réelles......	41.08	sans retenue, soit chacun	20.14
Autre allocation au procureur du roi.......	125	retenir le Xe reste	112.10
Les 4 sergents à masse	19	id.	17.02
Le maitre des hautes œuvres	7.10	id.	6.15

Tels étaient les gages payés sur les divers budgets des domaines du roi ou de la ville ; il reste à mentionner les sommes qui pouvaient être dues aux officiers du bailliage par les vassaux, les particuliers et les justiciables.

Anciennement le bailli et les hommes féodaux recevaient une rétribution pour le temps et les peines qu'ils consacraient aux opérations féodales dont le profit appartenait au prince ; et il en était de même pour le clerc ou greffier et le sergent. Les lieutenants généraux et les conseillers touchèrent plus tard ces émoluments à la place du bailli et des hommes féodaux.

---

1. Pour l'année 1370 ils eurent 28.10, soit 4.15 chacun, déduire le dixième resta 2.17.

De même avant l'institution des notaires, vers 1521, les baillis recevaient des contrats pour lesquels il était dû des honoraires.

L'ordonnance du 14 décembre 1546 portant règlement pour l'administration de la justice à la gouvernance et bailliage d'Arras, rendue applicable le 12 mai 1607 au bailliage de Saint-Omer, indique les divers salaires des lieutenants, hommes de fiefs, avocat et procureur fiscaux, greffier, sergents, procureurs, calculés par vacations ou par affaires, et mis à la charge des parties condamnées, comme frais de justice, ou dus par celles qui avaient requis les actes. Le détail occupe les articles 137 à 229 et prend 19 pages du recueil des ordonnances royaux du bailliage de Saint-Omer que nous avons souvent cité[1] ; nous y renvoyons.

Depuis le xvi° siècle, les magistrats du bailliage prenaient 25 sols par heure de vacation employés aux actes judiciaires et jugements en matière civile.

Ils avaient droit aussi à des épices. Ils n'en prenaient point dans les procès qui se poursuivaient à la requête de la partie publique, ni pour les affaires sommaires, de simple instruction, les délibérés et règlements, les jugements par défaut, ni dans les affaires qui se jugeaient sur simple plaidoirie[2], et les procureurs généraux et les substituts n'y avaient pas plus droit dans ces sortes d'affaires que les conseillers[3]. Dans les autres cas, les épices n'appartenaient qu'aux magistrats qui avaient vu, examiné

---

1. *Ordonnances royaux du bailliage de Saint-Omer*, p. 167 à 185.
2. Voir les ordonnances de 1607 et 1617, un arrêt du Parlement de Paris du 10 juillet 1665, qui furent appliqués en Artois.
3. Déclaration du 27 février 1683, arrêts du Parlement de Paris du 10 juillet 1665 et 8 août 1709.

et jugé le procès. L'usage à Saint-Omer était de les partager entre les officiers qui y avaient droit : le grand bailli, le lieutenant général, les conseillers et le procureur du roi avaient chacun part égale, le conseiller rapporteur touchait double part. C'était au greffier qu'étaient remis les deniers des épices ; leur consignation avant le jugement était défendue, mais une fois celui-ci rendu, aucune expédition n'en pouvait être délivrée s'ils n'avaient été déposés. L'appel interjeté d'une sentence sujette aux épices était toujours exécutoire à leur égard, et elles n'étaient pas saisissables. Nous avons vu qu'à partir de 1693 il y eut un receveur spécial des épices qui les distribuait aux magistrats suivant leurs droits. A la fin de chaque année judiciaire (15 août), les officiers du bailliage vérifiaient la recette des épices perçues pendant son cours. Le « registre des épices et vaca-« tions commençant le 25 octobre 1784 pour servir « au s' Daverdoing, receveur ancien, alternatif et « triennal des amendes et épices »[1], porte à la date du 15 août 1790 le tableau suivant des épices dues aux magistrats :

Le grand bailli............	68 livres	4 sols	8 deniers 1/5
Le lieutenant général.....	39 —	» —	5 —
Le Roy (du Prey) conseiller	60 —	5 —	5 —
Defrance (de Hélican) »	42 —	5 —	5 —
Deschamps (de Pas) »	43 —	7 —	11 —
Legrand (de Castelle) »	49 —	7 —	11 —
Vanechout (du Haly) »	58 —	7 —	11 —
Buffin, substitut du procureur du roi............	395 —	» —	4 —

Le conseiller Deschamps de Pas a tracé dans son

---

1. *Arch. du Bailliage.*

manuscrit un tableau des sommes perçues à la veille de la Révolution pour l'une des charges de conseillers, en y réunissant tous les droits de gages, chauffages, vacations, épices, dont le montant, dit-il, n'a jamais produit de sommes supérieures à l'intérêt de la finance payée pour l'acquisition de la charge. Voici ce tableau :

1776	à	467 livres	2 sous		
1777	à	443 —	14 —		
1778	à	476 —	»		
1779	à	479 —	9 —	3 deniers
1780	à	392 —	17 —		
1781	à	425 —	18 —		
1782	à	310 —	13 —	9 deniers
1783	à	524 —	6 —		
1784	à	315 —	13 —		
1785	à	355 —	14 —		
1786	à	470 —	17 —	6 deniers
1787	à	350 —	18 —		
1788	à	426 —	16 —		
1789	à	279 —	14 —		
1790	à	280 —	10 —		

Soit en totalité six mille livres deux sous six deniers, ce qui donne une année moyenne de 400 livres 2 deniers.

Certes les justiciables n'étaient pas rançonnés, et on ne voit du reste aucune plainte contre les officiers de justice dans le procès-verbal de rédaction du cahier du Bailliage de Saint-Omer en date des 6 et 7 avril 1789, qui résumait les vœux émis dans le cahier de la ville et dans ceux des paroisses rurales.

CHAPITRE VI

DROITS HONORIFIQUES

Noblesse personnelle. — Droits honorifiques dans les églises. — Rang des officiers du bailliage entre eux. Prétention du procureur du roi en 1639. — Rang du bailliage et de l'échevinage dans les cérémonies publiques, Te Deum et processions. — Difficultés diverses avec l'échevinage, le Conseil de l'Artois réservé, le gouverneur. — Armoiries et insignes du corps du bailliage. — Costume.

Nous avons vu que le bailli était le plus souvent chevalier ou tout au moins écuyer [1]. Les lieutenants généraux étaient anciennement pris aussi dans la noblesse, et Mœusnier de Marigna, nommé en 1654, interrompit la série des lieutenants nobles. Les auditeurs de comptes furent choisis dans les meilleures familles de la ville. Les premiers conseillers, sous-baillis, procureurs du roi, les premiers sergents à cheval mêmes étaient également nobles ; nous avons vu enfin dans quelle classe d'hommes gradués et influents furent recrutés ensuite la plupart de ces

---

1. Pages 31, 32, 223.

magistrats, quand la noblesse ne fut plus une condition d'accès aux diverses charges. Alors les baillis continuèrent à être choisis dans la noblesse et les princes la conféraient quelquefois à d'autres membres du bailliage. On peut citer Wallerand de Théry, licencié en droit et procureur général de Saint-Omer, qui fut anobli le 16 février 1606 par les archiducs Albert et Isabelle, moyennant finance, tant pour ses longs et remarquables services que pour ceux de son père, qui avait exercé les mêmes fonctions [1]. Les lieutenants généraux, les conseillers et les procureurs du roi jouissaient d'ailleurs du privilège de la noblesse personnelle pendant leur exercice et graduelle, c'est-à-dire transmissible à la postérité du titulaire de la charge si celle-ci avait été remplie successivement par deux générations pendant un certain nombre d'années [2]. On sait que la noblesse en Artois n'était presque uniquement qu'honorifique, les nobles ne jouissaient effectivement, à l'exclusion des roturiers, que de l'exemption du droit de nouvel acquêt ou de franc-fief et de quelques espèces d'impositions en tout ou en partie [3].

Les membres du bailliage portaient le titre d'officiers royaux.

Ils figuraient en robes dans toutes les cérémonies

---

1. Leroux, *Théâtre de la noblesse de Flandre, d'Artois, etc*, p. 211 et 212. — *Ms. des dignités de l'église de Saint-Omer*, p. 230.

2. A Saint-Omer il n'y a pas d'exemple que les offices aient été remplis aussi longtemps par des descendants d'une même famille. — A Boulogne en Picardie, la charge de lieutenant général anoblissait également à la troisième génération, la famille Dauphin d'Halinghem profita de ce privilège. — Voir l'ordonnance de Louis XVI de mai 1788 sur l'administration de la justice.

3. *Notice de l'état ancien et moderne de la province d'Artois*, Paris 1748, p. 323.

publiques, notamment dans les *Te Deum* et les processions. Il paraît qu'ils avaient le droit de faire porter la queue de leurs robes, mais ils n'en usaient point, sauf le bailli et le lieutenant général. Ils jouissaient de certains droits honorifiques dans les églises paroissiales et autres de la ville de Saint-Omer. Ils étaient reçus dans le chœur et occupaient des banquettes du côté de l'évangile. En 1756 une contestation s'éleva à ce sujet entre eux et le chapitre de Notre-Dame ; et un arrêt du Conseil d'Artois du 12 mai 1757 ordonna au chapitre de laisser entrer les officiers du bailliage dans le chœur par la principale porte, les deux battants ouverts, et d'y faire préparer les banquettes accoutumées [1]. Dans la chapelle de Notre-Dame des Miracles, le chapitre recevait aussi le bailliage dans le chœur, et il y occupait également la droite.

Le bailli marchait en tête du corps suivi du lieutenant général, puis venaient les conseillers, le procureur du roi, son substitut, le receveur des amendes et épices [2] et le greffier. En 1639 cependant, le procureur du roi, Pierre Machart, prétendit, sans doute comme représentant plus particulièrement le roi, avoir la préséance sur les conseillers dans les assemblées en corps, et il se plaignit notamment que les conseillers Hellemans, Michiels, de le Fosse et d'Haffringhes l'eussent empêché, à la procession du 23 juin, de prendre le rang auquel il avait droit. Il porta ses doléances en halle en priant messieurs du Magistrat de vouloir bien lui donner une attestation constatant que les officiers de Sa Majesté avaient le

---

1. Lecesne, *Législation coutumière de l'Artois*, p. 393.
2. Voir ci-dessus, p. 394.

droit de préséance sur les conseillers, et que son prédécesseur avait joui auparavant de ce droit. Les échevins répondirent prudemment qu'ils « y pense-
« roient et apporteroient toujours volontiers de leur
« part ce que dépendait d'eux pour la conservation
« des droits des dits officiers »[1]. Le procureur semble avoir dû reconnaître plus tard la prééminence des conseillers, car lorsque celui de Béthune éleva une prétention semblable au siècle suivant, M. Joly de la Vaux, conseiller du roi à la gouvernance de cette ville, consulta les officiers du bailliage de Saint-Omer qui rédigèrent le 13 août 1748 « pour lui servir
« comme de raison » un certificat en ces termes :
« Les lieutenant général et conseillers du roy au
« bailliage de St Omer déclarent, attestent et certi-
« fient que leur corps est composé d'un grand bailli,
« d'un lieutenant général, de cincq conseillers, d'un
« procureur du roy, d'un substitut et d'un greffier,
« que dans les cérémonies publicques soit pour les
« te deum, les processions, et aultres assemblées en
« corps, les conseillers ont toujours précédés le pro-
« cureur du roi... »[2].

Un des principaux privilèges honorifiques des magistrats du bailliage était anciennement d'avoir, dans les cérémonies publiques et les processions, le pas sur les autres officiers des différents sièges, sauf l'échevinage, car les mayeur et échevins marchaient alors sur le même rang que les officiers du bailliage, et à leur gauche[3]. Mais le bailliage ne voulait

---

1. *Bibl. de Saint-Omer*, Ms. 879, t. II, p. 591 et 592.
2. *Arch. de Saint-Omer*, AB.
3. Dans les processions, les officiers du bailliage et de l'échevinage marchaient immédiatement derrière le dais, les uns à droite, les autres à gauche.

pas permettre à quelque échevin de se séparer du groupe du Magistrat et de passer ainsi avant lui. Le 25 février 1657 eut lieu une procession dans laquelle les deux échevins semainiers en robes voulurent, suivant l'usage, escorter le chef de saint Omer en suivant immédiatement les chanoines ; le grand bailli comte de Saint-Venant s'y opposa, et occupa cette place en invitant le corps du bailliage à se mettre à sa suite. Les échevins maintinrent leur droit en marchant sur le même rang que le bailli, malgré les injonctions de celui-ci qui voulut plusieurs fois les contraindre à le suivre. Après la cérémonie, MM. des deux années se réunirent, et on résolut de députer vers le comte de Saint-Venant pour lui représenter les droits anciens du corps échevinal d'accompagner le chef de saint Omer [1]. Le 28 février les députés de l'échevinage furent reçus par le grand bailli qui répondit qu'il n'était pas bien au courant de ce qui se faisait ordinairement, qu'il s'informerait et ferait connaître sa résolution au Magistrat, mais il refusa toute réparation [2].

Après la réunion à la France en 1677, le bailliage voulut appliquer à son profit les usages régnant dans le royaume et attribuant la préséance aux officiers du bailliage et présidiaux sur les corps municipaux. Mais une déclaration du roi du 19 août 1702, enregistrée au Parlement le 11 septembre, et dont l'exécution fut ordonnée le 28 mai 1703 par l'intendant Bignon, décida provisoirement que, dans les cérémonies publiques, les mayeur et échevins et autres officiers

---

[1]. Les échevins possédaient quatre des clefs de l'armoire où reposait le chef de saint Omer, le chapitre n'en avait qu'une.

[2]. *Arch. de Saint-Omer, registre aux délibérations du Magistrat* CC, f. 15 v°.

de la ville de Saint-Omer marcheraient à la gauche de ceux du bailliage « un à un et figurant avec les « dits officiers », et qu'ils se croiseraient les uns les autres dans les défilés, en sorte que le dernier officier du corps de ville croisât le dernier officier du bailliage. Cependant l'intendant n'avait agi qu'en vertu d'ordres à lui adressés par le roi et en attendant que Sa Majesté eût décidé le différend. Aussi la question de préséance, non définitivement tranchée par le prince, fut comprise dans le grand procès de juridiction contre l'échevinage, et, par requête du 14 janvier 1740, les officiers du bailliage demandèrent formellement la préséance et le pas sur les mayeurs et échevins aux *Te Deum*, processions et autres cérémonies publiques, bien qu'ils eussent la droite. L'échevinage soutint que si ses membres marchaient sur le même rang que ceux du bailliage, c'est parce que ces derniers n'avaient point de ressort judiciaire sur lui, et que si les officiers des autres bailliages d'Artois et ceux de la plupart des autres provinces de France précédaient les corps municipaux, c'est qu'ils avaient au contraire ressort sur la juridiction de ces derniers. En France cependant on pouvait citer comme ayant la même prérogative que le Magistrat de Saint-Omer, les maire et échevins de la Rochelle qui, en conséquence d'arrêts du Conseil d'Etat du 21 octobre 1698 et 28 juillet 1703, marchaient de pas égal à la gauche des officiers du présidial, puis ceux de Montfort-Lamaury et de la ville de Dreux qui occupaient la même place près des officiers du bailliage. Les conclusions du procureur général du parlement en 1748 ne proposèrent point de solution sur ce point, et l'ancien usage établi par l'intendant Bignon subsista.

D'autre part, pendant le temps que le Conseil d'Artois avait siégé à Saint-Omer de 1640 à 1677, il avait fallu assurer à ses officiers une place convenable dans les cérémonies publiques et le bailliage avait dû lui céder la préséance : « A la procession générale
« du Saint-Sacrement en 1641, dit d'Haffringhes[1],
« se sont trouvés messieurs les Président et gens du
« Conseil d'Artois marchans à droite de mondit sieur
« le vicomte de Lières grand bailli et capitaine de
« ceste ville, suivi des officiers du Roi s'entremetant
« parmi lesd. officiers les conseillers de Sa Majesté
« au bailliage, et étoient lesdits sieurs du Conseil
« conduits par quatre huissiers d'icelui Conseil non
« ordinaires ; au regard de messieurs du Magistrat
« des deux années ils avaient marché avecq les offi-
« ciers de leur bureau selon l'ordre ordinaire immé-
« diatement après lesdits sieurs du Conseil d'Artois,
« lesquels estoient aussi accompagnés des fiscaux et
« du greffier dudit Conseil tous en robbes. » A l'église les officiers du Conseil occupèrent le côté de l'évangile, ceux du bailliage le côté de l'épître, et les mayeur et échevins se tinrent dans la grande nef hors du chœur.

Après la conquête française le bailli ne put continuer à occuper la première place dans les cérémonies publiques. Tant que la charge de gouverneur avait été réunie à son office il avait eu partout la préséance, mais il dut l'abandonner au gouverneur établi à partir de 1677.

Suivant un règlement du 19 août 1700, le roi décida en effet, qu'en toutes processions et cérémonies

---

1. *Bibl. de Saint-Omer, Ms. 879*, t. II, p. 81.

publiques les grands baillis héréditaires de ses villes et bailliages d'Arras, Saint-Omer, Aire, Béthune, Bapaume et Hesdin et les officiers des dits bailliages auraient rang et séance immédiatement après le gouverneur de la place, ou en son absence de celui seulement qui se trouverait y commander et avant tous autres ; comme aussi que les dits grands baillis jouiraient dans les églises paroissiales des droits honorifiques immédiatement après le gouverneur de la place, ou de celui qui y commanderait en son absence, sans néanmoins que lesdits grands baillis puissent prétendre dans les églises à des places séparées de celles destinées au corps desdits bailliages, ni au droit d'allumer des feux de joie après le gouverneur, droit que Sa Majesté réservait aux maires des villes [1]. L'art. 27 de l'arrêt du Conseil d'Etat du 2 novembre 1700 confirma ces différents points.

Au service chanté à la cathédrale le 11 octobre 1715, lors de la mort de Louis XIV, le bailliage occupa donc la droite, la ville la gauche, et le commandant de place seul eut un fauteuil au centre ; les officiers de l'état-major n'y assistèrent que comme particuliers et on leur donna des chaises en haut du chœur, ainsi qu'à ceux du génie, de l'artillerie et autres. Les officiers du bailliage en robes portèrent le chaperon et la ceinture en crêpe, et le rabat blanc. Après la mort de Louis XV la cérémonie fut la même.

Quand M. de Mortières lieutenant du roi mourut, avant de se rendre à ses funérailles qui devaient se faire à l'église de Saint-Denis sa paroisse, messieurs du bailliage s'informèrent de la place qui leur serait donnée et comme on les prévint que le corps des

---

1. Ordonnance du roi à Versailles 19 août 1700, imprimée à Saint-Omer chez Fertel, p. 7 et 8.

officiers de la garnison ayant à sa tête le major passerait le premier dans la rue pour se rendre à l'église, et que là il occuperait le centre, ils protestèrent et déclarèrent que ne voulant point céder le pas aux officiers mais bien seulement à leur chef, ils n'iraient que comme simples particuliers, ce qu'ils firent.

Par un singulier retour des choses d'ici-bas, il arriva qu'en 1770 ces mêmes troupes qu'autrefois le grand bailli avait voulu commander comme gouverneur de la ville, en vinrent à manquer d'égards au bailliage. A la procession du Saint-Sacrement du 14 juin, après la cérémonie à l'église, les troupes qui accompagnaient le clergé se rejoignirent derrière le dais laissant en dehors le corps du bailliage et le corps du Magistrat. Ils se retirèrent tous deux, et l'échevinage, avec sa vigilance habituelle, s'adressa au commandant de la place, puis au gouverneur de la province afin de savoir s'ils avaient donné l'ordre aux troupes d'agir ainsi. Sur la réponse négative de ces deux autorités militaires le Magistrat adressa un mémoire au duc de Choiseul[1]. Il est probable que le bailliage en fit autant ou s'associa à la plainte de l'échevinage.

Dans les églises le bailli avait un tabouret, le lieutenant général un coussin ; l'échevinage, jaloux de ces distinctions, fit donner alors au mayeur un tabouret de velours à galons et crépines d'or ; et, à son tour, le lieutenant général adopta le même coussin. Le lieutenant du roi avait un fauteuil.

Après 1770 on ne signale plus de conflits pour les questions de préséance, les décisions que nous avons citées paraissent enfin avoir été appliquées, et cha-

---

1. *Arch. de Saint-Omer, registre aux délibérations du Magistrat*, juillet 1765 à 1783, f. 101.

cun occupait à la place qui lui avait été assignée.

Dans l'armorial général de 1696 on voit que les armoiries du corps des officiers du bailliage étaient de gueules à un pal d'argent chargé d'un annelet d'azur [1].

Ses insignes consistaient en une main d'argent adaptée à une vergette et en un écusson représentant une balance [2].

Aux audiences le bailli portait autrefois une robe noire [3] et il la revêtait aussi lorsqu'il figurait dans les cérémonies publiques. Il semble cependant que quand ses fonctions judiciaires furent absorbées par le lieutenant général il porta l'habit, le manteau, le collet et l'épée [4]. C'est ainsi vêtu que M. de Lencquesaing se présenta en 1760 à l'échevinage quand il s'y fit recevoir [5].

Le costume des conseillers consistait en dernier lieu en une robe de palais noire, peut-être doublée de blanc, avec rabat, semblable à celle des officiers du conseil d'Artois avant qu'ils n'eussent adopté la robe rouge. Ils avaient de plus une ceinture à franges [6].

1. Borel d'Hauterive, *Arm. gén. Picardie*, p. 248, n° 108.
2. Derheims, *Hist. de Saint-Omer*, p. 665, note.
3. Comptes de la ville 1436-1437. Voir ci-dessus p. 443. — Cette robe devait se distinguer par son étoffe ou par un signe quelconque que nous ne pouvons indiquer, de celle des autres officiers du corps.
4. Guyot *(Rép. de Jurisp.)* rapporte un édit du mois de janvier 1705, rendu pour le présidial d'Ypres en Flandre, en vertu duquel « le bailli, dit-il, ne peut siéger qu'en habit et en manteau noir, « avec le collet et l'épée. »
5. Page 239. — Son manteau était en velours.
6. M. Derheims, dans son *Histoire de Saint-Omer*, p. 665, note 1, dit : « le costume des échevins et des membres du bailliage était le « même, le bailli seul offrait quelque disparité, en ce qu'il portait

Les autres officiers de judicature semblent avoir eu la robe noire, sans doute avec quelques différences, soit dans l'étoffe, soit dans la doublure, afin de se distinguer les uns les autres, les rabats ne devaient pas non plus être identiques¹. La coiffure et la barbe suivirent la mode des temps.

Telles étaient les différentes fonctions des magistrats et des divers officiers du bailliage. Le mode de leur recrutement, s'il était appliqué de nos jours, encourrait avec raison la réprobation générale. Cependant alors ni l'hérédité, ni la faculté de résigner l'office au profit d'un successeur accordées aux magistrats ne contraignaient le souverain à accepter la désignation d'un titulaire, ces privilèges invoqués pouvaient seulement déterminer le choix du prince qui restait libre. De même, ni le conseil d'Artois ni le bailliage, chargés de recevoir et d'installer les officiers nouvellement nommés, n'étaient tenus de les accepter, et nous avons vu divers cas où des conditions spéciales furent au moins imposées aux nouveaux titulaires, et d'autres où leur admission fut retardée². Des conditions d'âge, de capacité et de moralité étaient en effet exigées. C'étaient là de sérieuses garanties contre les inconvénients de la

« un manteau noir. Ce costume, qui d'ailleurs a varié si souvent, « consistait, dans le XVIIᵉ siècle, en une robe bleue ouverte bordée « de rouge et une sorte de toque, tantôt brune, tantôt bleue ». Nous pensons qu'au XVIIIᵉ siècle le costume des membres du bailliage était celui que nous indiquons.

1. Nous avons mentionné déjà, p. 375, le costume du conseiller rapporteur du point d'honneur qui était un officier tout spécial, p. 398 celui des procureurs *ad lites*, et p. 411 la robe des sergents à cheval.

2. Page 228.

vénalité et de l'hérédité des charges introduites sous la domination française. De plus la possession de ces charges à vie assurait, avant l'application moderne du principe de l'inamovibilité, l'indépendance de la justice ; quant au droit de désigner à l'agrément du roi un successeur, il pouvait être aussi un obstacle aux caprices du pouvoir, et les traditions continues d'honneur et de dignité justifiaient le plus souvent le maintien, d'ailleurs assez rare à Saint-Omer, des charges dans les mêmes familles [1].

Les gages fixes de ces magistrats, ceux des conseillers en particulier, diminués encore par diverses retenues, étaient trop modiques pour faire rechercher ces emplois par des gens besogneux ; les principales charges du bailliage étaient donc occupées par des membres de familles arrivées par le labeur de plusieurs générations à une situation de fortune qui les plaçait au-dessus du vulgaire, et cette aisance assurait encore leur indépendance et contribuait à la considération dont ils jouissaient. Les autres émoluments étaient peu élevés et perçus sans exagération, de sorte qu'en définitive les officiers du bailliage étaient moins payés en argent qu'en honneurs, et les prérogatives attachées aux charges de cette petite cour n'avaient rien d'exagéré.

Quoiqu'il en soit, les hommes de ce temps se rendaient bien compte des inconvénients de la vénalité

---

1. Trois membres de la famille de Beaufort, deux de celles de Lencquesaing, occupèrent de 1694 à la Révolution les charges de grand bailli. Parmi les conseillers, en 1739 J.-B. Defrance de Hélican eut pour successeur en 1754, Charles-Auguste Defrance de Hélican, son fils ; en 1768 Maximilien-Joseph Legrand de Lières fit passer sa charge en 1781 à son frère André-François-Marie Legrand de Castelle. Parmi les procureurs on voit se succéder en 1718 Jean-Jacques Petit et en 1750 Louis-Eugène Petit du Cocquel.

des offices, et le cahier des doléances du tiers état de la ville de Saint-Omer demandait le 31 mai 1789 de « supprimer la vénalité des offices de judicature « pour les fonctions de juges être à l'avenir rem- « plies par des personnes choisies par des justicia- « bles parmi les avocats qui auront exercé leur pro- « fession pendant au moins dix ans »[1]. Le cahier du bailliage reproduisit le même vœu[2]. Tous les cahiers des bailliages demandaient en outre la gratuité de la justice et la suppression des épices[3].

---

1. *Mém. de la Morinie*, t. XVIII, p. 213, art. 33.
2. Loriquet, *Cahier des doléances de 1789 dans le département du Pas-de-Calais,* déjà cité, t. I, p. 115. — La vénalité des offices devait être supprimée, mais c'était une erreur de demander l'élection des juges ; ce système fut essayé au commencement de la Révolution (7 mai 1790), ne donna que des mécomptes et ne put subsister *(La Magistrature élue,* par M. Arthur Desjardins. *Revue des Deux-Mondes,* t. 52, liv. août 1882).
3. Loriquet, *Cahier des doléances, etc.,* CXV *in fine* et t. I, p. 122, art. 90.

TABLE DES MATIÈRES

Pages

Préface . . . . I à VII

LIVRE PREMIER
Le Bailliage de Saint-Omer jusqu'à la fin du XVe siècle.

CHAPITRE I
Origine des baillis de Saint-Omer.

Création des baillis à la fin du XIIe siècle	1
Les pouvoirs existant à Saint-Omer au moment de la création du bailli	4
Le châtelain et son sénéchal	4
Le prévôt	7
La commune audomaroise	8
Les seigneuries particulières	9
Les établissements religieux	10
Utilité de la création des baillis	11

CHAPITRE II
Disparition de l'ancienne châtellenie transformée en bailliage.

Le bailli remplace le prévôt, le châtelain et le sénéchal dans la plupart de leurs attributions	13
Château élevé en 1211 par Louis, fils de Philippe-Auguste	14
Etendue de l'ancienne châtellenie	15
Les fiefs qu'elle comprenait dépendent du nouveau château et celle-ci n'est plus qu'un fief relevant du bailliage	16
Le titre de châtelain, réuni d'abord à celui de bailli, devient ensuite le nom d'un officier subalterne, lieutenant du châtelain ou bourgrave	16
La sénéchaussée suit le sort de la châtellenie	18
Etendue successive du bailliage	19

CHAPITRE III
Nomination des baillis, leurs attributions.

Nomination des baillis	22
Leurs attributions d'après leurs commissions	27
Division de ces attributions en financières, administratives, militaires et judiciaires	30
Considération dont jouissaient les baillis	31
Leur serment au prince avant d'entrer en charge	32
Cautionnement	33
Amovibilité des baillis	33
Surveillance de leur administration	34
Pénalités	35
Trahison d'Enguerrand de Beaulo. Lettres du roi Jean de 1358	37

CHAPITRE IV
Installation du bailli à l'échevinage.

Serment de respecter les libertés communales	40
Il donne aux mayeur et échevins la liberté et les franchises de la Chambre échevinale	43
Il nomme les sergents à verge et les escarwettes	44

CHAPITRE V
Attributions financières.

Le bailli tient les comptes du souverain	49
Il les rend au grand bailli, puis au receveur d'Artois	50
Chambre des Comptes d'Arras	50
Principales recettes et dépenses des baillis	51
Vérification de leurs comptes	57
Création d'un receveur du bailliage vers le milieu du XIV° siècle	58
Chambre des Comptes de Lille créée en 1385, le receveur y est rattaché	61
Receveurs spéciaux pour certaines taxes	62

CHAPITRE VI
Attributions administratives.

Leurs variétés	64
Les plus importantes étaient la surveillance de la comptabilité communale et des élections échevinales de la ville de Saint-Omer	67

Comptes communaux. — Ordonnance de la comtesse Mahaut en 1305. — Le bailli assiste à la reddition des comptes. — Commissaires spéciaux. — Ordonnance de Philippe-le-Bon de 1447. 67
Elections échevinales à Saint-Omer. — Réforme de la comtesse Mahaut en 1306 et de Philippe-le-Bon en 1447 76
Echevinage du pays de Langle. 81
Droits de police du bailli dans l'étendue de la ville de Saint-Omer. — Les foires 82

CHAPITRE VII
Attributions militaires.

Le bailli est chargé des dépenses militaires, de l'entretien des châteaux-forts existant dans l'étendue de son bailliage. 84
Ces dépenses sont acquittées plus tard par le receveur du bailliage 91
Surveillance du bailli sur les châteaux-forts des seigneurs et sur les fortifications élevées autour des villes de son bailliage. 91
Il convoque le contingent militaire des vassaux du prince 94
Dans la ville ses pouvoirs sont limités par les privilèges des mayeur et échevins, à qui incombe l'entretien des fortifications et qui font garder la ville par la milice communale dont le mayeur est le chef. 96
En temps de guerre cette milice ne peut quitter la ville que si le territoire de la Flandre est envahi 98
Mais le bailli répond de la place au prince et surveille les échevins 103
Le bailli, en temps de guerre, n'est à l'origine qu'exceptionnellement commandant du château et de la place; on y envoie des capitaines et gouverneurs. 104
Cependant le bailli est homme de guerre 109
Belle conduite de plusieurs baillis 110

CHAPITRE VIII
Attributions judiciaires.

Mode de rendre la justice en Artois. — Hommes féodaux et cottiers 111
Justice du comte d'Artois, le bailli est conjureur mais n'est jamais juge. 115

La semonce ou conjure et les conclusions	117
Droit de calenger	118
Seigneurie et justice sont inséparables en Artois	118
Le bailli exerce la haute justice	119
Cours du bailliage vers 1350	120
Cas royaux attribués au bailli d'Amiens ou à son lieutenant à Montreuil	122
La cour du bailliage devient une cour féodale d'appel et une cour foncière	123
Conseillers au bailliage	125
Devant le tribunal des échevins, le bailli partage quelques attributions avec le châtelain	132
Il n'y exerce la conjure qu'en matière criminelle	136
Lutte entre le bailli et le Magistrat à propos des privilèges des bourgeois. — Juridiction des mayeur et échevins dans la ville et la banlieue	138
Elle s'étend même sur les officiers du bailliage excepté en matière criminelle	145
Le bailli obligé de respecter la liberté individuelle des bourgeois	146
Serment du bailli en 1499	151
Etrangers, lèse-majesté, confiscation	152

CHAPITRE IX
Attributions judiciaires (suite).
Lutte des baillis avec les juridictions ecclésiastiques.

L'évêque de Térouanne. — Les clercs et la justice ecclésiastique	155
Exemples de conflits avec l'autorité échevinale *en matière criminelle*. — Rôle des baillis. — Procès au Parlement. — Intervention du roi de France. — Lettres royales de 1346. — Humiliations imposées à un sous-bailli au xive siècle et à Guilbert de Nédonchel, bailli, en 1346.	164
Excommunication de plusieurs baillis :	
Alliaume de Longpré en 1398	186
Guillaume de Rabodinghe 1422, 1432, 1440	176, 177, 182
Alard de Rabodinghe, 1447	182
Saisie du temporel	171
Droit d'asile, lettres de Charles V en 1364	183
Difficultés *en matière civile* : clercs marchands et mariés	166 et 184

Actions contre les clercs. — Excommunication du bailli
    Aléaume de Longpré en 1395. 186
Biens meubles des ecclésiastiques décédés intestat . . 187
Causes civiles des laïques, testaments. 188
Les laïques affranchis de toute juridiction ecclésiastique
    en 1432. 190
L'abbaye de Saint-Bertin. — Double rôle du bailli, il est
    protecteur de l'abbaye et il défend la juridiction du
    prince. 191
Difficultés avec le Magistrat et le bailli 192
Excommunication du bailli Guillaume de Wailly en 1371. 195
La draperie d'Arques. 201
Accord en parlement en 1385 relatif à la juridiction de
    l'abbaye. 202
Arrêt du grand conseil de Malines du 17 mars 1542. . . 204
Le chapitre de la collégiale. — Droit d'excommunication
    des prévôts. 205
Conflits avec la ville et le bailli. 205
Excommunications des baillis :
    Guillaume le Poignant en 1286. 206
    Pierre de Bouveringhem en 1321. 208
Bulle du pape Jean XXII de 1323, accord de 1333 . . . 208
La coutume de 1531. 209

CHAPITRE X
Les lieutenants du bailli.

Ils sont nommés par lui d'abord en nombre illimité . . 211
Leur amovibilité. — Leur serment à l'échevinage. . . . 214
Les lieutenants premiers ou généraux et les lieutenants
    particuliers. — Ils remplacent le bailli — Le Magistrat
    s'oppose, le plus souvent en vain, à ce qu'ils reçoivent
    le serment des échevins. 215

Conclusions du livre I. 218

LIVRE II

Le Bailliage de Saint-Omer depuis la fin du XVᵉ siècle jusqu'en 1790

CHAPITRE I
Nomination des baillis.

Nomination des baillis jusqu'en 1677. — Leur serment au prince avant d'entrer en charge. — Cautionnement. .	224
Le comte de Saint-Venant prend en 1653 le titre de grand bailli	225
Réunion de Saint-Omer à la France. — Vénalité des charges. — Mode de nomination des baillis	225

CHAPITRE II
Installation des 18 derniers baillis à l'échevinage.

Serment de respecter les libertés communales. — Quelques baillis ne le prêtent pas.	229
La formalité consistant à accorder les franchises de la Chambre échevinale disparaît au xvııᵉ siècle.	240
Les sergents à masse sont nommés par les intendants à partir de 1733, les escarwettes par la ville à compter de 1728	241

CHAPITRE III
Les lieutenants.

Importance du lieutenant général. — Il reçoit du bailli des lettres patentes de nomination	242
Ses serments au bailliage et à l'échevinage	243
Le Magistrat lutte contre l'extension des pouvoirs de cet officier, notamment en 1654 quand on le choisit parmi les hommes de guerre	244
Conquête française. — Le lieutenant général est nommé par le roi. — Vénalité des charges	246
Le lieutenant particulier est aussi nommé par lettres patentes du bailli.	247
Sa charge est supprimée lors de la réunion de Saint-Omer à la France. — Le plus ancien conseiller remplace à cette époque le lieutenant général empêché. .	248

CHAPITRE IV
Attributions financières.

Le receveur du bailliage devient receveur des domaines.	250
Contrôle et juridiction de la Chambre des Comptes de Lille. — Bureau des finances créé à Lille en 1691 . .	251
Le receveur des domaines devient receveur des deniers royaux, contrôleur des domaines.	251
Maîtrise des eaux et forêts établie à Saint-Omer en 1693.	252
Droit d'imposition restant au bailli	252

CHAPITRE V
Attributions administratives.

Comptes communaux. — Ordonnances de 1500.	255
Auditeurs de comptes à Saint-Omer de 1500 à 1676. . .	256
La ville rend ensuite ses comptes au bailli, aux trois corps du Magistrat et à divers commissaires.	258
Après la conquête en 1677 elle les rend à l'intendant . .	258
Bureau des finances de Lille en 1691	259
Arrêt du Conseil de 1692, les comptes de la ville sont signés par l'intendant.	259
Le bailli continue à jouir du droit d'audition des comptes	259 et 260
Nouvelles règles de comptabilité introduites par les édits de 1764 et de 1765.	261
Le lieutenant général assiste à la reddition des comptes de 1766 à 1768.	263
Les officiers du bailliage finissent par être éliminés. . .	264
Edit de 1773, l'exercice financier va du 1er janvier au 31 décembre.	264
Inutile réclamation du bailli que l'édit ne mentionne même pas.	264
Observations de l'échevinage sur l'édit. — Vœux du Tiers-Etat relativement à la comptabilité communale dans le cahier des doléances de 1789. — Mêmes vœux dans le cahier du bailliage	265
Elections échevinales à Saint-Omer. — Ordonnance de 1500, nomination des quatre premiers échevins par le bailli, il donne sa voix à l'élection du mayeur et assiste au renouvellement de la Loy	267
L'ordonnance de 1506 rend le droit d'élection à la ville.	268

En 1516 rétablissement de l'ordonnance de 1500, protestation du Magistrat 268
Ordonnance de 1540, droits et obligations du bailli, son serment avant de désigner les quatre premiers échevins, il reçoit le serment du corps échevinal. 270
Difficulté avec le lieutenant général au sujet de son droit de désigner les quatre échevins à la place du bailli . 271
Les officiers du bailliage prétendent nommer le corps électoral. 272
Décision du Conseil privé de 1556. 272
En 1587 le roi d'Espagne ordonne que le bailli informe le gouverneur général d'Artois du nom des quatre échevins qu'il entend désigner; modification du corps électoral où entre l'évêque. 274
Continuation de la lutte entre l'échevinage et le bailli. . 275
Prépondérance des corps de métiers annulée par le bailli 276
Après la conquête française la charge devient vénale, il est électeur né de la noblesse 278
Ses droits passent à l'intendant, autorité absolue de celui-ci 279
Suppression des élections échevinales. 280
Edit de 1764 qui rend aux villes d'Artois le droit d'élire leurs magistrats 281
Modifications successives apportées par l'édit de 1765, l'arrêt du Conseil de 1768 et l'édit de 1773. 282
Les attributions du bailli en ce qui concerne la surveillance des officiers municipaux disparaissent complètement 287
Cahier des doléances du Tiers-Etat de Saint-Omer en 1789 289
La loi du pays de Langle continue à être renouvelée par le bailli de Saint-Omer. — Renouvellement des échevinages de la chatellenie de Tournehem et du pays de Brédenarde 289

CHAPITRE VI
Attributions militaires.

A partir de 1500 le bailli devient officier de guerre. Il a sous ses ordres une compagnie de soldats levés dans la ville et la banlieue 291
Le bailli capitaine de la ville en 1507. — Résistance de

l'échevinage. — Contestations relatives à la garde de la ville, aux clefs des portes, au mot du guet. 292
Ordonnance de Charles-Quint de 1540. — La capitainerie urbaine n'appartient plus au mayeur qu'en temps de paix. 295
Ordonnance de la gouvernante des Pays-Bas en 1541 . 296
Décision du Conseil privé de Philippe II, roi d'Espagne, en 1556 297
Le bailli est qualifié du titre de gouverneur en 1638, nouvelles difficultés avec l'échevinage. 305
Le mayeur insulté par le bailli en 1654 308
Hostilité de Maximilien de Lières. 314
Saint-Omer retourne à la France en 1677. — Résumé. . 317
Effet de la conquête. — Un gouverneur militaire réside à Saint-Omer, il a dans ses attributions la direction des gens de guerre, l'entretien des fortifications et la défense de la place 319
Insuffisance de l'hôtel du gouverneur, il n'y réside pas. — Indemnité de logement. 321
L'échevinage perd tous ses privilèges. — Le bailli n'a plus que le droit de convoquer le ban et l'arrière-ban. 323

CHAPITRE VII
Attributions judiciaires.

Depuis la création des conseillers au bailliage le bailli reste chargé de la conjure et les hommes de fiefs continuent d'abord à juger 325
Les fonctions du ministère public passent au procureur du roi. 326
Après la conquête française les conseillers ont exclusivement le droit de juger à condition d'être hommes de fiefs. 327
Arrêt du Parlement du 16 mai 1687. 329
La création du bureau des finances de Lille en 1691 restreint leur compétence en matière féodale et domaniale 331
Les affaires concernant les eaux et forêts sont attribuées à la maîtrise établie en 1693. 333
Devant le tribunal des échevins le bailli continue à exercer la conjure, mais les fonctions de ministère public sont attribuées au procureur du roi ou au petit

bailli 334
Continuation de la lutte entre le bailli et le Magistrat à propos des privilèges des bourgeois. — Juridiction sur la ville et la banlieue 335
Liberté individuelle des bourgeois 337
Lèse-majesté 340
Confiscation 341
Coutumes de l'échevinage. — En 1680 les officiers du bailliage contestent tous les droits de juridiction du Magistrat . . . . 340 et 341
Rôle important du lieutenant général en matière judiciaire 342
Sa charge devient vénale en 1692, il tient ses provisions du roi. — Il doit être homme de fief, peut présider la cour du bailliage ou y figurer comme juge 345
Les lieutenants généraux de la province plaident contre les grands baillis 345
Arrêts du Conseil du 2 novembre 1700 et du 15 juillet 1768 346
Transaction de 1746 avec les conseillers au bailliage . . 347

Conclusion du livre II 348

LIVRE III

Les officiers du bailliage. — La cour du bailliage et l'administration de la justice.

CHAPITRE I
Les officiers du bailliage.

Les conseillers 358
Le procureur du roi 361
Le substitut du procureur du roi 370
Le conseiller rapporteur du point d'honneur 372
Le sous-bailli ou petit bailli 378
Le greffier 392
Le receveur des amendes et épices 393
Le tiers référendaire taxateur de dépens 394

Les deux rapporteurs vérificateurs de saisies réelles . . 396
Les procureurs *ad lites*. 397
Les avocats 398
Le maître des hautes-œuvres ou bourreau. — Le cepier
 ou geôlier. 401
Les notaires 401
Les sergents à cheval. 406
L'huissier audiencier 411

CHAPITRE II
Administration de la justice.

Plaids et audiences. — D'abord irréguliers les plaids se
 tiennent de quinzaine en quinzaine depuis 1509. . . 414
Puis en 1540 les mardi et jeudi de chaque semaine . . . 415
Police des audiences. — Ordre dans lequel siégeaient
 les magistrats 416
Règlement sur l'administration de la justice à la gou-
 vernance d'Arras du 14 décembre 1546 applicable au
 bailliage de Saint-Omer. 417
Arrêt du Conseil de 1700. 418
Arrêt du Conseil de 1702. — Concordat entre les officiers
 du bailliage en 1746 419
Les audiences se tiennent le jeudi. — Travaux des
 magistrats. 420
Vacances. — Sceau 421

CHAPITRE III
Hôtel du bailliage.

Le château. — La Maison royale. 423
Les Armes de France 425
L'hôtel du bailliage. 428

CHAPITRE IV
Incompatibilités.

Incompatibilité entre les fonctions d'officier du bailliage
 et celles de membre de l'échevinage. 431
 de subdélégué de l'intendant et autres 439

CHAPITRE V
Gages et épices.

Gages du bailli. 441

Gages du lieutenant général. — Des conseillers 444
Gages du procureur du roi. 445
Gages du conseiller rapporteur du point d'honneur . . 446
    Du petit bailli 446
Etat général des gages payés en 1609 447
Autre état pour les exercices 1769 et 1770 450
Salaires variés. 451
Vacations. — Epices. 452
Revenu d'une charge de conseiller de 1776 à 1790 . . . 454

CHAPITRE VI
Droits honorifiques.

Noblesse personnelle 456
Droits honoriques dans les églises 457
Rang des officiers du bailliage entre eux. — Prétention
    du procureur du roi en 1639 457
Rang du bailliage et de l'échevinage dans les cérémonies
    publiques, *Te Deum* et processions 458
Difficultés diverses avec l'échevinage 459
    —   le Conseil de l'Artois réservé. . 461
    —   le gouverneur 462
Armoiries. — Insignes. — Costume 464
Résumé 465

CORRECTIONS ET ADDITIONS

Pages.	Lignes.	
1	»	En dessous de : chapitre I, *ajoutez* : Origine des baillis de Saint-Omer.
13	»	En dessous de : chapitre II, *ajoutez* : Disparition de l'ancienne chatellenie transformée en bailliage.
22	»	En dessous de : chapitre III, *ajoutez* : Nomination des baillis, leurs attributions.
39	»	En dessous de : chapitre IV, *ajoutez* : Installation du bailli a l'échevinage.
70	note 3	*in fine* Jean Le Seur, *lisez* : Jean de Seur.
103	24	le Caron, *lisez* : Le Caron.
	29	1489, *lisez* : 1489 (n. s.).
120	15	que des plaids, *lisez* : et des plaids.
129	note 2	livre II, *lisez* : livre III.
151	21	*supprimez* : la.
151	25	ou autre exploit, *lisez* : ou autre appel. Ce mot signifiait alors ajournement. Ce n'est que dans les serments postérieurs à celui de 1499 qu'on a employé le mot plus moderne d'exploit. (Voir notamment *Recueil des Chartres de la ville,* p. 217).
154	note 2	t. X, *lisez* : t. XV.
169	14	1395, *lisez* : 1396.
345		dernière ligne, *supprimez* : ou de robe courte.
349	20	les comptes sont ensuite rendus, *lisez* : puis les comptes sont rendus.
369	9	lettres de provision, *lisez* : lettres de provisions.
372	2	lettres de provision, *lisez* : lettres de provisions.
433	21	*supprimez* la virgule.
435	4	Id. après le mot : électeur.
435	12	Id. après le mot : Blandecques.
446	3	au lieu de : Les gages, *lisez* : Ceux.
448	note 2	Jean Le Seur, *lisez* : Jean de Seur.
454		après les dates, *supprimez* : à.
463	28	au lieu de : le même coussin, *lisez* : un coussin semblable.
464	note 4	après *(Rép. de jurisp.),* *ajoutez* : v° Bailli.

www.ingramcontent.com/pod-product-compliance
Lightning Source LLC
Chambersburg PA
CBHW060233230426
43664CB00011B/1640